Wilke/Hertle · Das Genossen-Kartell

Die Autoren:
PROF. DR. MANFRED WILKE, 1941 in Kassel geboren, ist seit 1985 Professor für Soziologie an der Fachhochschule für Wirtschaft in Berlin und Mitglied im Forschungsverbund »SED-Staat« an der FU Berlin. Wichtigste Veröffentlichung: Die Funktionäre. Apparat und Demokratie im DGB, München 1979.

HANS-HERMANN HERTLE, 1955 in Siegen/Eisern geboren, ist seit 1980 Wissenschaftlicher Mitarbeiter am Zentralinstitut für sozialwissenschaftliche Forschung der Freien Universität Berlin. Wichtigste Veröffentlichung (zusammen mit M. Jander): Toleranz und Härte. Die Entstehungsgeschichte des DGB-Grundsatzprogramms 1981, 2 Bde., Berlin 1982.

MANFRED WILKE

HANS-HERMANN HERTLE

DAS GENOSSEN-KARTELL

Die SED und die IG Druck und Papier/IG Medien
Dokumente

ULLSTEIN

Ullstein Report
Ullstein Buch Nr. 36603
im Verlag Ullstein GmbH,
Frankfurt/M.-Berlin

Originalausgabe

Umschlagentwurf: Theodor Bayer-Eynck
Satz: deutsch-türkischer fotosatz, Berlin
Druck und Verarbeitung: Ebner Ulm
Printed in Germany 1992
ISBN 3 548 36603 1

Juni 1992

Inhalt

Vorwort

Die Beziehungen zwischen FDGB und DGB sind ein bisher nicht beachteter Aspekt in der gesamtdeutschen Auseinandersetzung mit der Geschichte und den Folgen der SED-Diktatur. Die bisherige Diskussion ist »westlastig«. Die Bewohner der einstigen DDR werden von den »Geschichtsaufarbeitern« allzuoft unter Rechtfertigungsdruck gesetzt. Der Handlungsspielraum dieser Deutschen war durch den alle Bereiche des sozialen und privaten Lebens erfassenden Machtapparat der DDR beschränkt. Ausgeblendet wird in der öffentlichen Diskussion die westliche Bereitschaft, ohne Not den Machtanspruch der DDR anzuerkennen – wie es der DGB in Teilen getan hat.

Anhand der Akten der Westabteilungen des Bundesvorstandes des »Freien Deutschen Gewerkschaftsbundes« (FDGB) und der IG Druck und Papier im FDGB sollen Art und Umfang der Beziehungen zwischen dem DGB und einer SED-Massenorganisation rekonstruiert werden. In den Dokumenten des FDGB spiegeln sich die Interessen und die Einschätzungen der SED-Deutschlandpolitik. Der Blick auf die Interessen der SED in den deutsch-deutschen Beziehungen in der Phase der »friedlichen Koexistenz« zwischen beiden deutschen Staaten ist dabei gewollt. Die SED war vor dem Fall der Mauer 1989 ein politischer Faktor in Deutschland, der im Westen als solcher behandelt und – besonders im Fall der IG Druck und Papier – auch als Bündnispartner geschätzt wurde. Die Akten des FDGB belegen die Bereitschaft von Spitzenfunktionären der IG Druck/IG Medien im DGB in den siebziger und achtziger Jahren, ein »Genossenkartell« zu bilden, um für den »Frieden« und gegen das »Kapital« zu kämpfen.

Dieses Buch ist ein erster Schritt zur Aufklärung dieser deutsch-

deutschen Beziehungen; die systematische Auswertung der SED- und DGB-Archive steht noch aus.

Schon droht in Vergessenheit zu geraten, daß die SED vierzig Jahre lang über einen eigenen Staat gebot, der zum sowjetischen Block gehörte. Vergessen scheint auch, daß die SED zielgerichtet auf politische Entwicklungen in der alten Bundesrepublik Einfluß nahm. Der DGB und seine Mitgliedsgewerkschaften besaßen für diese Politik der Einmischung aus der Sicht der SED-Führung einen hohen Stellenwert. Er wurde von der SED ideologisch und historisch begründet: Ideologisch war die Einheitsgewerkschaft für die SED die umfassende »Klassenorganisation« der »Arbeiterklasse« in der Bundesrepublik; in ihren Reihen sollte die »Aktionseinheit« zwischen Sozialdemokraten und Kommunisten artikuliert und durchgesetzt werden. Die historische Probe hatte dieses gewerkschaftspolitische Konzept der Kommunisten bei der Zwangsvereinigung von KPD und SPD zur »Sozialistischen Einheitspartei Deutschlands« im Jahre 1946 in der Sowjetischen Besatzungszone (SBZ) bestanden. Es war kein Zufall, daß Otto Grotewohl, SPD-Vorsitzender der SBZ, die Bereitschaft zur Zwangsehe mit der KPD vor dem 1.FDGB-Kongreß erklärte.

Für den DGB ist somit der Blick zurück auch eine Selbstprüfung. Sie ist vonnöten, will der Gewerkschaftsbund zwei Jahre nach der deutschen Einigung nicht nur eine Organisationsform auf den Weg bringen, sondern auch ein erneuertes und zeitgemäßes Grundsatzprogramm erarbeiten, das auf einer Analyse der veränderten politischen, ökonomischen, sozialen und gesellschaftlichen Entwicklungslinien beruhen und auf einem Außerordentlichen Bundeskongreß 1996 verabschiedet werden soll.

Bleibt noch ein Wort des Dankes. Die Autoren danken an dieser Stelle den Kolleginnen und Kollegen im »Archiv der Gewerkschaftsbewegung« Unter den Linden – dem alten FDGB-Archiv – für die archivfachliche Beratung und freundliche Unterstützung dieser Publikation, insbesondere für die Erlaubnis zum Nachdruck der Dokumente.

Berlin, im Mai 1992

Manfred Wilke — Hans-Hermann Hertle

Der DGB und der Zusammenbruch der SED-Diktatur oder Warum wurde der DGB von der deutschen Vereinigung so überrascht?

Die DGB-Selbstkritik 1989/90

Als 1989 die SED-Diktatur zusammenbrach, neigte sich die deutsche Teilungsgeschichte nach 1945 ihrem Ende entgegen. Der Deutsche Gewerkschaftsbund und seine Verbände wurden von dieser Entwicklung überrascht.[1] Mit dieser Überraschung stand der DGB nicht allein, er teilte sie mit den Kirchen, den Arbeitgeberverbänden, vielen Akademikern und Künstlern. Die Spaltung Deutschlands im Zentrum der europäischen Teilung infolge des nationalsozialistischen Eroberungskrieges hatte 1989 bereits die normative Kraft des Faktischen gewonnen. Die Existenz zweier deutscher Staaten war international anerkannt, und allenfalls in einem langen historischen Prozeß schien diese Teilung überwindbar zu sein. Hauptsächlich die Verfassungs- und Staatsrechtler waren vor 1989 die Hüter des Wiedervereinigungsgebots des Grundgesetzes, wie es in der Präambel von 1949 zum Ausdruck gebracht wurde. Verfassungsrechtlich blieb in der Bundesrepublik vor 1989 der Kern der deutschen Frage unverändert das Selbstbestimmungsrecht aller Deutschen, und das hieß, die Überwindung der Teilung und das Recht auf eine ungeteilte parlamentarische Republik, in der die Deutschen ihre politischen, wirtschaftlichen, kulturellen und sozialen Angelegenheiten selbst bestimmen und gestalten können. Der Verlauf des deutschen Vereinigungsprozesses 1989/90 hat die Verfassungs- und Staatsrechtler bestätigt, die am Selbstbestimmungsrecht der Nation festhielten.

Die Freude über die Vereinigung 1990 ist in vielen Teilen Deutschlands den Sorgen um die Bewältigung der Vereinigungskrise im Osten des Landes und dem Ärger über die mannigfaltigen Belastungen im Westen gewichen. Der Druck des gesamtdeutschen Integrationsprozesses lastet auf den Menschen in Mecklenburg-Vorpommern, Brandenburg, Sachsen-Anhalt, Sachsen und Thüringen, sie erleben den Alltag der Vereinigung als sozialen und kulturellen Anpassungsprozeß. Die im Zusammenhang mit der Stasi-Debatte bekannt gewordenen Praktiken der SED-Diktatur sind geeignet, eine psychologische Mauer zwischen den West- und den Ostdeutschen zu errichten. Der empörte Hinweis von Bürgerrechtlern auf den Beitrag des Westens zur Stabilisierung der SED-Diktatur ist eine nur allzu verständliche Abwehrreaktion gegen publizistische Pauschalanklagen. Das Erinnern an vierzig Jahre deutsche Teilungsgeschichte infolge von Nazi-Diktatur und Eroberungskrieg ist notwendig, um den Vereinigungsprozeß integrativ zu lösen.

Angesichts von Massenarbeitslosigkeit infolge des Zusammenbruchs ganzer Industrieregionen in Sachsen-Anhalt, Brandenburg und Sachsen – ein Erbe, das die SED ihrem Staatsvolk in die deutsche Einheit mitgab –, erhebt sich die Frage, was der Blick zurück nicht nur für das Heute, sondern vor allem für das Morgen bringen soll. Geschichte kann bestenfalls zur eigenen Selbsterkenntnis und zur Klarheit über den eigenen Weg beitragen. Der Blick zurück hilft aber auch, die Bedingungsfaktoren für die gegenwärtige Konstellation besser zu verstehen, um das Gegenwärtige zu bewältigen, das auf seine Weise einmalig ist. Der Blick zurück geschieht immer aus dem Heute und dient seinem Verstehen, um Zukünftiges zu beeinflussen oder zu gestalten.

Im DGB fand um die Jahreswende 1989/90 eine erste selbstkritische Diskussion über die eigene Ostpolitik statt, als es darum ging, die gewerkschaftliche Deutschlandpolitik mit Blick auf den sich reformierenden Freien Deutschen Gewerkschaftsbund (FDGB) der DDR zu bestimmen. Mit der Neubewertung der eigenen Politik wurde zugleich die Unterstützung der FDGB-Reform verbunden. Im Vordergrund der Diskussion stand zunächst die ordnungspolitische Bewertung der demokratischen Revolutionen in den Staaten des sowjetischen Imperiums und der Vorgänge in der DDR.

Ein erster Vorstoß des GEW-Vorsitzenden Dieter Wunder, zum Massenexodus aus der DDR über Ungarn beziehungsweise die bundesdeutschen Botschaften der Bundesrepublik in Prag und Warschau in die Bundesrepublik seitens des DGB deutlich Stellung zu beziehen und auch die bisherigen Kooperationsbeziehungen zum FDGB angesichts dessen unkritisch-systemstützender Politik zu überdenken, war noch auf der Bundesausschuß-Sitzung des DGB Anfang September 1989 vom DGB-Vorsitzenden Ernst Breit zugunsten der Fortsetzung einer Politik der gewerkschaftlichen Zurückhaltung zurückgewiesen worden, wie das Protokoll jener Sitzung zeigt:

»*Kollege Wunder* geht anschließend auf die Situation in der DDR ein. Die Flucht von Tausenden von Menschen aus der DDR über Ungarn in die Bundesrepublik und in bundesdeutsche Botschaften in osteuropäischen Staaten sei eine erschütternde, aber auch besorgniserregende Entwicklung. Es wäre gut, wenn sich der DGB in aller Deutlichkeit in der Öffentlichkeit dazu äußern würde. Seiner Ansicht nach müsse die Entwicklung der letzten Jahre und Monate in Osteuropa eigentlich dazu beitragen, die bisher guten und intensiven Kontakte zum FDGB und seinen Branchengewerkschaften zu überdenken. Er halte es für notwendig, nicht nur intern, sondern auch in der Öffentlichkeit die Erwartungen gegenüber dem FDGB und seinem Beitrag zur Reformfähigkeit in der DDR zu äußern. Der FDGB trage seinen Teil zur Aufrechterhaltung der bestehenden politischen Strukturen in der DDR bei. Deshalb müsse man die maßgeblichen politischen Funktionäre des FDGB auch an ihre Verantwortung für die Entwicklung in der DDR erinnern. *Koll. Breit* weist darauf hin, daß der DGB sich bisher eine gewisse Zurückhaltung auferlegt habe und zwar nicht zuletzt deshalb, weil in der nächsten Woche ein Besuch einer FDGB-Delegation unter Leitung ihres Vorsitzenden Harry Tisch anstehe. Dies sei die richtige Gelegenheit, das Thema gründlich zu erörtern und in der abschließenden Pressekonferenz auch öffentlich zu behandeln. Stillschweigen zu der Entwicklung in der DDR könne man nicht.«[2]

Während Breit die Gelegenheit zu einem deutlichen öffentlichen

Signal während des Besuches von Tisch Mitte September ungenutzt verstreichen ließ, signalisierte die programmatische Rede des Vorsitzenden der IG Metall, Franz Steinkühler, auf dem 16. Ordentlichen Gewerkschaftstag seiner Organisation im Oktober in Berlin das Ende der Zurückhaltung. Er begrüßte die »entschlossene Abkehr von der sowjetkommunistischen Perversion des sozialistischen Gedankens in der Sowjetunion und im Ostblock«. Gleichzeitig setzte er sich kritisch mit den Positionen im Westen auseinander, die in der eklatanten Unterversorgung der Bevölkerung und der niedrigen Arbeitsproduktivität der »stalinkommunistischen Befehlswirtschaft« das Ende des Sozialismus sahen und die im Osten jetzt »die Morgenröte einer jeder Fessel enthobenen, uneingeschränkten Profitwirtschaft anbrechen sehen«. Steinkühler widersprach entschieden der Interpretation, daß der Zusammenbruch des real existierenden Sozialismus eine Niederlage des Sozialismus schlechthin sei. »Bankrott sind nicht die Ideen der sozialen Demokratie, sondern die der kommunistischen Diktatur. Gesiegt hat nicht der Kapitalismus über den Sozialismus, sondern die Idee der Demokratie über die Diktatur. Überholt ist nicht der demokratische Sozialismus, sondern der Stalinismus und der bürokratische Dogmatismus.«[3] Der IG Metall-Vorsitzende Steinkühler plädierte in der DDR für einen »dritten Weg« zwischen der untergegangenen Kommandowirtschaft und der Wirtschaftsordnung der Bundesrepublik. Die Veränderung der gewerkschaftlichen Deutschlandpolitik wurde nun auch kenntlich in einer neuen Sprache über die realsozialistischen Verhältnisse. Erst jetzt, nach dem Sturz Honeckers, sprach Steinkühler plötzlich schrill von »Stalinismus« und »stalinkommunistischer Befehlswirtschaft«.

Nur wenige Wochen später fragte Dieter Wunder nach den Folgen des Zusammenbruchs des »realen Sozialismus« für das Selbstverständnis der Gewerkschaften in der Bundesrepublik. Steinkühlers Vision vom »dritten Weg« führte er auf seine Wurzel zurück: »Ein dritter Weg existiert nur dem Namen nach. ›Sozialismus‹ bleibt jener Wunschtraum aus Tradition und Kritik am Kapitalismus, der Sozialisten und Kommunisten nach wie vor gemeinsam ist und der ihnen sogar manchmal gemeinsame Begriffe erlaubt ... Der Wunschtraum ist offensichtlich so stark, daß ihn eine Schändung durch den ›realen Sozialismus‹ nicht berühren kann. Offensichtlich bedarf es der Vision eines anderen Weges, um Gewerkschafter und Sozialdemokraten oder linken Christen die emotionalen Impulse für politische Arbeit zu geben.«[4] Für die eigene Politik der DGB-Gewerkschaften zog der GEW-Vorsitzende eine bedeutsame Konsequenz aus seinem Befund: »Weder Vergangenheit noch Gegenwart, weder Idee noch Praxis lassen es berechtigt erscheinen, an der bisherigen Vorstellung vom Sozialismus festzuhalten. Für die Gewerkschaften gibt es keinen Grund mehr, ihren Beschlüssen die Vorstellung einer alternativen Gesellschaftsordnung zugrunde zu legen – es gibt derzeit keine realistische Vorstellung einer wünschenswerten Alternative. Es gibt nur die kapitalistische Gesellschaft mit ihren Stärken und Schwächen sowie die Kritik an ihr und gewisse Leitideen, in welcher Richtung sich eine kapitalistische Gesellschaft verändern sollte.«[5]

Es war ein Aufruf zur Neubesinnung der programmatischen Grundlagen gewerkschaftlicher Politik, den Wunder hier vornahm, wobei er auch auf den Streit zwischen den beiden Lagern im DGB einging, den er an den beiden Meinungsführern im DGB, der IG Chemie-Papier-Keramik einerseits und der IG Metall andererseits, festmachte:

> »In der Auseinandersetzung zwischen IG Chemie-Papier-Keramik und IG Metall scheint erstere durch die Entwicklung in Mittel- und Osteuropa vollauf bestätigt.«[6] An die Adresse der ersteren gewandt stellte er die Frage, woher diese die Maßstäbe für ihre Politik der Partnerschaft mit den Arbeitgebern nimmt. Die IG Metall stand für Wunder dagegen »exemplarisch für jene vorherrschende Ideologie antikapitalistischen Handelns, die zumindest Reden und Denken prägt«.[7]

Wunder zog jedoch eine für einen deutschen Gewerkschaftsführer höchst unkonventionelle Schlußfolgerung:

> »Entfällt allerdings der explizite oder implizite Gegenentwurf einer Gesellschaftsordnung, so könnte die IG Metall den Weg der IG Chemie-Papier-Keramik gehen.«[8] Die Gewerkschaften des öffentlichen Dienstes, zu denen die GEW ja gehört, befän-

den sich nach den Worten des GEW-Vorsitzenden »seit je in einer zwiespältigen Lage« in dem bisherigen Streit zwischen IG Chemie und IG Metall. Wunders Schlußfolgerung lautete daher: »Die Gewerkschaftsbewegung hat die Chance, ein neues Selbstverständnis zu entwickeln, frei von der lähmenden Hypothek des ›realen Sozialismus‹, ohne die Krücke des besseren Sozialismus. Sie muß, ausgehend von den Bedingungen einer kapitalistischen Gesellschaft, aus eigener Kraft die Vision einer Gesellschaftspolitik entwickeln, die menschenwürdiges Leben unter freiheitlichen Bedingungen sichert.«[9]

Die grundsätzliche Bedeutung von Wunders Stellungnahme liegt darin, daß er den Mut hatte, die zunächst verborgene Gemeinsamkeit zwischen Sozialdemokraten und Kommunisten auszusprechen, die in den Kooperationsbeziehungen zwischen DGB und FDGB auch mitschwang, und das war der Wunschtraum vom Sozialismus. Indem er dies aussprach, beendete er den unergiebig gewordenen ordnungspolitischen Streit um die Bewertung des gesellschaftlichen Transformationsprozesses in Ost- und Mitteleuropa und plädierte damit immanent für die Rückkehr zu einer Politik des Realismus.

Diese Forderung untermauerte Wunder in Form einer Versäumnisbilanz der DGB-Deutschlandpolitik:

> »Haben wir nicht allzu lange ein kämpferisches Demokratieverständnis als Position des ›Kalten Krieges‹ abgetan? Sind wir mit Kritik an der kommunistischen Diktatur und ihren Menschenrechtsverletzungen nicht manchmal sehr zurückhaltend gewesen? Sind wir immer der Gefahr ausgewichen, zweifelhafte Funktionäre einer stalinistisch geprägten Organisation durch unsere Kontakte zu stützen?«[10]

Selbstkritisch fragte er weiter:

> »Wäre es nicht Aufgabe des DGB gewesen, frühzeitig Kontakte zu Kräften der Kirche, der Friedens- und Umweltbewegung zu finden und ihnen den ›Schutz‹ der Gewerkschaften zu geben?«[11]

Der GEW-Vorsitzende trug so mit seiner kritischen Bilanz, die auch normalerweise verborgene Tiefenschichten der Kooperationsbeziehungen zwischen DGB und FDGB ansprach, dazu bei, die Überraschungsstarre aufzulösen, in die große Teile der DGB-Funktionäre angesichts des Zusammenbruchs der SED-Diktatur verfielen; wobei nicht so sehr der Zusammenbruch der Diktatur die politischen Reaktionen vieler Funktionäre aus den DGB-Verbänden lähmte, als vielmehr die Rückkehr der nationalen Frage in die deutsche Politik. Es war die »Arbeiterklasse«, die vornehmlich in den sächsischen Industriemetropolen bei ihren Montagsdemonstrationen seit der zweiten Novemberhälfte 1989 den Slogan skandierte: »Wir sind ein Volk!«

Es dauerte nur noch einige Monate, bis die DGB-Verbände nach dieser knappen historischen Selbstkritik, die in dieser Deutlichkeit nur der GEW-Vorsitzende öffentlich formulierte, von der Kooperation mit dem FDGB abrückten und der Deutsche Gewerkschaftsbund seine Zuständigkeit auf das ganze Land ausdehnte. Im Mai 1990 tagte der 14. Ordentliche Bundeskongreß des DGB in Hamburg. Im Grundsatzreferat des neugewählten DGB-Vorsitzenden, Heinz-Werner Meyer, wurde der eingeschlagene Weg zum gesamtdeutschen DGB noch einmal legitimiert und begründet, warum der FDGB nicht reformierbar war.

Der FDGB war nach Meyers Worten »die Massenorganisation der herrschenden SED und ihr Erfüllungsgehilfe in den Betrieben. Der zentralistische FDGB hat die Interessen der Arbeitnehmer nicht vertreten, sondern er hat die Politik der SED oft genug gegen die Interessen und auch gegen den Willen der Arbeitnehmer durchgesetzt. Das ist nicht nur ein Makel, das ist ein Strukturfehler, der nicht zu korrigieren ist. Der FDGB ist nicht reformfähig. Deshalb hat er keine Zeichen für den notwendigen Erneuerungsprozeß setzen können. Das ist der Grund! Er hat nicht das Vertrauen der Arbeitnehmer, und er bekommt es auch nicht. Der FDGB ist eine große Belastung für den demokratischen Neuanfang der Gewerkschaften. Das haben auch alle Gewerkschaften in der DDR erkannt und daraus die Konsequenz gezogen: Der FDGB muß aufgelöst werden. Ein Zusammenschluß von DGB und FDGB kam für uns nie in Betracht.«[12]

Nach dieser Klarstellung der Beziehungen zum FDGB ging Meyer auf die gewerkschaftliche Vereinigungspolitik ein. Mit dem Hinweis auf die internationale Konstellation unterstützte der

DGB-Vorsitzende die von der Bundesregierung angestrebte Währungs-, Wirtschafts- und Sozialunion mit der DDR als »den ersten Schritt« zur Einheit. Zugleich bekannte er sich dazu, daß auch der DGB keine Antworten darauf wußte, wie der unumgängliche Strukturwandel und damit die Erneuerung der Wirtschaft in der DDR zu bewerkstelligen sei. Aber er ließ keinen Zweifel:

> »Trotzdem müssen wir handeln. Beiseitestehen können wir nicht. Die Erwartungen, die die Arbeitnehmer der DDR in die Kraft und die Möglichkeit des Deutschen Gewerkschaftsbundes und seiner Gewerkschaften setzen, sind hoch. Dürfen wir die Menschen dort enttäuschen? Ich sage nein! Wir müssen vom ersten Tag an mit anpacken.«[13]

Und Meyer vertraute auf die bewährten Instrumentarien gewerkschaftlicher Interessenvertretung in der Bundesrepublik, wenn er feststellte:

> »Wir haben zwar auch noch keine Umwandlung einer zentralen Kommandowirtschaft in eine Marktwirtschaft miterlebt, aber wir haben Erfahrungen mit wirtschaftlichem Strukturwandel, betrieblichen Umstrukturierungen, mit Personalplanung und Sozialplänen, mit Mitbestimmung und Rationalisierungsschutz, mit Tarifpolitik und Arbeitsmarktpolitik, auf die sich unsere Kolleginnen und Kollegen in der DDR stützen möchten, und die wir ihnen nicht vorenthalten können.«
>
> Mit Blick auf den Lebensstandard in der Bundesrepublik betonte Meyer das eigene elementare Interesse der Gewerkschaften, »daß das Gebiet der DDR nicht zum Armenviertel eines vereinten Deutschlands wird«.[14]

Mit dem 14. Ordentlichen Bundeskongreß des DGB in Hamburg 1990 war das Kapitel der Kooperationsbeziehungen mit dem FDGB endgültig abgeschlossen. Der Organisationsaufbau der Verbände in den neuen Bundesländern, die Massenarbeitslosigkeit infolge des Zusammenbruchs der DDR-Wirtschaft und der Zwang, durch Tarifpolitik die Lebensverhältnisse in Deutschland in überschaubarer Zeit anzugleichen, all dies sind Gründe genug, die erklären, warum es im DGB nur vereinzelte Beiträge zur kritischen Auseinandersetzung mit der eigenen Ostpolitik gab und gibt.

Rückblende: Biermann, Fuchs und die Ostpolitik des VS in der IG Druck und Papier

Vor 1989 hatten die Beziehungen zwischen dem Verband Deutscher Schriftsteller (VS) in der IG Druck und Papier (später: IG Medien, Druck und Publizistik) und dem Schriftstellerverband der DDR für mannigfaltige Konflikte in und außerhalb des VS gesorgt. Streitpunkt war die »Friedenspolitik« des VS namentlich unter seinem langjährigen Vorsitzenden Bernt Engelmann. Es ging in diesen Auseinandersetzungen nicht um das Ziel der atomaren Abrüstung und der Friedenssicherung durch die europäische Entspannungspolitik zwischen West und Ost; in diesen Zielen waren sich die Mitglieder des Verbandes bei allem Streit einig. Es ging immer um den Weg zu diesem Ziel der europäischen Friedenssicherung und insbesondere um die Frage, ob ein Weg, der die freie Meinungsäußerung, die öffentliche Kritik und das Äußern von Betroffenheit über Menschenrechtsverletzungen in Ländern des real existierenden Sozialismus einschränkt, in der Bundesrepublik für Schriftsteller bzw. einen Schriftstellerverband gangbar ist. Bei diesem Streit ging es um Ziele und Intentionen der gewerkschaftlichen Spitzendiplomatie des IG-Druck-und-Papier-Vorstandes; das haben die Vorsitzenden dieser Gewerkschaft 1976 und 1983 deutlich gemacht. 1976 wurden in der DDR nach der Ausbürgerung von Wolf Biermann junge Autoren und Liedermacher verhaftet. In Berlin rief der Vorsitzende des Landesverbandes des VS, Dr. Hannes Schwenger, ein »Schutzkomitee Freiheit und Sozialismus« ins Leben[15], um eine internationale Solidaritätsaktion zu organisieren. Der IG-Druck-und-Papier-Vorsitzende Leonhard Mahlein lehnte es ab, den Gründungsaufruf zu unterschreiben: »Ich habe etwas dagegen, daß man immer gegen Vorgänge in anderen Ländern protestiert, aber nicht den Mut findet, im eigenen Land mit der gleichen Intensität Stellung zu nehmen.«[16]

Im Gegensatz zu Mahlein unterschrieben Autoren und Gewerkschafter von Heinrich Böll bis Jakob Moneta (IG Metall) und Werner Vitt (IG Chemie-Papier-Keramik) den Aufruf[17], während der Bundesvorstand des Schriftstellerverbandes unterschiedlich votierte – der Vorsitzende Carl Amery unterstützte, der Beisitzer Peter O. Chotjewitz attackierte dagegen das Komitee, da »wir uns in einem so reaktionären Staat wie der BRD nicht in die Debatten und Probleme eines vergleichsweise fortschrittlichen Staates einmischen können«.

1983 trat Bernt Engelmann als VS-Vorsitzender zurück. Der frisch gewählte neue Vorsitzende der IG Druck und Papier, Erwin Ferlemann, wandte sich ebenso wie sein Vorgänger Leonhard Mahlein[18] gegen die Schriftsteller, die aus der DDR kamen. Er warf ihnen vor, eine »Kampagne« gegen den VS und die IG Druck und Papier zu betreiben:

> »Sie kommen aus einer Richtung – und ich sage das als Vorsitzender unserer Organisation –, die wir nie mitvollziehen werden ... Dieser Gruppe, die gegen Bernt Engelmann schießt – und damit auch gegen VS und IG Druck und Papier –, geht es um etwas anderes. Sie hätte den VS am liebsten für eine politische Aufgabe, nämlich mit den Schriftstellern in den Ostblockstaaten so eine ›fünfte Kolonne‹ aufzubauen. Sie will nicht die humanitäre Hilfe für den einzelnen, sondern sie will den Widerstand gegen das Regime. Das ist natürlich eine Geschichte, für die sich die IG Druck und Papier nicht hergeben wird. Wir machen Innenpolitik, wir machen Sozialpolitik, wir machen internationale Politik im Rahmen unserer Internationale, aber wir machen weder Untergrundarbeit noch Wühlarbeit noch sonstwas, weder in der DDR noch in Polen noch in der ČSSR oder sonstwo. Was wir tun und was meine Unterstützung voll trägt, ist das, was Bernt Engelmann getan hat: in einzelnen Fällen helfen. Und da gibt es eine ganze Menge von Leuten, die sich bei ihm bedanken können – dafür hat er Belege.«[19]

Erwin Ferlemann hat mit dieser Parteinahme 1984 die Grenzen der Verbandsbeziehungen zu den Staatsgewerkschaften im Ostblock klar definiert:

1. Die Forderung nach breiter öffentlicher Solidarität des Schrift-

stellerverbandes und der IG Druck und Papier mit der literarischen Opposition oder den sich formierenden Bürgerrechtsbewegungen in den Ländern des real existierenden Sozialismus lehnte er für seine Gewerkschaft ab.

2. Die Grenze zu solchen politischen Positionen wurde von Ferlemann scharf markiert; für ihn ging es bei einer solchen Solidaritätsbewegung um den Versuch, in den sozialistischen Staaten »eine ›fünfte Kolonne‹ aufzubauen«. Damit benutzte der IG-Druck-und-Papier-Vorsitzende eine parteiamtliche Sprachregelung der kommunistischen Parteien, mit denen diese jede Opposition in den sozialistischen Ländern als Agententätigkeit für den Imperialismus propagandistisch kriminalisierten. Die so Angegriffenen waren damit zum Schweigen verurteilt und dem Zugriff der Staatssicherheitsdienste ausgeliefert.
3. Für die IG Druck und Papier waren die Staatsgewerkschaften im Ostblock unverzichtbare Partner für ihre internationale Verbandsarbeit, die in diesen Jahren vornehmlich der Bannung der Atomkriegsgefahr und damit dem Frieden dienen sollte.
4. Ferlemann präzisierte in diesem Streit auch das Verständnis von Einheitsgewerkschaft, das politisch in diesen Jahren in der IG Druck und Papier galt. Für die Gewerkschaftsführung waren die Beziehungen zu den Staatsgewerkschaften im Ostblock offenkundig von solcher Bedeutung, daß die ansonsten von der Satzung geforderte internationale Solidarität mit demokratischen Bewegungen gegenüber den sozialistischen Staaten nur eingeschränkt Gültigkeit hatte. In dieser Weltgegend war die Solidarität den störungsfreien Verbandsbeziehungen unterworfen.

Jürgen Fuchs war eines der angegriffenen VS-Mitglieder; er wurde aus der DDR nach mehrmonatiger Gefängnishaft 1977 in den Westen abgeschoben. Er hat Ferlemann öffentlich geantwortet:

»Ich möchte den Vorsitzenden der IG Druck und Papier, Erwin Ferlemann, persönlich ansprechen. Sie haben geschrieben und gesagt in einem Interview das Wort ›fünfte Kolonne‹. Ich bin ein Kind der DDR, habe dort 26 Jahre gelebt, habe den Staatsbürgerkundeunterricht mitgemacht, habe an wissenschaftlichen Kommunismusseminaren teilgenommen, solange wir zuhören mußten. Und ich möchte Ihnen sagen, woran ich dachte und was ich dann gefunden habe, als ich das Wort hörte. Im ›Wörterbuch der Geschichte‹ im Dietz Verlag steht es auch. Sie können es auch im Pahl-Rugenstein-Verlag nachlesen: ›Fünfte Kolonne‹, Bezeichnung für im Untergrund arbeitende Gruppen und Organisationen, die im Auftrag imperialistischer Mächte wirken, als Agenten, Spione oder Saboteure tätig sind und im Falle eines Krieges durch Zersetzung imperialistische Aggressionen vorbereiten helfen. Der Begriff entstand während des nationalrevolutionären Krieges des spanischen Volkes, 1936–1939. ... Seitdem bezeichnet der Begriff ›fünfte Kolonne‹ jene imperialistische Taktik, die darin besteht, die Ziele der Aggression von innen her zu unterwandern, um der offenen militärischen Aggression von außen mit Aktionen der fünften Kolonne zu Hilfe zu kommen. ... Sie ist heute ein wesentlicher Bestandteil der aggressiven und konterrevolutionären Strategie des Imperialismus‹.«

Nach der begrifflichen Klarstellung zum Schlagwort »fünfte Kolonne« sprach Fuchs über die Motivation der literarischen Opposition aus den osteuropäischen Ländern:

»Wir haben unter keinen Umständen irgend etwas im Sinn gehabt mit Faschismus oder dieser Art von totalitärer Herrschaft, wie sie da ist. Unser einziger Beweggrund, uns auch mit der Literatur zu äußern, war, die Verhältnisse dort zu ändern. Und wenn hier der Unterwanderungsvorwurf kommt, diese Infragestellung unserer, auch literarisch-künstlerischen Opposition, dann ist da etwas, was auf die tiefen Ungleichzeitigkeiten oder Mißverständnisse hinweist, die hier zum Tragen kommen. Letztes, was ich sagen will. In der DDR und anderen Ländern werden viele Dinge nicht veröffentlicht. Grass, ›Die versuchte Nähe‹ von Schädlich, ›Vogel federlos‹ werden über die Grenze gebracht. Wir haben geschmuggelt, die Sachen, so wie es geht. Ja, wir unterstützen die Friedensbewegung ›Schwerter zu Pflugscharen‹, so gut es geht. Wenn das in Ihren Augen Unterwandererarbeit ist, gut. Wir werden nicht aufhören, das zu tun.«

Abschließend spricht Fuchs über die Lektion, die ihm und den anderen Vertretern des Widerstandes gegen die realsozialistischen Verhältnisse von der IG Druck und Papier erteilt wurde:

»Und wir werden eine Lehre begreifen, sie ist eine Lektion, die Sie uns erteilen. Wir können in diesen Fragen nicht auf Ihre Solidarität rechnen, wir müssen es selbst tun.«[20]

Als Jürgen Fuchs diese Position bezog, waren seit dem Exodus von Schriftstellern aus der DDR infolge der Biermann-Ausbürgerung 1976 erst einige Jahre ins Land gegangen. 1984 verhallten seine Worte in der IG Druck und Papier ungehört. Sieben Jahre später hat sich das geändert. Auf dem ersten gesamtdeutschen Kongreß des Verbandes deutscher Schriftsteller in der IG Medien erinnerte der Verbandsvorsitzende Uwe Friesel 1991 in seinem Rechenschaftsbericht an die 77 Schriftsteller, die auf der Ausbürgerungsliste der DDR standen, eine Liste, »die vor Jahren bereits von Jürgen Fuchs und Wolf Biermann überbracht wurde«.[21] Friesel zitierte diese Liste der Ausgebürgerten im Zusammenhang mit einem Brief, den der VS-Vorstand an prominente Autoren aus dem aufgelösten Schriftstellerverband der DDR schrieb, in dem er sie bat, mit ihren Aufnahmeanträgen in den VS noch etwas zu warten. Vor dem Hintergrund dieser Geschichte wird verständlich, warum der VS auf diesem ersten gesamtdeutschen Schriftstellerkongreß eine paritätisch besetzte Geschichtskommission einsetzte. Nach den Worten von Uwe Friesel hat auch der VS »seine Vergangenheit kritisch zu reflektieren, auch er hat es an Solidarität fehlen lassen. Es gibt blinde Flecken in seiner Geschichte, die wir aufhellen müssen.«[22] Er betont, daß diese Aufarbeitung das Ziel verfolgt, zur Integration der deutschen Literaten unter dem Dach des VS beizutragen:

»Unsere Souveränität und Integrität erhalten wir nur dadurch, daß wir selbst die Untersuchung unserer Vorgeschichte vorantreiben. Wo der einzelne gefehlt hat und wie er mit seiner persönlichen Fehlleistung umgeht, werden wir demnächst in einigen Autorenbiographien lesen, denke ich. Diese können aber keine Verbandsgeschichte ersetzen. Die Moral eines Verbandes ist noch etwas anderes als die Moral von Individuen, mögen sie auch die Grenzen gelegentlich verwischen. Der gewählte

Vorsitzende hat darauf zu achten, daß die Glaubwürdigkeit dieses Verbandes, soweit sie von vorangegangenen Vorständen verspielt worden ist, wiederhergestellt und nicht weiter verspielt wird. Sonst brauchen wir keinen Schriftstellerverband.«[23]

Die Maßstäbe für die Moral eines Verbandes sind das eigene Selbstverständnis, die eigenen Ziele und die selbstgesetzten Normen. Seit ihrer Gründung haben die Gewerkschaften die Maximen ihrer Verbandsmoral in Grundsatzerklärungen und Programmen niedergelegt. Mit seinem Verweis auf die »Verbandsmoral« tat Uwe Friesel im institutionellen Sinn etwas sehr Wichtiges. Er sprach die Kriterien an, die für eine kritische Reflexion der gewerkschaftlichen Politik allgemein und im Fall der Ostpolitik insbesondere zu gelten haben: Es sind die eigenen Wertvorstellungen und Ziele, wie sie der DGB in seinem Grundsatzprogramm für sich und seine Verbände beschlossen hat.

Die Präambel des gültigen DGB-Grundsatzprogramms von 1981 folgt der wertgebundenen Konzeption des Grundgesetzes der Bundesrepublik Deutschland. Die Präambel beginnt mit den Sätzen:

»Durchdrungen von der Verantwortung gegenüber ihren Mitgliedern und dem ganzen Volk bekennen sich der Deutsche Gewerkschaftsbund und seine Gewerkschaften zu den unveräußerlichen Rechten des Menschen auf Freiheit und Selbstbestimmung. Sie erstreben eine Gesellschaftsordnung, in der die Würde des Menschen geachtet wird, und fordern die Verwirklichung der Menschenrechte entsprechend der Erklärung der Vereinten Nationen in allen Teilen der Welt.«[24]

Warf der VS-Vorsitzende Friesel in seiner Begründung für die Einsetzung einer Geschichtskommission seines Verbandes die Frage nach den Versäumnissen in der Ostpolitik des Schriftstellerverbandes auf, so ging es jüngst der »Einheit«, der Zeitung der IG Bergbau und Energie, um die Rolle der SED bei/in den Konflikten im DGB:

»Die Geschichte des Deutschen Gewerkschaftsbundes ist untrennbar verbunden mit der Geschichte des geteilten Deutschlands. Vor und auch nach Gründung des DGB hat es kommunistische Einflußnahmeversuche auf die gewerkschaftliche Politik und Programmatik gegeben. Daß die SED ihre Finger mit im Spiel hatte, unterliegt heute kaum noch einem Zweifel.«[25]

Dieses Thema hatte Norbert Römer, Pressesprecher der IG Bergbau und Energie, bereits in der gewerkschaftlichen Sozialismus-Debatte Anfang 1990 angesprochen, als er an einige innergewerkschaftliche Auseinandersetzungen der vergangenen Jahre über kommunistische Politik mit und im DGB erinnerte. Nach seiner Einschätzung gab es unter den Gewerkschaftsfunktionären »nicht wenige, die überhaupt keine Hemmungen hatten, sich als Anhänger des ›realen Sozialismus‹ zu bekennen oder mit solchen gemeinsame Sache zu machen. Das diente immer auch der politischen Unterstützung der despotischen kommunistischen Regime und hatte zugleich auch Auswirkungen auf die gewerkschaftliche Programmatik.«[26] Mit Blick auf die Ergebnisse der Politik deutscher Kommunisten, die »mit ihrer mehr als 40jährigen Herrschaft in der DDR Land und Leute ruiniert« haben,[27] forderte Römer, das gewerkschaftliche Selbstverständnis zu überdenken und sich auch der eigenen Geschichte immer wieder kritisch zu stellen.

Die Diskussion um die Ostpolitik des DGB in Verbindung mit der jüngst beschlossenen Neubestimmung der gewerkschaftlichen Programmatik nach dem Ende einer existierenden zentralen Verwaltungswirtschaft als Alternative zur sozialen Marktwirtschaft hat im DGB begonnen.[28]

Anmerkungen

Der DGB und der Zusammenbruch der SED-Diktatur oder Warum wurde der DGB von der deutschen Vereinigung so überrascht?

1 Die vorliegende Arbeit stützt sich auf eine Reihe von Publikationen der Autoren zu diesem Thema im weitesten Sinn. Auf sie wurde zurückgegriffen, ohne darauf im Text im einzelnen zu verweisen. Aus

diesem Grund sind diese Arbeiten, die nicht selten mit Ko-Autoren verfaßt wurden, hier vorgestellt:
Manfred Wilke (Ko-Autoren: Ossip Flechtheim, Wolfgang Rudzio, Fritz Vilmar): Der Marsch der DKP durch die Institutionen, Frankfurt 1980;
Manfred Wilke: Einheitsgewerkschaft zwischen Demokratie und antifaschistischem Bündnis. Die Diskussion über die Einheitsgewerkschaft im DGB seit 1971, Melle 1985;
Manfred Wilke (Ko-Autor: Gundolf Otto): Der Kampf um die Köpfe. Mediengewerkschaft im DGB, München 1986;
Manfred Wilke (Ko-Autoren: Hartmut Grewe, Horst-Udo Niedenhoff): Funktionärskarrieren im DGB. Zum Generationenwechsel an der Spitze der DGB-Gewerkschaften, Melle 1989;
Manfred Wilke (Ko-Autor: Hans-Peter Müller): FDGB: Vom alten Herrschaftsapparat zu neuer Gewerkschaftsmacht?, Sankt Augustin 1990;
Manfred Wilke (Ko-Autoren: Hans-Peter Müller, Marion Brabant): Die Deutsche Kommunistische Partei (DKP). Geschichte, Organisation, Politik, Köln 1990;
Manfred Wilke (Ko-Autor: Hans-Peter Müller): SED-Politik gegen die Realitäten. Verlauf und Funktion der Diskussion über die westdeutschen Gewerkschaften in SED und KPD/DKP 1961 bis 1972, Köln 1990;
Manfred Wilke (Ko-Autor: Hans-Peter Müller): Zwischen Solidarität und Eigennutz. Die Gewerkschaften des DGB im deutschen Vereinigungsprozeß, Melle 1992;
Hans-Hermann Hertle (Ko-Autor: Martin Jander): Toleranz und Härte. Die Entstehungsgeschichte des DGB-Grundsatzprogramms 1981, Berlin 1982;
Hans-Hermann Hertle, Rainer Weinert, Manfred Wilke: Der Staatsbesuch. Honecker in Bonn: Dokumente zur deutsch-deutschen Konstellation 1987, Berlin 1991;
Hans-Hermann Hertle: Nicht-Einmischung. Die DGB/FDGB-Beziehungen von 1972 bis 1989 oder Der Beitrag der Spitzenfunktionärs-Diplomatie zur gewerkschaftlichen Lähmung im demokratischen Umbruch und deutschen Einigungsprozeß, Berlin (West) 1991;
Hans-Hermann Hertle, Wolfgang Eckelmann, Rainer Weinert: FDGB-Intern. Innenansichten einer Massenorganisation der SED, Berlin (Ost) 1990;
Hans-Hermann Hertle, Theo Pirker, Jürgen Kädtler, Rainer Weinert: FDGB – Wende zum Ende. Auf dem Weg zu unabhängigen Gewerkschaften?, Köln 1990;
Hans-Hermann Hertle (Ko-Autor: Rainer Weinert): Die Auflösung

des FDGB und die Auseinandersetzung um sein Vermögen, Berlin (West) 1991;
Hans-Hermann Hertle: Der Weg in den Bankrott der DDR-Wirtschaft. Das Scheitern der »Einheit von Wirtschafts- und Sozialpolitik« am Beispiel der Schürer-Mittag-Kontroverse im Politbüro 1988, in: Deutschland Archiv 2/1992, S. 127–142.

2 Kurzprotokoll über die 13. Sitzung des Bundesausschusses am 6.9.1989, Düsseldorf, S. 2.

3 16. Ordentlicher Gewerkschaftstag der IG Metall, Berlin, 22.–28. Oktober 1989, Protokoll, 4. Tag, S. 321 ff.

4 Dieter Wunder: Der Zusammenbruch des »realen Sozialismus« und das Selbstverständnis der Gewerkschaften, in: Gewerkschaftliche Monatshefte, Sonderdruck: Sozialismus-Debatte, a.a.O., S. 5.

5 Ebd.

6 Ebd.

7 Ebd.

8 Ebd.

9 Ebd.

10 Dieter Wunder: Zu lange mit Harry Tisch am Tisch gesessen, in: Die Quelle, 1/1990, S. 12.

11 Ebd.

12 Heinz-Werner Meyer: 14. Ordentlicher Bundeskongreß, Hamburg, 20.-26.5.1990, Protokoll vom 23.Mai 1990, S. 304. Dieser Behauptung widersprach allerdings die nach dem Fall der Mauer vorgenommene, vorsorgliche Einkalkulierung der Kosten für einen Vereinigungsprozeß mit dem FDGB im DGB-Haushalt für 1992. – In seinem Diskussionsbeitrag zu dem Grundsatzreferat von Meyer begründete Franz Steinkühler noch einmal, warum es »nichts zu vereinigen« gibt zwischen DGB und FDGB. Nach seiner Meinung sind freie und unabhängige Gewerkschaften in der Bundesrepublik nicht zu vereinigen mit »sogenannten Gewerkschaften, die sich zum Meßdiener einer Ideologie haben machen lassen, die nie gestreikt, die nie gewußt haben, was Interessenvertretung heißt«. – Franz Steinkühler: 14. Ordentlicher Bundeskongreß, a.a.O., Protokoll vom 24.Mai 1990, S. 319.

13 Heinz-Werner Meyer: a.a.O., S. 301 f.

14 Heinz-Werner Meyer: a.a.O., S. 302.

15 Vgl. Manfred Wilke: Schutzkomitee Freiheit und Sozialismus, in: Jiri Pelikan, Manfred Wilke (Hrsg.): Menschenrechte. Ein Jahrbuch zu Osteuropa, Reinbek 1977, S. 372 ff.

16 Brief an Verband deutscher Schriftsteller in der IG Druck und Papier, Landesbezirk Berlin, vom 23.12.1976 (*Dok.* II/26).

17 Vgl. *Dok.* II/23–27.

18 Mahlein schrieb 1982: »Der Verband deutscher Schriftsteller (VS) in

der Industriegewerkschaft Druck und Papier ist ins Gerede gekommen. Einige Autoren, alle früher in der DDR zu Hause, haben ihren Austritt erklärt und ihn pressewirksam begründet. Vordergründig geht es um angebliche Anbiederei gegenüber Schriftstellerverbänden in sozialistischen Ländern und um vermeintliche Halbherzigkeiten bei der Verurteilung öffentlicher Menschenrechtsverletzungen. Im Kern jedoch geht es um das Engagement des VS für den Frieden. ... Schmerzhaft ist es freilich, daß ausgerechnet Autoren, die aus der DDR kommen, Angriffe starten, wie wir sie bisher von anderer Seite gewohnt sind.« – Leonhard Mahlein: Krise oder Kampagne?, in: ders.: »Verteidigt die Einheitsgewerkschaft«, Frankfurt am Main 1986, S. 309.

19 Erwin Ferlemann: Ohne Mediengewerkschaft dividieren sie uns auseinander. Interview mit Friedrich Hitzer, Kürbiskern, Heft2/1984, S. 12f.

20 Dokumentation: Aus der Diskussion der VS-Bundesdelegiertenkonferenz, Saarbrücken 1984, in: Kürbiskern, Heft 3/1984, S. 10f.

21 Uwe Friesel: Rechenschaftsbericht des Vorsitzenden, in: Wolfram Dorn und Klaus-Dieter Sommer (Hrsg.): Im Auftrag des Bundesvorstandes des Verbandes Deutscher Schriftsteller (VS): Komm, ins Offene, Freund! Erster gesamtdeutscher Kongreß des Verbandes Deutscher Schriftsteller (VS) in der IG Medien, 24.-26. Mai 1991 in Lübeck-Travemünde, Göttingen 1992, S. 80.

22 Uwe Friesel: a.a.O., S. 83.

23 Ebd.

24 DGB-Grundsatzprogramm 1981, in: Protokoll des 4. Außerordentlichen Bundeskongresses des DGB, Düsseldorf, 12.-14.3.1981, Frankfurt 1981, Anhang, S. 3.

25 Einheit, Zeitung der IG Bergbau und Energie, 2. Februarausgabe, Nr. 4, Bochum, 15.2.1992, S. 6.

26 Norbert Römer: Politik sozialer Partnerschaft. Stellungnahme zur gewerkschaftlichen Sozialismus-Debatte, in: Gewerkschaftliche Monatshefte, Sonderdruck: Sozialismus-Debatte, a.a.O., S. 28. (Der Beitrag erschien in den Gewerkschaftlichen Monatsheften 4/1990.)

27 Norbert Römer: Politik sozialer Partnerschaft, a.a.O., S. 27.

28 Vgl. den Beschluß des DGB-Bundesvorstandes vom 21./22.1.1991 zur Reform des Deutschen Gewerkschaftsbundes, demzufolge ein »erneuertes und zeitgemäßes DGB-Grundsatzprogramm auf einem Außerordentlichen Bundeskongreß 1996« verabschiedet werden soll.

Die deutschlandpolitische Programmatik des DGB 1949 bis 1989

Der DGB als Interessenverband der Arbeitnehmer

Die Organisierung von Interessen gilt in der Bundesrepublik als Ausdruck von Pluralismus und Demokratie. Art.9 GG garantiert das Recht aller Bürger, »zur Wahrung und Förderung der Arbeits- und Wirtschaftsbedingungen Vereine und Vereinigungen zu bilden«. Durch die Verbände können soziale Schichten, Berufsgruppen, Sozialverbände, Bürgerinitiativen, Interessenten im Freizeitbereich und ideelle und politische Vereinigungen auf die öffentliche Willensbildung und die politischen Entscheidungsprozesse mit allen gesetzlichen Mitteln Einfluß nehmen. »Indem in der Bundesrepublik als westlicher Demokratie der Einfluß einer Vielfalt frei organisierter Gruppen auf die staatliche Willensbildung als legitim akzeptiert wird, läßt sich auch von einer pluralistischen Demokratie sprechen. In ihr gilt Gemeinwohl nicht als vorgegeben und durch eine Staatsführung (bzw. Parteiführung) erkannt, sondern pragmatisch als jeweilige ›Resultante‹ von Gruppenauseinandersetzungen, sofern diese nur sozial- und rechtsstaatlichen Mindestanforderungen gerecht wird.«[1] Parteien, Parlamente, Medien und die staatliche Verwaltung gehören zu den Adressaten der Verbandspolitik. Die Zusammenarbeit zwischen staatlichen Körperschaften und wichtigen Verbänden gehört in Deutschland schon seit Anfang des Jahrhunderts zur politischen Praxis.

Die 16 Einzelgewerkschaften des Deutschen Gewerkschaftsbundes (DGB) bilden zusammen mit den Vereinigungen der Unternehmer und Handwerker in der Verbandstypologie die Wirtschaftsverbände, denen im politischen System der Bundesrepublik eine zentrale Bedeutung zukommt.

Der DGB und seine Verbände verstehen sich seit ihrer Gründung im Jahre 1949 als Einheitsgewerkschaften. Dieses programmatische Selbstverständnis bezieht sich sowohl auf die Zusammenführung aller Statusgruppen der Arbeitnehmer einer Branche in einer für sie zuständigen Gewerkschaft als auch auf die Überwindung der parteipolitischen Richtungsgewerkschaften, wie sie in Deutschland vor 1933 bestanden. Aus dem Einheitsgewerkschaftsverständnis leiten die DGB-Verbände ein selbstbestimmtes politisches Mandat ab. Politische Neutralität haben sie immer abgelehnt, und sie haben in die politischen Kontroversen mit eigenen Stellungnahmen immer wieder eingegriffen. Das galt auch für die Deutschland- und für die Entspannungspolitik. Dabei blieb der DGB auch nach dem Ende der sozialdemokratischen Arbeiterbewegung in der Bundesrepublik Deutschland[2] der SPD verbunden. Sie ist die Partei, deren Mitgliedsbuch die überwältigende Mehrzahl der hauptamtlichen Funktionäre besitzt.

40 Jahre Deutschlandpolitik

Die Ost- bzw. Deutschlandpolitik des DGB kann trotz seiner engen Anbindung an die Politik der SPD nicht losgelöst von der staatlichen Politik der Bundesrepublik Deutschland betrachtet werden. Nach der Befreiung von der nationalsozialistischen Diktatur durch die Besetzung Deutschlands 1945 wurde Europa durch den Dualismus zweier Weltsysteme in zwei Lager gespalten, die sich nicht allein machtpolitisch gegenüberstanden, sondern deren Wertordnung, politische Verfassung und Sozialstruktur gegensätzlich waren. Deutschland wurde im Streit der alliierten Siegermächte in zwei Staaten aufgespalten, die jeweils in einen der beiden gegensätzlichen ökonomischen und militärischen Blöcke integriert wurden. Mit der NATO und dem Warschauer Pakt standen sich in Deutschland zwei atomar hochgerüstete Militärkoalitionen gegenüber, und der Frieden ließ sich nur auf der Basis des Status quo bewahren. Diese weltpolitischen Eckdaten mußte jede Bundesregierung bis 1989 respektieren, und das hat ihren deutschlandpolitischen Spielraum von vornherein eingeengt. Die deutsche Frage war ungelöst, aber sie stand nicht auf der Tagesordnung der Weltpolitik.

1989, noch vor dem Fall der Berliner Mauer, zog Werner Weidenfeld eine Bilanz von 40 Jahren Deutschlandpolitik. Die Beziehungen der beiden deutschen Staaten, die nach zwei konträren politischen Systemkonzepten gegründet und aufgebaut wurden, einmal als demokratischer Verfassungsstaat, zum anderen als von der marxistisch-leninistischen Partei geführter sozialistischer Staat, wandelten sich in vierzig Jahren von der Abgrenzung zur Anerkennung. Weidenfeld schreibt: »In der ersten, formativen Phase des Nachkriegsdeutschland realisierte sich der deutsch-deutsche Grundkonflikt in wechselseitiger Abgrenzung. Symbol dieser Abgrenzung wurde der Bau der Mauer 1961 in Berlin. (...) Der Mauerbau löste aber auch langfristige geistige Prozesse aus, die für das deutschlandpolitische Denken tiefgreifende Konsequenzen zeitigten: Am Anfang stand der Alleinvertretungsanspruch der Bundesrepublik Deutschland, die Unvereinbarkeit von Freiheit und Unfreiheit. Dem zweiten deutschen Staat wurde keine Legitimation zugebilligt. In der Zeit des Alleinvertretungsanspruchs wurde die Abgrenzung vom anderen deutschen Staat zu einem wichtigen Teil der Selbstbeschreibung der Deutschen in der Bundesrepublik Deutschland. Nicht selten war dies begleitet von dem einfachen Denkschema, daß der eigenen Position nützlich sei, was ›denen drüben‹ schade. Die normative Ebene und die Ebene des politischen Handelns waren zwei Seiten der gleichen Medaille. Der Bau der Mauer löste ein Umdenken aus, das substantiell an diesem Kernpunkt ansetzte, in der Folgezeit immer mehr Zustimmung fand und schließlich im Grundlagenvertrag kodifiziert wurde: Das neue deutschlandpolitische Denken trennte die normative Ebene – also den Gegensatz der Ordnungssysteme und Wertvorstellungen – von der pragmatischen Ebene – der Kooperation über Systemgrenzen hinweg. Man vollzog den Übergang vom Alleinvertretungsanspruch zum Prinzip des Status der Gleichberechtigung zwischen beiden Staaten, verbunden mit dem Ziel, gutnachbarliche Beziehungen zu entwickeln.«[3]

Wichtig ist festzuhalten: In der Phase der Abgrenzung standen die normativen Konflikte über die politische und soziale Ordnung

Deutschlands zwischen der SED und den demokratischen Parteien der Bundesrepublik im Vordergrund der Auseinandersetzung. Beide Seiten begriffen sich als alternative Kernstaaten einer neuen Ordnung in Deutschland nach der NS-Diktatur. In der Phase der Kooperation dagegen trat die nationale Frage ebenso in den Hintergrund wie die der sozialen und politischen Ordnung. Die normativen Auseinandersetzungen wurden insbesondere im Westen abgelöst von Fragen der Abrüstung, der Friedenssicherung und der blockübergreifenden Kooperation, wie sie im KSZE-Prozeß ihren Ausdruck fand. Diese beiden Phasen – die normative Konfrontation und die mit der Friedenssicherung begründete Kooperation – prägten die DGB-FDGB-Beziehungen. Die Dokumente der Westabteilung des FDGB zeigen aber, daß die normative Auseinandersetzung, der Kampf um die politische und soziale Ordnung in Deutschland, seitens der SED auch in der Phase der Kooperation fortgesetzt wurde.

Die DGB-Programmatik in der Phase der Abgrenzung

1945 entstanden in allen vier Besatzungszonen Einheitsgewerkschaften. Die Gewerkschaftsfunktionäre aus den politischen Richtungsverbänden von vor 1933 strebten eine Einheitsgewerkschaft an.

Die Frage der Demokratie sollte sozialdemokratische, christliche und kommunistische Gewerkschafter bald wieder trennen. In der Frage der Staatsordnung gab es in den Gewerkschaften zwischen Christ- und Sozialdemokraten einerseits, Kommunisten andererseits keine Brücke, sondern nur die harte Konfrontation. Sie verstärkte sich in dem Maße, wie deutlich wurde, wie sehr die SED den FDGB in der SBZ beherrschte. Aber bis 1948 sprachen Westzonen-DGB und FDGB auf den Interzonenkonferenzen noch miteinander über die Gründung einer einheitlichen gesamtdeutschen Gewerkschaftsbewegung. Die Zustimmung des Westzonen-DGB zum Marshall-Plan 1948 und die Berliner Blockade, die bis zum Jahr 1949 dauerte, beendeten diese Gespräche. Der Westzonen-DGB unterstützte die Gründung der Bundesrepublik und verstand sich als tragende Säule und Garant der zweiten deutschen Republik. Der FDGB wurde in derselben Zeit zur wichtigsten und größten Massenorganisation der SED in der DDR.

Als der Bundes-DGB 1949 in München gegründet wurde, repräsentierte er politisch eine Koalition von Sozialdemokraten und christlichen Gewerkschaftern, die seine Programmatik und Politik bestimmten. Die Kommunisten wurden im DGB nur noch geduldet. Als die KPD auf ihrem »Münchener Parteitag«, der 1951 in Weimar tagte, ihre Entschließung »Die gegenwärtige Lage und die Aufgaben der KPD« annahm, änderte sich das. In dieser Entschließung behauptete die KPD, daß »die rechten Gewerkschaftsführer« versuchten, den DGB in den Dienst der amerikanischen Kriegsvorbereitungen gegen die Sowjetunion zu stellen. Als wichtigste Aufgabe der Partei wurde der Kampf gegen die Remilitarisierung Westdeutschlands festgelegt. Die Partei verlangte von ihren Mitgliedern in den Betrieben, »Kampfhandlungen auszulösen auch gegen den Willen rechter Gewerkschaftsführer«,[4] um die Aufstellung deutscher Streitkräfte in der Bundesrepublik zu verhindern.

Der DGB-Bundesvorstand nahm diese Aufforderung der KPD an ihre Mitglieder zum Anlaß, um den hauptamtlichen Funktionären, die Mitglieder der KPD waren, einen Revers vorzulegen, mit dem sie sich verpflichten mußten, »keinen Weisungen einer Instanz außerhalb der Gewerkschaften zu folgen«.[5] Die Funktionäre, die diesen Revers nicht unterschrieben, wurden von den DGB-Gewerkschaften fristlos entlassen. Wer unterschrieb, wurde wiederum aus der KPD ausgeschlossen. Die Ausgrenzung der Kommunisten aus der Einheitsgewerkschaft DGB war aber damit noch nicht zum Abschluß gekommen. Im November 1951 beantragte die Bundesregierung beim Bundesverfassungsgericht, die Sozialistische Reichspartei (SRP) als neo-nazistische Partei gemäß Art. 21, Abs. 2 GG zu verbieten. Nur drei Tage später beantragte die Regierung auch das Verbot der KPD.

Die SRP wurde bereits im Oktober 1952 verboten. Die Karlsruher Richter interpretierten bei dieser Gelegenheit ausführlich den Art.21 GG. Dabei gingen sie von der Feststellung aus, daß die in der Verfassung erwähnte »Grundordnung« wertgebunden ist:

»Freiheit, Gleichheit und Menschenwürde gehören zu den grundlegenden Prinzipien dieser Ordnung. Um die im Grundgesetz geschützten Menschenrechte zu garantieren, muß jede Partei die Volkssouveränität achten, die Gesetzmäßigkeit der Verwaltung ebenso anerkennen wie die Unabhängigkeit der Gerichte, die Gewaltenteilung, die Verantwortlichkeit der Regierung vor dem Parlament, das Mehrparteien-Prinzip und die Chancengleichheit für alle politischen Parteien, was das Recht auf die Bildung und Ausübung einer verfassungsmäßig geschützten Opposition beinhaltet. Nach diesen Maßstäben einer wertgebundenen demokratischen Grundordnung ist jede Partei als verfassungswidrig anzusehen, die in ihrer Organisationsstruktur und in ihren Zielen dieser Auffassung von Demokratie nicht entspricht.«

Das Verfahren gegen die KPD zog sich bis 1956 hin. Am 17. August diesen Jahres verbot das Bundesverfassungsgericht die KPD. Der DGB-Bundesvorstand erklärte zu diesem Urteil: »Die Kommunistische Partei hat nach Auffassung des Bundesvorstandes das Verbot bewußt provoziert, nachdem sie bei den zurückliegenden Wahlen nur noch rund 2 % aller Wählerstimmen auf sich vereinigen konnte.« Die DGB-Spitze bewertete die Politik der Partei seit 1945 insgesamt als »undemokratisch« und »destruktiv«. Mit dem Hinweis auf die Verhältnisse in der DDR sprach der DGB der KPD das moralische Recht ab, sich auf die »demokratischen Grundsätze«[6] zu berufen.

Als der DGB die Kommunisten als politische Strömung aus seinen Reihen ausgrenzte, bezogen sich die sozial- bzw. christdemokratischen Funktionäre in ihrer politischen Begründung immer wieder auf die Praktiken der SED in der sowjetischen Besatzungszone bzw. der späteren DDR. Der Abgrenzung von der KPD in der Bundesrepublik entsprach das Kontaktverbot zum FDGB und die Ablehnung von politischen Kontakten zur SED. In der Phase der Abgrenzung hat der DGB die innergewerkschaftliche Auseinandersetzung mit den Kommunisten in der Bundesrepublik und die Bekämpfung der SED als zwei Seiten einer Medaille gesehen. Die Wiedervereinigungsprogrammatik des DGB in der Phase des Kalten Krieges zwischen Ost und West nahm unzweideutig für die westliche Seite Partei.

1949 appellierte der DGB in seiner programmatischen Grundsatzerklärung an die vier Alliierten, die deutsche Einheit im Rahmen der europäischen Integration wiederherzustellen: »Der wirtschaftliche Wiederaufbau und die Eingliederung Deutschlands in die europäische und internationale Gemeinschaft der demokratischen Staaten erfordern, daß auch Deutschland die unabdingbaren Rechte eines jeden freien und demokratischen Staates zuerkannt werden. Dazu gehört das Recht des deutschen Volkes, in Freiheit über sein wirtschaftliches und politisches Gesamtschicksal zu entscheiden. Die Aufspaltung Deutschlands in eine östliche und westliche Zone mit verschiedenen Sozialordnungen muß fallen. Dazu gehört aber auch die Freiheit von jeder wirtschaftlichen Bevormundung durch andere Staaten, mit denen Deutschland im wirtschaftlichen Wettbewerb steht.«[7]

1957 legte der DGB der Öffentlichkeit eine »Erklärung zur Wiedervereinigung Deutschlands« vor. In dieser Erklärung wurde die Sowjetunion dafür verantwortlich gemacht, daß dem deutschen Volk das Selbstbestimmungsrecht verwehrt wird; ihr Veto habe die Durchführung freier demokratischer Wahlen zu einer gesamtdeutschen Volksvertretung verhindert. Der DGB machte sich explizit zum Anwalt der »Menschen in der Sowjetzone«, die eine Wiedervereinigung mit der Bundesrepublik wünschen und die unter der Herrschaft »des sowjethörigen Systems« leiden. Der eigentliche Gegner einer demokratischen Wiedervereinigung in Deutschland war für den DGB die SED-Führung: »Die Oberschicht der politischen Funktionäre, die heute Mitteldeutschland beherrscht, widersetzt sich einer Wiedervereinigung auf demokratischer Grundlage mit allen Mitteln. Sie weiß, daß sie von der großen Mehrheit der Bevölkerung scharf abgelehnt wird. Eine demokratische Wahl werde offenbaren, daß die Regierung das Vertrauen der Bevölkerung, besonders der Arbeitnehmer, nicht besitzt. Ihre Macht beruht ausschließlich auf der Diktatur des Parteiapparates, der von der Sowjetunion politisch gelenkt und von den sowjetischen Truppen gestützt wird, wie die Ereignisse des 17. Juni 1953 der Welt bewiesen haben. Obwohl die

Verfassung der DDR die Bildung einer Volksvertretung nach den Grundsätzen einer freien demokratischen Wahl vorschreibt, ist bis heute noch kein Parlament demokratisch gewählt worden. Die Regierung der Sowjetzone hat daher auch kein Mandat, die Bevölkerung Mitteldeutschlands zu vertreten.«[8]

Der DGB forderte 1957 eine deutsche Verfassung, die das Wirtschafts- und Gesellschaftsleben nach demokratischen Grundsätzen neu ordnen und den Ausbau des Sozialstaats beinhalten sollte. In einem Programm von 47 Punkten wurden Grundsätze für die Neuordnung eines wiedervereinigten Deutschlands formuliert. Sie reichten von der staatlichen Neuordnung bis zur Wirtschaftspolitik. Damals forderte der DGB noch die Überführung der Schlüsselindustrien in eine gemeinwirtschaftliche Ordnung und die rechtliche Sicherung der betrieblichen und überbetrieblichen Mitbestimmungsrechte der Arbeitnehmer und ihrer Gewerkschaften in Wirtschaft und Verwaltung. Die Wiederherstellung der Freizügigkeit im gesamtdeutschen Bereich und auf allen Gebieten verlangte der DGB als »Sofortprogramm«.

Sein Wiedervereinigungsprogramm verband der DGB mit der Abgrenzung vom FDGB: »Der sowjetzonale FDGB hat ständig versucht, mit dem DGB und seinen Gewerkschaften Kontakte aufzunehmen. Wiederholt haben sich Beauftragte des FDGB beim Bundesvorstand des Deutschen Gewerkschaftsbundes und den Vorständen der Gewerkschaften gemeldet und um Besprechungen nachgesucht. Da es zu Gesprächen nicht gekommen ist, hinterließen sie meist schriftliche Einladungen zu Verhandlungen und zu Zusammenkünften oder Vorschläge zu gemeinsamen Aktionen. Zugleich hat der FDGB versucht, seine Unterwanderungstätigkeit bei den Gewerkschaften und in den Betrieben der Bundesrepublik fortzusetzen. Seine Bemühungen sind regelmäßig an der ablehnenden Haltung der Betriebsratsmitglieder und Gewerkschaftsfunktionäre gescheitert. In einigen Fällen hat die kommunistische Infiltrationstätigkeit zu Strafverfahren geführt. In mehreren Prozessen, die zum Teil vom Bundesgerichtshof entschieden worden sind, wurde die Praxis der kommunistischen Unterwanderungsbestrebungen bis ins einzelne untersucht und für die Öffentlichkeit klargelegt. Da das Verhalten des FDGB in unzähligen Fällen gezeigt hat, daß den Beauftragten des FDGB an einer sachlichen Erörterung der gemeinsamen Probleme nicht gelegen ist und daß sie ausschließlich das Ziel verfolgen, das demokratische Leben und die gewerkschaftliche Arbeit in der Bundesrepublik zu stören und zu unterwühlen, hat der Hamburger Bundeskongreß 1956 eine Zusammenarbeit mit dem FDGB und seine Anerkennung als Interessenvertretung der Arbeitnehmer in Mitteldeutschland grundsätzlich abgelehnt. An diesen Kongreß-Beschluß hat der Bundesvorstand des DGB wiederholt erinnert. Der Hamburger Beschluß ist von unseren Funktionären allgemein beachtet worden.«[9] Der DGB-Bundesvorstand legte diesen Rechenschaftsbericht den Delegierten des 5. DGB-Bundeskongresses vor, der 1959 in Stuttgart tagte.

Die IG Druck und Papier folgte auf ihrem 5. Gewerkschaftstag im gleichen Jahr diesem Kurs der Gesprächsverweigerung mit dem FDGB nicht. Schon 1956 hatte ihr 4. Verbandstag beschlossen, daß der erweiterte Vorstand »eine Studienkommission zur Prüfung der Verhältnisse der DDR in sozialpolitischer, technischer, betriebsorganisatorischer und tariflicher Beziehung« einsetzen sollte.[10] Der Auftrag, eine solche Studienkommission einzusetzen, wurde jedoch nicht erfüllt. Zwar kam es am 21.1.1959 im Flughafen-Hotel Tempelhof zu einem Gespräch zwischen dem Vorsitzenden der IG Druck und Papier im DGB, Heinrich Hansen, und einigen Vorstandsmitgliedern sowie einer Delegation der Industriegewerkschaft Druck und Papier im FDGB, die von dem Vorsitzenden Heinz Meier geleitet wurde und der auch Heinz Deckert, damals noch Sekretär des Zentralvorstandes, angehörte. Die Delegation der IG Druck und Papier im DGB wollte dieses Gespräch jedoch als inoffiziell gewertet wissen. Nach dem Bericht von Deckert blieb das Gespräch für den FDGB ohne konkrete Ergebnisse. Er notierte: »a) Der Zentralvorstand, zumindest die hauptamtlichen Vertreter, lehnen jeden Kontakt mit unserer IG unter Begründung der angeführten Fakten (Staatsgewerkschaften usw.) ab, b) sie verfolgen die Politik der rechten Führung des DGB und unterstützen die Argumente der Adenauer-CDU und damit die Politik derselben. Das mag von ihnen bestritten werden, in der Praxis ist es so. c) Unser Vorschlag, eine

Stellungnahme zum Friedensvertragsentwurf abzugeben bzw. ihn als Verhandlungsgrundlage dem DGB-Bundesvorstand zu empfehlen, wurde abgelehnt. Hansen bemerkte bei der Verabschiedung, daß erst dann eine Basis für die Zusammenarbeit vorhanden sei, wenn wir uns von der Beeinflussung durch die SED freimachen würden. Auf eine Anfrage haben wir nochmals unterstrichen, daß wir uns als offizielle Delegation betrachten und demzufolge verpflichtet sind, unserer Mitgliederschaft auch öffentlich Mitteilung über das Gespräch zu machen. Wir haben festgestellt, daß diese Bemerkung mit äußerstem Mißfallen aufgenommen wurde. Offensichtlich hatte man erwartet, daß wir auch dieses Gespräch mit seiner Beendigung als abgeschlossen und für die Öffentlichkeit als undiskutabel betrachten.«[11]

Der FDGB nutzte in dieser Phase der Abgrenzung persönliche Beziehungen, die zwischen Funktionären aus West und Ost aus der Zeit vor der Spaltung Deutschlands existierten, zielstrebig für seine Politik. Die Bereitschaft, über politische Gräben und Zonengrenzen hinweg das persönliche Gespräch nicht abreißen zu lassen, unterstreicht, daß die deutsche Arbeiterbewegung vor allem ideologischen Streit zunächst ein individuelles Beziehungsgeflecht darstellte. Am Ende seines Berichts schilderte Deckert ein persönliches Gespräch mit dem Gauvorsitzenden der IG Druck und Papier von Niedersachsen, Heinrich Bruhns, der von 1962 bis 1968 Vorsitzender der IG Druck und Papier war. Deckert schrieb: »Kollege Deckert hatte zwischendurch Gelegenheit, wenige Minuten mit Koll. Bruhns, Gauvorsitzender Niedersachsen, zu sprechen, der in der Endphase der Beratung noch hinzugekommen war. Dieses Gespräch zeigte, daß Bruhns nicht zu dem rechten Flügel gehört und selbst enttäuscht ist über die Haltung, die einige leitende Funktionäre einnehmen. Nach wie vor ist es aber hier so, daß er sich nicht getraut, offen gegen diese Dinge aufzutreten. Er äußert den Wunsch, die vor Jahren geknüpften persönlichen Beziehungen weiterhin aufrechtzuerhalten und fortzusetzen.«[12]

Im Frühjahr 1959 drängte der Bezirksleiter (damals noch Gauvorsteher) von Bayern, Richard Starke, im erweiterten Vorstand darauf, den Beschluß über die Studienkommission noch vor dem

Gewerkschaftstag im September umzusetzen. Er unterlag nach eigenen Angaben »mit 13 gegen 17 Stimmen«.[13] Es war der Landesbezirk Bayern, der erneut die Entschließung Nr.1 auf dem 5. Gewerkschaftstag einbrachte, eine Studienkommission zur DDR einzusetzen. Mit 143 zu 76 Stimmen wurde sie vom Gewerkschaftstag beschlossen.[14] Die IG Druck und Papier wertete diesen Beschluß ihres 5. Ordentlichen Gewerkschaftstages von 1959 später immer als Beginn unmittelbarer Kontakte zum FDGB.[15]

»Wandel durch Annäherung« statt Abgrenzung – Die Reaktion auf den Mauerbau 1961 in SPD und DGB

Der Bau der Berliner Mauer im Jahr 1961 leitete von der Politik der Abgrenzung zur Phase der Anerkennung der Realitäten in Deutschland und Europa über. Im Zeichen des atomaren Patts zwischen den USA und der Sowjetunion begann die Periode der Entspannungspolitik zwischen Ost und West auf der Basis des Status quo der europäischen und damit der deutschen Teilung.

Egon Bahr schrieb später auf, wie er und Berlins Innensenator Heinrich Albertz 1961 erleben mußten, wie »die mächtigen Drei Mächte parierten«, als der Innenminister der DDR sie anwies, nur noch den Übergang Checkpoint Charlie in der Friedrichstraße zu benutzen. »Das war schon eine Lektion zum Thema Realitäten.« In diesen frühen 60er Jahren, so Egon Bahr, änderte sich sein »politisches Koordinaten-System«.[16] Im Zusammenhang mit dem Bau der Berliner Mauer am 13.8.1961 verlangte der SED-Generalsekretär Walter Ulbricht von der Bundesregierung in Bonn, daß sie sich an der Suche nach einem »Modus vivendi zwischen den beiden deutschen Staaten«[17] beteiligt. Der Regierende Bürgermeister von Berlin und Vorsitzende der SPD, Willy Brandt, und sein Mitarbeiter Egon Bahr wurden nach dem Mauerbau zu den Wortführern einer neuen Ostpolitik.

Der DGB reagierte auf den Bau der Berliner Mauer mit dem Aufruf »zu einer Verkehrs- und Arbeitsruhe« als Protest »gegen die Schandmauer«.[18] Im Unterschied zu den internen Reaktionen in den Planungsstäben des Berliner Senats, wie Egon Bahr sie beschrieb, verstärkte die DGB-Führung in Übereinstimmung mit der öffentlichen Meinung die Abgrenzung zu den Kommunisten. Hatte die DGB-Satzung von 1949 die Gewerkschaften auf den aktiven Kampf gegen die Feinde der Demokratie von rechts festgelegt, so wurde 1962 auf dem 6. Ordentlichen DGB-Bundeskongreß dieser Satzungsauftrag um den Kampf gegen die Kommunisten erweitert. Die DGB-Satzung verlangte nun von den Gewerkschaften, »faschistische, kommunistische, nationalistische, militaristische und alle sonstigen antidemokratischen Einflüsse«[19] zu bekämpfen.

Die politische Aufgabenerweiterung des Gewerkschaftsbundes durch diese Satzungsänderung wurde freilich nicht begründet, obwohl der DGB-Vorsitzende Willi Richter sie wollte. Die Nichtbegründung der Satzungsänderung war beredt, und sie betraf nicht nur den vor dem Kongreß zurückgezogenen Einspruch der IG Druck und Papier gegen diese Satzungsänderung. Als letzte Tat als DGB-Vorsitzender wollte Richter seine Generationserfahrung mit den totalitären Bewegungen des Jahrhunderts an die nachfolgenden Generationen weitergeben – ein Vorhaben, das hinsichtlich der Kommunisten zu diesem Zeitpunkt bereits unter den Funktionären umstritten war. Einen Hinweis auf diesen auch generationsspezifisch zu verstehenden Hintergrund der Satzungsänderung von 1962 liefert Egon Lutz, der 1962 als verantwortlicher Redakteur des Verbandsorgans geschäftsführendes Hauptvorstandsmitglied der IG Druck und Papier war. Er schrieb Jahre später über die politischen Überzeugungen von Richter ironisch: »Er verabscheute die Kommunisten und lehnte jede Gemeinsamkeit mit ihnen ab. Kontakte der Gewerkschaften zur DDR oder gar zum FDGB in Ostberlin kamen für Richter nicht in Frage. Am liebsten hätte er Deutschland wiedervereinigt.« Lutz gehörte einer anderen Generation als Richter an, und seine deutschlandpolitische Position, die durch seine ironische Distanz zu Richter aufblitzt, war auf die »Anerkennung der Realitäten« ausgerichtet. Der eigentlich Verantwortliche für diese Haltung der DGB-Spitze zu Richters Zeiten aber war für Lutz Eduard Wald:

»Die Positionslichter nach links setzte Richters hausinterner Sicherheitsdienst, der in seiner ständigen Zeitschrift ›Feinde der Demokratie‹ Kommunisten selbst da noch entdeckte, wo keine zu finden waren. Zu jenen Zeiten empfand man es schon als verdächtig, wenn die Auslassungen eines Gewerkschaftsfunktionärs im Osten ein wohlwollendes Echo fanden. Die Zeitschrift hat später ein unrühmliches Ende gefunden. Sie paßte nicht mehr in die politische Landschaft und wurde eingestellt.«[20]

Anzumerken bleibt, daß die IG Druck und Papier 1962 als einzige Gewerkschaft die Verpflichtung in der DGB-Satzung zum Kampf gegen die Kommunisten verhindern wollte.

Redakteur der Zeitschrift »Feinde der Demokratie«, die Egon Lutz hier abtat, war Eduard (»Edu«) Wald. Seine Biographie muß hier kurz skizziert werden; erst wenn man sie kennt, wird das Gewicht des Angriffs von Egon Lutz richtig erkennbar. Der IG-Druck-und-Papier-Funktionär bewertet in der Person von Edu Wald zugleich die historischen Erfahrungen mit totalitärer Politik und erklärte sie für die Politik des DGB als bedeutungslos.

Der Zweite Senat des Volksgerichtshofs verurteilte 1937 den Gärtner Eduard Karl August Wald als Kommunisten zu einer Zuchthausstrafe von 15 Jahren, die er im Zuchthaus Brandenburg verbüßen mußte.[21] Der langjährige Vorsitzende der IG Metall, Otto Brenner, schrieb am 17. Juni 1953 an das Amtsgericht Hannover, um in der Haftentschädigungssache Eduard Wald auszusagen. Brenner, der selbst im August 1933 verhaftet worden war, berichtet in diesem Brief, daß die Gestapo besonders intensiv nach Wald gefahndet hatte und die politischen Häftlinge der Meinung waren, »Herr Wald werde nach seiner Festnahme zum Tode verurteilt«.[22] Nach 1945 trat die KPD in Deutschland mit dem programmatischen Versprechen an, daß es einen besonderen deutschen Weg zum Sozialismus geben werde, der sich von dem in der Sowjetunion unterscheiden würde. Eduard Wald schloß sich 1945 wiederum seiner alten Partei an, weil er an deren neue Programmatik glaubte. Als diese 1948 im Zusammenhang mit Stalins Bruch mit Jugoslawien widerrufen wurde, trat Wald aus der KPD aus. Wald analysierte in einem Brief vom 28. September 1961 an den DGB-Bundesvorsitzenden die neue Lage, die für den DGB in der Deutschlandpolitik durch den 13. August 1961 entstanden war. Auch für ihn war die Mauer das Symbol der auf lange Zeit endgültigen Spaltung Deutschlands. Die De-facto-Anerkennung der DDR als zweiter deutscher Staat war früher oder später zu erwarten. An diesem Punkt begann nun der Unterschied zu der Lageeinschätzung, die Egon Bahr zur gleichen Zeit vornahm. Die Realität der SED-Diktatur über ihren Teil Deutschlands war für Edu Wald nicht das letzte Wort der Geschichte. Eine Perspektive des Widerstands gegen solche »Realitäten« war für ihn weder undenkbar noch politisch widersinnig. Er wollte, daß gerade die demokratischen Gewerkschaften sich als Interessenvertreter der Arbeitnehmer verpflichtet fühlten, den Menschen »drüben« zu helfen, und der DGB seinen Beitrag zur Sicherung Berlins leistete.

Wald warnte Richter, die eigentlichen Schwierigkeiten in der Auseinandersetzung mit der SED begännen erst, ohne daß sie sich stets an solchen dramatischen Ereignissen wie dem Mauerbau festmachen ließen. Er verlangte daher von der Gewerkschaftsführung einen langen Atem in der Auseinandersetzung mit der SED-Führung um die Bestimmung des Wegs der deutschen Nation. Wald wußte, daß die öffentliche Meinung in der Bundesrepublik, nachdem sich der erste Schock gelegt hatte, die Anerkennung der Realitäten einfordern würde. Besorgt fragte er: »Wird die Schockwirkung des 13. August und die außerordentliche Zuspitzung der Lage, die in den letzten Wochen den Menschen bei uns endlich bewußt wurde, zu einer anhaltenden demokratischen Aktivität führen? Oder wird auch bei uns nach dem doch wohl unvermeidlichen Friedensvertrag des Ostblocks – und zahlreicher neutraler? – mit Ulbricht nicht auch eine Resignation, ein Sich-Abfinden und -Wenden um sich greifen, und damit der Kommunismus einen Erfolg haben, der ihm die Ausgangsbasis für den nächsten Vorstoß gibt?«[23]

Durch seine politische Sozialisation in der KPD dachte Wald apparativ. Er gab Anregungen für die zukünftige Auseinandersetzung des DGB mit der SED. Dazu zählten: Einflußnahme auf den Rundfunk als dem entscheidenden Informationsmittel für die Bewohner der DDR, die Forderung nach einer Koordinierung der mit der Deutschlandpolitik befaßten Institutionen in der Bundesrepublik unter der maßgeblichen Beteiligung des DGB, ein Konzept der Bewußtseinsbildung über die deutsche Frage und die Auseinandersetzungen mit dem Kommunismus für die gewerkschaftliche Schulungsarbeit und vor allem Berichte über diese Themen in der Gewerkschaftspresse. Nachdrücklich forderte er besonders von der Gewerkschaftsjugend die Abgrenzung von einem pazifistischen Neutralismus, wie ihn nach Walds Ansicht einige »Berufsjugendliche« dort pflegten. »Der Mißerfolg der DFU bei den Bundestagswahlen wird diese Gruppe um so mehr veranlassen, die Anti-Atom-Bewegung zu infiltrieren, sich ihrer zu bemächtigen und sie zu benutzen, um neuen Auftrieb zu bekommen. Ich meine, auch das sollten wir nicht übersehen, und gelegentlich auch härter sein als bisher.«[24] Die Beteiligung der Gewerkschaften an den Ostermärschen und die Zusammenarbeit mit der »Kampagne für Abrüstung« war in den DGB-Verbänden in den sechziger Jahren ein ständiges Thema der Gewerkschaftstage. Abschließend informierte Edu Wald den DGB-Bundesvorsitzenden, daß er dem Kollegen Gronau geschrieben und ihm vorgeschlagen habe, baldmöglichst den Koordinierungsausschuß einzuberufen.[25]

Bezieht man Edu Walds Brief als interne Entscheidungshilfe mit in die Betrachtung der Satzungsänderung von 1962 ein, so wird die These plausibel, daß Willi Richter 1962 den langen Atem des DGB im Kampf gegen die SED-Führung durch diese Satzungsbestimmung festschreiben wollte. Richter und Wald betrachteten die KPD nicht als eine eigenständige Partei der bundesrepublikanischen Arbeiterbewegung, deren Mitglieder ganz selbstverständlich in der Einheitsgewerkschaft ihren Platz haben könnten. Für sie war die KPD ein subalterner Apparat der SED in der Bundesrepublik, der maßgeblichen Einfluß auf den DGB zu erlangen suchte. Die DGB-Satzung von 1962 wertete kommunistische Gewerkschaftspolitik als Versuch, in den Gewerkschaften im Auftrag der Partei eine politisch-ideologische Hegemonie zu erobern, und diese Absicht wollte Richter »bekämpft« wissen.

Ein Jahr später gab sich der DGB ein neues Grundsatzprogramm. In der Frage der Wiedervereinigung blieb das Programm von 1963 der Phase der normativen Abgrenzung verpflichtet:

»Die Gewerkschaften bekennen sich uneingeschränkt zur Selbstbestimmung der Völker. Sie verurteilen jede Rassendiskriminierung und wenden sich gegen alle Formen kolonialer Unterdrükkung. Sie fordern die Verwirklichung des Rechtes auf Selbstbestimmung, auch für das deutsche Volk. Die Wiedervereinigung Deutschlands ist die Voraussetzung für eine friedliche Ordnung Europas. Berlin bleibt die Hauptstadt Deutschlands.«[26]

1963, nur einen Monat nach dem DGB-Programmkongreß, schloß der Berliner Senat das erste Passierscheinabkommen mit der DDR-Regierung ab. Willy Brandt, Vorsitzender der SPD und Regierender Bürgermeister von Berlin, begann seine Formel von der Politik der »kleinen Schritte« in die Praxis umzusetzen, und auf der Ebene der praktischen Politik des Berliner Senats begann die schrittweise Anerkennung der DDR durch die Bundesrepublik. Die Konzeption einer neuen Ostpolitik folgte der amerikanischen Strategie des Interessenausgleichs mit der Sowjetunion, nachdem die Politik von Druck und Gegendruck, die für den Kalten Krieg kennzeichnend war, die Spaltung Europas immer mehr verfestigt hatte. In einer weit beachteten Rede in der Evangelischen Akademie Tutzing übersetzte Egon Bahr 1964 die amerikanische Sowjetunion-Politik auf die deutschen Verhältnisse und gab der neuen Ostpolitik der SPD ihre suggestive Formel: Wandel durch Annäherung! Bahr sagte: »Heute ist klar, daß die Wiedervereinigung nicht ein einmaliger Akt ist, der durch einen historischen Beschluß an einem historischen Tag auf einer historischen Konferenz ins Werk gesetzt wird, sondern ein Prozeß mit vielen Schritten und vielen Stationen. Wenn es richtig ist, was Kennedy sagte, daß man auch die Interessen der anderen Seite anerkennen und berücksichtigen muß, so ist es sicher für die Sowjetunion unmöglich, sich die Zone (die DDR, d. Vf.) zum Zwecke einer Verstärkung des westlichen Potentials entreißen zu lassen. Die Zone muß mit Zustimmung der Sowjets transformiert werden. Wenn wir so weit wären, hätten wir einen großen Schritt zur Wiedervereinigung getan. Nun kann es kaum einen Zweifel geben, daß Änderungen in der Zone besonders schwer zu erreichen sind. Die Zone ist in der politischen Entwicklung zurückgebliebener als Polen, Ungarn und die Sowjetunion. Und das hat seine Gründe. Ulbricht konnte sich halten, nicht obwohl, sondern gerade weil er der letzte Stalinist ist. Die Erfahrungen des Jahres 1953 haben dem Kreml gezeigt, wie gefährlich es in seinem Sinne ist, wenn in der deutschen Zone Erleichterungen für die Menschen gewährt werden. Denn gerade weil es sich um den Teil eines gespaltenen Volkes handelt, schlagen anders als etwa in Polen oder in der Sowjetunion soziale und wirtschaftliche Forderungen sofort um in politische und in nationale. Das Gefälle zur Bundesrepublik ist da ... Wenn es richtig ist, und ich glaube, es ist richtig, daß die Zone dem sowjetischen Einflußbereich nicht entrissen werden kann, dann ergibt sich daraus, daß jede Politik zum direkten Sturz des Regimes drüben aussichtslos ist. Diese Folgerung ist rasend unbequem und geht gegen unser Gefühl, aber sie ist logisch. Sie bedeutet, daß Änderungen und Veränderungen nur ausgehend von dem zur Zeit dort herrschenden verhaßten Regime erreichbar sind.« Aus diesem Befund zog Bahr die berühmt gewordene Folgerung, notwendig sei ein »Wandel durch Annäherung«.[27]

In der Großen Koalition zwischen CDU/CSU und SPD, 1966 unter Bundeskanzler Kurt-Georg Kiesinger gebildet, wurde Willy Brandt Außenminister. Erstmals konnte die SPD mit ihrer neuen ostpolitischen Konzeption Einfluß nehmen auf die Außenpolitik der Bundesrepublik. Die Bundesregierung bot den Staaten Südost- und Osteuropas diplomatische Beziehungen an, aber unter Ausklammerung der DDR. Der erste Erfolg dieser Politik war die Aufnahme diplomatischer Beziehungen zu Rumänien Ende Januar 1967. Ohne Anerkennung im Westen drohte der DDR jetzt die politische Isolierung im eigenen Lager. Dieser Gefahr begegnete die SED-Führung im engen Schulterschluß mit der Sowjetunion. Der politische Ausschuß des Warschauer Paktes erklärte 1967 die Anerkennung der DDR zur Vorbedingung für die Aufnahme diplomatischer Beziehungen der sozialistischen Staaten mit der Bundesrepublik Deutschland. Damit war die Staatsräson der DDR bestätigt, die Eigenstaatlichkeit im Verbund mit der Sowjetunion im sozialistischen Lager abzusichern.

Der Ansatz für diese neue Ostpolitik war mit Satzung und Programm des DGB in Übereinstimmung zu bringen, und wie die evangelische Kirche gehörte der DGB in der Bundesrepublik zu den Interessenverbänden, die diese Politik der Anerkennung und der Hoffnung auf innere Reform der sozialistischen Gesellschaften im sowjetischen Imperium begrüßten und durch Kontaktaufnahme mit den Staatsgewerkschaften unterstützten.

Im DGB trat die normative Abgrenzung von den Staatsgewerkschaften im Ostblock in den Hintergrund, und als »Schwalbe« fuhr der Vorsitzende der Gewerkschaft ÖTV, Heinz Kluncker, 1965 und 1966 zu Gesprächen mit den Staatsgewerkschaften in die Tschechoslowakei (2.9. – 5.9.1965) und in die Sowjetunion (26.3. – 3.4.1966). Der 7. DGB-Kongreß, der im Mai 1966 in Berlin tagte, billigte »Informationsfahrten« in die osteuropäischen Länder.[28] Die Reisediplomatie von Gewerkschaftsvorsitzenden unterstützte die sozialdemokratische Ostpolitik, durch die sich die SED-Führung damals bedroht fühlte.

1968: Der Sozialismus mit menschlichem Gesicht und die Frage der Solidarität

Die SED-Spitze sah in dem Konzept »Wandel durch Annäherung« einen besonders raffinierten Versuch der inneren »Aufweichung« der realsozialistischen Parteidiktaturen. Im März 1968 erklärte der SED-Generalsekretär Walter Ulbricht vor seinem Zentralkomitee: »Wir müssen uns doch darüber im klaren sein, daß das Wesen der Politik der sozialdemokratischen Führung darin besteht, Wege des Eindringens in die DDR zu finanzieren, die DDR von innen aufzurollen, um das westdeutsche System des staatsmonopolistischen Kapitalismus mit seiner Bundeswehr auf ganz Deutschland zu übertragen.« Ausdrücklich erklärte er das Festhalten der Sozialdemokratischen Partei am Recht des deutschen Volkes auf Wiedervereinigung zum »Hauptpunkt der Differenzen mit der sozialdemokratischen Führung«.[29]

Ulbricht sprach sein Urteil über die Zielsetzung der SPD-Ostpolitik zu einem Zeitpunkt, als die SED ihren Konfrontationskurs gegen den tschechoslowakischen Reformprozeß festlegte, der im Januar 1968 mit einem Führungswechsel an der Spitze der Kommunistischen Partei begonnen hatte. Der in der Tschechoslowakei von Vertretern einer regierenden kommunistischen Partei eingeschlagene Weg des freiwilligen Verzichts auf das diktatorische Herrschaftsmonopol im politischen System und der Akzeptanz von Pluralismus und Opposition in der sozialistischen Gesellschaft stellte in den Augen der SED eine Gefährdung stalinistischer Partei-, Macht- und Gesellschaftsstrukturen dar, wie sie in der DDR existierten. Die Reformbewegung des »Prager Frühlings« 1968 beseitigte die Parteikontrolle über die Massenmedien und führte zu einer Reform der tschechoslowakischen Staatsgewerkschaften, es entstanden unabhängige Industrieverbände. Die Formel vom »Wandel durch Annäherung« wurde in der ČSSR 1968 zur gesellschaftlichen Realität. Aber diese Selbstreform der sozialistischen Gesellschaft faßte Ulbricht als »Aufweichung« auf, und die SED bekämpfte die tschechoslowakischen Reformkommunisten als verkappte Sozialdemokraten, die dabei waren, die tschechoslowakische Kommunistische Partei zu »liquidieren«. Dazu kam es nicht, weil der »Prager Frühling« am 21. August 1968 durch den »Nachtfrost« der militärischen Okkupation der Tschechoslowakei durch 800 000 – und nicht, wie bislang angenommen, 500 000 – Soldaten aus fünf Staaten des Warschauer Paktes gewaltsam beendet wurde.

Der angesehene und einflußreiche journalistische Begleiter der sozialdemokratischen Ostpolitik, Peter Bender, hat auf überzeugende Weise dargestellt, daß die Besetzung der Tschechoslowakei durch die Warschauer-Pakt-Staaten den Entspannungsprozeß zwischen West und Ost geradezu befördert hat:

> »In Europa – in Ost wie West – erschien die Notwendigkeit eines Interessenausgleichs übermächtig. ... ›Ein Verkehrsunfall auf dem Weg zur Entspannung‹, bemerkte der französische Außenminister Michel Debré ebenso zynisch wie zutreffend. Prag schreckte nicht ab, doch es ernüchterte, denn überall wurden die Grenzen für eine Annäherung mehr bewußt. Illusionen im Westen, der Osten lasse sich schnell und gründlich verändern, zerstoben ebenso wie sowjetische Hoffnungen, der Gaullismus werde den Amerikanern in Europa den Boden entziehen. Moskau sprach kaum mehr von der Auflösung der Militär-

bündnisse und bestätigte 1971 im Berlin-Abkommen und 1973 auf der Gesamteuropäischen Konferenz (KSZE), daß es für unbegrenzte Zeit mit den USA als Partner wie als Gegenkraft in Europa rechnete. Obwohl nur wenige im Westen es sich eingestanden – die Vergewaltigung der Tschechoslowakei half der Entspannung.«[30]

Die SED hat sich aktiv an der Vorbereitung und der Durchführung der Okkupation beteiligt. Die SED-Spitze stimmte am 18. August in Moskau dem Okkupationsbeschluß zu. Zwei Tage nach dem Einmarsch der Okkupationsstreitkräfte in die Tschechoslowakei erstattete der SED-Parteichef Walter Ulbricht seinem Zentralkomitee darüber Bericht. Nach Ulbrichts Worten schloß es sich dem Votum der KPdSU zur militärischen Besetzung der Tschechoslowakei ohne Diskussion an.

Zum ersten Mal nach dem Zweiten Weltkrieg überschritten deutsche Soldaten (der »Nationalen Volksarmee« der DDR) in Ausführung dieser Entscheidung die Grenzen eines souveränen Nachbarstaates. Ulbricht war sehr zufrieden über diesen außenpolitischen Erfolg der DDR, der nicht nur darin bestand, die bedrohliche Selbstreform des Sozialismus in der Tschechoslowakei zu blockieren. Durch die Besetzung der ČSSR wurde nach Ulbrichts Ausführungen vor dem SED-Zentralkomitee am 23.8.1968 der Weg zur europäischen Friedensordnung auf der Basis des Status quo geebnet. »Es wird jetzt klar, daß es nur einen Weg zur europäischen Friedensordnung gibt, der ausgeht von der Anerkennung der Realitäten, und daß sich die Bonner Regierung aus dem Kopf schlagen muß, den Status quo zu ändern, das heißt, durch das Eindringen und die Unterminierung der sozialistischen Staaten das Kräfteverhältnis in Europa und in der Welt zu verändern. Es ist jetzt für alle Bürger der DDR und auch für alle real denkenden Menschen in allen europäischen Ländern sichtbar, daß der Weg zur europäischen Friedensordnung, der Weg zur europäischen Sicherheit, die Sicherung des Sozialismus und die brüderliche Gemeinschaft der sozialistischen Staaten voraussetzt.«[31]

Ulbricht hatte sich nicht geirrt. Im September 1969 verlor die CDU/CSU die Bundestagswahlen, und Willy Brandt bildete zusammen mit der FDP die sozialliberale Koalition. Die Ostpolitik wurde zur Klammer für diese Koalitionsregierung. Die Anerkennung der Oder-Neiße-Grenze seitens der Bundesrepublik, die Anerkennung der DDR als zweitem deutschem Staat und ein Modus vivendi in der Berlin-Frage wurden mit den Ostverträgen Anfang der siebziger Jahre gesiegelt. Im Bewußtsein der unabsehbaren Dauer deutscher Zweistaatlichkeit schrieb Peter Bender über diese Politik: »Das Neue in der Ostpolitik Brandts und Scheels bestand darin, daß die Einsicht in die Notwendigkeit ganz vollzogen und damit die Freiheit des Handelns gewonnen wurde. Die sozialliberale Koalition war entschlossen, die drei Konflikte der alten Politik zu überwinden, sie wollte tun, was der Osten seit fünfzehn Jahren forderte und der Westen seit zehn Jahren wünschte, und sie wollte Schluß machen mit der ›Lebenslüge‹ (Willy Brandt in einem Vortrag am 18.11.1984) von der Wiedervereinigung. Bittere Erfahrung, zuletzt in der Großen Koalition, hatte gelehrt, daß die Verweigerung nichts einbrachte außer wachsenden Schwierigkeiten. Seit Ende der fünfziger Jahre waren alle Bundesregierungen um bessere Ostbeziehungen bemüht gewesen, doch es hatte nie ganz gereicht, und der Berg der Bedingungen war von Mal zu Mal gewachsen. ... Bonn mußte Ballast abwerfen, um manövrierfähig zu bleiben.«[32]

Kehren wir noch einmal kurz zur Okkupation der Tschechoslowakei zurück. Die Tschechen und Slowaken wehrten sich gegen den Einmarsch gewaltlos und mit einem Generalstreik. Die Bilder von der Konfrontation zwischen Panzern und Demonstranten gingen um die Welt, und es kam zu spontanen weltweiten Manifestationen gegen die »Panzerkommunisten« – selbst auf dem Roten Platz in Moskau. Wie ging nun der DGB mit diesen welt- und deutschlandpolitischen Rahmenbedingungen am Ende der sechziger Jahre um? Der DGB und seine Gewerkschaften protestierten gegen den Einmarsch in die ČSSR am 21. August 1968 und unterbrachen die begonnenen Kontakte zu den Staatsgewerkschaften im Ostblock – mit Ausnahme der IG Druck und Papier.

Auf dem 8. Bundeskongreß des DGB im Frühjahr 1969 in München diskutierten die Delegierten, wie der DGB auf die gewaltsame Unterdrückung des tschechoslowakischen Reformprozesses und damit auf die Blockierung des »Wandels« reagieren sollte. Die IG Metall solidarisierte sich rückhaltlos mit den Reformkräften in der ČSSR und wollte die Kontakte zu den Staatsgewerkschaften der Interventionsländer erst dann fortsetzen, »wenn sich die Verhältnisse in der ČSSR so weit normalisiert haben, daß die Selbständigkeit der Entscheidungen der tschechoslowakischen Staats-, Partei- und Gewerkschaftsführung gegenüber der UdSSR als gewahrt angenommen werden kann«.[33]

Mit dieser Position wollte die IG Metall die Bereitschaft zu Gesprächen mit den Staatsgewerkschaften über eine Normalisierung der Beziehungen der Bundesrepublik zu den mittel- und südosteuropäischen Staaten als Druckmittel einsetzen, um die Selbstbehauptung der tschechoslowakischen Reformkräfte zu unterstützen. Otto Brenner, der Vorsitzende der IG Metall, rechtfertigte die Haltung seiner Gewerkschaft mit dem »Grundsatz der internationalen Solidarität aller arbeitenden Menschen«. Er warnte den DGB davor, »unglaubwürdig« zu werden, wenn man über die Intervention der ČSSR umstandslos zur außenpolitischen Tagesordnung überginge. »Wir könnten das um so weniger tun, als gerade wir die Demokratisierungstendenzen im Osten und insbesondere den Reformkurs in der ČSSR begrüßt und damit zum Ausgangspunkt unserer Kontaktaufnahmen gemacht hatten.«[34]

Um diesen Standpunkt zu würdigen, gilt es zu bedenken, daß die Kontakte der DGB-Gewerkschaften mit den Staatsgewerkschaften rein politischer Natur waren. Der IG-Metall-Vorsitzende fragte 1969 nach der eigenen Zielsetzung aus der Perspektive gewerkschaftlicher Politik. Brenner hielt diese Beziehungsaufnahme nur dann für sinnvoll, wenn durch sie die Reformkräfte in den sozialistischen Staaten gestärkt würden. Er wollte den inneren Wandel, die Entstalinisierung in der Sowjetunion und in den Staaten des Ostblocks durch Kontakte mit den Reformkräften unterstützen. Ulbricht sah in dieser sozialdemokratischen Auffassung vom Wandel durch Annäherung eine feindliche Politik der »Aufweichung«. Er forderte im Namen des Realismus und der eigenen Machtsicherung, daß die Sozialdemokraten auf diese Politik verzichten müssen, wollten sie Kontakte zur SED und ihrer Massenorganisation FDGB anknüpfen.

Otto Brenner forderte für seine ostpolitische Konzeption, wie schon Edu Wald in anderem Zusammenhang, einen langen Atem: »Gerade darauf kommt es an, daß wir als gewerkschaftliche Organisation eine Politik unterstützen, die auch auf weite Sicht Erfolg haben wird, im Interesse all derer, denen daran liegt, daß man nicht nur ein Selbstbestimmungsrecht für die Völker, sondern daß man auch ein solches Selbstbestimmungsrecht in den Ländern bestehen läßt, die ihren eigenen Weg zum Sozialismus gehen möchten.«[35]

Im Gegensatz zu Brenner wollte die IG Druck und Papier mit ihren Ostkontakten vornehmlich zur »Völkerverständigung« beitragen. Zwei Monate nach der Okkupation der ČSSR stellte der Hauptvorstand der IG Druck und Papier in seinem Geschäftsbericht fest: »Die Begegnungen werden verstärkt fortgesetzt werden müssen und sind vor allem auch auf die bisher noch nicht angesprochenen Gewerkschaften in den anderen Ländern des Ostblocks auszudehnen. Die Frage der Kontakte zur IG Druck und Papier im FDGB wird dabei auf Sicht ebenfalls positiv gelöst werden müssen. Auch die Gewerkschaften des ›sozialistischen Lagers‹ sind Gewerkschaften. Wenn sie nicht nur – und zunächst sogar zum wenigsten – im Auftrag ihrer Mitglieder, der arbeitenden Bevölkerung, handeln, so sollten wir nicht übersehen, daß auch unsere Gewerkschaften innerhalb immer klarer auftretender Schranken arbeiten müssen. Auch für uns gelten gesetzliche und politische Normen.« Nach dieser Verwischung der Unterschiede zwischen den Gewerkschaften und den parteilichen Massenorganisationen im Osten stellte die IG Druck und Papier fest: »Die sozialistischen Gewerkschafter erwarten von uns nicht eitel Zustimmung und Begeisterung für das, was sie uns zeigen und sagen können. Sie akzeptieren auch Bedenken und Kritik, und sie sind bereit, zu diskutieren, auch wenn sie zugleich zu erkennen geben, daß sie ihren eigenen Grundlagen, ihre politischen und gesellschaftlichen Theorien, keineswegs in Frage stellen wollen. Neben diesen Grundsatzfragen gibt es eine Menge praktischer gewerkschaftlicher Probleme, aus deren Erörterung jeder von uns, beide Seiten, lernen können und lernen sollten.«[36]

Der DGB-Kongreß folgte nicht der Linie des IGMetall-Vorstands, sondern beschloß den Antrag der IG Druck und Papier, der den Bundesvorstand beauftragte, die Kontakte »zu den Gewerkschaften des Ostblocks« weiter auszubauen, »trotz der von uns scharf verurteilten Ereignisse in der ČSSR«. Mit dem Wort »Ereignisse« pflegte die SED-Propaganda die Okkupation der ČSSR zu umschreiben; der DGB-Bundeskongreß ersetzte »Ereignisse« durch »Besetzung«.[37]

Dieser Beschluß entsprach ganz der entspannungspolitischen Einstimmung des Kongresses, die Bundesaußenminister Willy Brandt als Gastredner vorgetragen hatte: »Zusammen mit den Verbündeten und Freunden müssen wir um Entspannung ringen. Unser Ziel bleibt eine europäische Friedensordnung, die gegründet ist auf Nichteinmischung, auf territoriale Unverletzlichkeit und auf den Verzicht auf jede Form der Drohung mit und der Anwendung von Gewalt. Die deutschen Gewerkschaften waren und sind überzeugte Verfechter der europäischen Einigung. Ich darf Sie, die Delegierten dieses Kongresses, auch insoweit als willkommene und auch starke Verbündete ansprechen.« Unmittelbar bezog sich Brandt dabei auf seine Politik der Westintegration, des Ausbaus der Europäischen Gemeinschaft. Aber er vergaß auch nicht den anderen Teil des Kontinents. »Ich lasse mich nicht davon abbringen, daß es notwendig ist, nicht nur die gute Zusammenarbeit mit dem Westen zu pflegen, sondern auch um Ausgleich und Verständigung mit den Nachbarn bemüht zu bleiben. (Beifall) Daß es notwendig ist, für den Austausch von Gewaltverzichtserklärungen auch in bezug auf die Grenzfragen zu arbeiten und die Voraussetzungen dafür zu schaffen, daß die Rüstungen in Europa gleichmäßig, gleichgewichtig abgebaut werden können. (Beifall) Daß es notwendig bleibt, trotz der Borniertheit der führenden Gruppe in Ost-Berlin, nicht nachzulassen im Ringen um innerdeutsche Regelungen – in dessen Dienst gleichberechtigte Verhandlungen zu stellen sind.«[38]

Ganz im Geist dieser Sätze des SPD-Vorsitzenden ergriff Heinz Kluncker (ÖTV) als Anwalt des politischen Pragmatismus das Wort in bezug auf die Ostkontakte: »Wenn wir Politik machen und nicht nur erdulden wollen, müssen wir mit unseren östlichen Nachbarn reden. Wir müssen uns auch von der Illusion freimachen, wir könnten dabei die DDR ausklammern oder gar umklammern. Diese Kontakte bedeuten keineswegs, daß der DGB und seine Gewerkschaften ihre Grundsätze aufgegeben hätten oder gar die Opfer kommunistischer Propaganda geworden wären. Es wäre ein Armutszeugnis für uns, wenn wir vor der Auseinandersetzung mit den Kommunisten kneifen würden. Ich bin daher für den Antrag der IG Druck und Papier.«[39]

Im Streit zwischen Brenner und Kluncker ging es um die Perspektive der gewerkschaftlichen Ostpolitik, um den eigenen Veränderungswillen gegenüber den totalitären Machtansprüchen der kommunistischen Parteien. Brenner solidarisierte sich mit den Reformkräften in der Tschechoslowakei gegen die Verteidiger des Machtmonopols der Kommunistischen Partei im Namen eines demokratischen Sozialismus. Der IG-Metall-Vorsitzende verfolgte eine politische Konzeption gesellschaftlicher Reformen im Westen, und er sah die Notwendigkeit einer solchen Politik erst recht gegenüber den vom Stalinismus geprägten Strukturen der Länder des sowjetischen Imperiums. Mit dieser Position blieb Brenner seiner Generationserfahrung treu, die eine Kindheit im deutschen Kaiserreich und eine Jugend in der Republik von Weimar ebenso umfaßte wie die Spaltung der sozialdemokratischen Arbeiterbewegung und die Jahre im Zuchthaus der nationalsozialistischen Diktatur. 1969, auf dem 8. DGB-Bundeskongreß, beschwor der IG-Metall-Vorsitzende noch einmal eine Politik im Geist der internationalen Solidarität der vergangenen sozialdemokratischen Arbeiterbewegung – Erfolg war ihm nicht beschieden.

Der DGB und die Ostpolitik der Regierung Brandt/Scheel

Auf dem Münchner DGB-Kongreß 1969 wurde mit Heinz Oskar Vetter, dem stellvertretenden Vorsitzenden der IG Bergbau und Energie, ein neuer Vorsitzender gewählt. Gegenüber Brenner verkörperte er eine andere Generation von Gewerkschaftsfunktionären. Vetter wuchs nicht mehr im Milieu der sozialistischen Arbeiterbewegung auf, sondern er war in der Hitlerjugend und diente im Zweiten Weltkrieg als Frontsoldat. Dieser Generation fehlte der optimistische Fortschrittsglaube an den Sozialismus, wie ihn Brenner noch teilte. Die »Kriegsgeneration« bevorzugte als politischen Stil den verantwortungsvollen Pragmatismus. Dieser Geist prägte auch Klunckers Plädoyer für die gewerkschaftlichen Ostkontakte auf dem Münchner Kongreß 1969.

Einig war sich aber der Kongreß, und das zeigte sich auch im Beifall für die Rede von Willy Brandt, daß die Bundesrepublik Deutschland als Staat eine neue Ostpolitik brauche. Der entsprechende Antrag, der sich für die weitere »Normalisierung der Beziehungen zwischen der Bundesrepublik und den osteuropäischen Ländern«[40] aussprach, wurde angenommen. Damit war die Beschlußlage für die DGB-Ostpolitik nach 1969 geschaffen, die sich als Teil der SPD-Entspannungspolitik verstand.

Im Zusammenhang mit der Entspannungspolitik änderte der DGB die Abgrenzung zu den Kommunisten in der Satzung und seine Haltung zur deutschen Wiedervereinigung im Programm. Beide Fragen wurden nun im DGB getrennt verhandelt. Das Verhältnis zur DKP wurde als innenpolitisches Problem der Bundesrepublik diskutiert, und die innerdeutschen Beziehungen wurden als spezifische Form von außenpolitischen Beziehungen behandelt. Die Abgrenzung zu kommunistischer Gewerkschaftspolitik im DGB, die diskussionslose Aufgabe der Forderung nach Wiedervereinigung im DGB-Grundsatzprogramm von 1981 und die Entwicklung kooperativer Beziehungen zum FDGB waren für die DGB-Funktionäre – im Unterschied zur SED – inhaltlich voneinander getrennte politische Fragen. Diese Sichtweise auf die innerdeutsche Politik teilten die DGB-Funktionäre mit vielen Angehörigen der politischen Klasse der Bundesrepublik. Die normative Abgrenzung zwischen West und Ost trat im Zeichen der Entspannungspolitik auch beim DGB in den Hintergrund.

Schon dem 8. Ordentlichen Bundeskongreß des DGB in München im Mai 1969 lag ein Satzungsentwurf des Bundesvorstandes vor, in dem die Verpflichtung für den DGB, gegen faschistische *und* kommunistische Einflüsse aktiv zu kämpfen, nicht mehr enthalten war. Endgültig geändert wurde die DGB-Satzung auf einem Außerordentlichen Bundeskongreß 1971. Der gravierendste Unterschied zwischen den Satzungen vor und nach 1971 bestand darin, daß seit 1971 die freiheitlich-demokratische Grundordnung der Bundesrepublik vom DGB lediglich verteidigt werden sollte. Die ersatzlose Streichung der Namen der politischen Feinde bzw. Gegner führte im DGB zur stärkeren Verwendung des Terminus »Extremismus«. Der Verteidigungsbegriff läßt offen, wo der DGB mögliche Gegner der freiheitlich-demokratischen Grundordnung ortet. Bis 1971 war klar, daß die Einheitsgewerkschaft »faschistische, kommunistische, nationalistische, militaristische und alle sonstigen antidemokratischen Einflüsse« in der Gesellschaft der Bundesrepublik bekämpfen wollte. Ausgehend von der Grundthese, daß Einheit nicht ohne Abgrenzung gegenüber politischen Gegnern interpretierbar ist, hat die hier festgestellte Unschärfe der neuen DGB-Satzung von 1971 zwangsläufig eine gewisse Beliebigkeit des politischen Leitbildes »Einheitsgewerkschaft« zur Folge.

Die IG Metall und die DGB-Landesbezirke Bayern, Baden-Württemberg und Niedersachsen/Bremen hatten zu dieser Satzungsänderung Anträge eingebracht, die an der aktiven Bekämpfung antidemokratischer Einflüsse auf die bundesdeutsche Politik in der DGB-Satzung festhalten wollten. Der Antrag der IG Metall stellte fest: »Zur Verteidigung der demokratischen Grundordnung, einzelner demokratischer Grundrechte und der Unabhängigkeit der Gewerkschaftsbewegung sowie zur Bekämpfung von antidemokratischen, reaktionären und diktatorischen Einflüssen hat der Bund alle geeigneten Maßnahmen zu treffen.«[41] Der Sprecher der Antragsberatungskommission zu diesem Teil der Satzung war Hans Faltermeier, Vorstandsmitglied der ÖTV. Er versuchte, einer inhaltlichen Begründung dieser Änderung auszuweichen: »Wir möchten dazu bemerken, daß diese neue Fassung das Ergebnis der Beratungen und Abstimmungen in der Antragsberatungskommission ist, und wir sind überzeugt, daß in dieser Vorlage die politisch wesentlichsten Anliegen der zu diesem Antrag eingereichten Anträge berücksichtigt und eingebaut sind. Unter dieser Prämisse empfiehlt die Antragsberatungskommission die Annahme des Entwurfs der Satzungskommission.«[42] Die von der Antragsberatungskommission vorgeschlagene Fassung in der überarbeiteten DGB-Satzung wurde dann »mit einer weit größeren Mehrheit als zwei Drittel der Stimmen angenommen!«[43] Fünf Jahre später wurde Hans Faltermeier vom Oberlandesgericht Stuttgart wegen nachrichtendienstlicher Tätigkeit für das »Ministerium für Staatssicherheit (MfS)« der DDR zu einer zweijährigen Freiheitsstrafe verurteilt.[44]

Die Grenzsteine gegen Faschisten und Kommunisten waren von sozialdemokratischen und christlich-demokratischen Gewerkschaftern aufgrund geschichtlicher Erfahrungen errichtet worden. 1971 gab der DGB-Bundesvorstand nicht an, welche Gründe ihn veranlaßt hatten, die Namen der bedeutsamsten antidemokratischen Bewegungen des 20. Jahrhunderts aus der Satzung zu tilgen. Politisch bemerkenswert war der Zeitpunkt dieser Satzungsänderung allemal: In den Jahren vor 1969 kam es in Teilen der bundesdeutschen Intelligenz zur Wiederentdeckung revolutionär-marxistischer Ideologien. Trotz fortbestehendem KPD-Verbot erfolgte 1968 die »Neukonstituierung« der Deutschen Kommunistischen Partei (DKP). Zumindest das letzte Ereignis hätte eine Stellungnahme des DGB geradezu erforderlich gemacht. Aber der DGB schwieg. Vielleicht auch deshalb, weil der 8. Ordentliche Gewerkschaftstag der IG Druck und Papier 1968 einstimmig unter Bezug auf Art.21 GG die Auflösung der Nationaldemokratischen Partei Deutschlands (NPD) einforderte[45], aber andererseits an die Bundesregierung appellierte, die Liberalisierung des politischen Strafrechts fortzusetzen und »alle gegen die illegale KPD verhängten Beschränkungen aufzuheben«.[46] Der Gewerkschaftstag fand nach der Neukonstituierung der DKP statt. Die Antragsberatungskommission stellte den Antrag trotzdem zur Abstimmung, weil sie der Meinung war, »daß diese neue Fassung auch nach der Gründung einer DKP unverändert aufrechterhalten werden kann, weil es sich noch um zwei verschiedene Organisationen handelt, von denen zur Stunde niemand weiß, ob die eine nur die Wiedergründung der anderen ist oder ob wir es hier künftig mit zwei Parteien verschiedener ideologischer Orientierung zu tun haben werden«.[47] Gegen 22 Nein-Stimmen und eine Enthaltung wurde dieser Antrag von dem 8. Ordentlichen Gewerkschaftstag der IG Druck und Papier angenommen.[48]

Im Dezember 1969 fuhr eine DGB-Delegation nach Moskau, um mit dem Zentralrat der sowjetischen Gewerkschaften Gespräche zu führen. Die Ostkontakte des DGB kamen in Gang. Auf dem 9. DGB-Bundeskongreß im Juli 1972 sprach der Leiter der Delegation des Zentralrats der sowjetischen Gewerkschaften, P. T. Pimenow, zu den Delegierten ein Grußwort. Den Zusammenhang von staatlicher Vertragspolitik zwischen der Bundesrepublik und der Sowjetunion und den Beziehungen zwischen dem Zentralrat und dem DGB verdeutlichte er unzweideutig: »Diese positiven Veränderungen unserer Beziehungen wurden möglich durch die Unterzeichnung und Ratifizierung der Verträge zwischen der UdSSR und der Bundesrepublik Deutschland sowie zwischen Polen und der Bundesrepublik Deutschland, das Inkrafttreten des Vierseitigen Abkommens über West-Berlin sowie durch die Abkommen der DDR mit der Bundesrepublik und dem Senat von West-Berlin. Hierbei ist unbedingt der bedeutende Beitrag der DDR und ihrer Gewerkschaften zur Lösung von Problemen und zur Zusammenarbeit in Europa hervorzuheben.«[49] Zurückhaltend, aber deutlich, forderte Pimenow vom DGB eine »Normalisierung« der Beziehungen zum FDGB ein. Dies tat auch ein Antrag der IG Chemie-Papier-Keramik, der den DGB-Bundesvorstand aufforderte, die mittlerweile »angebahnten Kontakte zum FDGB aus dem Stadium der technischen Gespräche herauszuführen«.[50] Vetter kündigte vor dem Kongreß an, daß der DGB in dieser Frage aktiv werden würde: »Eine wesentliche und zugleich schwierige Aufgabe steht dabei noch vor uns: die Normalisierung der Beziehungen zwischen dem FDGB und uns. Nun, auch hier werden wir zielstrebig nach Wegen suchen, um einen Zustand herbeizuführen, der den Interessen der Gewerkschaften und ihrer Mitglieder dienlich ist. (...) Wir sind bereit, über alles zu reden, wir wollen mithelfen, die Verständigung zu fördern. Aber wir sind nicht bereit, auch nur einen Fußbreit unserer geistig-weltanschaulichen und damit auch persönlichen Freiheit aufzugeben. Denn ich finde, sie ist die Voraussetzung dafür, dem Auftrag gerecht zu werden, den unser Grundsatzprogramm und unsere Satzung uns vorschreibt, nämlich eine Gesellschaftsordnung zu verwirklichen, in der die Würde des Menschen höher steht als Geld und Macht.«[51]

Das DGB-Programm 1981 und die politische Neubestimmung der »Einheitsgewerkschaft«

Mit dem 9. Ordentlichen DGB-Bundeskongreß 1972 begann die Diskussion um das neue Grundsatzprogramm. Der DGB-Bundesvorstand wurde beauftragt, »aufgrund von Erfahrungen im In- und Ausland Vorstellungen zur Gesellschaftsreform zu entwikkeln und diese in breiten Kreisen der Mitgliedschaft diskutieren zu lassen mit dem Ziel, die Grundlagen für eine spätere Neufassung des Grundsatzprogrammes zu schaffen.«[52] Die Arbeit an dem neuen DGB-Programm vollzog sich bis 1975 in einem engen inhaltlichen Zusammenhang mit der parallel verlaufenden SPD-Diskussion um den »Orientierungsrahmen '85«. Ein Bruch mit der überkommenen Programmdiskussion in den Gewerkschaften lag darin, daß zu den geforderten Zielen ebenfalls die Mittel quantifiziert werden sollten, die für ihre Verwirklichung gebraucht wurden. Der von den Experten im DGB-Bundesvorstand erarbeitete Bericht ist vom DGB niemals veröffentlicht worden, und 1975 reduzierte der DGB-Bundeskongreß die Ansprüche an das neue Programm. Im gleichen Jahr fand ein für die weitere Programmarbeit wichtiger Personalwechsel statt. Am 18. Juni 1975 wählte der erweiterte Vorstand der IG Druck und Papier Dr. Detlef Hensche einstimmig in »das Amt des Redakteurs im Hauptvorstand der IG Druck und Papier«.[53] Sein Nachfolger in der Leitung der Abteilung Gesellschaftspolitik beim Vorsitzenden des DGB wurde Volker Jung. Er koordinierte die weitere Arbeit an dem neuen Grundsatzprogramm des Gewerkschaftsbundes. Seine Aufgabe bestand nunmehr in der Überarbeitung des Grundsatzprogramms von 1963.[54]

In der Debatte über das neue DGB-Grundsatzprogramm übernahm die IG Druck und Papier die Meinungsführerschaft bei der politischen Neudefinition des Leitbildes von der »Einheitsgewerkschaft«. Leonhard Mahlein, Vorsitzender der IG Druck und Papier, nutzte den Rechenschaftsbericht auf dem 10. Ordentlichen Gewerkschaftstag seiner Organisation 1974, um die Diskussion über die Reintegration der Kommunisten als anerkannte parteipolitische Gruppierung im DGB zu eröffnen: »Ich meine, es hat sich zwischenzeitlich herumgesprochen, daß ich zu denen gehöre, die der Auffassung sind, daß eine demokratische Gewerkschaftsorganisation wie die Industriegewerkschaft Druck und Papier für alle parteipolitischen und weltanschaulichen Gruppierungen Platz haben muß. Dazu gehört für mich selbstverständlich, daß jeder seine Überzeugung in die gewerkschaftliche Arbeit mit einbringen können muß. Das gilt für Sozialdemokraten ebenso wie für Christlich-Soziale und für Kommunisten ebenso wie für Liberale. Innerhalb einer Einheitsgewerkschaft bedeutet dies aber auch gleichzeitig gegenseitige Toleranz, keinesfalls politische Neutralität oder gar politische Blindheit.«[55]

Drei Jahre später, auf dem 11. Gewerkschaftstag der IG Druck und Papier 1977, legte Leonhard Mahlein den Delegierten fünf Prinzipien der Einheitsgewerkschaft vor, mit denen er die Grundzüge einer autonomen Gewerkschaftspolitik skizzierte. Vordergründig richtete sich die Stoßrichtung seiner Prinzipien gegen ein allzu enges kooperatives Verhalten der Gewerkschaften gegenüber der Wirtschaftspolitik der sozialliberalen Koalition. Zugleich nutzte der IG-Druck-und-Papier-Vorsitzende den Anlaß, um das Verhältnis der Einheitsgewerkschaft zu den Parteien klarzustellen: »Für das zweite Grundprinzip halte ich, die Einheitsgewerkschaft für alle Arbeitnehmer offenzuhalten, die die Satzung und Beschlüsse der Gewerkschaften anerkennen, unabhängig davon, welche Weltanschauung sie vertreten, oder welcher Partei, Religion oder Nationalität sie angehören. (Beifall)«[56]

Verzichtete Mahlein 1977, vor Verabschiedung des neuen Grundsatzprogramms, noch darauf, die Namen der Parteien zu benennen, deren Mitglieder in der Einheitsgewerkschaft einen legitimen Platz haben, so holte er 1983 das Versäumte nach. Er erinnerte daran, daß der politische Hintergrund für die Entstehung der Einheitsgewerkschaft DGB nach 1945 für ihn der Antifaschismus war:

»Entscheidende Impulse zur Entstehung der Einheitsgewerkschaften nach 1945 waren die bitteren Erfahrungen der Niederlage vor dem Faschismus und die Zusammenarbeit der verschiedenen politischen Kräfte im Widerstand und in der Emigration. Diese Zusammenarbeit schloß alle Ströme der Arbeiterbewegung ein, also Sozialdemokraten, Sozialisten, Kommunisten, Atheisten wie Christen. Diese Einheit unterschiedlicher politischer und weltanschaulicher Strömungen innerhalb des DGB verlangt ein hohes Maß an innergewerkschaftlicher Demokratie und Toleranz. Nur wenn diese gewährleistet sind, kann verhindert werden, daß das Prinzip der Einheitsgewerkschaft untergraben wird, weil eine politische Richtung Mitglieder anderer Richtungen ausschließt oder zu ›Mitgliedern zweiter Klasse‹ degradiert. Dies schließt die Überwindung von Vorurteilen ein und die aktive Auseinandersetzung mit dem Antikommunismus, den Willi Bleicher als die ›bundesrepublikanische Staatsdoktrin‹ und das ›ideologisch zentrale Problem bis zum heutigen Tage‹ genannt hat.«[57]

Der IG Druck und Papier gelang es zwar nicht, im Grundsatzprogramm des DGB das politische Leitbild der Einheitsgewerkschaft inhaltlich zu verändern. Aber sie setzte mit dieser Diskussion zusammen mit anderen Verbänden im DGB die partielle Reintegration der DKP als anerkannte politische Strömung im DGB durch.

Ungleich gewichtiger als das Thema Einheitsgewerkschaft war für die DGB-Funktionäre im außenpolitischen Bereich der Programmatik die explizite Unterstützung der Entspannungs- und Friedenspolitik. Hier orientierten sich die Programm-Macher im DGB an den KSZE-Beschlüssen zur europäischen Friedenssicherung. In diesem Zusammenhang wurde dann auch das Bekenntnis zur Wiedervereinigung diskussionslos gestrichen.

Der Antikommunismus war in der Tat für die Politik, die Mahlein verfolgen wollte, eine ebenso unüberwindbare Barriere wie für die SED bei ihrem vergeblichen Versuch, die Anerkennung der deutschen Zweistaatlichkeit in der Bundesrepublik auch auf dem Weg über die FDGB-DGB-Beziehungen durchzusetzen. Das Eintreten der DGB-Gewerkschaften für die Entspannungspolitik der sozialliberalen Koalition, für eine Politik der Abrüstung und die Anerkennung der DDR, wurde international bestätigt durch die Konferenz für Sicherheit und Zusammenarbeit in Europa (KSZE), die mit dem Gipfeltreffen aller Signatarstaaten 1975 in Helsinki ihren Abschluß fand. Am 1. August diesen Jahres wurde durch die Staats- und Regierungschefs der 35 Teilnehmerstaaten aus Europa (ohne Albanien) und Nordamerika nach zweijährigen Verhandlungen die Schlußakte von Helsinki unterzeichnet. Sie war eine Absichtserklärung über einen von allen Unterzeichnern anerkannten politisch-moralischen Verhaltenskodex der Staaten in beiden Blöcken, die Europa spalteten. Sie bestand aus drei Teilen, die als »Körbe« bezeichnet wurden, und kodifizierte die Ergebnisse des Entspannungsprozesses zwischen den beiden Blöcken. Korb 1 schrieb die existierenden Grenzen zwischen den Staaten fest und behandelte die Fragen zur Sicherheit in Europa; Korb 2 regelte die Zusammenarbeit in Wirtschaft, Wissenschaft und Technik sowie Umwelt; und mit Korb 3 sollten die humanitären und anderen Fragen innerstaatlicher Konflikte gelöst werden.

Der KSZE-Prozeß band alle Teilnehmerstaaten an die Menschenrechtsdeklaration der Vereinten Nationen. Mit der Schlußakte von Helsinki schien die deutsche Frage vorerst gelöst, Europa und die Deutschen richteten sich auf unabsehbare Zeit auf die Zweistaatlichkeit ein.

Selbständige Initiativen von Bürgerrechtlern in den osteuropäischen Ländern wie in der DDR wurden nicht nur von den Regierungen, sondern auch vom DGB nicht selten als Störfaktoren im zwischenstaatlichen Entspannungsprozeß empfunden. Im Anschluß an eine Protestresolution des Internationalen Bundes Freier Gewerkschaften (IBFG) lag dem Bundesvorstand des DGB Anfang 1977 der Entwurf einer Presseerklärung zur Situation der Bürgerrechtler in den osteuropäischen Ländern vor, in der die Repression vor allem gegen die Mitglieder der Charta 77 in der ČSSR als mit dem Inhalt der Schlußakte von Helsinki unvereinbar verurteilt und angekündigt wurde, daß der DGB »bei seinen zukünftigen Gesprächen mit Vertretern osteuropäischer Arbeitnehmerorganisationen mit allem Nachdruck eintreten (wird) für die konsequente Einhaltung der Grundsätze und Absichten, wie sie in der KSZE-Schlußakte durch alle Teilnehmerstaaten angenommen worden sind. Ohne deren praktische Anwendung sind Entspannung und Frieden in der Welt nicht dauerhaft zu erreichen.«[58] Nach einer kurzen Diskussion faßte der Bundesvorstand jedoch den Beschluß, lieber lautlos zu verfahren, keine Presseerklärung zu veröffentlichen, sondern die Solidarität an die Regierung zu delegieren und nur den Bundeskanzler über die gewerkschaftliche Haltung zu den als »Angelegenheit« sprachlich herabgewürdigten Repressionen in Kenntnis zu setzen: »Die Angelegenheit soll im Sinne der IBFG-Pressemitteilung in einem Schreiben an den Bundeskanzler vorgetragen werden.«[59]

1981 paßte der DGB seine Programmatik an die erkennbare Perspektive der Entspannungspolitik zwischen Ost und West und der westeuropäischen Integration an:

> »Die Aufgaben unserer Zeit können nur durch eine solidarische Zusammenarbeit der Menschen, Völker und Staaten gelöst werden. Das Ziel ist eine politische und wirtschaftliche Gemeinschaft der freien und demokratischen Völker in Europa und ihre enge Verbundenheit mit den Völkern der Welt. Der Frieden ist elementare Voraussetzung für gewerkschaftliches Wirken und Grundlage für den sozialen und kulturellen Fortschritt und soziale Sicherheit in allen Teilen der Welt. Deshalb ist die umfassende Sicherung des Friedens in der Welt ein zentrales Anliegen der Gewerkschaften. Eine europäische und internationale Friedensordnung muß das Lebensrecht aller Nationen, ihr Selbstbestimmungsrecht und die Unverletzlichkeit ihrer Grenzen respektieren. Den Gebrauch militärischer Gewalt, von welcher Seite auch immer, lehnen die Gewerkschaften ab. Entspannung, Abrüstung und Frieden haben für die an der Nahtstelle zweier Bündnissysteme gelegene und exponierte Bundesrepublik ganz besonderes Gewicht. Deshalb sind alle gewerkschaftlichen, gesellschaftlichen und politischen Kräfte in unserem Land aufgefordert, Entspannungs- und Friedenspolitik zu unterstützen.«[60]

Der Überblick über die Veränderung der DGB-Programmatik zur deutschen Frage hat gezeigt, wie abhängig sie vor allem von der sozialdemokratischen Programmatik und Politik auf diesem Feld war. Die DGB-Programmatik war also streng genommen nicht eigenständig. Für diese These gibt es mit Heinz Oskar Vetter einen kompetenten Zeugen. 1982 trat er als DGB-Vorsitzender ab. Ein Jahr später legte er ein wenig beachtetes Buch vor, in dem er eine sehr persönliche Bilanz über die Motive und die Zielsetzungen der DGB-Ostpolitik zog. Er bestätigte unumwunden den Zusammenhang zwischen der sozialliberalen Ostpolitik und der Aufnahme von Kontakten zu den realsozialistischen Staatsgewerkschaften:

> »In der Tat gibt es aus enger gewerkschaftlicher Sicht nur wenig Gründe, die die Aufnahme solcher Beziehungen rechtfertigen und sinnvoll machen. Der Beginn meiner Amtszeit fiel mit der Übernahme der Bundesregierung durch die Sozialdemokraten und mit der Bildung der sozialliberalen Koalition zusammen. Wesentlich für die Bildung dieser Koalition war ganz offensichtlich das immer stärker werdende Bedürfnis der deutschen Politik, die Beziehungen zu den osteuropäischen Ländern, insbesondere zur Sowjetunion und zu Polen, zu normalisieren. Natürlich hatte diese Politik der Entspannung auch die Verbesserung der Verhältnisse im geteilten Deutschland zum Ziel (...), und schließlich durften wir auch nicht verkennen, daß der von Hitler-Deutschland begonnene zweite Weltkrieg gerade in Osteuropa tiefe und bis heute erkennbare Spuren hinterlassen hat.«[61]

Das Motiv aktiver Wiedergutmachung gegenüber Polen, der Ukraine und Rußland ist für die Politik der Kriegsgeneration, der Vetter angehörte, von nicht zu überschätzender Bedeutung. Es waren die Kriegsbilder, die sie nicht losließen, und das Wissen um die eigene Verstrickung in diesen verbrecherischen Krieg, der im Namen Deutschlands geführt wurde, die Politiker wie Heinz Oskar Vetter veranlaßten, die Ostpolitik der sozialliberalen Koalition als Aussöhnung mit den leidgeprüften Völkern zu interpretieren. Weil die Antriebskraft für diese Politik aber aus einem persönlichen oder kollektiven Schuldbewußtsein kam, ging sie über eine nüchterne und gebotene Realpolitik hinaus und lud die Gegenseite geradezu ein, das Wiedergutmachungsmotiv auszubeuten und es für die eigene Politik zu nutzen. Vetters Bilanz der realen Ergebnisse dieser Politik war nach zehn Jahren mehr als ernüchternd: »Wir hielten es für unsere Aufgabe, im Rahmen unserer begrenzten Möglichkeiten einen eigenen Beitrag zur Begleitung und Unterstützung dieser Politik zu leisten, zumal wir fest davon überzeugt waren und sind, daß die Entspannungspolitik eine wesentliche Voraussetzung für die Erhaltung eines kriegsfreien Zustandes in Europa ist. Illusionen über Art und Qualität von Beziehungen zwischen den Gewerkschaften der beiden Systeme hatten wir nicht. In der Tat gibt es sehr wenig Möglichkeiten zu einer konstruktiven und sinnvollen Zusammenarbeit über originäre gewerkschaftliche Themen. Versucht wird es oft – meistens ist es gescheitert. Das liegt vor allem an den völlig unterschiedlichen gesellschaftspolitischen Funktionen der Gewerkschaften bei uns und im Ostblock. Diese Funktionen sind unverändert nicht auf einen Nenner zu bringen und nach wie vor miteinander unverträglich.«[62]

Anmerkungen

Die deutschlandpolitische Programmatik des DGB 1949 bis 1989

1 Wolfgang Rudzio: Das politische System in der Bundesrepublik Deutschland, 3.Auflage, Opladen 1991, S. 57f.
2 Vgl. dazu Theo Pirker: Vom »Ende der Arbeiterbewegung«, in: Rolf Ebbighausen/Fritz Tiemann (Hrsg.): Das Ende der Arbeiterbewegung in Deutschland?, Opladen 1984.
3 Werner Weidenfeld: Deutschland 1989: Konturen im Rückblick auf 40 Jahre, in: Werner Weidenfeld/Hartmut Zimmermann (Hrsg.): Deutschland-Handbuch. Eine doppelte Bilanz 1949 bis 1989, Bonn 1989, S. 19f.
4 Zit. nach: Herbert Kuehl: Die Gewerkschaftspolitik der KPD von 1945 bis 1956. Die Rolle der Parteimitglieder in betrieblichen Konflikten – im Schwerpunkt dargestellt anhand des Hamburger Werftarbeiterstreiks von 1955, Hamburg 1981, S. 213.
5 Zit. nach: Herbert Kuehl, a.a.O., S. 99.

6 Zit. nach: Theo Pirker: Die blinde Macht, Bd.2, München 1960, S. 189f.

7 Wirtschaftspolitische Grundsätze des Deutschen Gewerkschaftsbundes, in: Protokoll Gründungsprozeß des Deutschen Gewerkschaftsbundes, München, 12.-14. Oktober 1949, Köln 1950, S. 325.

8 Erklärung zur Wiedervereinigung Deutschlands des Deutschen Gewerkschaftsbundes, Sonderdruck, o.O., o.J., S. 7.

9 Geschäftsbericht des Bundesvorstandes des Deutschen Gewerkschaftsbundes 1956–1958, Köln, o.J., S. 18.

10 Industriegewerkschaft Druck und Papier, 5. Ordentlicher Gewerkschaftstag vom 20.-26. September 1959 in Hannover, o.O., o.J., S. 756.

11 IG Druck und Papier, Zentralvorstand, Berlin, 23.1.1959 De/Dro.: Bericht über eine Aussprache mit Vertretern des Zentralvorstandes der IG Druck und Papier im DGB am 22.1.59 im Flughafen-Hotel Tempelhof (Manuskript, 7 Seiten), S. 6 f.

12 Ebd.

13 Protokoll vom 5. Ordentlichen Gewerkschaftstag der IG Druck und Papier, a.a.O., S. 325.

14 Vgl. Protokoll 5. Gewerkschaftstag der IG Druck und Papier, a.a.O., S. 352.

15 Vgl. Fritz Gent: Die IG Druck und Papier in das Blickfeld gewerkschaftlicher Aktivitäten gestellt, in: Verteidigt die Einheitsgewerkschaft! Leonhard Mahlein, Reden und Aufsätze, Andere über ihn, a.a.O., S. 333.

16 Egon Bahr: Mut hatte er immer. Heinrich Albertz und die Vorbereitung einer neuen Ostpolitik, in: Und niemandem untertan. Heinrich Albertz zum 70. Geburtstag. Hrsg. Reinhard Henkys, Volkmar Deile, Manfred Karnetzky und Gerhard Rein, Reinbek 1985, S. 87.

17 Bericht (Walter Ulbricht) auf der 14. Tagung des ZK der SED, 23.11.1961: Die Aufgaben in der Deutschen Demokratischen Republik nach dem XXII. Parteitag der KPdSU, in: Walter Ulbricht: Zur Geschichte der deutschen Arbeiterbewegung, Bd. X: 1961–1962, Berlin (Ost) 1966, S. 180.

18 DGB-Bundesvorstand, Geschäftsbericht des DGB 1959–1961, Düsseldorf 1962, S. 4.

19 Satzung des DGB, zit. n. Bundesvorstand des DGB (Hrsg.): Protokoll 6. Ordentlicher Bundeskongreß des DGB, Hannover, 22.-27. Oktober 1962, Düsseldorf o.J., S. 992. – Dieser Politik liegt nicht zuletzt die Generationserfahrung des DGB-Vorsitzenden zugrunde. Der 1894 in Frankfurt geborene Richter war sozialdemokratischer Gewerkschafter und schon vor 1933 Funktionär des Allgemeinen Deutschen Gewerkschaftsbundes. Die Nationalsozialisten stellten ihn unter Polizeiaufsicht. Als sozialdemokratischer Bundestagsabge-

ordneter von 1949 bis 1956 hat der Sozialpolitiker Richter entscheidenden Anteil an der Neuordnung der Rentenversicherung Ende der 50er Jahre.

20 Egon Lutz: Verwalter an der Spitze: Willi Richter, in: Werner Mühlbradt, Egon Lutz: Der Zwang zur Sozialpartnerschaft, Neuwied/Berlin 1979, S. 79f.

21 Urteil vom Volksgerichtshof, Zweiter Senat, 2. Juni 1937, in: Nachlaß von Eduard Wald im »Archiv der sozialen Demokratie« der Friedrich-Ebert-Stiftung, Bonn.

22 Brief von Otto Brenner an das Amtsgericht Hannover vom 17. Juni 1953 in der Haftentschädigungssache Eduard Wald, ebenfalls im Nachlaß Eduard Wald, a.a.O.

23 Brief von Edu Wald an Willi Richter vom 28. September 1961 im Eduard-Wald-Nachlaß, a.a.O.

24 Ebd.

25 In der Person von Wilhelm Gronau kreuzten sich Gewerkschaftspolitik und geheimdienstliche Aktivitäten. Wilhelm Gronau arbeitete seit 1958 beim Bundesvorstand des DGB in Düsseldorf und war Referent für das Sachgebiet »Wiedervereinigung« und damit der Abteilung »Vorsitzender« in der DGB-Verwaltung zugeordnet. Er wurde am 22. September 1972 in Berlin als »Kundschafter« des Ministeriums für Staatssicherheit (MfS) verhaftet und 1973 ohne Gerichtsverhandlung ausgetauscht. (Hans-Josef Horchem: Zahl der kommunistischen Betriebsräte seit 1980 verdoppelt, in: Welt am Sonntag, Nr. 44, 28.10.1984).

26 Protokoll Außerordentlicher Bundeskongreß des DGB, Düsseldorf, 21.-22.11.1963, Köln-Deutz, o.J., S. 453

27 Egon Bahr: Wandel durch Annäherung, in: Manfred Uschner: Die Ostpolitik der SPD. Sieg und Niederlage einer Strategie, Berlin 1991, S. 205f.

28 Vgl. Protokoll des 7. Ordentlichen DGB-Bundeskongresses, Berlin, 9.-14. Mai 1966, o.O., o.J., Antragsteil, S. 22.

29 Zit. nach: Manfred Wilke: Wandel durch Annäherung?, in: Einheit, Zeitung der IG Bergbau und Energie, 2. Februar-Ausgabe, Nr. 4, Bochum, 15.2.1992, S. 6.

30 Peter Bender: Neue Ostpolitik. Vom Mauerbau zum Moskauer Vertrag, München 1986, S. 154f.

31 Zit. nach: Manfred Wilke: Wandel durch Annäherung?, a.a.O.

32 Peter Bender: Neue Ostpolitik, a.a.O., S. 160f.

33 Protokoll 8. Ordentlicher Bundeskongreß des DGB, München, 18.-23.5.1969, Köln, o.J., Antragsteil, S. 84.

34 Protokoll 8. Ordentlicher Bundeskongreß des DGB, München, a.a.O., S. 462.

35 Protokoll 8. Ordentlicher Bundeskongreß des DGB, München, a.a.O., S. 463.

36 Industriegewerkschaft Druck und Papier, Hauptvorstand, Geschäftsbericht 1965–68, Stuttgart, o.J., S. 45f.
37 Protokoll 8. Ordentlicher Bundeskongreß des DGB, München, a.a.O., Antragsteil, S. 85.
38 Protokoll 8. Ordentlicher Bundeskongreß des DGB, München, a.a.O., S. 287.
39 A.a.O., S. 466.
40 A.a.O., Antragsteil, S. 82.
41 Protokoll des 3. Außerordentlichen DGB-Bundeskongresses, 14.-15.5.1971, Düsseldorf, o.O., o.J., Antragsteil, S. 34.
42 Protokoll des 3. Außerordentlichen DGB-Kongresses, a.a.O., S. 80f.
43 A.a.O., S. 85.
44 »Der Senat räumte ein, er habe nicht umfassend darstellen können, welche Tatsachen Faltermeier dem DDR-Agenten mitgeteilt habe. Doch stehe fest, daß Faltermeier 1969 über den bevorstehenden DGB-Kongreß mit der zu erwartenden Wahl des Vorsitzenden Vetter und 1974 über die Urabstimmung im Arbeitskampf des öffentlichen Dienstes berichtet habe.« In: Süddeutsche Zeitung, 1.6.1976.
45 Protokoll 8. Ordentlicher Gewerkschaftstag, Industriegewerkschaft Druck und Papier, Koblenz 1968, Koblenz, o.J., Antrag 263, S. 159.
46 A.a.O., Antrag 270, S. 161.
47 A.a.O., S. 737.
48 Vgl. a.a.O., S. 737.
49 Protokoll des 9. Ordentlichen DGB-Bundeskongresses, Berlin, 25.-30.6.1972, o.O., o.J., S. 152.
50 Antrag 58 der Industriegewerkschaft Chemie-Papier-Keramik, in: Protokoll 9. Ordentlicher Bundeskongreß, Berlin, a.a.O., Anträge und Entschließungen, S. 56.
51 Protokoll des 9. Ordentlichen DGB-Bundeskongresses, a.a.O., S. 166.
52 Protokoll des 9. Ordentlichen DGB-Bundeskongresses, a.a.O., S. 195, und Anträge und Entschließungen, S. 283.
53 Druck und Papier, Heft 20, 29.9.1975.
54 Vgl. Hans-Hermann Hertle, Martin Jander: Toleranz und Härte. Die Entstehungsgeschichte des DGB-Grundsatzprogramms 1981. Materialien zur Gewerkschaftspolitik in den 80er Jahren, 2 Bände, Dokumentation des Zentralinstituts für sozialwissenschaftliche Forschung (ZI 6) der FU Berlin, Berlin 1982.
55 Protokoll 10. Ordentlicher Gewerkschaftstag, Industriegewerkschaft Druck und Papier, Hamburg, 1974, Hamburg, o.J., S. 265. – Mahlein tat diese prinzipielle Aussage zur Einheitsgewerkschaft im Zusammenhang mit der Auseinandersetzung um die Ausschlüsse von »Linkssektierern, Anarchisten, Maoisten« (S. 266), die damals in den DGB-Gewerkschaften konspirative Fraktionsarbeit versuchten und

mit Unvereinbarkeitsbeschlüssen ausgegrenzt wurden. Von solchen Beschlüssen war die DKP immer ausgenommen, da sie ausdrücklich erklärte, nur im Rahmen der gewerkschaftlichen Satzung und der Gewerkschaftsbeschlüsse zu agieren.

56 Protokoll 11. Ordentlicher Gewerkschaftstag Industriegewerkschaft Druck und Papier, Augsburg, 1977, Stuttgart, o.J., S. 247.

57 Leonhard Mahlein: Gewerkschaften heute, Nachrichten-Reihe 27, Frankfurt 1983, S. 20f.

58 Entwurf: DGB zur Situation der Bürgerrechtler in osteuropäischen Ländern (o.O., o.J.).

59 Kurzprotokoll über die 16. Sitzung des Bundesvorstandes am Montag, dem 31. Januar 1977, im Hans-Böckler-Haus, Düsseldorf, Hans-Böckler-Straße 39, S. 6.

60 DGB-Grundsatzprogramm 1981, in: Protokoll 4. Außerordentlicher Bundeskongreß des DGB, Düsseldorf, a.a.O., Programmtext, S. 6.

61 Heinz Oskar Vetter: Notizen. Anmerkungen zur internationalen Politik, Köln 1983, S. 122 ff.

62 Ebd.

Der DGB im Konzept der SED-Deutschlandpolitik

Ein »weißer Fleck« der politischen Diskussion: Der gesamtdeutsche Auftrag des FDGB

Die Beziehung des FDGB zu den DGB-Gewerkschaften war Teil der SED-Deutschlandpolitik. Umfang und Bedeutung dieser Aktivitäten wurden wissenschaftlich bisher nicht erforscht. Ulrich Gill hat in seiner FDGB-Untersuchung die über die DDR-Innenpolitik hinausgehenden »FDGB-Aktivitäten (wie gesamtdeutsche Gewerkschaftskontakte, internationale Beziehungen, Mitgliedschaft im Weltgewerkschaftsbund)«[1] ausdrücklich ausgeklammert. Hartmut Zimmermann faßt im »DDR-Handbuch«, das 1985 vom Bundesministerium für Innerdeutsche Beziehungen vertrieben wurde, die Informationen über das Thema zusammen:

> »Der FDGB hat sich in seiner Politik gegenüber den Gewerkschaften in der Bundesrepublik Deutschland immer an die jeweilige Linie der Deutschlandpolitik der SED gehalten. Lange Jahre hat er dementsprechend mit einer Fülle von Aktivitäten versucht, unmittelbar auf die Gewerkschaften des Deutschen Gewerkschaftsbundes (DGB) Einfluß zu nehmen (Deutsche Arbeiterkonferenz, Delegationen, Versenden von Propagandamaterial usw.), ohne daß er dabei größere Erfolge hätte erzielen können. Im Zuge der vom DGB unterstützten Vertragspolitik zwischen den beiden deutschen Staaten ist es zur Aufnahme offizieller Kontakte sowohl zwischen FDGB und DGB als auch zwischen den Einzelgewerkschaften gekommen. Der FDGB hat sich jedoch seinerseits durch Satzungsänderung auf dem 8. FDGB-Kongreß von der Festlegung auf das Ziel ›Konföderation der beiden deutschen Staaten‹ losgesagt und unterstützt nunmehr die Abgrenzungspolitik der SED. Es ent-

spricht dieser politischen Konzeption, wenn der FDGB Begegnungen mit dem DGB als ›internationale Kontakte‹ einstuft. Der FDGB ist Mitglied des Weltgewerkschaftsbundes (WGB), die IG /Gew. gehören den jeweils zuständigen Berufsorganisationen des WGB, den ›Internationalen Vereinigungen der Gewerkschaften‹ (IVG), an. Seine internationalen Verbindungen nutzt der FDGB zur Unterstützung der Außenpolitik.«[2]
Bedeutung und Funktion des FDGB für die SED-Deutschlandpolitik seit 1950 waren damit nicht erfaßt.

Der gesamtdeutsche Auftrag des FDGB von 1950

1950 nahm der FDGB auf seinem 3. Bundeskongreß eine neue Satzung an. Darin definierte er sich selbst als eine »gesellschaftliche Massenorganisation«; er »erblickt in der Sozialistischen Einheitspartei die Partei der Arbeiterklasse; sie ist ihr bewußter organisierter Vortrupp«.[3] Nach dem Bekenntnis zur führenden Rolle der SED legte die FDGB-Satzung auch die gesamtdeutschen Aufgaben des FDGB fest und legitimierte die Westarbeit der Massenorganisation: »Die freien deutschen Gewerkschaften helfen der Arbeiterschaft in Westdeutschland, zur führenden Kraft um den Frieden und die demokratische Einheit Deutschlands zu werden. Sie leisten in Presse, Rundfunk und Reden eine prinzipielle Aufklärung unter der Arbeiterschaft Westdeutschlands über die Politik der westdeutschen Gewerkschaftsbürokratie, die die Kriegspolitik der anglo-amerikanischen Imperialisten unterstützt, und helfen ihnen bei der Isolierung dieser verräterischen Führer von der Arbeiterklasse. Sie stellen mit den fortschrittlichen Gewerkschaften Westdeutschlands einen engen Kontakt durch Delegationen und Briefwechsel her und zeigen am Beispiel der Deutschen Demokratischen Republik, wie man die Ziele der Gewerkschaften verwirklicht, wie man aus eigener Kraft einen friedliebenden, demokratischen Staat aufbaut und zum Wohlstand gelangen kann. Die freien deutschen Gewerkschaften lassen sich in ihrer ganzen Arbeit von gesamtdeutschen Aufgaben leiten.«[4]

Ein Jahr später übernahm die KPD in der schon zitierten These

37 ihres Weimarer (»Münchener«) Parteitages die Aufforderung aus der FDGB-Satzung, die »verräterischen Führer« von der Arbeiterklasse zu isolieren, als Parteiauftrag:

»Aus dieser Lage heraus ergibt sich die Aufgabe, den wachsenden Kampf- und Widerstandswillen der Arbeiter zu entwickeln und zu festigen und Kampfhandlungen auszulösen auch gegen den Willen rechter Gewerkschaftsführer. Die Situation fordert die Entfaltung einer breiten Aufklärungsarbeit in den Gewerkschaften und den Betrieben und die Stärkung der Gewerkschaftsorganisation auf betrieblicher Basis.«[5]

Die Leitlinien für FDGB und KPD waren zuvor (1950) vom III. Parteitag der SED beschlossen worden. Zunächst mußte die SED den Mißerfolg ihrer bisherigen Westdeutschland-Politik bilanzieren. Die Ursache für diese Niederlage suchte die Parteiführung in der ungenügenden Ausrichtung der Politik der Partei auf »die Lösung der gesamtdeutschen Aufgaben«. Auch für die sinkende Bedeutung der KPD in der gerade gegründeten Bundesrepublik übernahm die SED die Verantwortung: »Für die Tatsache, daß es der Kommunistischen Partei Deutschlands bisher nicht gelungen ist, die breiten Massen für den Kampf gegen die Kriegs- und Kolonisierungspolitik der ausländischen Imperialisten zu mobilisieren, ist zugleich die Sozialistische Einheitspartei Deutschlands verantwortlich. Die Sozialistische Einheitspartei hat auch dem Kampf in Westberlin zu wenig Aufmerksamkeit gewidmet.«[6] Die in dieser Selbstkritik enthaltene Klarstellung über die Abhängigkeitsverhältnisse zwischen der SED und der KPD sollten sich bis zum Ende der SED-Herrschaft nicht verändern. Die 1950 prinzipiell angesprochene Führungsfunktion der SED gegenüber der KPD bestimmte diese Partei zum Interventionsapparat der SED in die gesellschaftlichen Verhältnisse der Bundesrepublik. Dieses Urteil trifft auch auf die 1968 neukonstituierte Deutsche Kommunistische Partei (DKP) zu.[7]

1950, als das Zusammenwirken von SED, FDGB und KPD in der Politik gegenüber dem DGB formuliert wurde, war das Jahr des Korea-Krieges. Der III. Parteitag der SED stellte dem FDGB die Aufgabe, im Rahmen der gesamtdeutschen Politik der SED Arbeiterdelegationen zum Besuch »volkseigener Betriebe« einzuladen und Beziehungen zu fortschrittlichen Gewerkschaftern im DGB herzustellen.[8] Einen Monat später, auf dem 3. FDGB-Kongreß, erläuterte der FDGB-Vorsitzende, Herbert Warnke, diesen Parteiauftrag. Die in der Form eines »Rechenschaftsberichts« vorgetragene Direktive über die gesamtdeutsche Politik des FDGB bestimmte zunächst Bedeutung und Funktion der DDR für die ordnungspolitische Auseinandersetzung in und um Deutschland. Warnke übernahm die SED-Selbstkritik für den FDGB:

> »Unsere Gewerkschaften beschränken sich im wesentlichen auf die Gewerkschaftsarbeit für den Aufbau in der Deutschen Demokratischen Republik. Die Deutsche Demokratische Republik, das ist das Fundament. Das Gebäude aber, das wir auf diesem Fundament errichten, muß ganz Deutschland sein. In seinem bekannten Telegramm anläßlich der Gründung der Deutschen Demokratischen Republik sagt Stalin, nachdem er zunächst die Bedeutung der Gründung unserer Republik dargelegt hat, dann wörtlich: ›Wenn Sie so den Grundstein für ein einheitliches, demokratisches und friedliebendes Deutschland legen, vollbringen Sie gleichzeitig ein großes Werk für ganz Europa, indem Sie ihm einen festen Frieden gewährleisten.‹ Auch aus diesem Zitat geht deutlich hervor, daß die Deutsche Demokratische Republik eben der Grundstein ist, auf dem das einheitliche demokratische Deutschland erst noch zu errichten ist. Dafür müssen wir arbeiten, dafür waren wir noch zu wenig tätig.«

Zum Inhalt der gesamtdeutschen Politik des FDGB erklärte Warnke:

> »1. Vor der Arbeiterschaft ganz Deutschlands haben wir in Presse, Radio, Reden und Materialien die ständige prinzipielle Auseinandersetzung mit der Politik der Leitung der westdeutschen Gewerkschaften durchzuführen, die die Kriegspolitik und damit auch die Ausbeutungspolitik des anglo-amerikanischen Imperialismus unterstützt und damit voll verantwortlich ist für deren unausbleibliche Folgen, wie sinkender Lebensstandard, wachsende Arbeitslosigkeit und Beschränkung der gewerkschaftlichen Rechte sowie der demokratischen Freiheiten des Volkes.

2. Den fortschrittlichen Gewerkschaftern und der Arbeiterschaft Westdeutschlands haben wir durch Herstellung eines engen Kontaktes, durch Delegationen und Briefwechsel immer neue Möglichkeiten zu geben, aus den großen Erfolgen der Gewerkschaftsbewegung in der Deutschen Demokratischen Republik, insbesondere aus der Arbeit an der Erfüllung unseres Fünfjahrplans, neue Kraft zu schöpfen, diese Erfolge den Arbeitermassen Westdeutschlands bekanntzumachen und dadurch die große Bewegung der nationalen Front in ganz Deutschland zu stärken.

3. Alle Versuche, die Tätigkeit unserer Gewerkschaften nur auf das Gebiet der Deutschen Demokratischen Republik zu beschränken, haben wir entschieden zu überwinden und unsere ganze Arbeit von dem Gedanken tragen zu lassen, die Massen der Werktätigen Westdeutschlands den reaktionären Einflüssen des anglo-amerikanischen Imperialismus, der westdeutschen monopolkapitalistischen Bourgeoisie und ihrer Helfer, der Irving Brown und Böckler, zu entreißen und sie für den Kampf um Frieden, Einheit und Aufbau eines demokratischen Deutschlands zu gewinnen.«[9]

Zwei Strukturmerkmale blieben für die FDGB-Westdeutschlandpolitik prägend bis zu ihrem Ende: 1. Ihre Ziele wurden von der SED festgelegt. 2. Oberste Priorität besaß inhaltlich gegenüber dem DGB die Stärkung der DDR über den »Umweg« ihrer Anerkennung durch die »Arbeiterklasse« der Bundesrepublik und ihre Parteien und Verbände, bestimmte doch die SED seit ihrer Gründung ihre Staatsmacht als das entscheidende Instrument zum Aufbau des Sozialismus. Die diktatorische Klarheit über das SED-Ziel in der ordnungspolitischen Auseinandersetzung in und um Deutschland, die sich in den zitierten Ausführungen aus dem Jahre 1950 noch findet, geht in späteren Jahren verloren. Aber die Intention der SED-Deutschlandpolitik bleibt bis zum Schluß: Die Stärkung der DDR als Voraussetzung für den siegreichen Kampf um den Sozialismus in ganz Deutschland.

Die Neubewertung des DGB durch das SED-Programm von 1963

Wollte die SED 1950 noch mit Hilfe von FDGB und KPD die Massen von den »rechtssozialdemokratischen Führern« wie dem damaligen DGB-Vorsitzenden Hans Böckler trennen, so gab sie nach dem Mauerbau 1961 dieses programmatische Ziel nach und nach auf. Die Westabteilung des SED-Zentralkomitees nahm in Verbindung mit der im Ostberliner Exil sitzenden Gewerkschaftskommission des Politbüros der KPD eine programmatische Neubestimmung der Funktion des Deutschen Gewerkschaftsbundes für die SED-Deutschlandpolitik vor.

1959 beschloß die SPD mit ihrem Godesberger Programm die Abkehr von der sozialistischen Arbeitnehmerpartei, zugleich vollzog sie eine außen- und deutschlandpolitische Wende: Anerkennung der Westintegration der Bundesrepublik und uneingeschränktes Bekenntnis zur NATO. Die SPD strebte mit diesen programmatischen Revisionen zielstrebig die Übernahme der Bundesregierung an. Nach dieser Wende suchte die Führung der SPD in der Außen- und Deutschlandpolitik demonstrativ die Übereinstimmung mit der regierenden CDU/CSU. Die SED war auf dem Feld der Außen- und Deutschlandpolitik mit einer »großen Koalition« konfrontiert, die insbesondere nach dem Mauerbau jegliche Bereitschaft zur Anerkennung der Realitäten in Deutschland in ihrem Sinne, also der DDR, vermissen ließ. In dieser Konstellation war die SED gezwungen, auf dem außerparlamentarischen Feld Partner für die Anerkennung der DDR zu gewinnen, und in diesem Zusammenhang wurden Rolle und Bedeutung des DGB in der Gesellschaft der Bundesrepublik seitens der SED neu bewertet. Die Vorstände der westdeutschen Gewerkschaften wurden nicht mehr generell als Vollzugsagenten der Monopolbourgeoisie propagandistisch beschimpft; vielmehr wurden der DGB und seine Mitgliedsgewerkschaften in zwei Lager aufgeteilt: In dem einen gaben ehrliche »Reformisten« wie die Führung der IG Metall den Ton an, und ihre Politik wurde seitens der SED und der KPD uneingeschränkt unterstützt; auf der anderen Seite stand die von der SED sogenannte Richter-

Gruppe, deren Kurs nach Einschätzung der SED auf die »Unterwerfung« des DGB unter die Bonner Regierungspolitik hinauslief.

Es waren drei Themen, mit denen die SED in die innergewerkschaftlichen Diskussionen im DGB eingreifen wollte:

1. Der Protest gegen die Pläne, die Bundeswehr atomar aufzurüsten,
2. die Beteiligung der Gewerkschaften an der Kampagne gegen die geplante Notstandsgesetzgebung und
3. die Anerkennung der DDR, der Oder-Neiße-Grenze und die Aufnahme von Kontakten zwischen DGB-Gewerkschaften und FDGB.

Das zentrale Ziel der SED-Intervention war selbstverständlich die Anerkennung der DDR.

Der 6. Parteitag der SED beschloß im Januar 1963 ein neues Parteiprogramm, in dem die Neubewertung der Rolle des DGB festgeschrieben wurde. Das Programm orientierte die Partei auf eine sozialistische Perspektive Deutschlands, wobei die DDR die Funktion eines Kernstaats erfüllen sollte: »Die Existenz der sozialistischen Deutschen Demokratischen Republik hat in Deutschland eine grundlegend neue Lage geschaffen. Sie verändert in Deutschland das Kräfteverhältnis entscheidend zugunsten der Kräfte des Friedens und des Sozialismus.« Die DDR müsse auf allen Gebieten die »Alternative« zur Bundesrepublik sein. Darin bestünde ihre »historische Mission«. Es sei ihre Aufgabe, »durch die umfassende Verwirklichung des Sozialismus in dem ersten deutschen Arbeiter-und-Bauern-Staat die feste Grundlage dafür zu schaffen, daß in ganz Deutschland die Arbeiterklasse die Führung übernimmt, die Monopolbourgeoisie auch in Westdeutschland entmachtet und die nationale Frage im Sinne des Friedens und des gesellschaftlichen Fortschritts gelöst wird«.[10]

Das Programm verwandte den Begriff der »Arbeiterklasse« dann, wenn es die Politik der Kommunistischen Partei oder, und das war nicht in jedem Fall selbstverständlich, der Sozialdemokratie behandelte. Auffallend war, daß die Bedingungen und Probleme im Zusammenhang mit dem Aufbau des Sozialismus in der DDR stets in einem reziproken Verhältnis zur Entwicklung in der

Bundesrepublik dargestellt wurden. Man kann geradezu von einer Westfixierung der SED-Programmatik sprechen. So wurde z. B. behauptet, daß die Repräsentanten der »alten, zum Untergang verurteilten kapitalistischen Ordnung« – und das waren für die SED nicht nur die »Herren des Monopolkapitals«, sondern auch die »Hitlergenerale«, »Nato-Bischöfe« und die »rechten Führer der SPD« – »von Westdeutschland und Westberlin aus einen erbitterten Klassenkampf gegen die Deutsche Demokratische Republik« führen.[11]

Die SED betrachtete die innen- wie die außenpolitischen Fragen als Machtfragen, und deshalb war für sie »das Hauptinstrument für den Aufbau des Sozialismus« der »sozialistische Staat«.[12] Die internationale Anerkennung der DDR besaß für die SED den Rang einer Schlüsselfrage bei der Sicherung und Durchführung des Aufbaus des Sozialismus in Deutschland. Da die Verhältnisse in der DDR vom SED-Programm ebenso wie von Ulbricht selbst in immer wiederkehrenden Beschwörungsformeln für unumkehrbar erklärt wurden, schien die Lösung der nationalen Frage perspektivisch nur auf sozialistischer Grundlage möglich. Voraussetzung sollte die Wende in der Bundesrepublik sein, nämlich die politische und sozialökonomische Angleichung des bevölkerungsmäßig gut dreimal so großen Nachbarn an den schmächtigen sozialistischen Teilstaat.

Und selbst für diesen unwahrscheinlichen Vorgang errichtete das SED-Programm hohe Hürden. Es erklärte die »Überwindung von Imperialismus und Militarismus in Westdeutschland« nur aus einer bestimmten politischen Konstellation heraus für möglich, nämlich, wenn zuvor eine »Einheitsfront der sozialdemokratischen, kommunistischen, christlichen und parteilosen Arbeiter verwirklicht wird und die Arbeiterklasse in organisierter, politisch wirkungsvoller Weise auftritt«.[13] Was nichts anderes bedeutete, als daß die Kommunisten schon zuvor die hegemoniale innenpolitische Kraft in der Bundesrepublik geworden sein wollten. Wurden die Trauben derart hoch gehängt, dann hieß das realpolitisch, daß der SED vor allem an der Konsolidierung ihres Teilstaates gelegen war.

Die »konsequenteste antiimperialistische und nationale Kraft in Westdeutschland« war daher für die SED die »in die Illegalität gedrängte Kommunistische Partei, ... ihre Legalität ist im Interesse der Arbeiterklasse und der gesamten Nation lebensnotwendig.«[14] Mit der permanenten Klage über die Bedingungen der Illegalität, die den Spielraum der Kommunistischen Partei in der Bundesrepublik einschränkten, bestätigte die SED im Grunde noch im nachhinein die Begründung des Bundesverfassungsgerichts für das Verbot der KPD von 1956, wonach es sich bei der KPD um einen Interventions- und Umsturzapparat des gegnerischen Teilstaates handelte, auch wenn man auf den Umsturz mangels politischer Bedingungen zunächst verzichten mußte. Schon nach dem Interventionskonzept benötigte die westdeutsche Arbeiterklasse zumindest interimistisch eine für die SED akzeptable Ersatzführung, und diese schien bei einigem Nachhelfen in den Gewerkschaften vorhanden. Die gewerkschaftspolitische Linie der KPD und die Einschätzungen der DGB-Politik durch die Westabteilung des ZK wurden vom VI. Parteitag der SED zur programmatischen Aussage erhoben: »Für die Entwicklung des Kampfes der Arbeiterklasse haben die Gewerkschaften eine große Verantwortung. Sie sind gegenwärtig die einzige legale Klassenorganisation in der westdeutschen Arbeiterbewegung mit großem Masseneinfluß und starker organisatorischer Kraft, die günstigste Basis für die Herstellung der Aktionseinheit von sozialdemokratischen, kommunistischen, christlichen und parteilosen Arbeitern. Die Gewerkschaften sind in Westdeutschland berufen, nicht nur die sozialen und wirtschaftlichen, sondern vor allem auch die politischen Interessen und Ziele der Arbeiterklasse zu vertreten.«[15]

Ulbricht illustrierte in seinem Parteitags-Referat die Richtigkeit der prinzipiellen Neueinschätzung der Rolle der Gewerkschaften als politische Ersatzführung der westdeutschen Arbeiterklasse am Beispiel des Verlaufs des 6. DGB-Bundeskongresses in Hannover. Seine Version der Auseinandersetzungen dort lautete, daß rechte SPD- und Gewerkschaftsführer den DGB »ins Fahrwasser ihrer aggressiven Nato-Politik zerren« wollten.[16] Die Anti-Notstandsbeschlüsse interpretierte er als Ausdruck des Unmuts vieler »Arbeiterfunktionäre«, d.h. Gewerkschaftsfunktionäre, in der Mehrzahl Sozialdemokraten, über den Gemeinsamkeitskurs der SPD mit der CDU. In den Gewerkschaften erblickte er den organisatorischen Kern einer Opposition aus der Arbeiterklasse heraus gegen diesen Kurs der SPD-Führung. Eine solchermaßen selektiv, aber ideologisch stimmig wahrgenommene politische Konstellation konnte dann auch einer kommunistischen Partei Chancen eröffnen.

Gleichzeitig warnte Ulbricht aber vor Euphorie: »Wir übersehen nicht, daß es noch große Verwirrung in den Reihen der westdeutschen Arbeiterklasse gibt und der Antikommunismus ihren Kampf stark behindert. Dennoch ist es offenkundig, daß die Möglichkeiten für die Solidarität und Aktionsgemeinschaft der Arbeiterklasse im Kampf um die nächsten vordringlichen Ziele wachsen.«[17] Mit der programmatischen Zuschreibung einer gewachsenen Rolle der Gewerkschaften in der Bundesrepublik verknüpfte die SED die Perspektive eines vereinten sozialistischen Deutschlands mit den »vordringlichen Zielen«, die die Partei in der Bundesrepublik verfolgte: die Anerkennung ihres Staates. In Ulbrichts Worten: »Versachlichen wir also die Beziehungen zwischen den beiden deutschen Staaten und ihren Bürgern! Dann wird es leichter sein, bestehende Probleme auf den verschiedensten Gebieten zu lösen.«[18]

Der 1. Sekretär der SED definierte die DDR und nicht die SED als führende ideologische Kraft in Deutschland. Diese Festlegung erscheint unlogisch; sie hatte aber ihren Sinn, wenn man sich immer wieder vergegenwärtigt, daß die SED ihren Staat als *Hauptinstrument* beim Aufbau ihres Sozialismus begriff. Ulbricht betonte, für die SED setzte »der Kampf zwischen den beiden Gesellschaftssystemen in Deutschland« alle Fragen auf die Tagesordnung, die die »Strategie und Taktik der Arbeiterklasse und aller fortschrittlicher Kräfte« beträfen.[19] Somit beanspruchte die SED wie selbstverständlich die ideologisch legitimierte Zuständigkeit für die Festlegung der Politik der Arbeiterklasse und ihrer Bündnispartner in Deutschland.

Die so stark betonte Rolle formeller Beziehungen zwischen den verschiedenen Parteien und Organisationen der deutschen Arbeiterklasse, die in zwei Staaten mit gegensätzlichen Gesellschaftsordnungen existierten, stand jedoch einer Bereitschaft zur punktuellen Zusammenarbeit durchaus nicht im Wege. Sie wurde für die SED überall dort möglich, wo sich in der Tagespolitik Gemeinsamkeiten zwischen programmatischen bzw. politischen Forderungen der SED und politischen Kräfte in der Bundesrepublik ergaben. Deshalb war es für die Regierung der DDR beispielsweise kein Problem, sich mit den Forderungen der Ostermarschbewegung in der Bundesrepublik zu solidarisieren. So tat es z.B. der Ministerpräsident Otto Grotewohl 1963, als er in einem Brief an den Sprecher der Kampagne für Abrüstung mitteilte, daß er die Forderungen des Ostermarsch-Aufrufs von 1963 »voll inhaltlich unterstützt«.[20] Auf ähnliche Weise verfuhr schon Ulbricht auf dem SED-Parteitag mit den Beschlüssen des DGB-Bundeskongresses.

Die SED wollte sich, das war offensichtlich, auf die Beziehungen von Staaten konzentrieren und richtete ihre ideologisch-politische Aufmerksamkeit daher auf die politisch-programmatische Differenzierung der Deutschlandpolitik in den Parteien und Gewerkschaften.[21] Mit dieser institutionalistischen Ausrichtung ihrer Politik erkannte die SED für sich selbst an: Ohne Verfügung über den staatlichen Machtapparat besaß sie keine Akzeptanz bei der Mehrheit ihres Staatsvolkes, und sie ging nicht davon aus, daß ihre Herrschaft in der Bundesrepublik Deutschland unter der realen »Arbeiterklasse« populär zu machen sei. Mehrfach beschwor das Parteiprogramm daher eine von der Zustimmung des Staatsvolkes unabhängige, überhistorische Legitimität des SED-Staates, indem es beteuerte, die DDR sei der einzige »rechtmäßige deutsche Staat« der Nachkriegsgeschichte. Weil dennoch das Volk sich in beiden Teilen Deutschlands wenig einsichtig zeigte, konzipierte die SED eine Politik der »friedlichen Koexistenz«, die in der Bundesrepublik ausschließlich mit den Funktionseliten in Politik, Kultur und Wissenschaft rechnete und sich auf deren Handeln konzentrierte.

Der Terminus »Arbeiterklasse« war in diesem Zusammenhang eine ideologische Chiffre, die die KPD, die SPD und den DGB umfaßte. Das in diesen ideologischen Strukturen erdachte Konzept einer Bündnispolitik mit oppositionellen Parteien und Organisationen in der Bundesrepublik konnte nur dann Aussicht auf Erfolg für die SED haben, wenn es die organisatorische Selbständigkeit der potentiellen Bündnispartner respektierte. Das Wesen der SED-Politik war bürokratisch organisierter Einflußgewinn und setzte in der Bundesrepublik eine äußerlich unabhängige, aber gleichwohl zuverlässige Institution voraus, die in der Lage war, im Rahmen des politischen Systems der Bundesrepublik ihren Kampf um die Köpfe in SPD und DGB zu führen und auf einen deutschlandpolitischen Minimalkonsens in der Sache zu orientieren. Konstellationsbedingt war somit die Frage der Relegalisierung der KPD eine entscheidende Voraussetzung für die Umsetzung der SED-Deutschlandpolitik in der Bundesrepublik. Ein weiteres Feld, auf dem die SED 1963 der »Arbeiterklasse« und allen »fortschrittlichen Kräften« in der Bundesrepublik zu helfen gedachte, war das ideologische Rüstzeug für ihren Kampf gegen die »CDU-Herrschaft«.

Die gewerkschaftspolitische Linie der DKP nach 1968

Die 1963 von der SED vorgenommene Neubewertung der Rolle des DGB im politischen System der Bundesrepublik wurde von der SED bis 1989 nicht grundsätzlich revidiert und war auch die Basis für die Gewerkschaftsprogrammatik der DKP. Die »Erklärung zur Neukonstituierung einer kommunistischen Partei« vom September 1968 forderte eine »demokratische Wirtschaftspolitik« und die »Einschränkung der Allmacht der Monopole«. Bei dieser Formulierung bezog sich die DKP ausdrücklich auf »die Forderungen der Gewerkschaften im DGB zur Überführung von Schlüsselindustrien und marktbeherrschenden Unternehmen in öffentliches Eigentum«. Diese DGB-Proklamationen von 1963 hielt die DKP damals »für aktuell und zeitgemäß«.[22] Da die DDR als Staat die Basis für die sozialistische Perspektive in Deutschland darstellte, kam es der DKP vor allem darauf an, ihre Anerkennung in der Bundesrepublik voranzubringen. In diesem Zusammenhang klärte sie dann auch ihr Verhältnis zur SED.

Die Beziehungen zur SED beschrieb der DKP-Aufruf annähernd mit den gleichen Worten, die Walter Ulbricht 1963 auf dem VI. SED-Parteitag gebraucht hatte, um die Beziehung der SED zur KPD darzustellen: »Mit der Sozialistischen Einheitspartei Deutschlands ... fühlen wir uns durch den Marxismus und die gemeinsamen Traditionen verbunden.« Erst nach dieser Feststellung und der weiteren, daß »eine schematische Nachahmung des in der DDR beschrittenen Weges« in der Bundesrepublik »ausgeschlossen« wäre, legte der »Bundesausschuß zur Neukonstituierung einer kommunistischen Partei« sein Bekenntnis zum »Internationalismus« ab.[23] Welchen Inhalt dieses Bekenntnis zum Internationalismus hatte, verdeutlichten die DKP-Gründer mit ihrem Beifall zu der militärischen Okkupation der ČSSR durch die sowjetisch geführten Armeen des Warschauer Paktes am 21. August 1968.[24]

Innenpolitischer Hauptgegner war für die DKP die CDU/CSU. Sie wurde als »die politische Hauptkraft dieser Klassenherrschaft, durch die die Macht im Interesse der Monopole ausgeübt wird«, bezeichnet.[25] Gegen die CDU/CSU erstrebte die DKP die Zusammenarbeit mit der Sozialdemokratie als der »entscheidenden Voraussetzung, um in der Bundesrepublik eine Wende zu einer fortschrittlichen sozialen Demokratie zu erkämpfen«.[26] Der Minimalkonsens zu dieser Zusammenarbeit sollte auf dem Feld der Außenpolitik liegen und damit auf dem von der DKP mit Nachdruck geforderten Gebiet der »Herstellung gleichberechtigter Beziehungen zur DDR«.[27] Im Zusammenhang mit dem von der DKP erstrebten »Bündnis der demokratischen Kräfte« in »außerparlamentarischen Aktionen« bekundete die Erklärung die Bereitschaft zur vertrauensvollen »Zusammenarbeit mit den Gewerkschaften, deren demokratische und soziale Ziele wir unterstützen und in deren Reihen wir aktiv mitarbeiten«.[28]

Der »Essener Parteitag« der DKP im April 1969 beschloß eine »Grundsatzerklärung«, die als erstes programmatisches Dokument der Partei nach ihrer »Neukonstituierung« gewertet werden muß. Im Zusammenhang mit der Klärung ihrer Position zur Sozialdemokratie bestimmte die DKP ihre Haltung zu den Gewerkschaften. »Als Verfechter der Einheitsgewerkschaft, in der wir eine der großen Errungenschaften der Arbeiterbewegung sehen, werden wir allen Tendenzen zu ihrer Eingliederung in das bestehende Herrschaftssystem, zur Spaltung und Schwächung der gewerkschaftlichen Kampfkraft, zur Minderung ihrer Rolle als Klassenorganisation entgegentreten und alle antigewerkschaftlichen Angriffe der herrschenden Kreise zurückweisen.«[29] Die Partei formulierte noch abgewogen und vorsichtig. Aus dem Kampf gegen die »Gleichschaltung« mit dem Monopolkapital, wie die KPD noch schrieb, wurde ein »Entgegentreten« gegen »Tendenzen zu ihrer Eingliederung in das bestehende Herrschaftssystem«. Die Orientierung auf eine von der Partei wesentlich bestimmte Gewerkschaftspolitik wurde nur negativ umschrieben mit der Abwehr von »Spaltung und Schwächung der gewerkschaftlichen Kampfkraft«, womit die Ausgrenzung der Kommunisten aus dem DGB umschrieben wurde, die, nach Auffassung der DKP, »zur Minderung ihrer Rolle als Klassenorganisation« führte.

Zwei Jahre später, die Existenz der Partei war gesichert, wurde in den »Thesen des Düsseldorfer Parteitags« der ideologische Führungsanspruch der Partei in der Einheitsgewerkschaft bereits offensiv formuliert. In der These 30 hieß es: »Die kommunistischen Arbeiter und Angestellten sind Teil der Gewerkschaften. Sie kämpfen aktiv für die den Klasseninteressen dienenden Beschlüsse dieser Arbeiterorganisation und ihre Durchsetzung, für die Entwicklung der Gewerkschaften als Klassenorganisation der Arbeiterklasse.«[30] Die Durchsetzung des ideologischen Führungsanspruchs der Partei in den Gewerkschaften – das war die von Herbert Häber von der SED-Westabteilung 1961 gegenüber der KPD geforderte politische Aufgabe im Kampf um vom Monopolkapital »unabhängige« Gewerkschaften. Diese Aufgabe der Partei in den Gewerkschaften wurde 1971 von der DKP in ihren programmatischen Thesen mit »Überwindung von Widersprüchen und Inkonsequenzen« umschrieben.[31]

Wie dieser Kampf um die Köpfe im DGB auszusehen hatte, faßte Werner Cieslak in die Worte: »Es ist die Aufgabe der marxistischen Kräfte, den Erkenntnisprozeß zu fördern und deutlich zu machen, daß nicht diese oder jene Reformen, sondern solche notwendig sind, die grundlegende gesellschaftliche Umgestaltungen anvisieren. Die Kommunisten in den Gewerkschaften, die in den sozialen und wirtschaftlichen Reformen nicht das Endziel sehen, wissen aber, daß der Kampf um diese Reformen Bestandteil der Auseinandersetzungen um die endgültige Befreiung der Arbeiterschaft von der wirtschaftlichen und politischen Bevormundung durch das Konzernkapital ist. Von dieser Position aus beurteilen wir auch die Diskussion im DGB über die Standortbestimmung der Gewerkschaften in der Gesellschaft und die damit verbundene Fragestellung: ›Gewerkschaften als Dienstleistungsbetrieb oder Kampforganisation‹.«[32]

Die programmatische Festlegung der Bedeutung des DGB für die Westpolitik der SED und die Übernahme dieser Linie durch die DKP ermöglichten eine zielstrebige Politik mit verteilten Rollen. Der FDGB fungierte dabei als »Transmissionsriemen« zwischen den SED-Anweisungen für den DGB und der Beschlußlagenpolitik der DKP innerhalb der Gewerkschaften. Wobei hinsichtlich der FDGB-Politik gegenüber den DGB-Verbänden unterschieden werden muß zwischen den Aktivitäten vor der offiziellen Beziehungsaufnahme zum DGB und danach, als sich der FDGB erklärtermaßen auf die Leitungen und Vorstände konzentrierte.

Anmerkungen

Der DGB im Konzept der SED-Deutschlandpolitik

1 Ulrich Gill: Der Freie Deutsche Gewerkschaftsbund (FDGB), Opladen 1989, S. 17.

2 Hartmut Zimmermann: Freier Deutscher Gewerkschaftsbund (FDGB), in: Bundesministerium für Innerdeutsche Beziehungen: DDR-Handbuch, 3. überarbeitete Auflage, 2 Bände, Band 1, Bonn 1985, S. 471.

3 Klaus Helf: Von der Interessenvertretung zur Transmission. Die Wandlung des Freien Deutschen Gewerkschaftsbundes (FDGB) (1945–1950), in: Hermann Weber (Hrsg.): Parteiensystem zwischen Demokratie und Volksdemokratie. Dokumente und Materialien zum Funktionswandel der Parteien und Massenorganisationen in der SBZ/DDR 1945–1950, Köln, S. 382.

4 A.a.O., S. 383.

5 Vgl. Herbert Kuehl: Die Gewerkschaftspolitik der KPD von 1945 bis 1956, a.a.O., S. 213.

6 Die gegenwärtige Lage und die Aufgaben der Sozialistischen Einheitspartei Deutschlands. Entschließung des III. Parteitages (20.-24. Juli 1950), in: Zentralkomitee der SED (Hrsg.): Dokumente der Sozialistischen Einheitspartei Deutschlands, Bd.III, Berlin (Ost) 1952, S. 90.

7 Zur Relegalisierung des illegalen KPD-Apparats in Gestalt der DKP vgl. Wilhelm Mensing: Nehmen oder annehmen. Die verbotene KPD auf der Suche nach politischer Teilhabe, in: Wilhelm Mensing (Hrsg.): Wir wollen unsere Kommunisten wiederhaben ..., Demokratische Starthilfe für die Gründung der DKP, Zürich/Osnabrück 1989.

8 Vgl. die gegenwärtige Lage und die Aufgaben der Sozialistischen Einheitspartei Deutschlands, a.a.O., S. 91.

9 Herbert Warnke: Aus dem Rechenschaftsbericht vor dem 3. FDGB-Kongreß »Die Arbeit der Gewerkschaften für Frieden, Einheit und Aufbau«, in: Herbert Warnke: Arbeiterklasse und Gewerkschaften. Aus Reden und Schriften der Jahre 1945–1952, Berlin (Ost) 1953, S. 80 f.

10 Programm der Sozialistischen Einheitspartei Deutschlands, a.a.O., S. 255 f.

11 A.a.O., S. 240 ff.

12 A.a.O., S. 241.

13 A.a.O., S. 247.

14 Ebd.

15 A.a.O., S. 247 f. – In seinem Referat zum Programm nahm Ulbricht auch Stellung zur Beziehung zwischen der SED und der KPD. Er setzte es als »bekannt« voraus, daß beide Parteien »durch gemeinsame Geschichte und Tradition und durch die marxistisch-leninistische Lehre brüderlich verbunden sind«. Das Programm der SED forderte zwar die Legalisierung der Kommunistischen Partei in der Bundesrepublik, vermied aber die Namensnennung: »KPD«. Ulbricht setzte in seiner Rede zum Programm hinter diesen Namen ein realpolitisches Fragezeichen: »Es ist bekannt, daß wir mit der KPD, der Kommunistischen Partei Deutschlands, genauer gesagt, der westdeutschen Bundesrepublik ...« (Walter Ulbricht: Das Programm, a.a.O., S. 243.) Es ist ebenso bekannt, daß sich die Relegalisierung einer kommunistischen Partei in der Bundesrepublik unter einem neuen Namen 1968 vollzog: DKP.

16 Walter Ulbricht: Das Programm, a.a.O., S. 35.

17 A.a.O., S. 36.

18 A.a.O., S. 40.

19 A.a.O., S. 181.

20 Karl A. Otto: Vom Ostermarsch zur APO, Geschichte der außerpar-

lamentarischen Opposition in der Bundesrepublik 1960–70, Frankfurt/M./New York 1977, S. 98.

21 Vgl. in dieser Beziehung die »Analyse zur Lage in der BRD – Schlußfolgerungen für eine gemeinsame Politik«, in: Der Staatsbesuch, a.a.O.

22 Erklärung zur Neukonstituierung einer kommunistischen Partei, in: Die DKP: Gründung, Entwicklung, Bedeutung, hrsg. von Max Schäfer, Frankfurt 1978, S. 286f.

23 A.a.O., S. 288f.

24 Erklärung, a.a.O., S. 289.

25 A.a.O., S. 286.

26 Bundesausschuß der neukonstituierten Kommunistischen Partei: Fragen und Antworten zur Neukonstituierung einer kommunistischen Partei in der Bundesrepublik, in: Die DKP, a.a.O., S. 307.

27 Erklärung, a.a.O., S. 287.

28 A.a.O., S. 288.

29 Parteivorstand der DKP (Hrsg.): Grundsatzerklärung der Deutschen Kommunistischen Partei, beschlossen auf dem Essener Parteitag der DKP, 12./13. April 1969, Düsseldorf, o.J., S. 52.

30 Deutsche Kommunistische Partei, Parteivorstand (Hrsg.): Thesen des Düsseldorfer Parteitags der Deutschen Kommunistischen Partei, Düsseldorf, o.J. (1971), S. 45.

31 A.a.O., S. 46.

32 Werner Cieslak: Die Deutsche Kommunistische Partei und die Gewerkschaften, in: Josef Ledwohn, Heinz Seeger: Gewerkschaften – Standort und Perspektive, Frankfurt 1971, S. 69f. Dieser Sammelband enthält Beiträge zu verschiedenen Aspekten kommunistischer Gewerkschaftspolitik und erschien im »Nachrichten-Verlag«. – Der 1925 in Wanne-Eickel geborene Sohn eines Bergarbeiters Werner Cieslak war Mitbegründer der FDJ, Mitglied der Landesleitung der KPD-Nordrhein-Westfalen, »wegen illegaler Tätigkeit für die KPD und FDJ fünfmal inhaftiert. Insgesamt verbüßte er zweieinhalb Jahre Gefängnis. Aktiv an der Konstitutierung der DKP beteiligt. Vom Essener Parteitag 1969 in den Parteivorstand gewählt. Als Referent für Wirtschafts- und Sozialpolitik beim Parteivorstand besonders befaßt mit Fragen der betrieblichen und gewerkschaftlichen Tätigkeit. Seit 1971 Sekretär des Parteivorstands der DKP; hier verantwortlich für den Bereich Betriebs- und Betriebsgruppenarbeit der Partei. Gewerkschaftlich organisiert in der IG Druck und Papier und in der Deutschen Journalisten-Union. Seit Frühjahr 1981 Bezirksvorsitzender der DKP in Ruhr-Westfalen.« Biographische Daten der Mitglieder des Präsidiums und der Sekretäre des Parteivorstands der DKP, DKP-Parteitags-Information Nr.35/81 vom 6. Parteitag der DKP, 29.–31. Mai 1981, Hannover, S. 2.

Die Westpolitik des FDGB in den sechziger Jahren am Beispiel der Einflußaktivitäten auf die IG Metall und die IG Druck und Papier im DGB

1961: Aufbau von »Stützpunkten« und Kampf gegen die »Richter-Gruppe«

Vor der Aufnahme der offiziellen Kontakte zwischen FDGB und DGB in den 70er Jahren mußte der FDGB versuchen, in den DGB-Gewerkschaften ein informelles Netz von Kontakten aufzubauen, um auf diese Weise die Politik der Anerkennung der DDR und der Kontaktaufnahme mit dem FDGB im DGB zu propagieren. Ein Maßnahmeplan der IG Druck und Papier im FDGB für die Westarbeit aus dem Oktober 1961 soll die Methodik dieser Arbeit verdeutlichen. Zunächst werden dort die Stellen aufgelistet, die in der IG Druck und Papier im FDGB mit »Westarbeit« befaßt waren. Der organisatorischen Zuständigkeit folgen die Sprachregelungen über die Bewertung der beiden deutschen Staaten und das »feindliche Lager« im DGB, die »Richter-Gruppe«, benannt nach dem damaligen DGB-Vorsitzenden:

> *»4. Rolle der Richter-Gruppe im Staat der Monopole und Militaristen*
> Die Gewerkschaften sind das entscheidende Kraftzentrum des Volkskampfes gegen die Monopole und Militarismus.
> Gegen den Widerstand der Arbeiterklasse und ihrer Gewerkschaften ist Militarismus nicht in der Lage, die Kriegsmaschine in Gang zu setzen.
> Imperialisten brauchen daher vor allem die Auslieferung der Gewerkschaften durch die Richter-Gruppe für die Durchsetzung ihrer Aggressionsziele.
> Der offene Übergang der Richter-Gruppe auf die Positionen der imperialistischen Kriegsvorbereitungen hat eine gefährliche Lage für die westdeutsche Gewerkschaftsbewegung herbeigeführt.

1914 – stimmte die SPD und Gewerkschaftsführung erst nach Kriegsausbruch dem Krieg der Monopole und Militaristen zu.
19. April 1933 – ADGB-Vorstand erließ Aufruf an Mitglieder, sich in den Hitlerstaat einzugliedern – Imperialismus glaubt aber, Krieg nur nach Zerschlagung der Gewerkschaften führen zu können – Deshalb kam 1933 der offene Pakt mit Faschismus nicht zustande.
1945 – Fortsetzung der bankrotten Politik und Mithilfe bei der Restaurierung der Macht des deutschen Imperialismus-Militarismus – Bekenntnis zum Marschall-Plan – zur konterrevolutionären Politik gegenüber der DDR.
1961 – Monopole und Militaristen versuchen auf kaltem Wege, ohne Lärm, mit Hilfe der Richter-Gruppe die Gewerkschaften schon vorher in die Kriegsvorbereitungen einzugliedern.
Offener Pakt – Bekenntnis zur NATO und Atomkriegspolitik – Chauvinismus und Revanchismus wurden zum Bestandteil der Politik der Richter-Gruppe.
Richter-Gruppe bekennt sich nicht nur zum Bonner monopolkapitalistischen Staat, sondern fordert die Arbeiterklasse auf, diesen Staat zu festigen.
Ihre Losung: ›Erst Wiedervereinigung – dann Friedensvertrag‹ – heißt in der Tat: Arbeiter-und-Bauern-Macht in der DDR beseitigen, die Macht der Monopole und Militaristen auf ganz Deutschland ausdehnen, den Herrschaftsbereich der NATO bis an die Oder verlagern.
Politik der Richter-Gruppe gegen die Lebensintererssen der Arbeiterklasse gerichtet – eine Mißachtung der Gewerkschaftsbeschlüsse – Kampf um Durchsetzung der Gewerkschaftsbeschlüsse ist ehrliches Bekenntnis zum Abbau des Friedensvertrages.
Im Kampf um Friedensvertrag und Gewerkschaftsbeschlüsse Agenten der Monopole und Militaristen aus der Gewerkschaft entfernen (...).«[1]
Eine solche Differenzierungspropaganda betrieb die SED auch gegenüber der SPD. Sie unterschied zwischen den Mitgliedern und Funktionären der Partei auf dem einen und der »Wehner-Brandt-Gruppe« auf dem anderen Flügel. Letzterer lieferte die

SPD aus opportunistischen Gründen der Politik der CDU/CSU aus. Die »Richter-Gruppe« wurde analog gebraucht, um die Gewerkschaftspolitik dieser Sozialdemokraten zu diskreditieren.[2] Das Feindbild der SED von der »Richter-Gruppe« verknüpfte die aktuelle Politik des DGB-Vorsitzenden mit der historischen Kontinuität »reformistischer« Politik gegen die »Interessen der Arbeiterklasse«. Der FDGB wollte sich aber nicht nur unmittelbar in den innergewerkschaftlichen Diskussionsprozeß einmischen, sondern es ging auch um Personalpolitik, galt es doch immer noch, »Agenten der Monopole und Militaristen aus der Gewerkschaft« zu entfernen. Für diese Aufgabe brauchte der FDGB in der Bundesrepublik »zuverlässige Mitglieder und Funktionäre« in der IG Druck und Papier im DGB, die bereit waren, die Zielsetzungen des FDGB in ihrer Gewerkschaft und im DGB umzusetzen. Von strategischer Bedeutung für diese Politik war die Veränderung der Programmatik im DGB, die Durchsetzung von Anträgen in den verschiedenen Beschlußgremien der Gewerkschaften (von der Kreisversammlung bis zum Gewerkschaftstag) und die zielstrebige Propagierung dieser beispielhaften Beschlüsse. Die Beschlüsse selbst und die dazugehörige ideologische Argumentation wurden vom FDGB selbst vorbereitet:

»1. Das Büro für nationale Gewerkschaftseinheit beim ZV und die Bezirksvorstände verschaffen sich eine namentliche Übersicht über zuverlässige Mitglieder und Funktionäre, mit denen die Verbindungen aufrechterhalten werden.

Die klassenmäßige Haltung dieser Kollegen zu den einzelnen politischen Grundfragen ist die Grundlage für deren Einschätzung.

a) für Einrichtung von Stützpunkten in Westdeutschland, über die der Einfluß auf die Politik der westdeutschen IG gesichert wird.

b) für Schaffung eines Informanten-Netzes. Über diesen Personenkreis sind soweit wie möglich Informationen aus der westdeutschen IG zu sichern (Orts-, Bezirks- und Gaumitteilungsblätter – Beschlüsse der Vorstände – Verlauf

von Versammlungen – Über das Auftreten der Funktionäre zu bestimmten politischen und gewerkschaftlichen Fragen – über Vorgänge in Betrieben usw.)
c) Die Festlegung dieses Kollegenkreises muß gleichzeitig die Organisierung einer Gewerkschaftsopposition auf den verschiedensten Organisationsebenen ermöglichen (OV–BV–GV–ZV–Sparten–Betriebe).
d) Die Bezirksvorstände legen fest, wer mit wem in Westdeutschland den brieflichen Kontakt aufrechterhält (Mitglieder der Kommissionen für nationale Gewerkschaftsarbeit sind hierbei heranzuziehen.
Das Büro des Zentralvorstandes führt mit den Bezirksvorständen eine namentliche Übereinstimmung herbei.«[3]

Vorbereitung der Deutschen Arbeiterkonferenz im Frühjahr 1962

Die Leipziger Messen wurden von der SED von 1954 bis 1971 genutzt, um »Deutsche Arbeiterkonferenzen« (DA) durchzuführen. Hauptaufgabe war »die Beeinflussung der westdeutschen Arbeiterschaft«; die SED wollte vor allem zum DGB und zur SPD Kontakte herstellen und auf diese einwirken. Nach dem Verbot der KPD im August 1956 wuchs die Bedeutung der DA für die Propagierung der SED- und der KPD-Politik. Im September 1956 wurde ein »Ständiger Ausschuß« der DA als operatives Organ für die Zeit zwischen den Konferenzen gebildet, dessen Anleitung über den FDGB erfolgte. Politisch vertrat die DA die Linie der SED, so in den Dokumenten »Weg und Ziel der deutschen Arbeiterklasse« (1957) und »Für einen deutschen Beitrag zur Abrüstung, zur Entspannung und zum Frieden« (1963). Die Aktivitäten der DA verringerten sich nach der Gründung der DKP (25.9.1968) und vor allem mit der Abgrenzungspolitik der DDR nach dem VIII. Parteitag der SED 1971. Seit der 32. DA (März 1971) fand keine Konferenz mehr statt. Auf dieser letzten DA waren 1200 Teilnehmer (Delegationen der SED, des FDGB, aus der Bundesrepublik Deutschland: der DKP und der SDAJ) anwesend. Albert Norden wandte sich auf dieser DA gegen die ›Fiktion‹ einer ›Einheit der Nation‹.«[4]

Der Maßnahmeplan der IG Druck und Papier im FDGB zur Vorbereitung der Frühjahrskonferenz 1962 zeigt, daß es dem FDGB nicht abstrakt um die »Arbeiterschaft« ging, sondern die Aktivitäten sich auf Aktivisten und Funktionäre der DGB-Einzelgewerkschaften konzentrierten. Der Finanzplan von 9000 Mark der DDR allein für die Aktivitäten der FDGB-IG-Druck-und-Papier sind ein Hinweis auf die erheblichen Mittel, die die SED in diese Politik investierte. Dieser Maßnahmenplan geht aus von den zwei Lagern im DGB und richtet sich politisch gegen die »Richter-Gruppe«. Dem Einfluß des damaligen Vorsitzenden der IG-Bau-Steine-Erden (IG BSE), Georg Leber, trägt das FDGB-Papier insofern Rechnung, als er als Repräsentant der »Brandt/Wehner-Gruppe« im DGB gebrandmarkt wird und gleichgewichtig neben dem Namen des DGB-Vorsitzenden Richter steht.

Auch 1962 geht es dem FDGB um Kadersuche in Westdeutschland:

> »1. Einladung aller uns bekannten aktiven Funktionäre und Mitglieder, bei denen Voraussetzungen gegeben sind, daß sie aktiv in die Vorbereitung des 6. Gewerkschaftstages eingreifen. Wenn die Antworten auf die Einladung ausbleiben sollten, sollte unbedingt eine zweite Einladungswelle organisiert werden. Jede Einladung muß einen individuellen Charakter tragen, keine ›Kontakte um jeden Preis‹, ebenso ist auf die Einladung von Rentnern und Hausfrauen zu verzichten.
> Es sind Jugendliche und Frauen zu gewinnen, die in der IG Druck und Papier aktiv wirken.
> Die Richtzahlen für die Einladung der westdeutschen Kollegen sind den Bezirksvorständen des FDGB vom Zentralvorstand übergeben worden und von diesen zu bekommen.
> Die Gewinnung westdeutscher Kollegen soll vor allen Dingen mit Konzentration auf die Druckhauptorte in den einzelnen Gaubezirken erfolgen.«[5]

Die Deutschen Arbeiterkonferenzen in Leipzig hatten für die SED eine Ersatzfunktion für die Nicht-Beziehungen zu DGB und SPD. SPD und DGB wehrten sich mit Kontaktverbotsbeschlüssen gegen die Versuche der SED, informelle Netze in den Gewerkschaften bzw. der SPD zu installieren. Der stellvertretende SPD-Vorsitzende Herbert Wehner nutzte im Januar 1961 eine Betriebsrätekonferenz seiner Partei in Hamburg, um die apparative Methodik der FDGB-Westarbeit zu enthüllen. Das Halbdunkel geheimdienstlicher Operationen gehört in dieser Zeit zum deutsch-deutschen Umgangsstil zwischen den Institutionen der beiden Teilstaaten. Wehner präsentierte der Betriebsrätekonferenz den bundesdeutschen Vorsitzenden dieser Deutschen Arbeiterkonferenz, Harry Roth: »Roth war 1951 der SPD und der IG Metall beigetreten, dann aber 1954 durch SED-Agenten angeworben und zum Verbindungsmann des Westbüros beim ZK der SED gemacht worden. Die SPD schloß ihn dann wegen Ost-Kontakten aus ... Es gelang Roth, in den inneren Betrieb des FDGB-Büros für ›Nationale Gewerkschaftseinheit‹ bis zu seiner Spitzenstellung aufzusteigen.«[6]

Roth war einer der beiden Vorsitzenden des Ständigen Ausschusses der »Gesamtdeutschen Arbeiterkonferenzen«. Dieses FDGB-Unternehmen startete anläßlich der Leipziger Messe im Herbst 1954 und fand unter Ulbrichts Losung »Deutsche an einen Tisch!« statt.[7] Mit den Arbeiterkonferenzen versuchte der FDGB, die Interzonenkonferenzen zwischen den DGB-Organisationen in den drei westlichen Besatzungszonen und dem FDGB fortzuführen, die 1948 abgebrochen worden waren. Erster Punkt des 1954 beschlossenen »Kampfprogramms« war der »Kampf gegen jede Remilitarisierung«[8] der Bundesrepublik. Koordiniert wurde die Arbeit vom Westbüro des FDGB: »Eine Organisation, die im Grunde genommen Informationen über die inneren Strukturen und die inneren Auseinandersetzungen in sämtlichen Gewerkschaften in Westdeutschland und später der Bundesrepublik sammeln sollte.«[9] Die Entstehung dieses Anleitungsapparates für die sozialistischen bzw. kommunistischen Funktionäre in den DGB-Gewerkschaften muß sicher auch im Zusammenhang mit den Parteisäuberungen gesehen werden, die nach dem Bruch Titos mit Stalin 1948 alle kommunistischen Parteien Europas betrafen, so auch die KPD. Die SED etablierte im ZK-Apparat eine Westkommission, die namentlich die personalpolitischen

Veränderungen auf allen Ebenen der KPD-Parteiorganisation kontrollierte. Die SED verließ sich aber nicht allein auf die unmittelbare apparative Anleitung der KPD, sondern im Zuge der Parteisäuberung infolge der Vorgänge in Bulgarien, Ungarn und der Tschechoslowakei wurde der stellvertretende Vorsitzende der KPD, Kurt Müller, im März 1950 entführt und von einem sowjetischen Militärgericht zu 25 Jahren Arbeitslager verurteilt. Weitere Funktionäre der KPD wurden aus dem Apparat entfernt. Diese Parteisäuberung und die personalpolitischen Konsequenzen, die der DGB gegenüber allen der KPD angehörenden Funktionären 1951 zog, führten zum Austritt vieler kommunistischer Gewerkschafter aus der KPD. Diesen Schritt ging 1952 beispielsweise auch Leonhard Mahlein.

Nach seinen eigenen Angaben brach Harry Roth mit seinen SED-Partnern anläßlich einer der schwersten Krisen des sowjetischen Imperiums, der bewaffneten Niederschlagung des ungarischen Nationalaufstandes von 1956 durch sowjetische Truppen. Roth nahm Verbindung zum westdeutschen Verfassungsschutz auf. Er berichtete über das Ziel des SED-Staats, »eine möglichst umfassende, möglichst genaue Kenntnis vom Wirken derer zu gewinnen, die er als ›Clique‹ zur Schädigung des Sozialismus erkannt hat«.[10] Der Kern in Roths Bericht auf der Betriebsrätekonferenz war die Aufdeckung von konspirativen Anlaufstellen und Kontaktpersonen des »Büros für nationale Gewerkschaftseinheit« des FDGB in der Bundesrepublik. Aufgrund seiner Ausführungen wurde der Redakteur des »Leder-Echo« der Gewerkschaft Leder im DGB, Otto Höft, »fristlos entlassen«.[11] Bei der Bundestagswahl 1961 kandidierte die DFU mit Unterstützung der KPD in Konkurrenz zur SPD. Roth berichtete in Hamburg ebenfalls über SED-Wahlkampfmittel für die DFU.[12] Im gleichen Jahr leisteten die Hamburger IG Metall-Funktionäre aus den Betrieben einen weiteren Beitrag zum sozialdemokratischen Anti-DFU-Wahlkampf. Die Entschließung einer Funktionärskonferenz unterstützte den Beschluß des DGB-Bundesvorstandes, jede Zusammenarbeit mit der DFU abzulehnen, und verurteilte die Methode der DFU, »Beschlüsse der Industriegewerkschaft Metall und des

Deutschen Gewerkschaftsbundes für ihre wahltaktischen Maßnahmen« zu mißbrauchen.[13]

Im Fall Roth demonstrierte Herbert Wehner, daß er es ernst meinte mit der Abwehr von Zersetzungsmanövern der SED gegenüber SPD und DGB. Gerade weil die SPD, nach Wehners Worten, auch zur Sowjetunion »freundschaftliche Beziehungen« anstrebte, war es notwendig, daß »eine ungeschwächte und nicht durch Erpressung und Zersetzung von rechts oder links gelähmte Sozialdemokratische Partei«[14] diesen Kurs verfolgte.

Der DGB-Bundesvorstand schätzte noch 1963, daß »mehr als 3000« hauptamtliche FDGB-Funktionäre »innerhalb der Westarbeit tätig sind«.[15] Er behauptete, daß »der Infiltrationsapparat des FDGB« über mehr Mittel verfüge und »stärker« sei als die »illegale KP im Bundesgebiet einschließlich ihrer Tarn- und Nebenorganisationen und ihrer Parteiführung im Ost-Berliner Exil«.[16]

Mit den Enthüllungen Harry Roths wurde diesem Apparat eine schwere Niederlage zugefügt. Spätestens nach dem Bau der Mauer und dem SED-Kurs in Richtung auf die »friedliche Koexistenz« in Deutschland befand sich die SED mit der Westabteilung des FDGB in einem Dilemma. Solange sie im DGB konspirative Kontakte zu Funktionären unterhielt, mußten sich sogar die Funktionäre im DGB gegen FDGB-Kontakte aussprechen, die aus eigener Überzeugung längst dafür waren. Die Westabteilung des FDGB blockierte somit die Ziele, die mit ihr gefördert werden sollten, nämlich den DGB für eine DDR-Anerkennungskoalition in der Bundesrepublik zu gewinnen.

Nachdem die Politik der »friedlichen Koexistenz« zur Leitlinie der sowjetischen Außenpolitik erklärt worden war und es darum ging, ihre Prinzipien auch im Verhältnis zwischen den beiden deutschen Staaten zur Anwendung zu bringen, verbot es sich geradezu für die SED, die »klassenbewußten« Gewerkschafter der Bundesrepublik über den FDGB direkt zu führen.

An das Kapitel FDGB-Westarbeit wollten weder der FDGB noch der DGB mehr rühren, als sie offizielle Beziehungen unterhielten. Als 1974 zwei wissenschaftliche Mitarbeiter aus der DGB-Vorstandsetage einen Sammelband über »Politik und Programmatik des DGB« herausbrachten, wurden die Kontakte seit

1965 zwar herausgestrichen, aber mit keinem Wort erklärt, warum es bis zu diesem Zeitpunkt keine Kontakte gegeben hatte.[17]

Westkontakte und Propaganda oder »Beeinflussen, ohne selbst in Erscheinung zu treten«

1964 begann der DGB das Kontaktverbot zu den Staatsgewerkschaften für seine Funktionäre und Mitglieder zu lockern. Der FDGB nutzte diese Möglichkeit, um seine Kontakte zu Funktionären von Einzelgewerkschaften des DGB zu intensivieren und noch vor der Aufnahme von offiziellen Beziehungen eine offensive politisch-ideologische Auseinandersetzung in der Bundesrepublik auszutragen.

Maßnahmepläne für die IG Metall oder »Ein völlig legales Unternehmen im Rahmen der IG Metall«
Die Organisation und die Methoden der Einflußpolitik in der zweiten Hälfte der 60er Jahre machen die namentlich nicht gekennzeichneten »Gedanken zur Vorbereitung des 8. Gewerkschaftstages der westdeutschen IG Metall im Jahre 1965« deutlich, die auch eine Selbsteinschätzung des damaligen Einflusses auf die IG Metall beinhalteten: »Man muß sich davor hüten, die Wirkung des FDGB-Einflusses zu überschätzen, andererseits muß man ihn aber doch als Realität anerkennen und eingestehen, daß eine gewisse Wirkung sich auch auf dem letzten Gewerkschaftstag der IG Metall (1963, d. Vf.) deutlich gezeigt hat«, heißt es darin.[18] Die Selbsteinschätzung blieb dennoch zurückhaltend: »Die Möglichkeiten zur Beeinflussung des westdeutschen Gewerkschaftsgeschehens sind in den letzten Jahren immer geringer geworden und insgesamt sehr begrenzt und damit unzureichend.«[19]

Nach einer Aufzählung der direkten Einflußmöglichkeiten über Presse und Schrifttum der DDR und des FDGB, Aufrufe und Briefe im Auftrag des FDGB an westdeutsche Kollegen, Besuche westdeutscher Kollegen in der DDR und Besuche von

FDGB-Funktionären bei westdeutschen Kollegen (»beschränkt«, aber »unverzichtbar«) widmeten sich die »Gedanken« dem indirekten Einfluß über die legale, fortschrittliche Presse, legale Parteigruppierungen wie DFU, BdD u.a. sowie die illegale KPD und stellten fest: »Der mittelbare Einfluß des FDGB über westdeutsche ›legale‹ Stimmen und Personen hat den Vorzug, daß er westdeutschen Ursprungs ist, den Nachteil, daß seine Stärke und Reichweite noch begrenzter ist.« Als Blick nach vorn hieß es über die »Einflußnahme über Funktionäre der IG Metall, die Kontakt mit dem FDGB haben«: »Diese Art von Einflußnahme ist von besonderer Bedeutung für die Zukunft.«[20]

Weil die direkte Einflußnahme – vor allem, wenn sie als »Fernsteuerung« allzu sichtbar würde – zu unerwünschten Abwehr- und Abkapselungsreaktionen bei den Kollegen der IG Metall führe, wurde als Hauptaufgabe definiert: »*(Es) soll also das Kunststück geleistet werden, die IG Metall durch den FDGB, durch die DDR zu beeinflussen, ohne daß der FDGB und die DDR selbst in Erscheinung treten.* Soweit das überhaupt möglich ist, sollte die gesamte Initiative, die Aufgabe der Einflußnahme auf die Schultern westdeutscher Gewerkschaftskollegen gelegt werden. Das setzt erhebliche organisatorische Vorarbeiten, ernste ›Generalstabsarbeit‹ beim FDGB, der unsichtbar hinter allem, was drüben von fortschrittlichen Kollegen getan wird, stehen muß, voraus. Dabei müssen diese westdeutschen Kollegen weitgehend bestimmen, ob, wann, in welcher Stärke und mit welcher Munition die ›schwere Korpsartillerie‹ – die direkte Beeinflussung durch die DDR – zu ihrer Unterstützung schießen darf. *Bei der derzeitigen Lage muß das meiste von dem, was der FDGB zur Vorbereitung und zum Ablauf des 8. Gewerkschaftstages unternimmt, einen westdeutschen ›Ausweis‹ besitzen. Aufgabe des FDGB muß und wird es aber sein, die Kollegen drüben anzuleiten, ihnen die ›Munition‹ zu liefern und ihre Arbeit zu lenken und auf die wichtigsten Gegenstände anzusetzen, die einzelnen Aktionen zu koordinieren und zu kontrollieren.*«[21]

Es folgte dann ein in einen ideologischen, organisatorischen und methodischen Teil untergliederter Generalstabsplan. Die »Empfehlungen« des methodischen Teils (»Fragen der Methode sind Fragen des *wie,* nicht *was* oder *wozu*«) lauteten:

»Empfehlen sollte man von hier aus:

– Bei der Auswahl der Personen, die als Delegierte vorgeschlagen werden, auf Mut, rednerisches Können und einwandfreie Haltung zu achten,

– den Klasseninstinkt und die unterschwelligen radikalen Tendenzen zu beachten und anzusprechen,

– nach Möglichkeit sich des Wohlwollens oder der Neutralität der Geschäftsführung der Verwaltungsstelle zu versichern,

– zustimmende Zwischenrufe – nicht nur aus einer Ecke – zu organisieren,

– stets an die zur Zeit bewegendste Frage anzuknüpfen und sich so der Zustimmung von Anfang an zu versichern,

– jede Art von Ausfällen gegen die Führung der IG Metall peinlichst vermeiden,

– möglichst an frühere Gew.-Tags-Beschlüsse anzuknüpfen, möglichst sich auf eine Stelle aus einer Brenner-Rede zu beziehen,

– Kritik und Unmut auf die Bundesregierung, die Koalitionsparteien und die Mächtigen im Reich der Wirtschaft und des Geldes zu konzentrieren,

– die SPD zu schonen (Wahlkampf)!!

– die Möglichkeiten einer geschickten Regie, der Zusammenarbeit und scheinbaren Gegnerschaft des Spiels mit verteilten Rollen zu nutzen,

– Kolleginnen und junge Menschen auftreten und sich so als Kandidaten empfehlen lassen,

– niemals Unbekannte vorzuschlagen – es sei denn, sie hätten sich in der Vertreterversammlung selbst durch gutes Auftreten bekannt gemacht,

– sich so weit wie irgend möglich auf die jeweiligen Gegebenheiten einzustellen und weniger Prinzipien als den Erfolg (Aufklärung, Annahme von Anträgen, Wahl bestimmter Delegierter) im Auge haben,

– mit den gewählten Delegierten guten Kontakt zu halten und

zu versuchen, auf sie Einfluß zu nehmen in jeder geeigneten Art und Weise.«[22]

Zur Geschicklichkeit der westdeutschen Kollegen und ihres Auftretens gehöre, »nie erkennen zu lassen, daß sie auch nur die entfernteste Verbindung zum FDGB haben«; für das Gelingen sei entscheidend, daß die »*Aktion ein völlig legales Unternehmen im Rahmen der IG Metall*« sei.[23]

Abschließend wurden wahrheitsorientierte Berichte über die »Aktion« angemahnt: »Zu einer besonders wichtigen und verantwortungsvollen Arbeit zählt die Arbeit der Instrukteure von hüben und drüben, die die Aktion in Westdeutschland beobachten, leiten und kontrollieren und nach hier berichten. Gerade ihre Informationen sind Grundlage der weiteren ›Generalstabsarbeit‹ hier. Falsche und ungenaue Informationen, Schönfärberei sowie Schwarzmalerei können ernste Folgen haben.«[24]

Dem »Generalstabsplan« folgten dann verschiedene »Etappenpläne« mit Übersichten über jeweils eingeleitete »Maßnahmen«: Beratungen mit IG-Metall-Funktionären, Erarbeitung von Anträgen, Beeinflussung der Delegiertenwahlen.[25]

Anläßlich des 75. Jahrestages der Gründung des Deutschen Metallarbeiter-Verbandes im Juni 1966 erfolgte erstmals eine Vereinbarung beider Metall-Vorstände über den gegenseitigen Besuch der Festveranstaltungen durch jeweils einen »Pressevertreter« der anderen Seite: Der IG-Metall-Pressesprecher Rainer Zoll fuhr nach Ost-Berlin; Gerhard Voigtländer, Mitarbeiter der Westkommission der FDGB-IG-Metall, nach Frankfurt am Main. Im selben Jahr erfolgte eine »Erweiterung der Verbindungen« zu nichtkommunistischen IG-Metall-Funktionären. Als Gesprächspartner der Westkommissionäre werden die Kollegen Guenkel, Otto, Opel, Schneider, Dürrbeck, Leiss, Moneta, Zoll, Schwab, Berg, Bleicher, Förster, Vogler, Pinkall, Schmidt, Bock, Bathe, Albersmeier u. a. genannt; die Gespräche mit Schneider, Schwab, Vogler, Förster wurden euphorisch als »Beratungen« tituliert, »die bereits konsultativen Charakter trugen«[26]. »Alle Gespräche sowie der gesamte Briefwechsel«, heißt es in einer Aktennotiz vom 1.7.1967,

»erfolgten nach vorheriger Konsultation und Zustimmung der dazu zuständigen Personen bzw. Organe der DDR«[27].

Doch die in die Gespräche mit den nichtkommunistischen Funktionären gesetzten Erwartungen erfüllten sich nicht. Die IG Metall-Spitze unterstützte wie der DGB die SPD-Politik in der Großen Koalition; die Gewerkschaften blieben der SPD eng verbunden. Eine Analyse »Zur gegenwärtigen Situation in der westdeutschen IG Metall« vom Frühjahr 1968, die sich mit der Lage vor dem 9. Gewerkschaftstag der IG Metall im September 1968 befaßte, beklagte, daß »die relativ einheitliche progressive Haltung der Führung der IG Metall auf dem 8. Gewerkschaftstag (1965) zu wesentlichen Grundfragen unserer Zeit sich ... nicht kontinuierlich weiterentwickelt, sondern an Klarheit verloren und an Widersprüchlichkeit zugenommen (hat)«[28]. Der Führung der an der Großen Koalition beteiligten SPD sei es gelungen, »die Illusion zu verstärken, als sei sie für eine grundsätzliche Neuorientierung der Politik wirksam, die auf wichtigen Gebieten den gewerkschaftlichen Forderungen entspräche oder nahe käme. Das verstärkt bei den Führungskräften der IG Metall die Vorstellung, daß ihre ›eigenständige‹ politische Konzeption darin bestehen müsse, in und mit der jetzigen SPD und ihrer Führung sowie innerhalb der ›Großen Koalition‹ auf eine Politik hinwirken zu müssen, die auch von den Gewerkschaften mitbeeinflußt werden kann. Damit besteht die ernste Gefahr, daß der 9. Gewerkschaftstag auf eine Linie gedrängt wird, die Politik der SPD-Führung und damit den Regierungskurs in Grundzügen gutzuheißen oder zumindest zu tolerieren.«[29] Intellektuelle im Vorstandsapparat wie « Dr. Günter Friedrich, Karl-Heinz Friedrichs, Hans Matthöfer, Dr. Thönessen« drängten mit direkter Unterstützung des SPD-Parteivorstandes auf eine »Versachlichung« der Gewerkschaftsarbeit; der wieder stärker betonte Antikommunismus sei ein weiterer Ausdruck der schleichenden Integration. »Die zögernden Ansätze, die Beziehungen zur IG Metall im FDGB zu normalisieren, sind nahezu erstarrt. Die meisten Vorstandsmitglieder beziehen zur DDR eine ausweichende bzw. ablehnende Position.«[30]

Der Einmarsch von Warschauer-Pakt-Truppen in die ČSSR im

August 1968 führte seitens der West-IG Metall zur Unterbrechung sämtlicher Ostkontakte. In einer späteren Analyse der Westabteilung des FDGB-Bundesvorstandes befaßte man sich gesondert mit der »Rolle der IG Metall der BRD bei der konterrevolutionären Entwicklung in der ČSSR 1968«:

»Im Rahmen des DGB spielte die IG Metall bzw. eine Reihe ihrer Funktionäre zweifellos die aktivste Rolle bei der Unterstützung konterrevolutionärer Aktivitäten, Ideen und Personen in der ČSSR in den Jahren 1967/68. Das trifft auch auf ihre Haltung nach der militärischen Hilfeleistung der sozialistischen Bruderarmeen im August 1968 zu. Dabei ist folgender Hintergrund zu sehen:

– Die IG Metall war für ihre Aktivitäten hinsichtlich der Förderung konterrevolutionärer Kräfte besonders dadurch geeignet, weil sie durch bestimmte innenpolitische Positionen den Anschein erweckte, daß sie links von der SPD steht. Sie entwickelte sich deshalb immer stärker zu einem bestimmten Zentrum ›linker Kräfte in der BRD‹, die auch ideologisch weitgehend mit den Exponenten des ›Prager Frühlings‹ übereinstimmten. Von nicht zu unterschätzender Bedeutung waren hierbei auch solche Faktoren wie:
  Die besonders mit der Person des damaligen Vorsitzenden Otto Brenner und seiner unmittelbaren Umgebung verbundene ideologische ›linke Position‹, die eine Art ›demokratischen Sozialismus in Aktion‹ zu verkörpern vorgab. Die mit Brenner verbundenen ideologischen Auffassungen früherer linker sozialdemokratischer Randgruppierungen (ISK) sowie seine persönlichen sehr subjektiv geprägten allgemeinen linksdemokratischen Positionen ließen ihn sehr bald zu einem aktiven Förderer aller ›systemkritischen‹ und später ›systemverändernden‹ Kräfte in der ČSSR werden.

Dazu kommt, daß im Apparat der IG Metall seit jeher trotzkistische Kräfte (Jakob Moneta, Chefredakteur; Arno Schwarting, Willy Schmidt, Hanke u. a.) einen beachtlichen Einfluß besaßen. Das wurde verstärkt durch ihre personelle Verflechtung mit den in Frankfurt a. M. sich gruppierenden allgemeinen ›linken‹ Kräften innerhalb der Sozialdemokratie (Club Voltaire, Zeitung EXPRESS INTERNATIONAL, Gesellschaft für Publizistik (GFP) u. ä. Sammlungszentren, die im wesentlichen von den finanziellen Mitteln der IG Metall existierten. Die erheblichen finanziellen Mittel der IG Metall spielten überhaupt eine gewichtige Rolle bei der Unterstützung der konterrevolutionären Entwicklung in der ČSSR.«[31]

Maßnahmepläne für die IG Druck und Papier

Ein Revisionsbericht des Zentralvorstandes der IG Druck und Papier im FDGB über die Effizienz der Westarbeit des Bezirksvorstandes dieser FDGB-Fachabteilung in Suhl von April 1970 formulierte einen überzeugenden Eindruck von den Intentionen, aber auch den Problemen, die für die FDGB-Funktionäre mit dieser Form der SED-Westpolitik verbunden waren. Das Bemühen, ein klares Bild über die tatsächliche Lage der FDGB-»Stützpunkte« in Westdeutschland zu gewinnen, war bei den Revisoren unübersehbar.

Der Einsatzbericht aus dem FDGB-Bundesvorstand Suhl aus dem Jahr 1969 verdeutlicht Inhalte und Ziele, die der FDGB im DGB verfolgte:

I. *Zusammenfassung für das Jahr 1968*

Bei vier Einsätzen durch den FDGB-Bezirksvorstand Suhl – ohne Einsatzkader von der IG Druck und Papier – wurden nur Kontakt-Gespräche geführt mit

1 Funktionär von Schweinfurt und

1 Mitglied von Druck und Papier, Nürnberg.

Die vorgesehenen Gespräche mit den Bezirkssekretären R. und L. kamen nicht zustande.

Wenn, wie im Protokoll des Sekretariats des Bezirksvorstandes Suhl festgelegt, seit dem Jahre 1967 enge Beziehungen bestehen, so sind im Jahre 1968 diese *engen* Verbindungen nicht zum Tragen gekommen.

II. *Aus den Einsatzberichten des Jahres 1969*

Februar 1969

Einsatzkader: 1.Koll. *K.*, Druck und Papier, Lehrgangsteilneh-

mer von Weißbach, E-Kader des ZV und BV IG Druck und Papier
2.BGL von der Gewerkschaft Unterricht und Erziehung, Suhl

Ziel der Reise: ›Neben Aufgaben mit anderen Gewerkschaften und DGB-Organen wurden für die IG Druck und Papier in Schweinfurt und Würzburg folgende Aufgaben gestellt:
a)An einer Wochenendschulung des Ortsvorstandes Druck und Papier Schweinfurt, teilzunehmen und dort unseren Standpunkt zur Problematik ›Mitbestimmung‹ darlegen.
(Offizielle Einladung lag vor)
b)Mit dem Ortsvorstand Druck und Papier Schweinfurt, eine Studiendelegation in die DDR und die Organisierung eines marxistischen Zirkels zu vereinbaren.
c)Organisierung einer Wochenendschulung mit Funktionären der IG Druck und Papier des Bezirks Unterfranken, Würzburg, abgesprochen mit dem Bezirksleiter der IG Druck und Papier, Heinz S.‹.

Mit folgenden Funktionären und Mitgliedern der IG Druck und Papier wurden Aussprachen geführt:

Koll. *W.*, Ortsvorsitzender Schweinfurt

Koll. *S.*, Bezirkssekretär Würzburg

Koll. *H.*, Mitglied des Landesbezirksvorstandes Bayern (War als Referent für die Ortsvereinsversammlung vorgesehen)

Koll. *S.*, Mitglied von Druck und Papier, VVN-Mitglied Nürnberg

Koll. *L.*, Bezirkssekretär Nürnberg

Aus dem Bericht ist ersichtlich, daß an der Ortsvereinsversammlung 24 Mitglieder und Funktionäre der IG Druck und Papier teilnahmen. Die Zusammensetzung der Funktionäre wurde wie folgt gegliedert:

40 % jüngere Kollegen
60 % ältere Kollegen

ca. 50 % Mitglied der SPD
ca. 20 % Mitglied der DKP
ca. 30 % wurden als parteilos bzw. Mitglieder der CDU angegeben.

An dieser Versammlung hat auch das Mitglied des Bundestages, Walter *Langenbeck,* teilgenommen.

Referent war hier der Kollege H.

In diesem Bericht heißt es wörtlich:

In diesem Zusammenhang wurde zu folgenden Problemen in den Ausführungen des Referenten H., der Diskussionsredner und uns, Stellung genommen:

- Herausbildung der Klassen – Ursachen
- Kapitalismus – staatsmonopolistische Entwicklung, Ursachen und heutiges Wirken
- Zusammenhang zwischen wirtschaftlichen und politischen Verhältnissen
- Warum will man in der Bundesrepublik heute nicht mehr vom Kapitalismus sprechen, sondern vielmehr von Industriegesellschaft, konzertierte Aktion, pluralistische Gesellschaft
- Warum sprechen wir heute von einer sozialistischen Weltmacht
- Der Sozialismus macht um die Bundesrepublik keinen Bogen
- Wer kann die Probleme der technischen Revolution lösen
- Die Gewerkschaften als gegenwärtig entscheidendste progressivste Kraft in der Bundesrepublik (Massenbasis der Gewerkschaften)
- Unternehmerpropaganda und ihre Auswirkungen gegen die Arbeit der Gewerkschaft, Ursache und Wirkung
- Grundwiderspruch im kapitalistischen System, gesellschaftlicher Charakter der Arbeit und privatkapitalistische Aneignung
- Schlußfolgerung für die Gewerkschaft: aktive Lohnpolitik als Beispiel

Die Diskussion zeigte, daß man sich sehr sachlich mit den aufgeworfenen Problemen auseinandersetzte. Dabei traten auch eine Reihe von Unklarheiten zutage, die unserer Meinung nach typisch für den politisch-ideologischen Bewußtseinszustand in den westdeutschen Gewerkschaften sind. Die SPD-Mitglieder bzw. Anhänger verwahrten sich gegen solche Feststellungen, daß

Brandt, Wehner, Schiller usw. sich vom Boden einer Arbeiterpartei entfernt hätten (Beweis: Schiller führt uns aus der Talsohle zu ›neuen wirtschaftlichen Erfolgen‹).

Sie bringen aber in den Diskussionen zum Ausdruck, daß sie sich selbst nicht mit dem staatsmonopolistischen Kapitalismus identifizieren und sind der Überzeugung, daß dies auch ein Wehner, Brandt, Schiller usw. nicht tut. Sie können sich in einem sozialistischen Land einen Wettbewerb nicht vorstellen und sind der Auffassung, daß dort alles vom Staat reguliert wird und sehen diese Frage nicht im Zusammenhang mit den Machtverhältnissen in einem sozialistischen Staat.

Eine starke Auseinandersetzung gab es zur Feststellung des Bundestagsabgeordneten Langebeck, der sinngemäß äußerte, daß die Betriebsräte nicht von ihren im Kontrollratsgesetz festgelegten Rechten Gebrauch gemacht hätten und damit praktisch der Beweis erbracht wurde, daß die Arbeiterklasse (Gewerkschaften) unfähig sind, politische Macht auszuüben.

Weitere Fragen an uns waren u.a.:

- Wie nehmen die Gewerkschaften aktiv Anteil an der Umgestaltung
- Nationaleinkommen
- Warum stellen Eure Gewerkschaften nicht die Forderung auf Erhöhung des Lohnes, des Urlaubes usw., um damit zur Verbesserung des Lebensstandards in der DDR beizutragen
- Warum sind erneut deutsche Truppen in die ČSSR einmarschiert
- Warum ist der Dialog zwischen SED und SPD gescheitert.

Zur Wahl des Bundespräsidenten am 5.3.1969 in Westberlin führten alle Anwesenden aus, daß sie es für unklug halten, diese Wahl in Westberlin durchzuführen, weil damit die Spannungen in Europa erhöht würden.

Übereinstimmend wurde auch von allen an der Veranstaltung teilnehmenden Kollegen zum Ausdruck gebracht: ›Wir wollen nicht da beginnen, wo unsere Meinungen sich trennen, sondern dort, wo wir eine gemeinsame Auffassung haben.‹

Die Ausführungen und die Diskussionen mit H., der das Hauptreferat hielt, und uns, zeigten den Lehrgangsteilnehmern sehr deutlich, daß in vielen Fragen um eine Lösung gerungen werden muß, daß dazu aber gemeinsame Ansatzpunkte vorhanden sind, die wir im Verlaufe weiterer Veranstaltungen nutzen müssen.

Der Bezirksleiter der IG Druck und Papier Unterfranken, Schweinfurt, S., der anfangs unserem Auftreten sehr skeptisch gegenüberstand, äußerte nach dem Lehrgang, daß er die gleiche Veranstaltung in seinem Würzburger Wirkungsbereich organisieren will und uns dazu einladen wird.

Getroffene Vereinbarungen

1. Mit dem Ortsverein Schweinfurt wurde vereinbart, den Besuch einer 20köpfigen Studiendelegation im Mai 1969 nach Leipzig und Suhl
2. Der Bezirksvorstand Unterfranken (Würzburg) wird ebenfalls eine 2tägige Wochenendveranstaltung im April 1969 mit dem gleichen Thema wie in Schweinfurt in Würzburg durchführen und Gäste aus der DDR einladen. (...)«

Die politische Führung der Arbeiterklasse sollte durch ideologisch begründete Zielsetzungen erfolgen, die als richtig und allgemeingültig von der Partei beschlossen waren und die es galt, gegen alle Spielarten der feindlichen bürgerlichen Ideologie durchzusetzen. Diese Vorstellung vom ideologischen Klassenkampf geht auf Lenin zurück, und daran hielt die SED bis zu ihrem Ende fest. Aus dieser Funktion der Ideologie für die Politik erklärt sich der hohe Stellenwert, den die Kommunisten Propaganda und Agitation beimaßen, und, warum die Suhler ihre Würzburger und Nürnberger Kollegen schulen sollten.

Die offiziellen Beziehungen zwischen der IG Druck und Papier im DGB und der gleichnamigen Fachabteilung des FDGB begannen 1967 mit einem Seminar – folgerichtig, möchte man sagen. Es fand fünf Jahre vor der offiziellen Beziehungsaufnahme von DGB und FDGB statt. Das gesamtdeutsche Seminar in der IG Druck und Papier-Schule Hörste wurde vom Vorsitzenden des Landesbezirksvorstandes Nordrhein-Westfalen der IG Druck und Papier im DGB, Fritz Gent, eröffnet. Stolz zitieren die Protokollanten des FDGB die Bemerkung des Schulleiters von Hörste, Rudolf Herbig, über den ersten Tag des Seminars: »Ich wußte manchmal nicht mehr, wo ich mich befinde, ob auf der Schule in Hörste oder auf einer Versammlung in Karl-Marx-Stadt.«

Das Seminar in Hörste lieferte aber auch einen Beleg für die Arbeitsteilung zwischen FDGB-Westpolitik und den Aktivitäten von KPD-Kadern in den Gewerkschaften. 1967 ging es um die Durchsetzung der »neuen Ostpolitik« in der Bundesrepublik. Die Frage der DDR-Anerkennung war aktuell, ein Referat von Georg Polikeit über »die sogenannte DDR« also zeitgemäß.[32] Der FDGB-Protokollant verbuchte das Seminar als vollen Erfolg. Nicht nur trug es dazu bei, »die Stellung der Gewerkschaften in diesem und zu diesem Staat« Bundesrepublik im Sinne der SED voranzutreiben. Wichtiger noch: »Das Seminar machte die Versäumnisse in der bisherigen Bildungsarbeit der IG deutlich, die sich bisher zu stark auf gewerkschaftliche Tagesinteressen konzentrierte, und unterstrich die Notwendigkeit, sich künftig stärker auf solche Grundsatzfragen zu konzentrieren. Es förderte die Erkenntnis, daß Gewerkschaftsarbeit in der jetzigen Periode auch höhere theoretische Grundkenntnisse des Marxismus erfordert. Das Seminar war unseres Erachtens ein wertvoller Beitrag zur Vorbereitung der Landesbezirksdelegiertenkonferenz und des Gewerkschaftstages.«[33]

Für die IG Druck und Papier liegen Maßnahmepläne des FDGB aus den Jahren 1965 und 1968 vor, die sich auf den 7. und 8. Ordentlichen Gewerkschaftstag dieses Verbandes beziehen.[34] Die Maßnahmepläne gliedern sich in eine politische Linienfixierung, aus denen die Schwerpunkte der Beschlußlagenpolitik festgelegt werden, und sie enden mit den organisationspolitischen Maßnahmen, die im FDGB zu treffen sind.

Aufgrund unserer Materialbasis läßt sich nicht entscheiden, ob die Westabteilung selbst Anträge für diese Gewerkschaftstage erstellt hat oder ob sie nur vorhandene Aufträge organisatorisch und publizistisch unterstützte. Vermutlich trifft beides zu. Von besonderer Bedeutung ist der Maßnahmeplan für den 8. Gewerkschaftstag der IG Druck und Papier im DGB im Jahre 1968, auf dem Leonhard Mahlein zum Vorsitzenden der IG Druck und Papier gewählt wurde und auf den wir uns hier konzentrieren wollen.

Der uns vorliegende Sekretariatsbeschluß des Zentralvorstandes der Fachabteilung Druck und Papier im FDGB datiert vom 18. Oktober 1967. Im Unterschied zu dem Maßnahmeplan von 1965 taucht in dem Beschluß die Personalpolitik als Thema auf: Es geht dem FDGB um den Hauptvorstand und die Landesbezirksvorstände. Der Maßnahmeplan legt Schwerpunktfragen fest, in denen der FDGB auf die innergewerkschaftliche Debatte mit dem Ziel der Beschlußlagenvorbereitung einwirken will. Im Vordergrund steht das Thema der Anerkennung der DDR und die Akzentuierung der Gegnerschaft zur CDU/CSU auf der Basis der vorhandenen Beschlüsse und Forderungen des DGB und der IG Druck und Papier, schließlich geht es um die Normalisierung der Beziehungen zwischen DGB und FDGB. Diese im Herbst 1967 vom FDGB geforderten Beschlüsse hat der 8. Gewerkschaftstag der IG Druck und Papier gefaßt. Es handelt sich um folgende Entschließungen:

Entschließung zur Politik des Friedens
In dieser Entschließung fordert der 8. Ordentliche Gewerkschaftstag von der Regierung der Bundesrepublik Deutschland:

»1. energischer als bisher und ohne nationale Vorbehalte für die internationale Abrüstung und das Verbot von Atomwaffen einzutreten sowie selbst den Besitz solcher Waffen nicht zu erstreben,

2. die Rüstungsausgaben abzubauen (...)

4. internationale Verträge zur Sicherung des Friedens und zur Förderung der politischen und militärischen Entspannung anzustreben,

5. insbesondere zur Überwindung der Spannungen in Europa eine europäische Friedensordnung zu fördern, in deren Rahmen auch die deutsche Wiedervereinigung noch denkbar erscheint,

6. im Rahmen von Gewaltverzichtserklärungen gegenüber den am 2. Weltkrieg beteiligten Mächten die Bereitschaft zu bekunden, die bestehenden Grenzen anzuerkennen und das Münchner Abkommen von 1938 als von anfang an für null und nichtig zu betrachten,

7. in Gewaltsverzichtserklärungen auch die DDR einzubeziehen und ein geregeltes Miteinander mit dem anderen deutschen Teilstaat vertraglich zu erzielen.«[35]

Der Maßnahmeplan des FDGB enthielt folgende Vorgabe für diesen Beschluß:

»1.2.1 Das Grundgebot der Menschlichkeit ist das Bemühen um die Erhaltung des Friedens

Der Brief Kiesingers an den Genossen Stoph und die außenpolitische Debatte im Bundestag beweisen,

- die alte Politik des westdeutschen Monopolkapitals und seiner Regierung wird fortgesetzt. Jegliche Normalisierung der Beziehungen beider deutscher Staaten und damit eine Entspannung in Europa wird abgelehnt.
- Kiesinger/Strauß/Wehner und Brandt setzen den Revanchekurs nach außen und den antidemokratischen Kurs nach innen fort.
- Die Alleinvertretungsanmaßung von Bonn wird nach wie vor aufrechterhalten.

  Duldung und Unterstützung der Alleinvertretungsanmaßung schadet in erster Linie der westdeutschen Arbeiterklasse selbst (Trennung vom wichtigsten Bundesgenossen – Widerspruch zu eigenen Zielen einer demokratischen Umgestaltung Westdeutschlands)

1.2.2. Die Erhaltung des Friedens verlangt

- Normalisierung der staatlichen Beziehungen zwischen Westdeutschland und der DDR
- Vertraglicher Verzicht auf Gewaltausübung und vorbehaltlose Anerkennung der bestehenden Grenzen in Europa
- Verhinderung des Besitzes, des Mitbesitzes oder der Verfügungsgewalt der westdeutschen herrschenden Kreise über Atomwaffen.«[36]

Ostkontakte

»Das Ergebnis der Auseinandersetzung mit der Politik der Regierung Kiesinger/Strauß sollte sein«, hieß es im »Maßnahmeplan«

weiter, daß der Gewerkschaftstag die Forderung an den kommenden DGB-Kongreß erhebt, den Antikontaktbeschluß des DGB zum FDGB aufzuheben.«[37]

Die IG Druck und Papier faßte folgenden Beschluß: »Der 8. Ordentliche Gewerkschaftstag der IG Druck und Papier billigt die Kontaktaufnahmen des Hauptvorstandes der grafischen Gewerkschaften in der Sowjetunion und in Ungarn. Er beauftragt den Hauptvorstand, diese Kontakte trotz der von uns scharf verurteilten Ereignisse in der ČSSR weiter auszubauen, soweit es die allgemeine politische Lage zuläßt. Darüber hinaus sind Verbindungen auch zu weiteren Gewerkschaften Osteuropas aufzunehmen, um sie zum Meinungsaustausch und zur Fortsetzung der Völkerverständigung zu nutzen. Nach verantwortungsbewußter Prüfung der politischen Möglichkeiten soll der Hauptvorstand ferner entscheiden, ob auf der Ebene des Hauptvorstandes offizielle Kontakte auch zur Industriegewerkschaft Druck und Papier im FDGB aufgenommen werden können. Dazu ist es erforderlich, daß vom DGB beschlossene Kontaktverbot zu den FDGB-Gewerkschaften beim nächsten DGB-Bundeskongreß 1969 aufzuheben. Der 8. Ordentliche Gewerkschaftstag gibt dem Hauptvorstand die Vollmacht, diesen Antrag auf Aufhebung des bisherigen Kontaktverbotes zu stellen.«[38]

Schon in dem Maßnahmeplan vom Oktober 1967 stellte die Westabteilung der IG Druck und Papier im FDGB fest: »Die bisherige Studientätigkeit zeigte, daß eine Vielzahl von Kontaktanträgen dem Gewerkschaftstag vorliegen werden. Es ist möglich, daß den wichtigsten Landesbezirksvorsitzenden diese Vielzahl der Anträge in dieser Richtung langsam unheimlich wird. So gibt es bereits Äußerungen von drei Landesbezirksvorsitzenden, wonach es ausreichen würde, nur von drei Landesbezirks-Delegiertenkonferenzen eine Kontaktentschließung abzufassen. Sie schätzen ein, daß die Bewegung für Kontakte mit dem FDGB zu weit fortgeschritten und nicht mehr aufzuhalten ist.« Neben dem Leitantrag vom Hauptvorstand zum Thema Ostkontakte lagen dem 8. Gewerkschaftstag drei Anträge vor: aus dem Landesbezirk Hessen, aus Niedersachsen und vom Landesbezirk Nordrhein-Westfalen.

Der Maßnahmeplan enthält auch Festlegungen über die Teilnahme von IG Druck und Papier-Delegationen des FDGB an Landesbezirks-Delegiertenkonferenzen in der IG Druck und Papier im DGB (Punkt 5), die vor dem Gewerkschaftstag stattfanden. Der Landesbezirk Bayern soll »absichtlich auf dieser Ebene herausgelassen« werden – sein Vorsitzender war Leonhard Mahlein. Auf dem 8. Gewerkschaftstag der IG Druck und Papier mußte ein neuer 1. Vorsitzender gewählt werden. Einer der drei Kandidaten für dieses Amt, der damalige Landesbezirksvorsitzende von Nordrhein-Westfalen, Fritz Gent, hat die Vorgeschichte und den Ablauf dieser Wahl beschrieben: »Nachdem ich 1962 zum 2. Landesvorsitzenden gewählt wurde und damit in den Kreis der Hauptamtlichen einrückte, hatten wir (Mahlein und Gent, d. Vf.) als ›Amtsbrüder‹ zwangsläufig noch mehr Berührungspunkte als bisher. Zu den Bayern und dem Westfälinger gesellte sich ein Breslauer hinzu. Nach 1945 hatte er in Niedersachsen eine neue Heimat gefunden und durch seine kluge, wendige Aktivität als ehrenamtlicher Funktionär der IG Druck und Papier schnell das Vertrauen der Kollegenschaft gefunden: Herbert Schwiedel. Wir drei wurden 1965 in unseren Landesbezirken jeweils zum ersten Vorsitzenden gewählt und gehörten laut Satzung nicht nur gemeinsam dem erweiterten Vorstand an, sondern waren vor allem in den zentralen Tarifkommissionen ein Dreiergespann, das durch gemeinsame Zielvorstellungen im breiten gewerkschaftlichen Aufgabenspektrum sich weit über den kollegialen Rahmen hinaus freundschaftlich verbunden fühlte. Zurückblickend kann man heute sicherlich feststellen, daß in dieser Zeit der Achse München-Hannover-Köln eine homogene Gewerkschaftspolitik nicht von ungefähr praktiziert wurde. Durch den Tod von Heinrich Bruhns wurde 1968 die Funktion des ersten Vorsitzenden der Gesamtorganisation vakant. Auf dem Gewerkschaftstag in Koblenz nominierten uns die Delegierten aus unseren Landesbezirken jeweils als Kandidaten. Wo hatte es das schon einmal gegeben! Gleich drei ›Landesfürsten‹ wurden vorgeschlagen und stellten sich auch zur Verfügung. Vorab hatten wir – wie es unter Freunden üblich sein sollte – uns gegenseitige absolute Toleranz zugesichert. An unserem freundschaftlichen

Verhältnis zueinander sollte sich nichts ändern. Ja, und dann kam diese denkwürdige Wahl am 23. Oktober 1968. Insgesamt wurden sechs Wahlgänge notwendig, um schließlich die erforderliche Mehrheit für einen der drei Kandidaten zu erreichen. Ab dem vierten Wahlgang konnte ein Ansteigen der Ja-Stimmen für dich (Mahlein, d. Vf.) registriert werden, und schließlich brachte der sechste Wahlgang mit 160 Ja-Stimmen von insgesamt 254 für dich die satzungsgemäß erforderliche absolute Mehrheit. Die IG Druck und Papier hatte einen neuen Vorsitzenden! Als dann durch den plötzlichen Tod von Werner Schmidt im Jahre 1969 die Position des zweiten Vorsitzenden neu besetzt werden mußte, trat Herbert Schwiedel in diese Lücke. Die dann folgenden Jahre standen ganz im Zeichen der zu erwartenden engen Zusammenarbeit zwischen dir und ihm. Die Organisation hat davon profitiert.«[39]

Die IG Druck und Papier und die Anti-Springer-Kampagne

Der Kampf gegen die Manipulation der »Bewußtseinsindustrie« war eines der zentralen Themen der außerparlamentarischen Opposition 1967/68. Im Mittelpunkt des Angriffs standen die Zeitungen des Axel-Springer-Verlags. Am 2. Juli 1967 wurde bei einer Demonstration gegen den Schah-Besuch in Berlin der Student Benno Ohnesorg von einem Polizisten erschossen. Die Wortführer der APO sahen in dem toten Benno Ohnesorg ein Opfer der durch die Zeitungen des Springer-Verlags geschürten »Pogromstimmung gegen Studenten und ›Linke‹«.[40] Mit dem Tod von Benno Ohnesorg begann die Kampagne »Enteignet Springer«. Die Absicht der Westabteilung im Zentralvorstand der IG Druck und Papier/FDGB, den DGB-Verband in diese Kampagne zu integrieren, illustriert exemplarisch, wie die SED in ihrer Deutschlandpolitik Konflikte in der bundesdeutschen Gesellschaft für ihre Zwecke zu nutzen versuchte und wie sie bestrebt war, Aktionsbündnisse herbeizuführen.

»Einbeziehung der westdeutschen IG Druck und Papier in die Aktion »Enteignet Springer-Konzern«

Die Bewegung gegen den Springer-Konzern wird schon jetzt von zahlreichen demokratischen Kräften gefördert und entwickelt, aber in den Städten, wo der Springer-Konzern konzentriert ist, steht die IG Druck und Papier noch außerhalb dieser demokratischen Bewegung (Ausnahme ist bis jetzt Düsseldorf).

Der Springer-Konzern hat mit der Einleitung des Pressesterbens die Arbeitsplätze unserer westdeutschen Kollegen stark gefährdet. Die krassesten Beispiele sind in Nordrhein/Westfalen.

Der Geschäftsführende Hauptvorstand der IG Druck und Papier sieht z.B. seine Aufgabe darin, mit dem grafischen Unternehmen zu einer Vereinbarung zu kommen, in deren Mittelpunkt die Erhaltung der Arbeitsplätze steht.

Hier ergeben sich günstige Ansatzpunkte in der IG für eine einheitliche Aktion, nämlich der Kampf um die Erhaltung der Arbeitsplätze ist nur erfolgreich zu lösen, wenn gleichzeitig der Kampf gegen den Pressediktator Springer und damit gegen das organisierte Pressesterben durch Springer verbunden wird.

Anknüpfend an die sozialen gewerkschaftlichen Interessen der Kollegen – selbst im Springer-Konzern – werden Möglichkeiten geschaffen für klassenmäßige Auseinandersetzungen innerhalb der IG Druck und Papier. Die Aktion Springer wird einen größeren Umfang annehmen und auch über einen längeren Zeitraum bis zum 8. Gewerkschaftstag und darüber hinaus anhalten.

Es ist umgehend zu sichern, daß die Ergebnisse der wissenschaftlichen Konferenz über die Pressekonzentration in Westdeutschland – insbesondere die Alternativvorschläge des Vorsitzenden Heinz Deckert – mit in diese Aktion einbezogen werden.

Es wird daher empfohlen, eine zeitweilige Arbeitsgruppe beim Zentralvorstand zu bilden mit der Aufgabenstellung, einen entsprechenden ideologisch-politisch-organisatorischen Aktionsplan zu entwickeln.

Verantw. für die Bildung der Arbeitsgruppe:
Kollege D.

In dieser Arbeitsgruppe sollte der BGL-Vorsitzende von ADN, Kollege T., der gleichzeitig Journalist ist, mitwirken, ferner 1 Vertreter der Westabteilung des Bundesvorstandes, 1 Vertreter des Zentralvorstandes
Termin: spätestens 30.10.1967.«[41]

Die FDGB-Absicht, die IG Druck und Papier in die Kampagne »Enteignet Springer-Konzern« einzubeziehen, bedarf einiger zusätzlicher Anmerkungen. Der FDGB plante ein Aktionsbündnis zwischen der angelaufenen Kampagne und der Gewerkschaft. In dieser Phase der Entwicklung spielte in der Kampagne gegen den Springer-Verlag die »Kampagne für Abrüstung«, die Trägerorganisation für die alljährlichen Ostermärsche, eine gewichtige Rolle. Am 24./25. Juli 1967 beschloß der Zentrale Ausschuß (ZA) der Kampagne, daß sich die Ostermarsch-Organisatoren »als weiterführende Aktion ... der Forderung nach Entmachtung des Springer-Konzerns anschließen« und die »Zusammenarbeit von Kampagne und Studentenschaft auch auf örtlicher Ebene« verbessern.[42] Am 6. Oktober 1967, also 12 Tage vor dem Sekretariatsbeschluß des Zentralvorstandes der IG Druck und Papier im FDGB, kam es in Offenbach zu einer Beratung von Vertretern der liberalen, sozialdemokratischen und sozialistischen Studentenverbände, von allgemeinen Studentenausschüssen der Universitäten Tübingen, Heidelberg, Mainz, Freiburg, Bochum, Frankfurt, TH Hannover, der Kampagne für Abrüstung, des Republikanischen Clubs und des Berliner Extra-Dienstes. Es ging um die Verabredung einer APO-Kampagne gegen den Springer-Konzern. Die Federführung in dieser Konferenz hatte die Kampagne für Abrüstung, und es ging um Leitlinien der Argumentation, »die von den unterschiedlichen, an der Kampagne gegen den Springer-Konzern beteiligten Gruppierungen akzeptiert werden können.«[43] Zwei Punkte sollten die gemeinsame Aktionsplattform bilden: 1. Die im Zuge der Pressekonzentration in der Bundesrepublik erreichte »Vormachtstellung des Springer-Konzerns« und 2. »die spezifische politische Tendenz des Springer-Konzerns, die innenpolitisch für autoritäre Verhältnisse, außenpolitisch gegen Entspannung wirkt«.[44]

Die Teilnehmer der Offenbacher Zusammenkunft beschlossen,

»zum Herbst und Winter 1967/68 die Auseinandersetzung mit dem Springer-Konzern zu einem zentralen Thema der öffentlichen Meinungsbildung zu machen«. Zum »›Koordinator‹ der weiteren Planungen«[45] wurde der hauptamtliche Geschäftsführer der Kampagne für Abrüstung bestimmt. Das gewerkschaftliche Thema, mit dem die IG Druck und Papier von der Westabteilung des FDGB in diese Kampagne eingereiht werden sollte, war der Kampf gegen die Pressekonzentration, die die Arbeitsplätze vernichte. Diese Forderung wurde von der 8. Delegiertenkonferenz des Sozialdemokratischen Hochschulbundes (SHB) schon im März 1967 erhoben. Der SHB forderte die SPD-Bundestagsfraktion auf, »ein Gesetz gegen die Konzentration der Presse einzubringen«.[46] Auf dem 8. Ordentlichen Gewerkschaftstag war es der Landesbezirk Bayern, der sowohl zum Thema Ostermarsch als auch zur Pressekonzentration Anträge vorlegte. Der Gewerkschaftstag beschloß, den DGB und seine Industriegewerkschaften aufzufordern, ihre Mitglieder aufzurufen, »am Ostermarsch teilzunehmen«.[47] Bedeutsam an diesem Beschluß ist nicht so sehr die Aufforderung an die Vorstände der DGB-Verbände, ihre Mitglieder zum Ostermarsch aufzurufen; wichtiger ist im Zusammenhang unserer Diskussion die Akzeptanz der Kampagne für Abrüstung als Bündnispartner der IG Druck und Papier, die der Gewerkschaftstag zum Ausdruck brachte.

Im Antrag zur Pressekonzentration aus Bayern wurde zwar der Name Springer nicht erwähnt, aber inhaltlich folgte die Argumentation der Vorlage der Anti-Springer-Kampagne zur Presse-Konzentration: »Die Konzentration in der Presse hat neben den wirtschaftlichen Folgen insbesondere bedrohliche Auswirkungen für die Meinungsfreiheit und ist geeignet, staatsgefährdende Ausmaße anzunehmen und die Demokratie zu gefährden. Zur Verhinderung dieser Entwicklung fordert die IG Druck und Papier die Verabschiedung eines Gesetzes zum Schutz der Meinungsfreiheit und politischen Unabhängigkeit der Journalisten im gesamten Pressewesen. Der Gewerkschaftstag erwartet vom Hauptvorstand, daß derselbe auf dem bisher beschrittenen Weg energisch fortfährt.«[48] Als Leitantrag beschloß der Gewerkschaftstag die Vorlage des Hauptvorstandes, der die Frage gesetzlicher Maßnahmen gegen die Pressekonzentration mit der Forderung nach »innerer Pressefreiheit« für die Redaktionen verband. Diese Entschließung zur Pressekonzentration wurde ohne Debatte und einstimmig angenommen. Die IG Druck und Papier forderte vom Gesetzgeber, »durch die eindeutige Bindung der öffentlichen Aufgaben der Presse an die Redaktionen die innere Pressefreiheit sicherzustellen«.[49]

Gerd G. Kopper kommt in seinem Übersichtsartikel zur Mitbestimmung in den Massenmedien für das »Handbuch der Massenkommunikation« zum Ergebnis, daß die Forderung nach Mitbestimmung »im Ausgang der 60er Jahre« ursächlich gewesen ist für die Diskussion um die »Gründung einer Mediengewerkschaft als Dachverband«.[50]

Anmerkungen

Die Westpolitik des FDGB in den sechziger Jahren am Beispiel der Einflußaktivitäten auf die IG Metall und die IG Druck und Papier im DGB

1 IG Druck und Papier/Zentralvorstand – Einheit –, Maßnahmeplan zur Aktivierung der Funktionäre und Mitglieder in der IG Druck und Papier im DGB im Kampf um die Sicherung des Friedens, Berlin, den 17. Oktober 1961, S. 4 (ArchGew 4/672/6621). (*Dok.* II/1)

2 Vgl. dazu FDGB-Bundesvorstand, Beschluß des Sekretariats vom 17.7.1961, S 447/61, »Thesen zur Entlarvung der Richtergruppe«; FDGB-Bundesvorstand, Beschluß des Sekretariats vom 8.1.1962, S 18/62, »Vorbereitung von Enthüllungen über führende Vertreter der Richter-Gruppe als Teil der Vorbereitung des 6. DGB-Kongresses. Das Feindbild »Richter-Gruppe« wird in einer »Diskussionsgrundlage zum Problem ›Die Richter-Gruppe im DGB und der Reformismus‹« (FDGB-Bundesvorstand, Beschluß des Sekretariats vom 26.2.1962, S 122/62 folgendermaßen ausgeführt: »Neben den Angriffen der Imperialisten auf die Organisationen der Arbeiterbewegung von außen, mit Hilfe des Staatsapparates, sind die Monopolherren gezwungen, sich ihrer Hilfstruppen, der Brandt-Mannschaft und der Richter-Gruppe nunmehr zur Aushöhlung der Gewerkschaften als Klassenkampforganisationen zu bedienen, denn ›jegliche Form einer

selbständigen Arbeiterbewegung und einer einheitlichen Arbeiterorganisation (wird) zu einer Gefahr für (ihre) volksfeindliche Klassenherrschaft.‹ (Die Zitate stammen aus: Für unabhängige Klassengewerkschaften gegen die Richtergruppe im DGB, Berlin 1961, S. 43.) Sie brauchen die Richtergruppe zur Durchsetzung ihres Einflusses in der Arbeiterklasse, zur ideologischen Zersetzung mit dem Gift des Antikommunismus, zur Vertiefung der Spaltung und als offene Einpeitscher ihrer Politik. Die herrschenden Gruppen des Monopolkapitals haben im Bonner Regierungsprogramm eine gemeinschaftliche Basis gefunden: ›Fortsetzung der NATO-Politik, gemeinsamer Raubzug auf die Taschen der Werktätigen, Abbau sozialer und politischer Rechte, erhöhte Ausbeutung und erhöhte Rüstungsprofite.‹ Dieses Programm soll mit Hilfe der Brandt-Mannschaft in der SPD und der Richtergruppe im DGB durchgesetzt werden. ›Die Richter-Gruppe im DGB ist die politische Strömung des deutschen Imperialismus in der Gewerkschaftsbewegung. Ihre Funktion im System des staatsmonopolistischen Kapitalismus besteht darin, die Gewerkschaften mit der aggressiven Politik der herrschenden Klasse in Westdeutschland gleichzuschalten und sie der Atomkriegspolitik zu unterwerfen. Die Leute um Richter haben selbst reformistische Auffassungen und Ziele fallen gelassen und vertreten heute offen die Position der aggressiven Kreise in Westdeutschland.‹ Ihnen allen gemeinsam ist der hemmungslose Haß gegen den Kommunismus. Sie stehen darin dem Adenauer, Strauß oder Lemmer in nichts nach.«

3 Ebd., S. 5.

4 DDR-Handbuch, Bd.1, a.a.O., S. 270.

5 IG Druck und Papier/Zentralvorstand, Abt. für Arbeiterfragen in Westdeutschland, Maßnahmeplan zur Vorbereitung der Frühjahrsmesse in Leipzig, 4. bis 13. März 1962, Sekretariatsbeschluß Nr.S4/62, Berlin, den 24. Januar 1962, S. 3 (ArchGew4/672/6621). (*Dok.* II/2)

6 Ulbricht bezahlt alles. Telegraf, 31.1.1961.

7 Ständiger Ausschuß der Gesamtdeutschen Arbeiterkonferenzen (Hrsg.): Die Gesamtdeutschen Arbeiterkonferenzen, Dokumentation, o.O., o.J. (1959), S. 4.

8 A.a.O., S. 6.

9 Theo Pirker: Vortrag auf dem Workshop »Kontinuitäten und Brüche in der Ideologiepolitik der SED nach dem XX. Parteitag« im Dezember 1987 an der Freien Universität Berlin, a.a.O., S. 10.

10 Eberhard Maseberg: Pankows Agenten tragen viele Namen, Der Tagesspiegel, 3.2.1961. – Der »Ostspiegel« der SPD befaßte sich in diesem Zusammenhang mit der Bedeutung der »staatlichen Abwehrstellen«. Sie waren für den »Ostspiegel« unverzichtbar: »Der spießbürgerliche Moralbegriff, diese Tätigkeit der staatlichen Exekutive auf ein ›schmutziges Geschäft‹, von dem sich der anständige Mensch

fernzuhalten habe, kann nur dem kommunistischen Agenten helfen. Man muß erkennen, daß diese Tätigkeit unseres Staates ein wichtiger Teil des Kampfes um die Erhaltung unserer Freiheit ist, und daraus hat sich unsere Stellung zu diesen Organen zu ergeben.« (Ostspiegel, Sozialdemokratischer Pressedienst, Bonn, 2.2.1961, S. 2.)

11 Fristlos entlassen, Telegraf, 1.2.1961.

12 Vgl. Ulbricht bezahlt alles, a.a.O.

13 DGB-Landesvorstand Nordrhein-Westfalen (Hrsg.): Kommentare zur Politik der DFU, Bonn, o.J. (1962), S. 71f.

14 Herbert Wehner: Keine Aktionseinheit, Vorwärts, 20.2.1959, S. 1.

15 Bundesvorstand des DGB (Hrsg.): Der FDGB-Erfüllungsgehilfe der SED, dritte, ergänzte Auflage, Düsseldorf 1964. – Im Geschäftsbericht des DGB-Bundesvorstandes 1962 bis 1965 heißt es über diese Broschüre: »Der Bundesvorstand des DGB gab im März 1962 eine Broschüre unter dem Titel ›Der FDGB – Erfüllungsgehilfe der SED‹ heraus. Im Dezember 1962 erschien sie in zweiter, im März 1964 in dritter, ergänzter und erweiterter Auflage. Diese Broschüre, die als Unterrichtsmaterial für die gewerkschaftlichen Ost-West-Seminare bestimmt ist, behandelt in verschiedenen Abschnitten die Geschichte, den organisatorischen Charakter, die Sozialversicherung und die Westarbeit des FDGB. Als Anlage enthält sie die Personalien der wichtigsten FDGB-Funktionäre, die Satzung des FDGB und das ›Gesetzbuch der Arbeit‹ der SBZ vom 12. April 1961.« (DGB-Bundesvorstand (Hrsg.): Geschäftsbericht 1962 bis 1965, Düsseldorf, o.J., S. 8.)

16 Der FDGB – Erfüllungsgehilfe der SED, a.a.O., S. 71.

17 Gerhard Leminsky, Bernd Otto: Politik und Programmatik des Deutschen Gewerkschaftsbundes, Köln 1974, S. 413.

18 Gedanken zur Vorbereitung des 8. Gewerkschaftstages der westdeutschen IG Metall im Jahre 1965, S. 13/14 (ArchGew IG Metall 7432). Die folgenden Kursivsetzungen stammen von den Verfassern.

19 Ebd., S. 14.

20 Ebd., S. 15.

21 Ebd., S. 17.

22 Ebd., S. 27/28.

23 Ebd., S. 29.

24 Ebd., S. 30.

25 Vgl. Westkommission, Durch den ZV IG Metall eingeleitete Maßnahmen zur politischen Vorbereitung des 8. Gewerkschaftstages, Berlin, den 14.4.1965 (ArchGew IG Metall 7432).

26 Zentralvorstand IG Metall/Westabteilung, Informatorischer Bericht über die Arbeit des Zentralvorstandes IG Metall mit westdeutschen

Metallarbeiterfunktionären zur Unterstützung ihres Kampfes und Erweiterung der Verbindungen, Berlin, den 16.1.1967 (Entwurf) (ArchGew IG Metall 4958).

27 Zentralvorstand IG Metall, Berlin, den 1. Juli 1967 (ArchGew IG Metall 7436).

28 Zur gegenwärtigen Situation in der westdeutschen IG Metall (ohne Datum, Frühj. 1968) (ArchGew IG Metall 4958).

29 Ebd., S. 2.

30 Ebd., S. 5.

31 Zur Rolle der IG Metall der BRD bei der konterrevolutionären Entwicklung in der ČSSR 1968, 13. Dezember 1976.

32 Der FDGB-Bericht über das Seminar vermeidet jede biographische Angabe über Georg Polikeit, deshalb sei sie hier nachgeholt: »Georg Polikeit, Jahrgang 1929, trat 1946 in die FDJ und KPD ein, er wurde Journalist und arbeitete als Redakteur für kommunistische Jugendzeitungen. 1956 wurde er als Sekretär des Zentralbüros der FDJ in Westdeutschland zum ›Weltbund der Demokratischen Jugend‹ nach Budapest entsandt, zugleich Mitarbeiter der WBDJ-Zeitschrift ›Weltjugend‹. Aktiv an der Vorbereitung der Weltjugendfestspiele 1957 in Moskau und 1959 in Wien als Mitarbeiter des Internationalen Vorbereitungskomitees beteiligt. Nach 1960 vor allem Mitarbeit in der demokratischen und Friedensbewegung in der Bundesrepublik. Im September 1968 Teilnahme an der Konstituierung der DKP, im Bundesausschuß für Pressearbeit verantwortlich. Auf dem Essener Parteitag 1969 in den Parteivorstand gewählt. Tätig als Pressesprecher des Parteivorstands. Seit dem Düsseldorfer Parteitag 1971 Mitglied des Präsidiums des Parteivorstands der DKP und mit der Leitung der Redaktion der ›UZ‹ als Chefredakteur beauftragt. Mitglied der IG Druck und Papier.« – Biographische Daten der Mitglieder des Präsidiums und der Sekretäre des Parteivorstands der DKP, DKP-Parteitags-Information vom 6. Parteitag, 29.-31. Mai 1981, Hannover, Nr.35/81, S. 5.

33 Vgl. *Dok.* Nr.II/5.

34 Vgl. *Dok.* II/3–4.

35 Protokoll 8. Ordentlicher Gewerkschaftstag, Industriegewerkschaft Druck und Papier, Koblenz 1968, a.a.O., S. 147.

36 Maßnahmeplan für die Vorbereitung des 8. Gewerkschaftstages der IG Druck und Papier im DGB vom 6. bis 12. Oktober 1968 in Koblenz (ArchGew A 201.13573) (*Dok.* II/4)

37 Ebd.

38 A.a.O., S. 151f.

39 Fritz Gent: Die IG Druck und Papier in das Blickfeld gewerkschaftlicher Aktivitäten gestellt, in: ... verteidigt die Einheitsgewerkschaft! Leonhard Mahlein, Reden und Aufsätze. Andere über ihn, a.a.O., S. 334.

[40] Karl A. Otto: Vom Ostermarsch zur APO, a.a.O., S. 162.

[41] Maßnahmeplan für die Vorbereitung des 8. Gewerkschaftstages der IG Druck und Papier im DGB vom 6. bis 12. Oktober 1968 in Koblenz (ArchGew A 201.13573) (*Dok.* II/4)

[42] Zit. nach: Karl A. Otto: Vom Ostermarsch zur APO, a.a.O., S. 162.

[43] Vereinbarung einer APO-Kampagne gegen den Springer-Konzern (Oktober 1967), in: Karl A. Otto: APO. Außerparlamentarische Opposition in Quellen und Dokumenten. 1960–1970, Köln 1989, S. 257.

[44] Ebd.

[45] Karl A. Otto: Vom Ostermarsch zur APO, a.a.O., S. 163.

[46] Karl A. Otto: APO, a.a.O., S. 254.

[47] Protokoll 8. Ordentlicher Gewerkschaftstag, Industriegewerkschaft Druck und Papier, a.a.O., S. 267.

[48] A.a.O., S. 167.

[49] A.a.O., S. 166f.

[50] Gerd G. Kopper: Mitbestimmung, in: Handbuch der Massenkommunikation, von Kurt Koscyk, Karl-Hugo Bruys, München 1981, S. 190.

Bilanz der FDGB-Westarbeit bis 1969 und ihre Ziele in den 70er und 80er Jahren

Bilanz einer Niederlage

Zu Beginn des Jahres 1969 fand ein Lehrgang der Westkommission des ZK der SED über die Perspektive der FDGB-Westarbeit statt. Der Diskussionsbeitrag des verantwortlichen Funktionärs für die Westarbeit im Zentralvorstand der IG Druck und Papier im FDGB über die Lage in der westdeutschen IG Druck und Papier ist eine Bilanz über den fehlgeschlagenen Versuch, über ein Netz von informellen Kontakten in der IG Druck und Papier die Gewerkschaft »klassenmäßig« durch den FDGB zu formieren.[1] Das »klassenmäßige Herangehen« ist ein Begriff, mit dem die SED die eigene kommunistische Position umschrieb und legitimierte. Der FDGB zog wenige Jahre vor der Aufnahme offizieller Beziehungen zum DGB die Schlußfolgerung, daß es keine sozialistische Arbeiterbewegung mehr in der Bundesrepublik gab und die Integration der Gewerkschaften in das »staatsmonopolistische System« unumkehrbar geworden war. Mit diesen Einsichten wurde ein Kurswechsel der FDGB-Westarbeit vollzogen. Nach der absehbaren Aufnahme von Beziehungen des FDGB zum DGB als Folge der Anerkennung der DDR durch die Bundesrepublik mußte der FDGB versuchen, über den Kontakt von Verbandsspitze zu Verbandsspitze eine »klassenmäßige« Politik in der Bundesrepublik voranzubringen. Unter den Verhältnissen der deutschen Zweistaatlichkeit hieß das: Es müssen in der Bundesrepublik systematisch alle Kräfte geschwächt werden, die am Gedanken der Wiedervereinigung festhalten. Die politische Gruppierung, die die SED als ihren Hauptfeind betrachtete, waren die Christdemokraten, und es galt aus der Sicht der SED, die 1966 geschlossene Große Koalition zwischen CDU/CSU und

SPD in Bonn zu beenden. Der Anspruch an die Ziele der FDGB-Westpolitik wurde also heruntergeschraubt, und ohne daß es ausgesprochen wurde, gestanden sich die SED-Funktionäre ein, daß sie zwar in der Bundesrepublik in vorhandenen Oppositionsbewegungen intervenieren, diese aber nicht selber auslösen konnten.

Aus dieser geänderten Interessenlage konnte der 8. Gewerkschaftstag der IG Druck und Papier im DGB 1968 für den FDGB als relativer Erfolg verbucht werden, formierten sich doch »innerhalb der IG Druck und Papier in zunehmendem Maße die Kräfte«, die »für die Herausbildung einer selbständigen, unabhängigen Gewerkschaftspolitik eintreten. Auf dieser Position bewegten sich überwiegend Delegierte aus unteren Vorständen und aus Betrieben der Länder Bayerns und Nordrhein-Westfalens. Sie beherrschten auch die Diskussion und übten harte Kritik an Erscheinungen und Auswirkungen der Politik des Bonner Staates, an der Großen Koalition und an der Politik der rechten SP-Führung und vertraten Auffassungen, die für eine selbständige, unabhängige Gewerkschaftspolitik von Bedeutung sein können. ... Andere Delegierte entwickelten richtige Vorstellungen in der Mitbestimmungsfrage als Machtfrage, erhoben die Forderung auf Beitritt Westdeutschlands zum Atomwaffensperrvertrag und setzten gegen führende Kräfte des Hauptvorstandes den Antrag auf Anerkennung der DDR durch (auch wenn dieser mit Illusionen behaftet und nicht genügend klassenmäßig formuliert ist). Bemerkenswert ist auch die Tatsache, daß der 8. Gewerkschaftstag die zunehmende Politisierung der IG Druck und Papier deutlich machte.«[2]

Diese Schlußfolgerungen antizipierten bereits die offiziellen Kontakte zwischen dem FDGB und dem DGB und seinen Einzelgewerkschaften. Dem FDGB kam es nach 1969 vor allem auf die Beeinflussung der Vorstände der DGB-Gewerkschaften an, dessen waren sich die Funktionäre des FDGB sehr bewußt: »Wir werden zunehmend offizielle klassenmäßige Beziehungen von Vorstand zu Vorstand und von Leitung zu Leitung anstreben. Das heißt, unsere Arbeit in Westdeutschland muß immer stärker mit den westdeutschen Vorständen geleistet werden und nicht mit irgendwelchen, oft wenig Einfluß besitzenden Mitgliedern.«[3]

Die Neueinschätzung der Einheitsgewerkschaft DGB in den siebziger Jahren

Für die gemeinsame Beratung der Sektion »Gewerkschaftsbewegung in Westdeutschland« und der Westkommission beim Präsidium des Bundesvorstandes des FDGB legte die FDGB-Hochschule in Bernau im April 1969 »Gedanken zur Gewerkschaftspolitik in der Bundesrepublik für die 70er Jahre« vor. Dieser nicht gezeichnete Text bestimmte nunmehr den DGB als selbständige politische Kraft, die ihre Auseinandersetzungen auf allen Feldern der gewerkschaftlichen Aktivität viel stärker politisieren müsse. »Für die Gewerkschaften heißt das, daß sie ihre lohn- und sozialpolitischen Forderungen nicht von den politischen Argumenten der Monopole, ihres Staates und auch nicht von denen der SPD-Führung abhängig machen können, sondern nur von Arbeiterinteressen. Gewerkschaftliche Interessenvertretung für Friedenssicherung darf sich nicht länger auf die Parteien der Großen Koalition, Parlament und Regierung verlassen, da diese Vollstrecker des Willens des Rüstungskapitals sind.«[4]

Die Kommunisten haben die Gewerkschaften immer als die geeignete Organisation betrachtet, in der die Partei ihre Politik der Aktionseinheit mit Sozialdemokraten und anderen politischen Strömungen der Arbeiterbewegung realisieren konnte. Daran hält auch der FDGB in diesem Papier fest: »Der Charakter des DGB als Einheitsgewerkschaft der Arbeiterklasse bietet günstige Möglichkeiten für alle Arbeiter, Angestellten und Beamte, berufstätigen Frauen und Arbeiterjugend, christlichen, sozialdemokratischen und kommunistischen Werktätigen aus allen Wirtschaftszweigen und territorialen Bereichen der Bundesrepublik, sich zum Schutze ihrer Interessen und den Kampf um eine gesicherte Zukunft zusammenzuschließen. Die Anziehungskraft der Gewerkschaften würde größer werden, wenn wirkungsvoller durch demokratische Meinungsbildung und solidarische Verbundenheit die allen gemeinsamen Klasseninteressen ihre Politik bestimmten.«[5]

Die politische Führung der Gewerkschaften versuchten die Kommunisten immer durch ideologische Hegemonie zu erreichen, und das war mit der geforderten »zielklaren Gesellschaftskonzeption«[6] gemeint. Um eine solche Gesellschaftskonzeption im DGB durchzusetzen, bedurfte es der Veränderungen im Einheitsgewerkschaftsverständnis des DGB und ihrer damit verbundenen parteipolitischen Ausrichtung: »Wollen die westdeutschen Gewerkschaften einem menschenwürdigen Leben der Arbeiterklasse in den 70er Jahren Bahn brechen, gilt es, Freund und Feind in der Bundesrepublik klar zu unterscheiden ... Für die Herstellung eines antiimperialistischen, demokratischen Kampfbündnisses des arbeitenden Volkes ist die klassenmäßige Stellung der Gewerkschaften zu den politischen Parteien entscheidend. Zu Recht wird geäußert, daß der DGB nicht ›Ersatzpartei‹ sein kann und aufgrund seines Charakters als Einheitsgewerkschaft auch nicht in der Lage ist, die Aufgaben einer politischen Partei zu übernehmen. Aber die Gewerkschaften in der Bundesrepublik müssen ihr Verhältnis zu den politischen Parteien überprüfen und ordnen. Das ist auch eine Bedingung des Erfolges gewerkschaftlichen Kampfes. Es geht dabei auch um Beziehungen und Zusammenarbeit mit den Kommunisten, denn sie sind konsequente Gewerkschafter. Ihre Politik stimmt mit dem Anliegen der Gewerkschaften überein, getragen von gemeinsamen Klasseninteressen. Die Kommunisten haben sich seit jeher als standhafte Kämpfer bei der Durchsetzung gewerkschaftlicher Forderungen erwiesen.«[7]

Das apparative Beziehungsgeflecht der FDGB-Westarbeit in den 70er und 80er Jahren

Die »Anleitung« des FDGB-Apparats durch die SED

Die FDGB-Kontakte zu den Einzelgewerkschaften des DGB fanden in einem apparativen Beziehungsgeflecht statt, dessen hierarchische Spitze das Politbüro des Zentralkomitees der SED war. Einem Beschluß des ZK der SED gemäß legte der FDGB seinen Plan der Beziehungen zum DGB jeweils am Jahresanfang dem Sekretariat des ZK und dem Politbüro zur Bestätigung vor.[8] Dieser Plan enthielt die allgemeine politische Zielsetzung und eine

Auflistung der beabsichtigten Delegationen.[9] Die Konzeptionen für Spitzenbegegnungen zwischen FDGB und DGB mußten dem ZK-Sekretariat bzw. Politbüro vor dem jeweiligen Zeitpunkt noch einmal zur Zustimmung vorgelegt werden; alle Delegationen der IG /Gew. in die Bundesrepublik und ihre Mitglieder bedurften dagegen einer Bestätigung durch das Sekretariat des FDGB-Bundesvorstandes, das zugleich für die gründliche politisch-ideologische Vorbereitung der Delegationen zuständig war. Auch der Besuch von Delegationen der DGB-Gewerkschaften in der DDR beruhte auf einer Beschlußfassung des FDGB-Sekretariates, dem auch über das Gesprächsergebnis Bericht erstattet werden mußte.

Die organisatorische Struktur der FDGB-Westabteilung nach 1970
Die FDGB-Westarbeit siedelte – zuletzt als »Abteilung Internationale Gewerkschaftsbeziehungen« – im Zuständigkeitsbereich des Sekretärs für Organisation, Kader und Internationale Gewerkschaftsbeziehungen, Werner Heilemann, und war in vier Sektoren untergliedert:[10]

- *Sektor Delegationsarbeit:* Planung, Vorbereitung und Realisierung der Beziehungen des FDGB mit den westdeutschen Gewerkschaften; Erarbeitung von Grundsatzmaterialien über die DGB-Gewerkschaften.
- *Sektor Information und Dokumentation:* Erstellung eines täglichen Pressespiegels, eines Wochenpressespiegels für die Zentralvorstände der IG /Gew. und die Bezirksvorstände des FDGB sowie eines Wochenberichtes; Dokumentation der Gewerkschaftsaktivitäten vor allem in der BRD.
- *Sektor Organisation und Finanzen:* Visabeschaffung, Avisierung, Fahrkartenbestellung, Bereitstellung und Verwaltung der Finanzen, Pendlerdienst, Betreuung und Verwaltung der Gästehäuser in Kühlungsborn und Oberhof.
- *Sektor International e.V.:* Polit- und Sozialtourismus, Anleitung der Geschäftsstellen bei den FDGB-Bezirksvorständen, Schulung und Qualifizierung der Betreuer, Finanzarbeit und Revision.[11]

Die gesamte Finanzierung der Westabteilung/Abteilung Internationale Gewerkschaftsbeziehungen einschließlich der Finanzierung der Delegationen in beide Richtungen erfolgte aus dem Solidaritätsfonds des FDGB (Kontenklasse 6 Solidarität in der FDGB-Finanzrichtlinie).

Oberstes Prinzip während der Vorbereitung und Durchführung des Besuchs einer West-Delegation, die im Falle eines Einzelgewerkschafts-Besuchs stets in enger Zusammenarbeit zwischen dem jeweiligen Zentralvorstand der FDGB-Branchenabteilung und der Westabteilung des FDGB-Bundesvorstandes erfolgte, war es, nichts dem Zufall zu überlassen. Die Besuchsorganisation folgte dem »Kontrollblatt E« der FDGB-Westabteilung. Sechs bis acht Wochen vor dem Besuchstermin wurde eine Beschlußvorlage mit der politischen Besuchskonzeption und dem beabsichtigten Rahmenprogramm in das FDGB-Sekretariat eingebracht und dem ZK-Sekretariat der SED bekanntgegeben. Waren Betriebsbesichtigungen vorgesehen, mußte die Zustimmung der ersten Sekretäre der jeweiligen SED-Bezirksleitungen, der zuständigen Minister und des Generaldirektors eingeholt werden. Geeignete parteitreue »Werktätige« wurden für persönliche Gespräche und Begegnungen mit den West-Gästen ausgewählt, um ein einheitliches Auftreten der DDR-Seite von oben bis unten zu gewährleisten. Im internen Programm für eine IG Metall-Delegation liest sich das folgendermaßen: »Die Gäste werden vom Betriebsdirektor geführt. Im Abschnitt Zylinder- und Trommelbearbeitung kommt es zur Begegnung mit BGL-Mitglied Dieter L.«.

Für die DDR-Pressevertreter bereitete die Westabteilung des FDGB Fragen vor, die die DDR-Journalisten den West-Gewerkschaftlern auf der gemeinsamen Pressekonferenz – nicht immer fand eine statt – stellen sollten. Aufgabe der FDGB-Westabteilung war es weiterhin, die beteiligten Ost-Funktionäre ideologisch mit aktuellen Studien über die aktuelle, politische Haltung der West-IG Druck und Papier und biographischem Material über die erwarteten Gäste vorzubereiten, gegebenenfalls eine Vereinbarung über die weiteren Beziehungen vorzulegen und eine Pressemitteilung über den Besuch zu entwerfen. Für die Visa-Beantragung war die Ständige Vertretung zuständig, die Anmeldung bei der Volkspolizei erledigte der Zentralvorstand selbst. Über den

Besuch war zu guter Letzt ein abschließender Bericht als Beschlußvorlage für das FDGB-Sekretariat zu verfassen. Über die ersten Besuche in den siebziger Jahren liegen ausführliche Tagesberichte vor.

Das Ministerium für Auswärtige Angelegenheiten (MfAA) und das Ministerium für Staatssicherheit (MfS)

Nach der – wenn auch bedingten – Anerkennung der DDR durch die Bundesregierung Deutschland war das Ministerium für Auswärtige Angelegenheiten (MfAA), dem die Ständige Vertretung der DDR in Bonn zugeordnet war, an den offiziösen Gesprächen zwischen FDGB und DGB beteiligt. Das Ministerium für Staatssicherheit (MfS) betätigte sich in der geheimdienstlichen Ausspähung und wahrscheinlich auch der aktiven Beeinflussung von Entscheidungsprozessen im DGB.

Um die Auslandsvertretung der DDR in der Bundesrepublik zu befähigen, »wirkungsvoller die Lage der Arbeiterklasse und die Gewerkschaftsbewegung in der BRD zu beobachten und zu analysieren sowie an der Gestaltung der Kontakte und Beziehungen des FDGB zum DGB mitzuwirken«[12], wurde 1973 auf Beschluß des ZK der SED in der Ständigen Vertretung der DDR in Bonn eine Stelle für einen Mitarbeiter geschaffen, »der für Fragen der Beobachtung und der Analyse der Lage der Arbeiterklasse und der Gewerkschaften der BRD sowie der Kontakte und Beziehungen zum DGB und seinen Industriegewerkschaften verantwortlich ist«.[13] Erstbesetzer dieser Funktion wurde Günter Behnisch, bis dahin politischer Mitarbeiter der FDGB-Westabteilung, die zu den regelmäßigen Empfängern der Durchschläge seiner Aktenvermerke über zahllose Gespräche mit DGB-Gewerkschaftern gehörte.

Die Aufgabe und Rolle der Ständigen Vertretung in dieser Hinsicht erhellt ein Überblick Behnischs »Zum Stand der Kontakte der AV (Außenvertretung, d.Vf.) Bonn zu den Gewerkschaften der BRD« aus dem Jahr 1977: »Entsprechend der politischen Bedeutung der Gewerkschaften in der BRD und ihrer spezifischen Rolle für die Gestaltung des Entspannungsprozesses und der Entwicklung der Beziehungen zwischen der DDR und der

BRD ist die Arbeit mit den Gewerkschaften ein fester, planmäßiger Bestandteil der politisch-diplomatischen Tätigkeit der AV. Die Bemühungen konzentrierten sich in den letzten Jahren darauf, Kontakte zum DGB-Bundesvorstand und den Vorsitzenden der 16 Einzelgewerkschaften herzustellen. Das Ziel bestand und besteht darin, einerseits die politische Grundlage zu schaffen für die Erarbeitung sachlich fundamentierter Einschätzungen und Informationen über die Rolle und Haltung der Gewerkschaften der BRD zu wichtigen innen- und außenpolitischen Fragen und andererseits die Entwicklung der Beziehungen zwischen den Gewerkschaften der DDR und der BRD im Interesse der Entspannungspolitik aktiv zu fördern und zu unterstützen. Die persönliche Einflußnahme des Genossen Botschafter auf den Inhalt und die Gestaltung dieser Tätigkeit, die planmäßige Einschätzung der Ergebnisse sowie die konkreten Festlegungen in den Dienstberatungen über die Fortsetzung der Kontakte gewährleisten eine zielgerichtete und ergebnisreiche Arbeit. Die durchgeführten Konsultationen des Genossen Behnisch mit dem Vorsitzenden des FDGB, Gen. Harry Tisch, und dem Sekretär Genossen Heilemann sowie die schriftlichen Informationen des Bundesvorstandes an die AV waren die Grundlage dafür, die Aktivitäten der AV gegenüber den Gewerkschaften der BRD entsprechend unserer Interessenlage und unter Berücksichtigung der jeweiligen politischen Situation zu gestalten.«[14]

Gute Ergebnisse verzeichnete der Sachstandsbericht bei der Herstellung der Kontakte zu den Einzelgewerkschaften: Sie seien bei elf der sechzehn Verbände erreicht. Lediglich die Kontakte zum DGB-Bundesvorstand ließen »keine Fortschritte« erkennen: »Einladungen der AV an den DGB werden nicht wahrgenommen und Anfragen bezüglich Gesprächstermine bleiben unbeantwortet.«[15] Diese Klage sollte sich jedoch 1982 mit der Wahl von Ernst Breit zum Vorsitzenden des DGB erledigen, der der Ständigen Vertretung kurze Zeit nach seiner Wahl einen Antrittsbesuch abstattete und die Kontakte institutionalisierte. Der zugrundeliegende Mechanismus, der der Ständigen Vertretung der DDR in regelmäßigen Abständen die Gewerkschaftsvorsitzenden zu Gesprächsterminen über die aktuelle gewerkschaftspolitische

Lage ins Haus führte beziehungsweise ihrem Vertreter die Türen der Vorstandsetagen der Gewerkschaften öffnete, war wohlüberlegt: Es war die geübte Praxis – über deren widerspruchslose Akzeptanz sich Behnisch anfangs selbst wunderte[16] –, die Einreisevisa in die DDR für Gewerkschaftsdelegationen aus der Bundesrepublik durch die Ständige Vertretung auszustellen, die – so Behnisch – die Kontaktarbeit wesentlich unterstützte und mit die Voraussetzungen dafür schuf, »ein umfangreicheres Wissen über gewerkschaftspolitische Vorgänge zu erhalten«.[17]

Der FDGB war in vielfacher Hinsicht offiziell mit dem Ministerium für Staatssicherheit verwoben. Sichtbarsten Ausdruck fand dies in der Existenz eines mit zwei hauptamtlichen MfS-Mitarbeitern besetzten Büros am Sitz des FDGB-Bundesvorstandes. Alle in die DDR einreisenden Delegationsmitglieder unterlagen automatisch durch die Einreisemodalitäten der Kontrolle durch das MfS; es ist davon auszugehen, daß die Begegnungen und »Begegnungsobjekte« (Gästehäuser, Hotels etc.) in der Regel vom MfS »gesichert« wurden. Auch die Klärung »humanitärer Anliegen«, die gelegentlich von Delegationen vorgebracht wurden und für die in der DDR die Staatssicherheit zuständig war, geschah in direktem Kontakt zwischen FDGB und MfS.

Es ist jedoch kaum anzunehmen – Anzeichen dafür liegen jedenfalls nicht vor –, daß die FDGB-Spitze über die geheimdienstlichen Aktivitäten des MfS zur Ausspähung des DGB und seiner Mitgliedsgewerkschaften im Bilde war. Folgende Fälle geheimdienstlicher Tätigkeit gegen die westdeutschen Gewerkschaften, die besonders wichtig sind, wurden in der Bundesrepublik bekannt:

Heinz Brandt, Redakteur der Gewerkschaftszeitschrift »Metall«, war am 16. Juni 1961 in West-Berlin gekidnappt und in einem Geheimprozeß in Ost-Berlin zu 13 Jahren Haft verurteilt worden. Seine Freilassung wurde gleichermaßen von der IG Metall wie vom DGB gefordert. Otto Brenner hat auf dem 7. Gewerkschaftstag seiner Organisation diese beiden Akte der SED-Politik nachdrücklich verurteilt. Er sagte: »Wir bleiben in gewerkschaftlicher Solidarität verbunden mit der ehemaligen Hauptstadt unseres Landes, mit ihren mutigen Bewohnern und mit allen unseren Landsleuten in der Zone. (Beifall) Wir bleiben das Sprachrohr ihres Freiheitswillens, solange es ihnen eine brutale Diktatur verwehrt, ihre Meinung frei und ungehindert zu sagen, ja, sie erbarmungslos niederschießt, wenn sie versuchen, aus dem sogenannten ›Arbeiter-und-Bauern-Staat‹ in die Freiheit zu flüchten. In einem der Zuchthäuser dieses großen Gefängnisses, das sich ›Deutsche Demokratische Republik‹ nennt, sitzt auch unser Kollege Heinz Brandt. Zu 13 Jahren wurde er in einem Geheimprozeß verurteilt – weil er nicht gewillt war, seinen lebenslangen Kampf gegen jeden Totalitarismus, für den Frieden, die Demokratie und die Rechte der arbeitenden Menschen auf Ulbrichts Geheiß aufzugeben. Zusammen mit der freien internationalen Gewerkschaftsbewegung, mit Millionen organisierter Arbeitnehmer in allen Ländern fordern wir erneut die sofortige Freilassung unseres zu Unrecht verurteilten Kollegen! (Starker Beifall) Wir betrachten dies als ein Gebot der Menschlichkeit und der gewerkschaftlichen Solidarität!« Daran anschließend wies Brenner in scharfen Worten östliche Einmischungsversuche zurück. »Es ist der Versuch gemacht worden, die Delegierten dieses Gewerkschaftstages durch gedruckte Schreiben aus der Ostzone zu beeinflussen. Mit aller Deutlichkeit muß ich hier erklären: Diese Einmischungsversuche stellen angesichts der Ereignisse seit dem 13. August 1961, der Errichtung der schändlichen Mauer und der erfolgten Morde, eine unverschämte Provokation dar. (Starker Beifall) Wir brauchen keine Belehrung von dieser Seite. Wie oft soll ich das eigentlich noch sagen? Wir verbitten uns ihre Ratschläge. Dazu fehlt ihnen jede moralische und sachliche Berechtigung. (Starker Beifall) Wie wäre es denn, wenn man mit den schönen Empfehlungen, die man uns geben zu müssen glaubt, bei sich selbst einmal ernst machen würde? Wie steht es mit dem Streikrecht, mit der Freiheit des einzelnen, sich in Wort und Schrift zu äußern, mit der Versammlungsfreiheit, der Unverletzlichkeit der Person und anderen Grundrechten?«[18]

Wilhelm Gronau, zunächst Geschäftsführer der HBV in Köln, dann persönlicher Referent des DGB-Vorsitzenden Willi Richter und seit 1968 Leiter der Abteilung Wiedervereinigung und Leiter der Kommission Aktionsprogramme des DGB, wurde 1972 verhaftet und ohne Prozeß ausgetauscht. Gronau, der seinen Agenten-Status gegenüber dem DGB noch aus dem Gefängnis verleugnete, war einer der wertvollsten »Kundschafter« der Hauptverwaltung Aufklärung des MfS. Nach der MfS-Legende beschaffte er dem MfS über seine Beziehungen zum Ostbüro der SPD die Codes für den Panzerschrank im Keller der SPD-Baracke, in dem die Mitarbeiterkartei des SPD-Ostbüros aufbewahrt wurde. Stolz lobte sich das MfS selbst: Zahlreiche Verhaftungen in der DDR waren die Folge.[19]

Heinz Dürrbeck, Vorstandsmitglied der IG Metall, im Sommer 1975 unter dem Verdacht, seit 1957 in Gewerkschaftsangelegenheiten für die DDR spioniert zu haben, nach kurzer Untersuchungshaft 1975 auf freiem Fuße, stand seit Oktober 1978 vor dem Staatsschutz-Senat des Oberlandesgerichts Frankfurt und entzog sich dem Verfahren durch seine Flucht in die DDR bzw. nach Ungarn.

Hans Faltermeier, Vorstandsmitglied der ÖTV, wurde im Mai 1976 wegen nachrichtendienstlicher Tätigkeit für das MfS zu einer zweijährigen Freiheitsstrafe verurteilt.

Hermann Gaßmann, Bildungssekretär der IG Metall-Ortsverwaltung Hamburg, wurde am 28. März 1981 wegen geheimdienstlicher Tätigkeit für die DDR verhaftet, im September 1981 aus der Untersuchungshaft entlassen und 1983 rechtskräftig verurteilt. In einem Aktenvermerk der FDGB-Westabteilung (»Hinweis«) zum Fall Gaßmann vom 3.12.1982 findet sich die Bemerkung: »Kontakte bzw. Verbindungen gewerkschaftlicher Art zu Gaßmann bestehen unsererseits nicht«.[20]

Da sich die Hauptverwaltung Aufklärung des MfS mit Zustimmung des Runden Tisches größtenteils selbst auflösen konnte, sind mit den Akten aller Mitarbeiter auch die der Abteilung II (»Parteien und Massenorganisationen BRD«) vernichtet worden. Eine Entdeckung und Enttarnung der früheren und bis zuletzt aktiven hauptamtlichen DDR-Agenten und offiziellen Mitarbeiter in den westdeutschen Gewerkschaften ist dadurch nur noch über den Zugang zu den Stasi-Opfer-Akten möglich.

Die Bruderparteien KPD/DKP/SEW oder: Der SED-Interventionsapparat

Neben den Ministerien für Auswärtige Angelegenheiten und Staatssicherheit waren an der Umsetzung der FDGB-Westpolitik auch die »Bruderparteien« der SED in der Bundesrepublik bzw. Westberlins, die KPD (1946–1968), DKP (1968–1989) und die Sozialistische Einheitspartei Westberlins (SEW) (1961–1989) sowie ihre Tarn- und Nebenorganisationen einschließlich ihrer Verlage und Zeitschriften in die Umsetzung dieser Politik involviert. Über die Rolle der DKP und ihrer Nebenorganisationen für die Umsetzung der DGB-Politik der SED finden sich in den durchgesehenen Unterlagen des ZGA (FDGB) nur vereinzelte Hinweise. Eine gewichtige Rolle muß in dieser Beziehung Dr. Werner Petschick zugefallen sein. Als verantwortlicher Redakteur der Zeitschrift »Nachrichten zur Wirtschafts- und Sozialpolitik« hatte er auch geschäftlich mit dem »Tribüne«-Verlag des FDGB zu tun, der diese Monatsschrift ebenso alimentierte wie die Westabteilung des FDGB.[21] Weiter wird in den FDGB-Unterlagen Werner Cieslak genannt, bis 1989 langjähriges Mitglied des Präsidiums des Parteivorstandes der DKP und einer seiner Sekretäre.[22] Dem FDGB aus der Bundesrepublik zugetragene vertrauliche Informationen und Materialien über die IG Druck und Papier und andere DGB-Verbände verweisen gelegentlich auf »W. C.« und »W. P.« als Quelle, der Kontext der Dokumente verweist nachdrücklich auf diese beiden Quellen.[23]

Der »Nachrichten-Verlag« spielte für die Umsetzung der bündnispolitischen Linie der DGB-Politik von SED/DKP insofern eine wichtige kommunikative Rolle, als er die SED- und FDGB-genehmen Beschlüsse von Gewerkschaftstagen der Einzelgewerkschaften des DGB mit dem Ziel dokumentierte und verbreitete, sie als exemplarische Vorlagen verbandsübergreifend zu propagieren und – den Möglichkeiten entsprechend – von weiteren Gremien beschließen zu lassen. Die Beschlußlagen-Publikationen des »Nachrichten«-Verlages spielten eine wichtige Funktion in der Beeinflussung der westdeutschen Gewerkschaftspolitik durch die SED, ohne daß die DDR-Seite in diesem Kommunikationsprozeß offen selbst in Erscheinung treten mußte. Noch

1987 informierte sich das SED-Politbüro vor dem Besuch seines Generalsekretärs Erich Honecker in Bonn über den Einfluß der DKP im DGB. In der als »geheime Verschlußsache« eingestuften »Analyse zur Lage in der BRD – Schlußfolgerungen für eine gemeinsame Politik« vom Juni 1987 heißt es über die Beziehungen des DGB zu den Parteien: »Zwischen den Gewerkschaften und der SPD sind die traditionell engen Bande seit dem Bonner Regierungswechsel wieder fester geworden. Die Positionen des DGB zu den Grünen sind nach wie vor zurückhaltend. Mitglieder der DKP werden in ihrem gewerkschaftlichen Handeln immer weniger behindert.«[24]

Den empirischen Beleg für die These über die Funktion der DKP/SEW als Interventionsapparat der SED in der Bundesrepublik offenbarte endgültig die Parteikrise der DKP. Ende November 1989 wurde bekannt, die DKP sei gezwungen, ihren hauptamtlichen Apparat »mittelfristig von jetzt 500 auf 50 Mitarbeiter« zu reduzieren.[25] Am 6. Dezember meldete »Unsere Zeit« (UZ), die Tageszeitung der Partei: »Das DKP-Präsidium sah sich gestern aufgrund der außerordentlich zugespitzten Finanzlage der Partei über schon früher eingeleitete personelle Sparmaßnahmen hinaus gezwungen, alle beim Parteivorstand bestehenden Beschäftigungsverhältnisse zu beenden. Auch in den Bezirken der DKP wurden und werden zur Zeit Maßnahmen eingeleitet.«[26] Am selben Tag gab in Berlin die SEW bekannt: »Gesichert sei die Auszahlung der Gehälter der Parteiangestellten ›bis 13. 12.‹. Erforderlich werde die Kündigung der 86 Betroffenen und die Suche von Nachmietern für von der SEW bisher genutzten Räume.«[27] Die durch die Einstellung von SED-Subventionen ausgelöste Finanzkrise traf auch die mit der DKP verbundenen Verlage und Organisationen. Der Kölner Pahl-Rugenstein-Verlag – in ihm erschien mit den »Blättern für deutsche und internationale Politik« die auflagenstärkste politikwissenschaftliche Zeitschrift der Bundesrepublik – mußte Konkurs anmelden. Die SED-eigene Anzeigenagentur »Interwerbung« stornierte Anzeigenaufträge in Höhe von »über 1,5 Millionen DM«. Der FDGB-Verlag »Tribüne« kündigte seinen »Lizenzvertrag« über jährlich DM 120000, mit dem Frankfurter »Nachrichten«-Verlag. Die seit

1961 erscheinende Zeitschrift »Nachrichten zur Wirtschafts- und Sozialpolitik«, zentrales propagandistisches Instrument der DKP-Gewerkschaftspolitik, wurde zum Jahresende 1989 eingestellt.[28] Die DKP-eigene Presseagentur »Progress Presseagentur (PPA)« mußte aufgelöst werden, als die DDR-Nachrichtenagentur ADN und der Sender »Stimme der DDR« ihre Abonnements stornierten.[29] Im Dezember 1989 – auch der letzte Generalsekretär der SED, Egon Krenz, war bereits gestürzt – fand der DKP-Vorsitzende Herbert Mies die Kraft, die SED-Führung zu kritisieren. Er beschränkte sich auf die Formen der Anleitung. Mies berichtete dem Parteivorstand der DKP von ganz und gar nicht freundschaftlichen Begegnungen mit der gestürzten SED-Führung: »Wir haben aber auch manche Anmaßung von Besserwisserei und Anspruch auf eine ›führende Rolle‹ der SED-Führung gegenüber uns Kommunistinnen und Kommunisten der Bundesrepublik erlebt und uns ihr widersetzt. Zugleich aber konnten wir dabei auch von den wissenschaftlichen Analysen, den Konzeptionsentwürfen der Wissenschaftler der SED profitieren. Dafür bin ich nach wie vor dankbar.«[30] Mit dieser Aussage hat Mies bestätigt, was alle wußten, die sich ernsthaft mit dem Verhältnis der SED zu den westdeutschen Kommunisten beschäftigt haben: Der hauptamtliche Apparat wurde von der SED finanziert, sie lieferte die ideologischen Konzepte, die Sprachregelungen und die politische Linie.[31]

»International e. V.«

Der bis 1989 betriebene politische Gruppentourismus westdeutscher Gewerkschafter, Sozialdemokraten oder DKP-Mitglieder in die DDR wurde seit 1. Januar 1974 von der Reiseorganisation »International e.V.« abgewickelt, die 1973 gegründet wurde. Nach außen trat diese Reiseorganisation als selbständige Einrichtung in Erscheinung, tatsächlich aber unterstand sie dem Bundesvorstand des FDGB.

»International e.V.« – entgegen der Namensbezeichnung allein auf die Betreuung von Gästen aus der Bundesrepublik ausgerichtet – oblag es, »auf der Grundlage der ›Konzeption der politisch-ideologischen Arbeit mit Gewerkschaftern der BRD‹

Arbeitern und Gewerkschaftern aus Konzernbetrieben und territorialen Schwerpunkten, gewerkschaftlichen Jugendgruppen sowie Funktionären betrieblicher und örtlicher Gewerkschaftsleitungen aus der BRD und Westberlin Möglichkeiten zum Kennenlernen des realen Sozialismus und der Arbeit der Gewerkschaften in der DDR zu geben«.[32] Für die Durchführung der Aufgaben von »International e.V.« wurden »erfahrene Kader der Westarbeit«, für die unmittelbaren Betreuungsaufgaben der Gäste Funktionäre des FDGB aus Betrieben und gewerkschaftlichen Leitungen eingesetzt, die als ehrenamtliche Mitarbeiter von »International e.V.« auftreten sollten.

Zur operativen Bedeutung von »International e.V.« hieß es im Gründungsbeschluß: »Umfang und Zielrichtung der Arbeit mit Arbeitern und Gewerkschaftern aus der BRD und aus Westberlin bestimmen wir aus der Sicht unserer klassenmäßigen Solidarität zur Unterstützung des antiimperialistischen Kampfes und aus den Erfordernissen der Klassenauseinandersetzung Sozialismus–Imperialismus. Deshalb darf den Führungsgremien des DGB keine Gelegenheit gegeben werden, unter Berufung auf offizielle Leitungsbeziehungen zum FDGB, Besuche von Arbeitern und Gewerkschaftern in die DDR in ihrem Sinne zu kanalisieren und zu reglementieren. Es ist deshalb nicht zweckmäßig, daß Leitungen des FDGB unmittelbar bei der Organisierung und Durchführung von Aufenthalten westdeutscher Arbeiter und Gewerkschafter in der DDR, außerhalb der offiziellen Beziehungen, in Erscheinung treten. Diese Aufgabe übernimmt die nach außen unverbindlich gekennzeichnete Einrichtung ›International‹, mit der sich der FDGB den notwendigen Spielraum für die Durchführung dieser politischen Aufgabe, unabhängig vom weiteren Verlauf der offiziellen Beziehungen mit dem DGB, verschafft und gleichzeitig Versuchen verschiedenster gewerkschaftlicher Kräfte nach Herstellung offizieller Beziehungen auf unterer Ebene entgegengewirkt werden kann«.[33]

In diesem Sinne teilte der damalige FDGB-Vorsitzende Herbert Warnke am 11. September 1973 dem SED-Generalsekretär Erich Honecker mit: »In der politischen Arbeit des FDGB nach der BRD gibt es seit vielen Jahren die bewährte Praxis, Arbeitern und Gewerkschaftern aus der BRD die Gelegenheit zu geben, in die DDR zu kommen und durch eigene Anschauung ein reales Bild von den sozialistischen Eigentums- und Machtverhältnissen, der führenden Rolle der Arbeiterklasse, dem Sinn und Nutzen des Sozialismus für die arbeitenden Menschen und der umfassenden Interessenvertretung der Gewerkschaften zu erhalten«.[34]

Mit der Aufnahme offizieller Beziehungen zum DGB erschien es nunmehr dem FDGB aber »nicht länger zweckmäßig«, fuhr Herbert Warnke fort, »daß Vorstände und Leitungen des FDGB unmittelbar als Einlader und Veranstalter von Informations- und Studienaufenthalten für Arbeiter und Gewerkschafter aus der BRD in Erscheinung treten«.[35]

Weil der FDGB jedoch durch einen Beschluß des Sekretariates des ZK vom 1.2.1973 verpflichtet worden war, diese Tätigkeit »im Sinne unserer internationalen Klassensolidarität zur Unterstützung der progressiven Kräfte in der Arbeiter- und Gewerkschaftsbewegung der BRD«[36] fortzusetzen, unterbreitete er Honecker den Vorschlag, »diese Arbeit des FDGB in Zukunft unter der Bezeichnung ›International – Bildungs- und Informationszentrum‹ durchzuführen. (...) So wichtig wir die von uns begonnenen Beziehungen zum FDGB und seinen IG/Gewerkschaften im Rahmen unserer internationalen Gewerkschaftsbeziehungen und der auf Frieden, Sicherheit und Entspannung gerichteten Politik der sozialistischen Staatengemeinschaft halten, verkennen wir nicht im geringsten, daß uns hier als Partner sozialdemokratische Gewerkschaftsführer gegenüberstehen, die erwiesenermaßen alles dafür tun, ihre Mitglieder vor dem Einfluß des Sozialismus abzuschirmen. Wir verfolgen mit unserem oben genannten Vorhaben die Absicht, unabhängig von den Gewerkschaftsführungen mit Arbeitern und Gewerkschaftern aus der BRD sowie aus Westberlin Beziehungen zu pflegen, die uns nutzen, uns klassenmäßigen Einfluß auf die politische Entwicklung in der Arbeiterklasse und in den Gewerkschaften ermöglichen und den Vorständen und Leitungen des FDGB unter den neuen Bedingungen der bestehenden offiziellen Beziehungen zum DGB den notwendigen Spielraum dafür zu gewähren.«[37]

Honecker stimmte dem wenige Tage später zu; das Sekretariat

des FDGB-Bundesvorstandes hob »International e.V.« noch 1973 aus der Taufe und gliederte es als Sektor in die Westabteilung ein, der zum 1. Januar 1974 die Arbeit aufnahm. Die Besucherzahlen aus der BRD schnellten von 2000 im ersten Halbjahr 1973 – also vor der Gründung von »International e.V.« – auf 5764 Besucher 1976 und zuletzt 13 165 im ganzen Jahr 1988 in die Höhe (darunter waren 80 über die DKP vermittelte Gruppen mit 1078 Teilnehmern; hinzu kamen 59 über die SEW organisierte Gruppen mit 881 Teilnehmern aus Berlin).

Der »Finanzpolitische Bericht an den außerordentlichen Kongreß« des FDGB am 31.1./1.2.1990 offenbarte erstmals die Finanzierung von »International e.V.«: »Die gesamte Arbeit von International e.V., das heißt die Kosten für den Aufenthalt der Gruppen (Übernachtung, Verpflegung, Transport und Programm), für die Verwaltung der Geschäftsstellen sowie die Lohnkosten der Mitarbeiter wurden aus den Solidaritätseinnahmen des FDGB« bereitgestellt, die auf Spenden der Mitglieder beruhten; das machte alleine für den Zeitraum von 1987 bis 1989 etwa 15,4 Millionen Ost-Mark.[38] Die aus der Tätigkeit von »International e.V.« erzielten Valuta-Einnahmen dagegen wurden nicht in den Solidaritätsfonds zurückgeführt, sondern flossen zum Teil in den regulären Haushalt des FDGB, zum Teil in den Staatshaushalt, und zu einem nicht unerheblichen Teil wurden sie direkt der Abteilung Finanzverwaltung und Parteibetriebe des ZK der SED übergeben (1987 und 1988 zusammen 2,75 Millionen).[39] Eine Übereinstimmung von Kassen- und Bankbestand mit den Nachweisen der Buchführung mochte die Zentrale Revisionskommission »International e.V.« nicht bescheinigen.

Die Ziele der FDGB-»Westarbeit« in den 70er und 80er Jahren

Oberstes Ziel der FDGB-Westarbeit war die Durchsetzung der Doktrin der Zweistaatlichkeit im Denken und Handeln der westdeutschen Gewerkschafter. »Verantwortung und Aufgabenstellung für die Westarbeit des Bundesvorstandes des FDGB«, so hieß es 1972 in einem Beschluß des FDGB-Sekretariats zur Westarbeit, »ergeben sich aus den Klassenauseinandersetzungen zwischen Sozialismus und Imperialismus, aus der unmittelbaren Konfrontation mit dem feindlichen staatsmonopolistischen Herrschaftssystem in der BRD an der Nahtstelle zwischen beiden Gesellschaftssystemen. Sie ergeben sich aus der Verpflichtung, die wir daraus gegenüber der internationalen Arbeiterbewegung tragen und der Solidarität für die progressiven Kräfte in der BRD. *Ausgangspunkt für unsere Tätigkeit ist, alles zu tun für die Stärkung der entwickelten sozialistischen Gesellschaft in der DDR.* Davon ausgehend ist die Propagierung des realen Sozialismus vom Standpunkt der wachsenden Rolle der Arbeiterklasse und ihrer Gewerkschaften unter Führung der marxistisch-leninistischen Partei in Auseinandersetzung mit der bürgerlichen Ideologie zur Unterstützung des Kampfes der Arbeiterklasse und der Gewerkschaftsbewegung in der BRD eine wichtige Aufgabe. Das ist auch ein Beitrag dafür, möglichst günstige äußere Bedingungen für die Gestaltung des Sozialismus in der DDR zu schaffen. Andererseits ist dafür Sorge zu tragen, in offensiver Auseinandersetzung mit dem Wesen des imperialistischen Herrschaftssystems in der BRD das klassenmäßige Denken und Handeln der Mitglieder des FDGB ständig zu fördern.«[40]

Von Beginn der Kontaktaufnahme an betrachtete der FDGB seine Beziehungen zum DGB als »internationale Beziehungen«, die er als Ausführung der Beschlüsse der jeweiligen Parteitage, der ZK-Tagungen, des Politbüros und des ZK-Sekretariats der SED gestaltete.[41] Jeder Schritt von Herbert Warnke erfolgte in Absprache mit Walter Ulbricht, später dann mit Erich Honekker.[42] Bei Harry Tisch trieb diese Unterordnung geradezu skurrile Blüten hervor, wenn er etwa anläßlich der Anwesenheit einer Vetter-Delegation im Jahr 1976 Erich Honecker um Befreiung von der Teilnahme an der Politbüro-Sitzung ersuchte und den SED-Generalsekretär zugleich um Erlaubnis zur Teilnahme an einem Cocktail bei Günter Gaus in der Ständigen Vertretung der Bundesrepublik bat.[43]

Nicht im FDGB-Bundesvorstand, sondern im SED-Politbüro wurde über die Gesprächsinhalte und -ziele, über die Termine und die Programme der FDGB-DGB-Treffen entschieden. Sogar die Fragen von DDR-Journalisten auf Pressekonferenzen wurden auf Wunsch Tischs in der ZK-Abteilung für Agitation und Propaganda ausgedacht, aufgeschrieben und den Journalisten dann »übergeben«.[44]

Die im vorhinein festgelegten Ergebnisse der Treffen stellte der FDGB ohne Einschränkung in den Dienst der Außenpolitik der SED und der Sowjetunion. Im Mittelpunkt der SED-Bemühungen stand anfangs der Durchbruch zur internationalen Anerkennung der DDR. Daneben hoffte man, die West-Funktionäre mit »Sozialismus-Propaganda« ideologisch beeinflussen, zum »Nachdenken« und zu einer »realistischeren Beurteilung« des realen Sozialismus bringen zu können, wie ein Brief von Harry Tisch an Erich Honecker vom 16. Januar 1976 zeigt: »Ohne Illusionen über den unveränderten reformistischen, sozialdemokratischen Standpunkt dieser Gewerkschaftsführer einschließlich ihrer antikommunistischen Grundhaltungen und Vorurteile zu haben, möchten wir einschätzen, daß ihre Konfrontation mit dem Sozialismus so manche falsche, klischeehafte und grob antikommunistische Vorstellung über den Haufen geworfen und sie zum Nachdenken und mehr realistischer Beurteilung veranlaßt hat. Alle Delegationsleiter – in der Regel waren dies die IG/Gew.-Vorsitzenden – haben in der einen oder anderen Form bei ihrem Aufenthalt diese Feststellung getroffen. Für FDGB-Delegationen ergaben sich in der BRD regelmäßig günstige Gelegenheiten, mittlere und untere DGB-Funktionäre über die Rolle, die Arbeit des FDGB unter den sozialistischen Gesellschaftsbedingungen der DDR zu informieren und Diskussionen über die Notwendigkeit klassenmäßiger gewerkschaftlicher Interessenvertretung zu führen.«[45] Auf diese Weise könne die »Effektivität gezielter Sozialismuspropaganda« durch die Beziehungen zum DGB erhöht werden.

Weil der DGB zudem einer der »stärksten und einflußreichsten Gewerkschaftsbünde Westeuropas« sei und im Europäischen Gewerkschaftsbund (EGB) eine dominierende Rolle spiele, fuhr Tisch fort, sollten die Beziehungen des FDGB zum DGB »eine nicht unwesentliche Rolle in der abgestimmten Politik der Gewerkschaften der sozialistischen Länder für Differenzierungen im EGB und zur Paralysierung des negativen Einflusses des DGB spielen«.[46]

In den letzten Jahren wurde stärker in den Vordergrund gerückt, daß die DGB-Gewerkschaften »im Friedenskampf und in den innenpolitischen Auseinandersetzungen der BRD eine gewichtige gesellschaftspolitische Kraft« darstellten. Als Zielsetzung wurde hervorgehoben: »Die Weiterführung der Beziehungen des FDGB zum DGB muß diese Prozesse fördern, der politischen Arbeiterbewegung in der BRD dienen, zur Aktivierung der Friedensbewegung beitragen und die multilaterale gewerkschaftliche Zusammenarbeit für Frieden, Demokratie und sozialen Fortschritt voranbringen.«[47]

In den 1989 zum letzten Male beratenen und beschlossenen »Ergebnissen der Beziehungen des FDGB zu den DGB-Gewerkschaften im Jahre 1988« wurde die »Wahrnehmung der gewerkschaftlichen Verantwortung im Kampf für die Bewahrung und Sicherung des Friedens, für die Abwendung eines nuklearen Infernos« als »Hauptgegenstand unserer Beziehungspolitik« definiert.[48]

Zusammenfassend verfolgte die SED mit der FDGB-Westarbeit die Durchsetzung folgender Ziele:

1. die Unterstützung der Außenpolitik der KPdSU sowie der Deutschlandpolitik der SED insbesondere zur »Durchsetzung der Prinzipien der friedlichen Koexistenz zur weiteren Veränderung des Kräfteverhältnisses zugunsten des Sozialismus«, die Anerkennung der Existenz zweier souveräner deutscher Staaten und dadurch die Stärkung der »entwickelten sozialistischen Gesellschaft« in der DDR;

2. die Durchsetzung der Anerkennung der FDGB/DGB-Beziehungen als internationale Beziehungen durch die Zurückweisung jeglicher Bestrebungen nach innerdeutschen Sonderbeziehungen;

3. die gegenseitige Achtung und Respektierung des FDGB als gleichberechtigte »Gewerkschaft«;

4. die Zurückstellung ideologischer Gegensätze zugunsten der Betonung »gewerkschaftlicher« Gemeinsamkeiten;

5. eine Differenzierungspolitik zugunsten der »demokrati-

schen, fortschrittlichen Kräfte« in den westdeutschen Gewerkschaften;

6. die Erkundung und Weiterleitung von Meinungsunterschieden in den Delegationen, von politischen und »klimatischen« Interna aus den Gewerkschaftsvorständen, politischen Differenzen zwischen den Gewerkschaften sowie zwischen DGB und SPD, um sie den eigenen Möglichkeiten und Zielen entsprechend auszunutzen;

7. die »aktive Einwirkung und Einbeziehung von ›Teilen der Arbeiterklasse der BRD‹ in den Prozeß der Sicherung des Friedens, der Entspannung und der Zusammenarbeit«[49], wozu die Durchsetzung der Verurteilung der Rüstungs- und Militärpolitik ausschließlich, mindestens aber primär der USA als ursächlich für die Gefährdung des Weltfriedens und der Entspannungspolitik in gemeinsamen, öffentlichen Stellungnahmen gehörte;

8. die Paralysierung des »negativen Einflusses« des DGB auf europäischer Ebene (»Differenzierung im EGB«) sowie die Nutzung der deutsch-deutschen bilateralen Beziehungen als Vorstufe zur internationalen Anerkennung durch den Aufbau multilateraler Beziehungen (Forderungen nach einer »europäischen Gewerkschaftskonferenz« und einer »Aktionseinheitspolitik« in der internationalen Gewerkschaftsbewegung).

Von der Anerkennung durch die westdeutschen Gewerkschaften und der Präsentation gemeinsamer Erklärungen und Dokumente mit gemeinsamen Zielen sowie der angestrebten internationalen Anerkennung erhofften sich die SED- und FDGB-Funktionäre zugleich, ihre mangelnde Legitimation vor dem Staatsvolk durch eine Bestätigung ihrer Politik von außen kompensieren zu können.

Anmerkungen

Bilanz der FDGB-Westarbeit bis 1969 und ihre Ziele in den 70er und 80er Jahren

1 Vgl. *Dok.* II/6

2 IG Druck und Papier/Zentralvorstand, Diskussionsbeitrag auf dem Lehrgang der Westkommission in Ferch »Zu einigen Hauptproblemen der Lage in der westdeutschen IG Druck und Papier«, Berlin, den 6.1.1969, S. 3 (vermutlicher Autor ist der Leiter der FDGB-Westabteilung Werner Geistert) (ArchGew 309. 2808). (*Dok.*II/6)

3 Ebd.

4 »Gedanken zur Gewerkschaftspolitik in der Bundesrepublik für die siebziger Jahre«. Materialien zur Diskussion für die gemeinsame Beratung der »Sektion Gewerkschaftsbewegung in Westdeutschland« und der Westkommission beim Präsidium des Bundesvorstandes des FDGB, Bernau, den 21.4.1969, S. 13.

5 Ebd., S. 19/20.

6 Ebd., S. 20.

7 Ebd., S. 21/22.

8 Vgl. Schreiben von Harry Tisch an Erich Honecker vom 16.1.1976.

9 Vgl. als Beispiel *Dok.* I/3.

10 Die Abteilung Internationale Gewerkschaftsbeziehungen war ausschließlich mit der Planung, Vorbereitung und Realisierung der Beziehungen des FDGB zu den Gewerkschaften der Bundesrepublik befaßt. Für die »eigentliche« internationale Arbeit war die Abteilung Internationale Verbindungen zuständig.

11 Vgl. Hauptaufgaben der Abteilung IGB und Entscheidungsvorschläge, 17.11.1989. Zur Struktur der Westabteilung in den 70er Jahren siehe: FDGB-Bundesvorstand, Beschluß des Sekretariats vom 9.2.1972, S 133/72, »Arbeitsbereich des Bundesvorstandes des FDGB für das Aufgabengebiet der Westarbeit«.(*Dok.* I/1)

12 Minister für Auswärtige Angelegenheiten, Abt. Internationale Verbindungen, Vorlage für das Sekretariat des ZK der SED, Betreff: Einsatz eines Mitarbeiters in der Auslandsvertretung der DDR in der BRD.

13 Ebd.

14 AV Bonn/Bereich IAP, Information zu einigen wichtigen Gesichtspunkten der gegenwärtigen Lage der Gewerkschaften und ihrer Rolle im staatsmonopolistischen System der BRD, Anlage »Zum Stand der Kontakte der AV Bonn zu den Gewerkschaften der BRD«, Bonn, 18. April 1977. (IAP = Innen- und Außenpolitik, ein Bereich in der politischen Abteilung der Außenvertretung der DDR in Bonn.)

15 Ebd.

16 So in einem »Vermerk über ein Gespräch mit dem Vorsitzenden der Gewerkschaften Holz und Kunststoff, Gerhard Vater, am 5.5.1976 in Düsseldorf«: »Es gab keine Anzeichen dafür, daß Vater der Notwendigkeit einer Visaerteilung durch die AV ablehnend gegenüberstehe.«

17 AV Bonn/Bereich IAP, Information zu einigen wichtigen Gesichtspunkten..., a.a.O.

18 IG Metall (Hrsg.): Protokoll des 7. Ordentlichen Gewerkschaftstages der IG Metall für die Bundesrepublik Deutschland, Essen, 3.-8.9.1962, S. 78f.

Heinz Brandt (1909–1986) trat vor 1933 in die KPD ein, wurde 1934 von der Gestapo verhaftet, überlebte die Konzentrationslager Auschwitz und Buchenwald, schloß sich nach 1945 erneut der KPD an und war 1953 im Juni Propagandasekretär der Bezirksleitung Berlin der SED, floh 1958 in die Bundesrepublik. Brandt berichtete im Westen detailliert über die Auseinandersetzungen in der SED-Führung am 17. Juni 1953. (Vgl. Heinz Brandt: Ein Traum, der nicht entführbar ist. Mein Weg zwischen Ost und West, München 1967.)Die Umstände seines Kidnappings schildert er auf den Seiten 35ff.

19 Vgl. Deckname Stabil. Stationen aus dem Leben und Wirken des Kommunisten und Tschekisten Paul Laufer, Leipzig 1988, S. 86ff. Laufer (Deckname »Stabil«) war der Führungsoffizier von Gronau.

20 Westabteilung, Hinweis, 3. Dezember 1982.

21 Dieses ist den Finanzplänen und Jahresfinanzabrechnungen der Westabteilungen zu entnehmen. Neben diesen Subventionsquellen bestand die Möglichkeit, für »Nachrichten«-Autoren Honorare für Artikel in DDR-Publikationen bereitzustellen.

22 Siehe *Dok.* II/50.

23 Siehe *Dok.* II/15, 17, 47, 50.

24 Zit. nach: Hans-Hermann Hertle, Rainer Weinert, Manfred Wilke: Der Staatsbesuch, a.a.O., S. XLVI.

25 DKP steht vor der Pleite, Frankfurter Rundschau, 29.11.1989.

26 Die DKP muß entlassen, UZ, 6.12.1989, S. 1.

27 Neue Zeitung, Berlin (West), 7.12.1989, S. 1.

28 Vgl. Nachrichten ohne Tribüne, in: Expren 1/1990, S. 13.

29 Vgl. Jahn, C. Schwartz: Für die DKP-Firmen war der politische Traum schnell aus, in: Frankfurter Allgemeine Zeitung, 15.12.1989.

30 Herbert Mies: Zur Entwicklung in der DDR und zur Krise der DKP für den Erhalt und die Neuorganisation der DKP für einen Neuanfang, 10. Tagung des Parteivorstands der DKP, Düsseldorf, 16.12.1989, UZ-Eigenbeilage, 20.12.1989, S. 8.

31 Anzumerken bleibt, daß die fehlende schriftliche Überlieferung des Informationsaustausches zwischen der DKP und der Westabteilung

im FDGB auch darauf zurückzuführen sein könnte, daß entsprechendes Material vernichtet wurde. Dafür stand den für die Westbeziehungen zuständigen FDGB-Funktionären nach 1989 ausreichende Zeit zur Verfügung. Es ist jedoch auch nicht vollständig ausgeschlossen, daß sich entsprechendes Material im Zentralen Parteiarchiv der SED befindet.

32 FDGB-Bundesvorstand, Beschluß des Sekretariats vom 29.8.1973, S 586/73, Bildungs- und Informationszentrum »International«, Anlage 1, S. 1. – In den später verabschiedeten »Grundsätzen und Aufgaben für die Tätigkeit von ›International – Informations- und Bildungszentrum‹« wurde der Zielpersonenkreis politisch konkretisiert: »Dabei muß es sich vorrangig um sozialdemokratische und parteilose Arbeiter und Gewerkschafter, Angehörige der Arbeiter- und Gewerkschaftsjugend, Vertrauensleute und Betriebsräte aus Großbetrieben, Mitglieder örtlicher Gewerkschaftsleitungen aus Zentren der Arbeiterbewegung der BRD oder Westberlin handeln«. Abzulehnen seien dagegen jene Wünsche für einen Besuch der DDR, »bei denen eine gezielte Absicht des Gegners zur ideologischen Diversion oder provokatorischen Verhaltens in der DDR sichtbar wird, anzunehmen oder bekannt ist« (FDGB-Bundesvorstand, Beschluß des Sekretariats vom 28.11.1973, S 785/73, S. 3 und 4).

33 FDGB-Bundesvorstand, Beschluß des Sekretariats vom 29.8.1973, S 586/73, Bildungs- und Informationszentrum »International«, Anlage 1, S. 3/4.

34 Schreiben von Herbert Warnke an Erich Honecker vom 11.9.1973 (Abschrift), S. 1.

35 Ebd.

36 Ebd.

37 Ebd., S. 2/3.

38 Finanzpolitischer Bericht an den außerordentlichen Kongreß, o.O. (Ostberlin), o.J. (1990), S. 13.

39 Ebd., S. 14.

40 FDGB-Bundesvorstand, Beschluß des Sekretariats vom 9.2.1972, S 133/72, »Arbeitsbereich des Bundesvorstandes des FDGB für das Aufgabengebiet der Westarbeit«, S. 1. (*Dok.* I/1)

41 Vgl. *Dok.* I/5 und I/6.

42 Vgl. z. B. *Dok.* I/2 und I/4.

43 Vgl. Schreiben von Harry Tisch an Erich Honecker, 19. Oktober 1976. (*Dok.* I/4)

44 Dies geht aus einem Schreiben von Tisch an den Leiter der Abteilung Agitation und Propaganda beim ZK der SED, Werner Lamberz, vom 4. November 1976 hervor: »Es wäre meines Erachtens zweckmäßig, daß für einige Journalisten aus der DDR Fragen vorbereitet werden, die sie bei dieser Gelegenheit an Vetter stellen könnten«. (*Dok.* I/5)

[45] Harry Tisch, Vorlage für das Sekretariat des ZK der SED. Betr.: Plan der internationalen Beziehungen des FDGB zum DGB im Jahre 1976, Berlin, 19.1.1976. (*Dok.* I/3)

[46] Ebd.

[47] Schreiben von Harry Tisch an Erich Honecker, 16. Januar 1976.

[48] FDGB-Bundesvorstand, Beschluß des Sekretariats vom 21.12.1988, S 748/88. In dem zu diesem Beschluß gehörenden »Plan der Beziehungen des FDGB mit den Gewerkschaften der BRD für 1989« heißt es: »Die Beziehungen zwischen dem FDGB und dem DGB sowie ihren IG/Gewerkschaften werden in weiterer Verwirklichung der Beschlüsse des XI. Parteitages der SED und des 11. FDGB-Kongresses sowie der Orientierungen der Tagungen des Zentralkomitees der SED und des Bundesvorstandes des FDGB zielgerichtet und ergebnisorientiert fortgesetzt und gefestigt. (...) – Das 40. Jahr der Gründung der DDR ist im besonderen Maße zu nutzen, die DDR als sich dynamisch entwickelnden sozialistischen Staat darzustellen, der eine reale Alternative zur kapitalistischen Ausbeuterordnung ist. (...) Die vom Sozialismus hervorgebrachten Errungenschaften stellen bereits seine Vorzüge gegenüber der kapitalistischen Gesellschaft unter Beweis«.

[49] FDGB-Bundesvorstand, Beschluß des Sekretariats vom 27.10.1976, S 725/76, »Internationale Arbeit des FDGB nach der BRD«, S. 1.

Die Beziehungen zwischen DGB und FDGB 1973 bis 1990

Hauptmerkmal der offiziellen Beziehungen zwischen DGB und FDGB nach 1972 war ihr Charakter als Spitzenfunktionärs-Diplomatie, die unter Ausschluß der Gewerkschaftsmitgliedschaft und über ihre Köpfe hinweg in den 80er Jahren immer reger entfaltet wurde[1]. Die Beschränkung der Kontakte auf Spitzenfunktionäre[2], ihre Quarantänisierung und die Verhinderung von unkontrollierbaren Begegnungen zwischen FDGB-Mitgliedern und Gewerkschaftsmitgliedern aus der Bundesrepublik gehörten zu den obersten Spielregeln des FDGB[3], ihre Durchbrechung zumindest anfänglich zu den Besuchszielen des DGB. Der FDGB setzte seine Regeln durch.

Die Unterstützung der SPD-Deutschlandpolitik durch den DGB 1973–1982

Der DGB sah in den offiziellen Beziehungen zum FDGB nach eigenem Bekunden bis zum Herbst 1989 ein Stück Friedenssicherung. Die Suche nach dem eigenen Beitrag der Einheitsgewerkschaft zur Entspannungspolitik zwischen Ost und West blieb umstritten.

1969 hatte der DGB-Bundeskongreß eine Kontaktaufnahme des DGB-Bundesvorstandes zu den Gewerkschaften des Ostblocks gebilligt. Am 6. Januar 1970 teilte Heinz Oskar Vetter den Mitgliedern des DGB-Bundesvorstandes mit, daß Bundeskanzler Willy Brandt in einem Gespräch mit ihm am 23. Dezember 1969 Kontakte zum FDGB »grundsätzlich befürwortet« habe. Darüber hinaus würden auch die anderen Kontakte mit den Ostblockländern von der Bundesregierung bejaht.[4] Im Februar 1970 unterbreitete der Bundesvorstand dem FDGB einen entsprechenden Vorschlag. Nach zweieinhalbjährigen »technischen Vorgesprächen«, in denen vor allem um den Status und die Einbeziehung West-Berlins und des DGB-Landesbezirk Berlin gepokert wurde, fand die erste Spitzenbegegnung zwischen Heinz O. Vetter und Herbert Warnke im Oktober 1972 in Ost-Berlin statt, 1973 der Gegenbesuch Warnkes in Düsseldorf[5].

Das Beziehungsklima folgte in dieser Zeit den Temperaturschwankungen der innerdeutschen Beziehungen. Nach der Verdoppelung der Zwangsumtauschsätze beschloß der DGB-Bundesausschuß im Dezember 1973 im Anschluß an eine entsprechende Forderung der Bundesregierung an die DDR, seinerseits den FDGB aufzufordern, »auf die Regierung der DDR einzuwirken mit dem Ziel, die Umtauschquoten auf den früheren Stand zu reduzieren«.[6] In einem entsprechenden Brief an Herbert Warnke verurteilte Vetter zugleich die Aufrechterhaltung des Schießbefehls an den Grenzen der DDR und der Berliner Mauer; beide Gewerkschaftsbünde sollten darauf hinwirken, »daß die Grenze zwischen der DDR und der BRD so menschlich wie möglich gestaltet wird. Nur so kann die friedliche Koexistenz gesichert werden. Worte und Taten müssen übereinstimmen, wenn das gelingen soll.«[7] Die Antwort Warnkes fiel schroff aus: »Die in Deinem Schreiben aufgeworfenen Fragen widersprechen dem Geist der Beratungen von Berlin und Düsseldorf, komplizieren die Anfänge der Normalisierung der Beziehungen zwischen unseren Organisationen und können deshalb von uns nicht akzeptiert werden. Es kann der Weiterführung unserer Beziehungen nicht dienlich sein, wenn Parolen ins Feld geführt werden, die die Feinde der Entspannungspolitik aus durchsichtigen Motiven gegen die DDR und die Normalisierung der Beziehungen DDR–BRD verwenden. Unserem Anliegen sollte jede Einmischung in die Angelegenheiten des anderen fremd sein.«[8]

Wegen diverser Spionagefälle, u.a. dem des Kanzleramtsspions Guilleaume, und des Verdachtes nachrichtendienstlicher Tätigkeit zugunsten der DDR im Falle des Leiters der DGB-Abteilung »Wiedervereinigung«[9] sowie des IG Metall-Vorstandsmitgliedes Heinz Dürrbeck[10], blieben die Kontakte drei Jahre unterbrochen.

1976 besuchte Vetter Tisch, 1977 Tisch Vetter, 1978 nahm Tisch als Gast am 11. Ordentlichen Bundeskongreß des DGB teil. Bis Vetter 1982 erneut bei Tisch zu Gast war, herrschte eine vierjährige Frostperiode. Vetter hatte 1978 schriftlich beim Politbüro-Mitglied Harry Tisch gegen die Einführung des Wehrkundeunterrichts protestiert: »Ohne mich de jure in die inneren Angelegenheiten der DDR mischen zu wollen, kann ich nicht verhehlen, daß mich bereits die Gründung der GST mit großer Sorge erfüllt hat. Wenn jetzt sogar die Absicht besteht, den Wehrkundeunterricht in den Lehrplan der Schulen der DDR einzubeziehen, dann kann ich das nur so verstehen, daß die Militarisierung schon während des Prozesses der Bewußtwerdung junger Menschen eine zielbewußte und damit unaufhebbare Verankerung erfahren soll.«[11] Auch hier spielte Vetter auf das Auseinanderklaffen von Wort und Tat in der FDGB-Friedenspolitik an, konnte mit dieser Intervention freilich nicht verhindern, daß der FDGB Ende 1978 in einer Vereinbarung mit dem Ministerium für Nationale Verteidigung der »Wehrerziehung« einen »wichtigen Platz in der politischen Arbeit der Gewerkschaften« einräumte und sich trotz aller Friedensbekundungen nach außen verpflichtete, »die Bereitschaft und die Fähigkeit der Werktätigen zum militärischen Schutz des Sozialismus planmäßig und differenziert« zu fördern und eine »vielfältige und anschauliche militärpolitische Agitation und Propaganda in den gewerkschaftlichen Grundorganisationen« zu entfalten.[12]

1980 forderte der DGB die Zurücknahme der neuerlichen Erhöhung des Zwangsumtausches. Wegen der Verhängung des Kriegsrechts in Polen und der Inhaftierung Tausender Gewerkschafter im Dezember 1981, vom FDGB propagandistisch massiv unterstützt, sagte Vetter eine für März 1982 geplante Delegationsreise des DGB in die DDR sowie die Teilnahme eines DGB-Vorstandsmitgliedes am 10. FDGB-Kongreß ab.[13] Ein Vermerk über ein Gespräch des ÖTV-Vorsitzenden Kluncker mit dem Ersten Sekretär der Ständigen Vertretung der DDR in Bonn zeigte, daß Vetter kurz vor seinem Ausscheiden aus dem Amt des

DGB-Vorsitzenden für diese Politik kaum noch Unterstützung bei seinen Vorstandskollegen fand: »Kluncker führte unter anderem aus, er habe erfahren, daß Vetter seinen vorgesehenen Besuch in der DDR abgesagt habe. Er, Kluncker, habe dafür kein Verständnis, da er den Dialog immer noch für einen gangbaren Weg halte, um die ohnehin schwierige internationale Lage nicht auch noch zusätzlich zu belasten. Meinen Hinweis, daß Vetter möglicherweise auf Beschluß des DGB-Bundesvorstandes gehandelt habe, wies Kluncker als nicht existent zurück. Der Bundesvorstand habe nichts beschlossen. Sollte es der geschäftsführende Vorstand sein, so sei das auf die Initiative Vetters zurückzuführen. Vetter handele angesichts seines bevorstehenden unrühmlichen Abganges zunehmend konfuser und lasse sich nicht von seinen Kollegen beraten. ›Bis zum Kongreß im Mai wird es noch gehen, dann werden wir ihn politisch begraben‹.«[14]

1984 fuhr erstmals Ernst Breit zu Tisch, der sich 1985 mit einem Gegenbesuch revanchierte. Es folgten weitere Tisch-Breit-Treffen in den Jahren 1987, 1988, im April 1989 und der peinliche Höhepunkt im September 1989. Daneben betätigte sich Breits Stellvertreter Fehrenbach 1987 als Gastredner auf dem 11. Kongreß des FDGB[15] und 1988 als Leiter einer zehnköpfigen Delegation des Bundesvorstandes zu Problemen der beruflichen Aus- und Weiterbildung.

Zwischen 1973 und 1985 besuchten insgesamt 68 Delegationen von Hauptvorständen der DGB-Gewerkschaften ihre Branchenpartner und häufig auch Harry Tisch, im Gegenzug fuhren 77 Delegationen von Zentralvorständen der IG/Gew. des FDGB in die Bundesrepublik. Dieser Austausch von Spitzendelegationen wurde zwischen 1986 und 1989 noch intensiviert.

Was der DGB und seine Gewerkschaften mit den Spitzentreffen positiv bezwecken wollten, wurde 1977 vom Bundesvorstand in vertraulichen »Leitlinien für die Beziehung zum FDGB« niedergeschrieben. Diesem programmatischen Papier zufolge betrachteten die Gewerkschaftsfunktionäre bereits das bloße Stattfinden von Begegnungen, Kontakten und Meinungsaustausch auf Spitzenfunktionärsebene als sinnvollen Beitrag zur Entspannungspolitik und als Beitrag zur Entkrampfung des innerdeutschen Verhältnisses.[16] Kontakte sollten keine Zustimmung zu der in der DDR betriebenen Gewerkschafts- oder Regierungspolitik bedeuten, heißt es darin. Sie sollten vielmehr »die Möglichkeit einschließen, unterschiedliche politische Auffassungen in der Bundesrepublik und der DDR öffentlich sichtbar zu machen«. Art und Umfang der DGB-FDGB-Kontakte und der Kontakte zwischen den Einzelgewerkschaften sollten im DGB-Bundesvorstand abgestimmt werden. Geplante Kontaktaufnahmen aller Gewerkschaftsebenen wurden einer Melde- und Genehmigungspflicht der jeweils zuständigen Vorstände unterstellt.

Die gleichzeitig verabschiedeten, streng vertraulichen »Internen Richtlinien für Kontakte mit dem FDGB«[17] enthielten für die DDR-Reisekader des DGB unter anderem zwei zu beachtende Gesichtspunkte: Sie sollten »zeitlichen Spielraum für unkontrollierte und unbegleitete persönliche Kontakte verabreden« und »Kontakte auch mit Arbeitnehmern sicherstellen, die keine Funktionen haben«. Ein solcher Versuch einer unkontrollierten Kontaktaufnahme war jedoch bereits einmal zwei Jahre zuvor von der IG Metall der DDR spektakulär in seine Grenzen gewiesen worden[18]. Im Juni 1975 hielten sich Hans Mayr, damals noch stellvertretender Vorsitzender der IG Metall, und Otmar Günther, der persönliche Referent des IG Metall-Vorsitzenden Eugen Loderer, zu einem Gespräch über die Fortsetzung des 1973 begonnenen Delegationsaustausches mit dem Vorstand der IG Metall der DDR im Gästehaus des VEB Rohrkombinats Riesa auf: »Bis 1 Uhr nachts wurde von den beiden Seiten kein Alkohol getrunken. Im Anschluß an die offizielle Beratung blieben die Vertreter beider Vorstände noch zusammen. Es wurde etwas Alkohol, Wodka und Bier, getrunken. Man unterhielt sich. Dabei wurde auch über Fragen der Gewerkschaftsarbeit gesprochen, die die unterschiedlichen Standpunkte sichtbar machten. Man ging auseinander mit dem Vorsatz, um 9.00 Uhr vormittags die Verhandlungen zum Abschluß zu bringen und die Niederschrift anzufertigen. Mayr ging mit Günther auf sein Zimmer, und es kam nach Beobachtungen unsererseits zwischen ihnen zu lebhaften Unterhaltungen, die etwa bis nach 4.00 Uhr dauerten.«[19]

Die Verhandlungen wurden dann aber abrupt wegen »Verletzung der Gastfreundschaft« und der »Gesetze der DDR« nach einer Rücksprache mit dem ZK der SED abgebrochen und die West-IG Metall-Vertreter Otmar Günther und Hans Mayr aus der DDR ausgewiesen, nachdem sie in der Zeit zwischen vier und fünf Uhr morgens unerlaubt das Betriebsgelände betreten (Mayr: »Rein zufällig«) und in der Kantine des Betriebes etwa 20 Minuten lang Gespräche mit dort anwesenden Arbeitern über Lohn- und Wohnfragen geführt hatten. In einer Aktennotiz der FDGB-Westabteilung hieß es dazu: »Das Gespräch soll zwanzig Minuten gedauert haben, unsere Arbeiter haben zurückhaltend reagiert. Der ganze Vorgang wurde gegen 6.00 Uhr von einer Arbeiterin dem zuständigen APO-Sekretär (Abteilungsparteiorganisation, d.Vf.) mitgeteilt, der dann die Parteileitung, BGL und Werkleitung informierte. Durch die Vertreter des ZV der IG Metall wurde angefragt, ob unter diesen Umständen weiter verhandelt werden sollte. Entsprechend gab es Konsultationen mit H. Häber, Abteilungsleiter des ZK der SED, und telefonische Information mit W. Heilemann, der sich im VEB Gießerei und Maschinenbau Torgelow zur Vertrauensleutevollversammlung aufhält. Unter der Voraussetzung, daß diese Angaben stimmen, wurde entschieden, die Verhandlungen mit der IG Metall-Delegation des DGB unter diesen Umständen zu unterbrechen. Unsererseits soll argumentiert werden, daß sie elementare Prinzipien der Gastfreundschaft ignoriert haben, Gesetze der DDR verletzt und völlig unverständlich ist, wieso sie nachts um 4.00 Uhr faktisch über den Zaun in einen Betrieb eindringen.«[20]

Der IG Metall-Vorstand zeigte sich über den Abbruch des Gespräches entrüstet, billigte ausdrücklich das Verhalten von Mayr und Günther und verurteilte die Abschiebung in einem Schreiben an die IG Metall im FDGB.[21] Diese wies die Entrüstung zurück und verteidigte zunächst ihren Standpunkt: »Wir gehen davon aus, daß alle Versuche der einseitigen Belastung unserer Beziehungen oder der Diskriminierung unterlassen werden. Unsererseits besteht nach wie vor die Bereitschaft zur Normalisierung der Beziehungen, wie sie auf internationalem Gebiet zur Fortsetzung des Entspannungsprozesses üblich sind. Jedoch belastet ein einseitiges Unterlaufen und die Verletzung der Normen der Zusammenarbeit, auch durch Einzelpersonen, diesen Prozeß.«[22]

In einem Schreiben über die »in den Beziehungen zu DGB-Gewerkschaften 1975 erzielten Ergebnisse sowie über das Verhalten der anderen Seite« unterrichtete Harry Tisch am 16.1.1976 Erich Honecker über »grob provokatorische und antikommunistische Störaktionen der DGB-Spitze sowie des Hauptvorstandes der IG Metall«, setzte sich aber mit folgender Begründung für die Fortsetzung der vom Politbüro und vom Sekretariat des ZK beschlossenen Konzeption für die Beziehungen zum DGB und seinen Gewerkschaften ein: »Unseres Erachtens gilt es, für die bilateralen Beziehungen FDGB/DGB jene Faktoren in Rechnung zu stellen, die für die langfristige strategische Konzeption gewerkschaftlicher Zusammenarbeit und der Politik der Aktionseinheit in Europa von Bedeutung sind. Alle bisherigen und auch künftig durchaus zu erwartenden Störmanöver der DGB-Spitze beseitigen nicht die Tatsache, daß der DGB mit seinen IG/Gew. nicht nur die umfassendste Arbeiterorganisation der BRD ist, sondern zugleich auch einer der stärksten und einflußreichsten Gewerkschaftsbünde Westeuropas. Im EGB (Europäischer Gewerkschaftsbund), der bekanntlich die Gewerkschaften West- und Nordeuropas (mit Ausnahme CGT Frankreich) erfaßt, spielt der DGB eine dominierende Rolle, arbeitet er maßgeblich an dessen antikommunistischer Ausrichtung und versucht mit allen Mitteln, die Mitglieder des EGB in diesem Sinne zu reglementieren. Beziehungen des FDGB zum DGB können deshalb und müssen meines Erachtens eine nicht unwesentliche Rolle in der abgestimmten Politik der Gewerkschaften sozialistischer Länder für Differenzierungen im EGB und zur Paralysierung des negativen Einflusses des DGB spielen.

Wann und wie wir Maßnahmen ergreifen werden, um zur Fortführung der von der DGB-Spitze unterbrochenen Beziehungen der Bundesvorstände des FDGB und des DGB zu kommen, wollen wir später entscheiden (Handschriftliche Randnotiz Honekkers: »Richtig!«) (...). Dringlich erscheint uns auf jeden Fall die Wiederingangsetzung der Beziehungen zur IG Metall, die als mitgliederstärkste DGB-Gewerkschaft großen Einfluß auf die

Gestaltung und Ausrichtung der Gewerkschaftspolitik in der BRD hat. (Handschriftliche Randnotiz Honeckers: »Richtig!«) Unsere konstruktiven Vorschläge nach den Vorgängen in Riesa (z.B. Begegnung und klärende Aussprache der Vorsitzenden) sind bisher nicht aufgegriffen worden, obwohl wir intern wissen, daß es im Vorstand der IG Metall Kräfte gibt, die an der Überwindung des derzeitigen Zustandes interessiert sind. In dieser Frage möchten wir – Dein generelles Einverständnis vorausgesetzt – in der nächsten Zeit unseren Vorschlag für ein Gespräch der Vorsitzenden der Metallgewerkschaften wiederholen und gegebenenfalls weitere Maßnahmen zur Wiederingangsetzung der Beziehungen einleiten (...).«[23]

Im April 1976 informierte Harry Tisch Erich Honecker über die vorgesehenen Schritte, die »gestörten Beziehungen zur IG Metall wieder in Gang zu bringen« und bat ihn erneut um sein Einverständnis: »Es ist beabsichtigt, daß der Leiter unserer Abteilung mündlich eine Erklärung des Vorsitzenden der IG Metall, Genossen Sommer, übermittelt, in der wir unser Bedauern zur Unterbrechung der Gespräche in Riesa zum Ausdruck bringen und eine konstruktive Haltung für den Fortgang der Beziehungen demonstrieren. Es wird vorgeschlagen, noch 1976 eine Delegation des Hauptvorstandes der IG Metall für die BRD unter Leitung des Vorsitzenden, Eugen Loderer, zu einem Informationsbesuch in der DDR zu empfangen. Diese Erklärung und das Auftreten unserer Genossen sollen dazu dienen, weitere Störungen und Belastungen der Beziehungen durch die Gegenseite auszuschalten. Falls die Vertreter der BRD-Seite auf unsere Vorschläge nicht eingehen und stattdessen eine Zuspitzung des Gesprächs betreiben, werden unsere Genossen Positionen einnehmen, die keine Konfrontation zulassen, sondern den Weg für weitere Schritte offenhalten. Dein Einverständnis vorausgesetzt schlagen wir vor, in der obengenannten Weise zu verfahren.« – Honecker notierte noch am gleichen Tag auf dem Brief sein »Einverstanden«.[24]

Drei Wochen später ließ der Vorsitzende der FDGB-IG Metall, Reinhard Sommer, in einer »mündlichen Erklärung« der West-IG Metall sein »Bedauern« für den »Vorgang in Riesa« mitteilen.

Man solle den »Vorgang« nunmehr Geschichte sein lassen; die Beziehungen sollten zukünftig »von beiden Seiten vom Grundsatz bestimmt sein, belastende Faktoren auszuschalten und ein Verhältnis der gegenseitigen Achtung und der Nichteinmischung in die inneren Angelegenheiten zu praktizieren«.[25]

Trotz der schriftlichen Erinnerung in den »Internen Richtlinien« des DGB wurden in den Folgejahren bis zum Besuch einer DGB-Jugenddelegation im Februar 1988 Versuche zu unkontrollierten Kontaktaufnahmen öffentlich nicht mehr registriert. Die innerdeutsche Gewerkschaftsdiplomatie beschränkte sich im Kern auf den Austausch von Delegationen und der Publikation von gemeinsamen Deklarationen.

Solange die Staatsgewerkschaften ihr Monopol als »Arbeitnehmerorganisationen« aufrechterhielten, konnte diese Politik routiniert abgewickelt werden. Die Sache änderte sich prinzipiell für den DGB 1980, als in Polen die unabhängige Gewerkschaft »Solidarność« entstand. Die DGB-Funktionäre mußten sich international entscheiden, ob sie gewerkschaftliche und demokratische Solidarität üben oder die Entspannungspolitik in gewohnter Weise mit den Staatsgewerkschaften fortsetzen wollten. Im Falle Polen blieb dem DGB keine Wahl, er mußte sich als Mitglied des Internationalen Bundes Freier Gewerkschaften für die unabhängige polnische Gewerkschaftsbewegung einsetzen. Der FDGB war strikt gegen die »Solidarność«, was wenig überraschend war.[26]

Aber auch ein führender Gewerkschafter der Bundesrepublik wandte sich scharf gegen die freie polnische Gewerkschaft. Der damalige Vorsitzende der IG Druck und Papier, Leonhard Mahlein, lehnte jede Solidarität mit »Solidarność« ab: »Ich kann nicht meine Solidarität mit einer Organisation erklären,

- die vom Katholizismus beherrscht und politisch geführt ist;
- zu deren Freiheiten solche glühenden Verteidiger der gewerkschaftlichen Freiheiten wie die Herren Reagan, Weinberger und der Rest der weltweiten Reaktion gehören;
- deren Hauptziel der Kampf gegen das sozialistische Volkspolen ist;
- und, wie Solidarność-Vertreter in einer Diskussion gesagt

haben, die die Richtung einer marktwirtschaftlichen Ordnung mit all ihren Konsequenzen in Polen einzuführen beabsichtigen.«[27]

Diese Einstellung überschritt die Ebene der Spitzendiplomatie. Der Dialog über den Frieden ging über in die direkte politische Kooperation mit der regierenden Kommunistischen Partei gegen eine demokratische Volksbewegung.

Die ersten zehn Jahre der Beziehungen zwischen DGB und FDGB bewegten sich generell im Rahmen der vom Grundlagenvertrag zwischen den beiden Staaten von 1972 festgelegten wechselseitigen Nicht-Einmischung. Die DGB-Spitzendiplomatie stimmte in dieser Zeit gegenüber dem FDGB grundsätzlich mit der sozialdemokratischen Deutschlandpolitik überein und muß inhaltlich als deren Bestandteil gewertet werden. Aber seit 1982 regierte in Bonn eine konservativ-liberale Bundesregierung, die im Jahre 1983 die Wahlen zum Deutschen Bundestag gewann und den politisch stark umstrittenen Beschluß durchsetzte, auf deutschem Territorium neue amerikanische Mittelstreckenraketen und erstmals auch Marschflugkörper stationieren zu lassen. Freilich setzte die Regierung Kohl/Genscher damit nur den NATO-Nachrüstungsbeschluß ihrer Amtsvorgänger Schmidt/Genscher von 1979 um, nachdem die Verhandlungen zwischen den USA und der Sowjetunion über den Abbau der sowjetischen SS 20–Raketenvorrüstung gescheitert waren.

Ritualisierte Beziehungen für den Frieden

Durch den Koalitionswechsel der FDP entstand für den DGB in seiner Ost- und Deutschlandpolitik eine neue Lage. Nach 1982 konnte er seine Politik nur noch bedingt mit der Bundesregierung abstimmen, obwohl jedoch das faktische Handeln dieser neuen Regierung Kontinuität in der gemeinsamen Einschätzung der deutsch-deutschen Beziehungen verhieß. Gleichwohl bedeutete der Wechsel der SPD von der Bonner Regierungsbank auf die Plätze der Opposition eine Zäsur für die DGB-Ostpolitik. Thematisch blieb der DGB mit den deutschland- und sicherheitspolitischen Positionen der SPD verbunden, die nunmehr ihre »Ostpolitik aus der Opposition heraus«[28] betrieb.

In gewissem Sinn eröffnete die IG Druck und Papier diese neue Phase der Beziehungen zwischen FDGB und DGB. 1981 beriet Mahlein bei einem Besuch in Ost-Berlin mit dem FDGB darüber, was angesichts der bedrohlichen Nato-Hochrüstung getan werden müßte, um den DGB in die Friedensbewegung zu integrieren.[29] Ein Jahr später, auf dem 12. DGB-Kongreß in Berlin, standen neben der Wahl von Ernst Breit als neuem Vorsitzenden des DGB für den ausscheidenden Heinz Oskar Vetter zwei Themen im Mittelpunkt der Kongreßberatungen: die Affäre um die »Neue Heimat (NH)« und die gewerkschaftliche Friedenspolitik. Auf diesem Kongreß gelang es dem Vorstandsmitglied der IG Druck und Papier, Detlef Hensche, durch eine geschickte Beschlußlagenpolitik, den DGB programmatisch in die Friedensbewegung gegen den NATO-Doppelbeschluß einzureihen. Mit der Formulierung »Es darf keine Stationierung neuer Mittelstreckenwaffen in Europa geben«, präsentierte Hensche dem Kongreß den entscheidenden Kompromißvorschlag zum Thema Nato-Nachrüstungsbeschluß. Hensche: »Ich möchte hier in aller Deutlichkeit nochmals in Erinnerung rufen: Es gibt Gewerkschaften und Gewerkschaftstage, die zum Thema Nachrüstungsbeschluß ihrerseits klare Patente verabschiedet haben gegen den Nato-Nachrüstungsbeschluß. Es gibt eine große Zahl von Gewerkschaften, die dieses nicht getan haben. Der nunmehr vorliegende Kompromißvorschlag enthält zum einen ein klares Votum gegen neue Mittelstreckenraketen, d.h. auch gegen eine Nachrüstung. Er enthält dagegen nicht eine Festlegung des Deutschen Gewerkschaftsbundes in der Frage, auf welchem Weg dieses erreicht werden soll. Um das nochmals mit anderen Worten zu erklären: Beschlossen ist das Votum gegen Rüstung, offen ist der Weg, ob etwa jetzt bereits der Einsatz und Kampf gegen den Nato-Nachrüstungsbeschluß aufgenommen bzw. fortgesetzt werden soll, oder aber, ob die Verhandlungen in Genf abgewartet werden sollen. Dies muß man wissen bei der Entscheidung über diesen Kompromißvorschlag.«[30]

Detlef Hensche hatte vor der Abstimmung klar gesagt, was die glücklich gefundene Einigungsformel für den in dieser Frage zerstrittenen Kongreß bedeutete: »Es darf keine Stationierung neuer Mittelstreckenwaffen in Europa geben.« Der Weg war frei: Unter dem Schutz eines einstimmigen DGB-Kongreßbeschlusses konnten Hensche und seine Fraktionskollegen jetzt in den Gewerkschaftsverwaltungen darangehen, den DGB in die Friedensbewegung »einzureihen«. Die IG Druck und Papier hat diesen Erfolg ihrer Beschlußlagenpolitik zum Thema Frieden im Jahr 1983 auf ihrem 13. Ordentlichen Gewerkschaftstag noch einmal bekräftigt. Der Hauptvorstand legte einen Leitantrag »Frieden und Abrüstung« vor, der angenommen wurde und in dem die IG Druck und Papier ausdrücklich »für die Zusammenarbeit mit der Friedensbewegung« eintrat. In dem beschlossenen Maßnahmenkatalog erklärte die IG Druck und Papier die Beziehungen mit den Staatsgewerkschaften des Ostblocks als Teil der Friedenssicherung: »Internationale, vor allem blockübergreifende Kontakte, Begegnungen und gewerkschaftliche Friedenskonferenzen sind zu fördern und zu verstärken, um Feindbildern entgegenzuwirken. Dabei sollen auch die internationalen Spannungsfelder in Ost und West sowie in der Dritten Welt (von Afghanistan bis Nikaragua) angesprochen werden.«[31] Dieser Beschluß der IG Druck und Papier formulierte gewissermaßen das Motto, unter dem die nach 1982 verstärkt ablaufenden Delegationsbesuche zwischen DGB und FDGB standen: Frieden!

Und diese Delegationsbesuche zwischen DGB und FDGB nahmen nach 1982 zu. Nun durften sich auch die Vorstände der Landesbezirke des DGB und der Bezirke des FDGB am Delegationskarussell beteiligen. Neben der Teilnahme an den jeweiligen Kulturfestspielen fand schließlich am Ende der achtziger Jahre zusätzlich ein gelegentlicher Historikeraustausch statt. Im Geschäftsbericht des DGB-Bundesvorstandes für die Jahre 1982 bis 1985 findet sich für die erhöhte Reisefrequenz folgende Begründung: »Dies entspricht der grundsätzlichen Überzeugung des DGB, daß solche Kontakte zur Unterstützung einer friedensfördernden Entspannungspolitik nützlich und notwendig sind. Ziel ist es dabei vor allem, das Verständnis zwischen den Menschen in den beiden deutschen Staaten zu fördern.«[32]

Spätestens seit Mitte der achtziger Jahre wurde endgültig auf die öffentliche Sichtbarmachung unterschiedlicher politischer Auffassungen zugunsten der Betonung der Gemeinsamkeiten verzichtet.[33]

Die größte Einbeziehung von Mitgliedern bzw. ehrenamtlichen Funktionären in die wechselseitigen Kontakte mit dem FDGB gelang dem DGB nach fünfzehn Jahren der Beziehungen zum FDGB im Jahr 1988: Als gewerkschaftspolitischer Höhepunkt der deutsch-deutschen Völkerverständigung reisten im Rahmen eines sogenannten Urlauberaustausches zehn Ostgewerkschafts-Ehepaare in zwei gewerkschaftliche Ferienheime in der Bundesrepublik und vier Westgewerkschafts-Ehepaare in die DDR. Selbstverständlich hatte sich Harry Tisch vor der Verwirklichung dieser risikobehafteten, völkerverbindenden Großtat der Zustimmung des SED-Generalsekretärs Erich Honecker versichert[34].

Die Auswahlprinzipien des FDGB-Bundesvorstandes für die Ost-Ehepaare sorgten für Linientreue. Ausgewählt werden durften von fünf festgelegten FDGB-Bezirksvorständen ausschließlich Betriebsfunktionäre, die folgende Voraussetzungen erfüllten: langjährige Gewerkschaftsfunktionärstätigkeit, politische Zuverlässigkeit, gute Argumentationsfähigkeit, Erfahrungen in der Arbeit mit ausländischen Kollegen, nur Verheiratete (keine »Lebenskameraden«), enge Familienbindungen in der DDR, keine Kontakte zum nichtsozialistischen Währungsgebiet, SED-Mitgliedschaft (nicht für Ehepartner).

Die auf diese Weise gebildeten beiden zehnköpfigen Gruppen erhielten einen Delegationsleiter, der hauptamtlicher Vorsitzender einer Betriebsgewerkschaftsleitung sein mußte und mit der Überwachung der Gruppe betraut war: Er wurde gegenüber dem FDGB-Bundesvorstand über den Verlauf der Reise, das Verhalten der Teilnehmer und ihre politische Standfestigkeit berichterstattungspflichtig gemacht[35].

Diese politischen Auslesekriterien und Kontrollmechanismen des FDGB mußten die ganze Idee des Urlauberaustausches diskreditieren. Wie stellte sich der DGB vor, auf diese Weise »das Verständnis zwischen den Menschen in den beiden deutschen

Staaten fördern« zu können? – Der gewerkschaftliche »Urlauberaustausch« fand 1989 keine Wiederholung.

Die Kontakte zum FDGB dienten dem DGB über die Friedensfrage hinaus nicht zur Durchsetzung eines eigenständigen gewerkschaftspolitischen Ziels. Wo es um nicht weniger als die Erhaltung des Weltfriedens und das Überleben der Menschheit ging, wurde die »Solidarität mit den arbeitenden Menschen« (Brenner) und den Oppositionsgruppen, das Einklagen fundamentaler Menschenrechte und der Protest gegen ihre fortwährende Verletzung in der DDR in den Hintergrund gedrängt.

»Der gesamte Verlauf hat demonstriert«, berichtete Tisch dem Politbüro über seinen Besuch in der Bundesrepublik 1985, »daß auch die DGB-Seite an einer guten Arbeitsatmosphäre und positiven Ergebnissen interessiert war. Es wurde alles vermieden, was zur Belastung geführt hätte. Im Gegensatz zu früheren Begegnungen wurden kontroverse Themen nicht gestellt (Polen, Afghanistan, sogenannte humanitäre Fragen usw.). (...) Der gesamte Verlauf der Begegnung hat deutlich gemacht, daß es in wichtigen Fragen weitergehende Übereinstimmungen mit dem DGB gab als bei vorangegangenen Begegnungen.«[36]

Eine nochmalige Steigerung der Zufriedenheit enthielt der Bericht Tischs über die FDGB/DGB-Begegnung im Jahr 1987. Tisch schilderte seinen Politbüro-Genossen den DDR-Besuch der DGB-Delegation als »das bisher konstruktivste und von den Ergebnissen her wichtigste Treffen von Spitzendelegationen des FDGB und des DGB. Seitens der DGB-Delegation wurde alles vermieden, was diesen positiven Verlauf hätte stören können. (...) Es ist erkennbar, der DGB hat heute ein anderes Verhältnis zur DDR und ihrer Politik als noch vor wenigen Jahren. (...) Ausgehend vom Verständnis der Sicherheitsfragen für das Überleben der Menschheit wurde mit der Delegation die bisher weitestgehende Übereinstimmung erreicht.«[37]

Wenn einzelne Gewerkschaften ihrer Sympathie für die polnische Gewerkschaftsbewegung »Solidarność« Ausdruck verliehen, gegen die politische Unterdrückung der allmählich sich verbreiternden politischen Opposition in der DDR Stellung bezogen oder die Gewerkschaftsjugend gegen die Verhaftung »Andersdenkender« in der DDR protestierte, blieben das Ausnahmen, die für die Stabilität der Kontakte auch vom DGB als störend empfunden wurden.

Eine solche Ausnahme bildete die Reise einer Delegation der Abteilung Jugend des DGB im Februar 1988 in die DDR. Bereits im Vorfeld dieses Besuchs hatte DGB-Vorstandsmitglied Ilse Brusis in einem Schreiben an Tisch[38] *»Unbehagen und Erschrekken«* über die polizeiliche Durchsuchung der Umweltbibliothek in der Ostberliner Zionskirche im November 1987 und die staatsanwaltschaftlichen Ermittlungen gegen sie sowie über die Verhaftungen und Abschiebungen bei der »Kampfdemonstration« zum 69. Jahrestag der Ermordung von Karl Liebknecht und Rosa Luxemburg am 17. Januar 1988, als deren Mitorganisator der FDGB aufgetreten war, zum Ausdruck gebracht. Über einhundert Demonstranten, die sich mit eigenen Parolen und Rosa-Luxemburg-Zitaten (»Freiheit ist immer nur Freiheit des Andersdenkenden«) an dem Marsch beteiligen wollten, darunter wiederum Mitarbeiter der Umweltbibliothek, waren wegen »Zusammenrottung« zunächst verhaftet (»zugeführt«) worden[39]. Brusis kritisierte das Verhalten der staatlichen Organe als *»willkürlich und undemokratisch«*. Sie kündigte an, daß die DGB-Jugenddelegation in Berlin mit Vertretern der Umweltbewegung sprechen wolle und bat ausgerechnet Tisch um das Zustandekommen solcher Kontakte.[40]

Der Brief, von Brusis zugleich über die Medien verbreitet, traf einen Tag vor der Ankunft der Delegation in Oberhof (Thüringen) ein und löste hektische Aktivitäten der stellvertretenden Vorsitzenden, Johanna Töpfer, aus, die das Schriftstück für ihren im FDGB-Gästehaus in Graal-Müritz kurenden Vorsitzenden entgegennahm. Töpfer informierte Tisch telefonisch über das Brusis-Ansinnen. Tisch empfahl, den Generalsekretär der SED einzuschalten und von ihm »Rat« zu erbitten. Die Stellvertreterin setzte ein entsprechendes Schreiben auf und teilte Honecker mit: »Wir haben sofort veranlaßt, daß mit der Delegation darüber gesprochen wird, daß wir unser Programm korrekt durchführen wollen, daß wir es aber als einen Mißbrauch unserer Gastfreundschaft ansehen, wenn sie auf ihrem Vorhaben bestehen. Fast hätten wir gedacht, daß wir diese Linie verwirklichen können, aber die Delegation hat noch einmal mit Kollegin Brusis telefonisch Kontakt aufgenommen und nach diesem Telefonat hat sich die ganze Sache verhärtet. Sie bestehen darauf, während ihres Berlinaufenthaltes Kontakt zur Umweltbibliothek und zur Zionskirche aufzunehmen, wenn nicht die ganze Delegation, so doch ein Teil. Wenn das nicht gestattet wird, werden sie die DDR verlassen und bei der Ankunft in der BRD entsprechende Verlautbarungen über die Presse abgeben. Das ist alles die Weisung von der Kollegin Brusis, die außerdem darauf hinwies, daß ein Nichteingehen unsererseits auf den Vorschlag zu schweren Belastungen zwischen FDGB und DGB führen wird. Ich würde gern Deinen Rat für unser Verhalten haben.«[41]

Wie Töpfer Tisch mitteilte, erhielt sie bereits am späten Nachmittag einen Anruf, »in dem nachdrücklich im Auftrage des Generalsekretärs betont wurde, das Programm in Berlin angesichts der entstandenen Situation nicht durchzuführen. (...) Wir hoffen sehr, daß die ganze Aktion ohne größeren Schaden über die Runden geht. Wir werden uns sehr darum bemühen – aber es ist die ausdrückliche Bitte des Generalsekretärs, das Berlin-Programm nicht durchzuführen, da niemand die Garantie übernehmen kann, daß die ganze Delegation oder Delegationsmitglieder die erwähnten Punkte anlaufen.«[42] Schriftlich erteilte Honecker seinen »Rat« aber auch: Auf den von Töpfer an ihn gerichteten Brief zeichnete er quer: »Einverstanden. Auf keinen Fall Besuch der Zionskirche – Umwelt. EH 8.2.1988«. – Die Delegationsreise sei mit dem Ablauf des 10.2.1988 vorbei, teilte der im FDGB-Bundesvorstand für die Jugendarbeit zuständige Sekretär den westdeutschen Besuchern daraufhin endgültig mit; eine Reise nach Ost-Berlin finde nicht mehr statt, diese Entscheidung sei nicht mehr diskutierbar. Die Vertreter der Umweltbibliothek in der Zionskirche in Ost-Berlin seien Angehörige entspannungsfeindlicher Gruppen mit Kontakten zu westlichen Geheimdiensten, Feinde des Staates und somit Feinde des FDGB, erfuhren die DGB-Jugendlichen. Dem FDGB aber sei es nicht zuzumuten, Kontakte mit den Feinden der eigenen Organisation herzustellen. Der FDGB teile die Position des Staates gegenüber diesen Elementen und Schmarotzern.[43]

Die DGB-Jugenddelegation reiste mit dem angekündigten Eklat ab.[44] Für die weitere DDR-Politik der DGB-Jugend blieb der Abbruch jedoch folgenlos. Beziehungen zur Umweltbewegung in der DDR wurden in der Folgezeit weder mit einem neuerlichen Hilfeersuchen an Harry Tisch noch aus eigener gewerkschaftlicher Kraft aufgebaut; ein eindringlicher Beleg für die politische Konzeptionslosigkeit und den Dilettantismus der ganzen Aktion.

Aus den Aktenvermerken und Gesprächsprotokollen der FDGB-Funktionäre über die sich anschließenden Gespräche auf Spitzenebene geht hervor, daß beide Seiten mit einer Politik der formalen Schadensbegrenzung den aufgebrochenen Konflikt eingrenzten und schließlich wegsteckten. Der eigentliche Anlaß des Besuchsabbruchs – die Verhaftungen und Abschiebungen im Anschluß an die Liebknecht-Luxemburg-Demonstration am 17.1.1988 – wurde in den Hintergrund gedrängt und unsichtbar gemacht; kein Hinweis ist zu finden, daß die DGB-Vertreter das Recht von DGB-Delegationsmitgliedern auf unkontrollierte Kontakte während ihrer Besuche offensiv beansprucht hätten[45]. Der Vorgang wurde vielmehr so gelöst, daß Breit bei seinem nächsten Gespräch mit Harry Tisch Distanz zum Brief von Ilse Brusis und zum Leiter der Jugenddelegation, dem Bundesjugendsekretär Johannes Gaßl, signalisierte. Jedenfalls wurde er so von seinen FDGB-Gesprächspartnern verstanden: »Breit betonte, er habe vor diesem Gespräch den Brief von Ilse Brusis noch einmal genau studiert und ihm sei klar, daß ›dies Euch bewegen muß‹. Es sei nicht außergewöhnlich, daß ein Mitglied des Geschäftsführenden Bundesvorstandes einen solchen Brief schreibe, ohne daß der Vorsitzende ihn kennt. Ungünstig habe sich in diesem Zusammenhang auch erwiesen, daß der Leiter der Delegation nur über geringe Erfahrungen verfügte. Außerdem hätten die Vorstände aller Gewerkschaften sehr unangenehme Erfahrungen in der Vergangenheit gemacht, der Jugend etwas vorzuschreiben, da sie sonst der Gewerkschaft verloren gingen. Er betrachte es deshalb als gut, daß Harry Tisch mit Ilse Brusis persönlich darüber sprechen werde. Als Konsequenz der Ereignisse während des Aufenthaltes der Jugenddelegation schlage er deshalb vor, daß zukünftige Besuche gründlicher vorzubereiten und von DGB-Seite unbedingt Werner Milert hinzuzuziehen sei.«[46]

Von dieser Ausnahme abgesehen, konnte Harry Tisch in seinen Berichten an das Politbüro über all die Jahre die Unterlassung dessen vermelden, was nach SED-Auffassung »die sachliche Atmosphäre« hätte stören können. Darunter verstand die SED insbesondere das Ansprechen des Menschenrechts-Korbes 3 der Schlußakte von Helsinki, Fragen der Grenzsicherung und der Staatsbürgerschaft sowie Zweifel an der historischen Endgültigkeit der DDR.

Manchen DGB-Funktionären fiel es statt dessen gelegentlich leichter, sich vor der FDGB-Führung herabsetzend über ihre innergewerkschaftlichen, innerparteilichen oder innenpolitischen Kontrahenten zu äußern. So notierte zum Beispiel der für die »Westarbeit« im FDGB zuständige Sekretär Werner Heilemann nach einem Besuch des Berliner DGB-Vorsitzenden Pagels nicht nur dessen kulturheischenden Wunsch, mit Hilfe der FDGB-Oberen an den Warteschlangen der Kassenhäuschen vorbei »im Winter einmal die Semper-Oper in Dresden mit seiner Gattin besuchen zu können«[47].

Pagels hatte darüber hinaus im Vorfeld der Berliner Abgeordnetenhaus-Wahlen, die überraschend mit einem rot-grünen Wahlsieg endeten, auch einige politische Einschätzungen für mitteilenswert gehalten – nicht ganz zu Unrecht, wie sich zeigte, denn Heilemann schrieb alles auf: »Gleichzeitig bemerkte er (Pagels, d.Vf.), daß es wahrscheinlich keinen großen Wahlkampf geben wird. Die politische Lage sei vor allem durch Diepgen für die CDU günstig. Es bestünde sogar die Möglichkeit, daß die CDU die absolute Mehrheit erreiche. Das eröffne aber auch die Möglichkeit, die CDU, die dann die volle Verantwortung habe, in die Zange zu nehmen. Dazu bedarf es einer zupackenden Opposition, die es aber bis jetzt leider nicht gäbe. Seine Abneigung gegen den Spitzenkandidaten der SPD, Momper, sitzt tief (›Ein Mann ohne jede Kompetenz.‹). Weil die Bürger nicht nur Programme, sondern auch Menschen wählen, sei die CDU mit Diepgen an der

Spitze überlegen. Was die BRD betrifft, so befinde sich seiner Meinung nach Kohl in einer Phase des Niedergangs, was nicht gleichzusetzen sei mit der Herrschaft der CDU. (...) Wenn auch Vogel (SPD) an Kompetenz gewonnen habe, fehle es aber doch an einer wahren Persönlichkeit, die um die Macht kämpft wie Brandt und Wehner in den 60er Jahren. Enttäuscht äußerte er sich über die mit wenig Sachverständnis ausgeprägten Auffassungen von Lafontaine. Das beziehe sich nicht nur auf die Tariffragen. Am Rande äußerte er, daß er bereit sei, in die Mannschaft von Vogel zu gehen, wenn der Parteivorstand das wolle. Lieber bliebe er aber Vorsitzender des DGB-Landesbezirks.«[48]

Noch im Juni 1989 hielt es Pagels für angemessen, dem FDGB in seinem Organ zu bestätigen, daß er für ihn ein »Partner« sei, um gutnachbarliche Beziehungen zwischen West-Berlin und der DDR zu fördern. Den gewerkschaftlichen Beitrag für die Entwicklung dieser Beziehungen schätzte der DGB-Landesvorsitzende sehr hoch ein: »Es sind vor allem die Gewerkschaften gewesen, die vor acht bis zehn Jahren bereits derartige Überlegungen formuliert haben – natürlich in dem Bewußtsein, daß man konstruktive Vereinbarungen nur dann erreicht, wenn auch die politischen Rahmenbedingungen stimmen. Man kann nicht an einem Tag seinen potentiellen Partner vors Schienbein treten und am nächsten Tag von ihm Freundlichkeiten erwarten.«[49] Die öffentliche Bekundung zum Partner FDGB fand wenige Tage nach der Niederschlagung der Demokratiebewegung auf dem Platz des Himmlischen Friedens in Peking statt, als die SED es für notwendig hielt, den chinesischen Propagandafilm über dieses Massaker im DDR-Fernsehen mehrmals zu wiederholen.

Gerade nach solchen Propagandaeinsätzen von DGB-Funktionären kann man verstehen, daß die Gespräche mit dem DGB im großen und ganzen zur Zufriedenheit des FDGB verliefen. Nach einem Gespräch mit Ernst Breit teilte Harry Tisch im April 1989 Erich Honecker beruhigt mit, daß sich der Bundesvorstand des DGB im Unterschied zur BRD-Regierung und zur SPD »bislang nicht in die inneren Angelegenheiten der DDR einzumischen versucht bzw. Forderungen nach Veränderungen an die Gewerkschaft der DDR« erhöbe[50].

Diese Linie behielt der DGB auch noch bei Tischs Besuch in der Bundesrepublik im September 1989 konsequent bei – zu einer Zeit, in der bereits Tausende von DDR-Bürgern ihr Land verlassen hatten und sich Zehntausende anschickten, ihnen über die ungarische Grenze zu folgen. Kein Wort fiel öffentlich zur Unterstützung der sich gerade im Gründungsprozeß befindlichen Sozialdemokratischen Partei und des »Neuen Forum«, dessen Anhängern Harry Tisch von bundesrepublikanischem Boden unverhohlen – und unwidersprochen – unnachsichtige Härte androhte: »Wer da hofft, das trojanische Pferd in der DDR spielen zu können, der kriegt darauf auch eine Antwort.«[51] Statt dessen beschloß man in einer »offenen und freundlichen Atmosphäre«[52] weiteren Delegations-, Kultur-, Geschichts- und Archivaustausch und drückte Freude über den guten Stand der Beziehungen und das gute Verständnis füreinander aus: »Übereinstimmend drückten beide Seiten ihre Befriedigung darüber aus, daß sich die Beziehungen zwischen dem DGB und dem FDGB gemäß der Vereinbarung von 1987 positiv entwickelt haben. Ernst Breit und Harry Tisch betonten die Nützlichkeit eines kontinuierlichen Dialogs zwischen DGB und FDGB, der ein geeignetes Mittel sei, ein besseres Verständnis füreinander, auch in unterschiedlichen und gegensätzlichen Positionen zu wecken.«[53]

Selbst als nach den Demonstrationen in Dresden, Berlin und Leipzig Anfang Oktober 1989, dem Sturz Honeckers Mitte Oktober und den zahlreichen Bürgergesprächen und Protestkundgebungen im ganzen Land in der zweiten Oktoberhälfte der Druck in den Betrieben stärker wurde, Harry Tisch am 2. November 1989 zum Rücktritt gezwungen wurde und sich Veränderungen der gesamten Struktur des FDGB abzeichneten, verharrte der DGB bei seiner Politik der Nicht-Einmischung. Auf die Frage, ob der DGB mit diesem selbstauferlegten Nicht-Einmischungsanspruch überhaupt etwas zur Unterstützung der Demokratisierung des FDGB tun könne, antwortete Breit im Deutschlandfunk: »Kaum. Ich denke das muß aus dem Willen und der Fähigkeit der Menschen in der DDR selbst wachsen, wenn es solide sein soll und ihren eigenen Ansprüchen entsprechen soll.«[54]

Die Forderung nach uneingeschränkter Verwirklichung und Einhaltung der Menschen- und Gewerkschaftsrechte zählte zu den festen Programmpunkten aller DGB-Bundeskongresse der Nachkriegszeit. Zu den Gewerkschaftsrechten zählte der DGB vor allem

- das Recht der Arbeitnehmer, Gewerkschaften zu bilden und ihnen beizutreten,
- das Recht der Gewerkschaften, internationalen Gewerkschaftsverbänden nach eigenem Entschluß beizutreten,
- das Recht, sich im Rahmen dieser Gewerkschaften ohne Behinderungen durch Regierungen, Parteien und Arbeitgeber für die Interessen der Arbeitnehmerschaft zu betätigen,
- das Recht, mit den Arbeitgebern Tarifverträge abzuschließen und
- für die Durchsetzung ihrer Forderungen unter Einsetzung ihres uneingeschränkten Streikrechtes zu kämpfen.[55]

In einer Entschließung der IG Metall hatte der DGB-Bundeskongreß 1982 alle Versuche zurückgewiesen, »die allgemeinen Menschen- und Gewerkschaftsrechte dadurch zu relativieren, daß man sie zur internen Angelegenheit einzelner Staaten degradiert«[56]. 1986 forderte der DGB-Bundeskongreß die Bundesregierung auf, ihr politisches Handeln an den Normen der Menschen- und Gewerkschaftsrechte zu orientieren.

In dem Augenblick, in dem es möglich wurde, die jahrzehntelang erhobenen Forderungen der Kongresse im anderen Teil Deutschlands praktisch wirksam werden zu lassen und einen gewerkschaftspolitischen Beitrag zur Durchsetzung demokratischer Grundrechte zu leisten, verbarg sich der DGB hinter der quasi-staatsmännischen Attitüde der Nicht-Einmischung, war ihm die Fähigkeit zur Unterscheidung zwischen unerwünschter, »bevormundender« Einmischung und praktischer Solidarität mit den arbeitenden Menschen in wechselnden historischen Situationen verlorengegangen. Siebzehn Jahre auf Spitzen-Diplomatie konzentriert, fernab von den demokratischen Bewegungen in der Gesellschaft der DDR, verschlief der DGB den demokratischen Umbruchprozeß und wachte erst wieder auf, als die Nicht-Reformierbarkeit des FDGB im Frühjahr 1990 unübersehbar geworden war und mit dem Staatsvertrag über eine Wirtschafts-, Währungs- und Sozialunion der Frage nach der zukünftigen demokratischen gewerkschaftlichen Interessenvertretung nicht mehr länger ausgewichen werden konnte.

Die Sonderbeziehungen der IG Druck und Papier

Wie bereits an verschiedenen Stellen anklang, spielte die IG Druck und Papier in der Westarbeit des FDGB und damit in den Beziehungen zwischen FDGB und DGB eine besondere Rolle.[57] Obwohl zahlenmäßig eine kleinere Gewerkschaft im DGB, maß der FDGB der IG Druck und Papier »aufgrund des Charakters des Organisationsbereiches (Presse und andere Massenmedien) große gesellschaftspolitische Bedeutung« zu.[58] Das Interesse des FDGB zog sie aber vor allem auf sich, weil sie zu jenen Gewerkschaften gehörte, »bei denen in wichtigen innen- und außenpolitischen Fragen Elemente einer konstruktiven, eigenständigen Gewerkschaftspolitik am sichtbarsten werden«.[59]

Auf dem 9. Ordentlichen Gewerkschaftstag der IG Druck und Papier 1971, dem diese Charakterisierung galt, bezog sich diese Einschätzung insbesondere auf die dort gefaßten Beschlüsse über eine Europäische Gewerkschaftskonferenz, zur Zusammenarbeit aller Gewerkschaften im EWG-Bereich, unabhängig ob sie dem IBFG oder dem kommunistischen WGB angehörten sowie zur Anerkennung der DDR. Hervorgehoben wurde auch die »faktische Ablehnung des Antikommunismus«. Dies wertete die Lageeinschätzung des FDGB auch als Erfolg der eigenen Politik: »Wesentlichen Anteil an diesem positiven Verlauf des Gewerkschaftstages und seinen Ergebnissen hatten die seit langem bestehenden Verbindungen uns nahestehender Kräfte mit einer Anzahl progressiver Sozialdemokraten dieser Industriegewerkschaft bis in den Hauptvorstand. Das gab gute Ausgangspositionen für befreundete Kräfte, die als ›gleichberechtigte Mitglieder‹ zum Gewerkschaftstag delegiert wurden. Im Ringen um eine unabhängige, an den Interessen der Mitglieder orientierten Gewerkschaftspolitik bewies sich erneut, daß die Zusammenarbeit von Sozialdemokraten und Kommunisten und nichtparteigebundenen Gewerkschaftern nicht nur notwendig, sondern auch möglich ist.«[60]

Maßgebliches Verdienst an dieser Entwicklung kam Leonhard Mahlein zu, dessen gewerkschaftspolitische Rolle in einer FDGB-Information 1968 folgendermaßen beschrieben wurde: »Mahlein war bisher Vorsitzender des Landesbezirks Bayern der IG Druck und Papier. In dieser Tätigkeit trat er als progressiver Gewerkschaftsfunktionär hervor, der für eine Gewerkschaftspolitik im Interesse der Arbeiterklasse eintrat. Er tolerierte progressive Maßnahmen linker Kräfte im Landesbezirk Bayern. In diesem Landesbezirksvorstand war ein starker ideologischer Einfluß progressiver Kräfte und aus der DDR vorhanden. Mahlein ist Mitglied der SP (gehörte bis 1952 der KPD an). Er hat einen realistischen Standpunkt zur Existenz zweier deutscher Staaten und trat kritisch gegenüber Erscheinungen der Politik des Bonner Staates auf. Nach uns bekanntgewordenen Informationen war er nicht von der SP-Führung für die Funktion des Ersten Vorsitzenden vorgesehen.«[61] Erleichtert nahm der FDGB deshalb 1971 zur Kenntnis, daß Mahlein im Unterschied zum vorhergehenden Kongreß, auf dem er erst im sechsten Wahlgang die Mehrheit der Stimmen erhielt, in der Zwischenzeit seine Position gefestigt hatte und mit der höchsten Stimmenzahl aller Vorstandsmitglieder in seinem Amt bestätigt wurde. Mit Befriedigung wurde zudem die Wahl von Gisela Kessler, Mitglied der DKP, in den geschäftsführenden Hauptvorstand aufgenommen, der als Leiterin einer Delegation des Hauptfrauenausschusses in die DDR im Jahr 1978 die wiederholte Äußerung zugeschrieben wurde, daß die progressiven Kräfte der BRD »glücklich sind, daß es die DDR gibt«.[62] In den achtziger Jahren sollte sie mit ihren Wünschen nach Urlaubs- und Kuraufenthalten in der DDR den FDGB-Funktionären, die nicht außerhalb der offiziellen Beziehungen »kungeln« wollten oder durften, Sorgen bereiten.[63]

Mit dem eigenen Selbstverständnis ihrer gewerkschaftlichen Ostpolitik kam die IG Druck und Papier ihrer Ein- und Wertschätzung durch die FDGB-Westabteilung entgegen. Die Stuttgarter Funktionäre sahen im FDGB oder dem Zentralrat der sowjetischen Gewerkschaften Interessenvertretungen der Arbeitnehmer in nachkapitalistischen, sozialistischen Gesellschaften. Durch diese gesellschaftliche Ortsbestimmung ergaben sich für sie selbstverständlich auch Unterschiede in der Verbandspolitik zwischen Ost und West, wurde doch der FDGB aus dieser Perspektive betrachtet tatsächlich zum Mitgestalter der sozialistischen Gesellschaft; und da die kapitalistische Ausbeutung abgeschafft und die Eigentumsfrage in der Wirtschaft gelöst war, bedurfte es keines Streikrechts und keines Arbeitskampfes, um eine aktive Interessenvertretung der Arbeitnehmer wahrzunehmen. Der Kern der Gewerkschaftspolitik unter sozialistischen Bedingungen war demnach die Mitbestimmung, und diese war in der DDR – wie die Gesellschaftsformation insgesamt – höher entwickelt als in der Bundesrepublik.

Zum Verständnis seiner Politik gegenüber den sozialistischen Ländern trug Leonhard Mahlein mit einer Schrift bei, die er als direkte Gegenposition zu der ernüchternden ostpolitischen Bilanz Heinz Oskar Vetters 1983 und dessen These von den kommunistischen Gewerkschaften als Erfüllungsgehilfe der Partei im »Nachrichten«-Verlag publizierte. Um den »weitverbreiteten Irrtum von der ›kommunistischen Gleichschaltung‹« der »Gewerkschaften in den sozialistischen Ländern« zu widerlegen, stellte er zunächst grundsätzlich fest, »daß man bei der Betrachtung und Analyse von Gewerkschaften in jedem Fall von der Wirtschafts- und Gesellschaftsordnung, in der sie wirken, ausgehen muß. Unterschiedliche Wirtschafts- und Gesellschaftsordnungen bedingen für die Gewerkschaften nicht nur sehr differenzierte Aufgabenstellungen und Zielsetzungen, sondern auch andere Strukturen und Wirkungsmöglichkeiten.«[64] Daß Vetters Urteil gerade auf seinen Erfahrungen mit der praktischen Politik und der Funktion des dem Führungsanspruch der SED unterworfenen FDGB herrührte, verwarf Mahlein mit dem Hinweis auf anderslautende Verfassungsparagraphen und Satzungsbestimmungen als »unsinnig«: Die »einschlägigen verfassungsrechtlichen, gesetzlichen und statuarischen Bestimmungen sprechen absolut dagegen«.[65] Als schlagkräftigen Beweis führte der IG-Druck-Vorsitzende Artikel 44 der DDR-Verfassung an: »Die freien Gewerkschaften, vereinigt im Freien Deutschen Gewerkschaftsbund, sind die umfassende Klassenorganisation der Arbeiterklasse. Sie nehmen die Interessen der Arbeiter, Angestellten und Angehörigen der Intelligenz durch umfassende Mitbestimmung in Staat, Wirtschaft und Gesellschaft wahr. Die Gewerkschaften sind unabhängig. Niemand darf sie in ihrer Tätigkeit einschränken oder behindern.«

Mahleins Schlußfolgerung daraus lautete: »Dieser Verfassungsartikel 44 zeichnet ein Bild freier Gewerkschaftstätigkeit auf allen Gebieten des gesellschaftlichen Lebens, unabhängig davon, ob die Wirtschaft zum größten Teil verstaatlicht ist, ob es eine zentrale staatliche Planung der Volkswirtschaft gibt oder die Löhne und Gehälter in den Volkswirtschaftsplan miteinbezogen werden oder nicht. In weiteren Absätzen des Artikels 44 sowie des Verfassungsartikels 45 werden dann die Mitbestimmungs- und Mitwirkungsaufgaben der Gewerkschaften im einzelnen umrissen. Viele Sachgebiete werden aufgezählt, in denen sie mitzuwirken haben, und viele Institutionen, in denen sie mitbestimmen. Damit ist der FDGB und sind die anderen Gewerkschaften in den sozialistischen Ländern, anders als die Gewerkschaften im Westen, ausdrücklich mit ihrer Aufgabenstellung in der Verfassung des jeweiligen Staates verankert und sie können spezielle verfassungsmäßige Rechte für sich in Anspruch nehmen.«[66] Im Unterschied zu dieser ausgebauten Rechtsposition bestünden Mitbestimmung und Mitwirkung auf der überbetrieblichen Ebene in westlichen Ländern im wesentlichen nur als Forderungen und seien keineswegs überall verwirklicht. Ganz in diesem Sinne unterstrich der Vorsitzende der IG Druck und Papier die Vorbildfunktion der sowjetischen Gewerkschaften auf den Feldern des Arbeits- und Gesundheitsschutzes, der Sozialpolitik und der Gewerkschaftsrechte im Betrieb, in Staat und Wirtschaft.[67]

Auf den direkten Vergleich zwischen den Mitbestimmungsrechten in der DDR und der Bundesrepublik bezogen, stand Detlef Hensche dem Vorsitzenden in dieser Erkenntnis nicht nach. Während eines Delegationsbesuches im Jahr 1976 hatten die FDGB-Gastgeber ihren West-Kollegen mit verschiedenen Betriebsbesichtigungen »wirksame Denkanstöße in Fragen der

Rolle der politischen Macht der Arbeiterklasse und ihrer marxistisch-leninistischen Partei, des sozialistischen Eigentums und der neuen Beziehungen und Verhaltensweisen der Menschen unter sozialistischen Produktionsverhältnissen« vermittelt.[68] Nicht ohne Erfolg, denn der FDGB-Chronist des Besuches schrieb Detlef Hensche die Äußerung zu: »Wir haben die Mitbestimmung studiert. Das, was in der DDR gemacht wird, sei das Optimalste, was möglich ist. Dagegen ist die Mitbestimmung in der BRD schmalbrüstig.«[69]

Den Lesern der gewerkschaftlichen Mitgliederzeitschrift »Druck und Papier« gab Hensche seine positiven Eindrücke über den Umfang der Gewerkschaftsrechte im Betrieb und bei der Aufstellung der betrieblichen Pläne sowie insgesamt über die Zusammenarbeit von Werksdirektor und Betriebsgewerkschaftsleitung (BGL) in einem Bericht über diese Reise weiter. Zwar kämen auch »Meinungsverschiedenheiten, ja Konflikte« zwischen Werksleitung und BGL vor, der »durchgängige Stil ist jedoch geprägt von gemeinsamer Beratung und gemeinsamer Planaufstellung. Der Direktor kommt nicht – wie die Unternehmensleitung üblicherweise hierzulande – aus einer anderen Welt und ist nicht einer anderen gesellschaftlichen Gruppe, den privaten Eigentümern und ihren Funktionären verantwortlich. Die Direktoren beider Betriebe, die wir besucht haben, stammten aus der Belegschaft selbst (...). Allgemein ist die Werksleitung in der DDR aufgrund der gesellschaftlichen Machtverhältnisse sowie infolge der starken Einbindung in die gesellschaftlichen Organisationen und in die Parteien in ihrer Stellung wesentlich abhängiger von der BGL als dies bei uns jemals der Fall sein könnte.«[70] Insgesamt gesehen hatte die DDR Hensche »ein wesentlich stabileres Bild von Staat, Wirtschaft und Gesellschaft vermittelt, als manche westdeutsche Zeitung uns weismachen will. Aber auch ein stabileres Bild, als es dem verbreiteten Eindruck entspricht, den bisweilen nervöse und unsichere Behörden unnötig hervorrufen.«[71]

Hensches politischer Eindruck war, daß die »DDR ihren Weg geht, daß sie zunehmend selbstsicherer wird (...).« Natürlich waren auch ihm der niedrige Konsumstandard, die öden Schaufenster, die schlechten Straßen und die zerbröckelnden Häuserfassaden nicht verborgen geblieben: »Hier ist der Rückstand nicht zu übersehen.«[72] Auf der Suche nach einer Erklärung für dieses auffallende Wohlstandsgefälle zur Bundesrepublik fand Hensche heraus, daß die DDR einen erheblichen Teil ihrer Erträge in langfristige Investitionen im sozialen Bereich stecke: »Man hat den Eindruck von einem Volk, das sich den Gürtel enger schnallt – oder schnallen läßt – zugunsten langfristiger Investitionen, die sich wahrscheinlich erst in der nächsten Generation auszahlen werden.«[73]

Sein politisches Hauptproblem mit der DDR aber hatte Hensche im ersten Teil seines Artikels referiert: Die Politiker und die Regierung der DDR »sind die Undeutschen, die nach verbreitetem Feindbild verfolgt werden wie schon früher Kommunisten und Sozialisten«. Das ständige Infragestellen der »normalen Grenze zwischen zwei selbständigen und souveränen Staaten« als sogenannte innerdeutsche Grenze und die stetigen Angriffe aus der Bundesrepublik förderten »auf seiten der DDR ein bemerkenswertes, fast schon übersteigertes Streben nach Anerkennung der staatlichen und gesellschaftlichen Souveränität. Wundert dies, wenn eben diese gesellschaftliche und staatliche Existenz immer und immer wieder aggressiv in Frage gestellt wird? Von Springer, von Strauß und von Kohl? Und wundert es, wenn Grenzbehörden dann auf Mißachtung der Grenze gereizt und hysterisch reagieren. Unser Eindruck: Die DDR will endlich anerkannt sein – (und nicht nur diplomatisch) – als selbständiger Staat, als Gesellschaft, die ihren Weg weitergeht, ohne Einmischung von außen, ohne Kreuzfahrer von Adenauer bis Springer.«[74]

Obwohl die FDGB-Funktionäre bei der IG Druck und Papier mit Kreuzfahrern nicht zu rechnen brauchten, trauten sie ihren Gesprächspartnern zumindest zu Beginn der siebziger Jahre noch nicht richtig über den Weg, handelte es sich doch überwiegend um Gewerkschafter, die das sozialdemokratische Parteibuch in der Tasche trugen und damit unter den prinzipiellen Reformismus-Verdacht fielen: »Bei der IG Druck und Papier im DGB handelt es sich um eine sozialdemokratisch geführte Organisation«, lautete eine Einschätzung von 1973, »die ungeachtet mancher positiver Erscheinungen bzw. Unterschiede zu anderen IG im DGB eine reformistische Politik betreibt und sich zur ›demokratischen Grundordnung‹ und der sogenannten freien Marktwirtschaft ohne Wenn und Aber bekennt. Die Gesprächspartner sind Anhänger bzw. Vertreter der bürgerlichen Konzeption des ›demokratischen Sozialismus‹.«[75] In dem Maße, in dem sich jedoch abzeichnete, daß sich die IG Druck und Papier-Funktionäre um die vom Westen verfolgten DDR-Politiker sorgten und sich jeder Einmischung in die innere Angelegenheit der Unterdrückung von Oppositionellen und Regimekritikern enthielten, wich diese anfängliche Skepsis. Schon 1974 hatte der FDGB-Vorsitzende, Herbert Warnke, Erich Honecker seine Hoffnung mitgeteilt, daß die positiven öffentlichen Stellungnahmen der IG Druck und Papier – damals in der Frage einer europäischen Gewerkschaftskonferenz – »Differenzierungsprozesse im DGB hervorrufen und vertiefen, die es in Zukunft noch verstärkt zu nutzen gilt«.[76]

Nachdem der Vorstand der IG Druck und Papier einmal beschlossen hatte, seine Beziehungspolitik nicht von »zufälligen politischen Ereignissen«[77] beziehungsweise »Provokationen«[78] stören zu lassen, hielt er diese Linie eisern durch. Beschlossen der DGB oder andere Einzelgewerkschaften, wegen Guilleaume und Gronau 1974, wegen der Verhängung des Kriegsrechts in Polen 1981 nicht in die DDR zu reisen, fuhr die IG Druck und Papier erst recht. Blockierten der IBFG und der EGB aus Solidarität mit Solidarność internationale Gewerkschafts-Veranstaltungen mit den nach dem Solidarność-Verbot neugegründeten polnischen Branchengewerkschaften, führte die IG Druck und Papier erst recht eine gemeinsame Konferenz der Internationale der Graphischen Föderation (IGF) mit dem kommunistischen »Ständigen Komitee der Gewerkschaften der Grafischen Industrie« (SKGGI) durch – unter Beteiligung der polnischen Branchengewerkschaft (Wiener Konferenz 1985[79]).[80]

Nicht nur in der DDR, auch in der Bundesrepublik vermied der IG Druck und Papier-Vorsitzende die öffentliche Solidarisierung mit politisch verfolgten Regimekritikern, worauf am Beispiel der Inhaftierung des Schriftstellers Jürgen Fuchs bereits hingewiesen wurde.[81] Bei einem Aufenthalt einer Delegation des Hauptvorstandes der IG Druck und Papier mit Funktionären der Deutschen Journalisten-Union in Ost-Berlin, die unter anderem die Aus- und Weiterbildung von DDR-Journalisten an der Sektion Journalistik der Karl-Marx-Universität in Leipzig studierte, äußerte man sich zwar gegen die Behinderung von westdeutschen Journalisten in der DDR, wenn man sich auch vom »antikommunistischen Auftreten« mancher westlicher Journalisten wie Loewe und Löwenthal distanzierte. 1978 war das »Spiegel«-Büro geschlossen, kurze Zeit vor dem Besuch war der ARD-Korrespondent Lothar Loewe aus der DDR gewiesen worden. Zur Solidarität mit den betroffenen Kollegen, geschweige denn zur Forderung nach Presse- und Meinungsfreiheit auch in der DDR, konnten sich die westdeutschen Gewerkschaftsvertreter der Journalisten offensichtlich nicht entschließen. Im Gegenteil: Dem FDGB-Besuchsbericht zufolge wies Detlef Hensche ausdrücklich darauf hin, »obwohl der Hauptvorstand dazu gedrängt wurde, habe die IG Druck und Papier zur Ausweisung von Loewe keine Stellung in der Presse bezogen. Man wisse, mit welchen Aufträgen einzelne westliche Journalisten zu uns in die DDR kämen. Dazu brauche man keinen Nachhilfeunterricht. Aber man sei daran interessiert zu erfahren, ob auch progressive Journalisten der BRD von der ›Behinderung‹ betroffen seien. Es wurde der Wunsch geäußert, von uns Dokumente und Fakten zu erhalten von Journalisten aus der BRD und aus anderen kapitalistischen Ländern über deren Einmischung in die inneren Angelegenheiten der DDR.«[82]

In bezug auf Solidarność deckte sich die Einschätzung von Leonhard Mahlein nicht nur mit der der SED, als er dem Bericht zufolge während eines Besuches Solidarność als von »konterrevolutionären Kräften gelenkte Organisation, die auch aus dem Ausland gelenkt wird«, charakterisierte.[83] Die FDGB-Aufzeichnungen hielten fest, daß die Mitglieder der Delegation darüber hinaus bei Harry Tisch »ihre ›Besorgnis‹ deutlich (machten), ob bei uns nicht Ähnliches passieren könnte wie in Polen«, ließen sich aber offensichtlich beruhigen: »Nach überzeugenden Antworten unsererseits, daß eine solche Lage in der DDR nicht eintreten wird, versuchten sie, die richtige Politik der DDR anderen sozialistischen Ländern gegenüberzustellen.«[84]

Es waren aber nicht nur weltpolitische Fragen, die in den Gesprächen zwischen beiden Seiten erörtert wurden. Vielmehr machte die westdeutsche IG Druck und Papier ihre ostdeutschen Partner auch mit den Schwierigkeiten bekannt, mit denen sie ihre Gewerkschaftspolitik im DGB durchfechten mußte: »Die rechte Fraktion werde immer aktiver«, teilte Mahlein der Westabteilung mit: »Das seien die Vorsitzenden der IG/Gew. Chemie-Papier-Keramik (Hauenschild), Textil-Bekleidung (Keller), Bergbau und Energie (Schmidt) und Bau-Steine-Erden (Sperner). Dieser Kreis sitze auch monatlich einmal mit Bundeskanzler Schmidt zusammen. Es sei deshalb kein Zufall, daß die verstärkte Politik der Sozialpartnerschaft gerade von diesen Funktionären praktiziert werde.«[85] Dagegen erwarteten die Funktionäre an der Basis eine kämpferische Gewerkschaftspolitik. Auch die Diskussionen und Spekulationen um die Nachfolge Heinz Oskar Vetters trug Mahlein ausführlich vor.[86]

Im September 1982 tauschte sich Mahlein mit dem 1. Sekretär der Ständigen Vertretung der DDR über die Lage angesichts des bevorstehenden Regierungswechsels in Bonn aus. Mahlein war pessimistisch: Der frischgewählte DGB-Vorsitzende Breit zeige keine Bereitschaft, »zur Abwehr arbeiterfeindlicher Politik gegen Regierung und Parlament, auch nicht gegen eine von der CDU/CSU geführte Regierung, zum gewerkschaftlichen Kampf aufzurufen. In seiner Grundhaltung ist er bereit, mit jeder Regierung zusammenzuarbeiten.«[87] Bezüglich der weiteren Entwicklung zeigte sich Mahlein aus diesem Grund äußerst skeptisch: »Deshalb wird auch – nicht nur in Zusammenhang mit dem Regierungswechsel in Bonn – eine bestimmte Rechtsentwicklung in der Führungspolitik des DGB und mit Duldung, teilweiser Unterstützung einiger Gewerkschaftsführungen, kaum zu verhindern sein.«[88]

Einer in Stichworten abgefaßten vertraulichen Information zufolge informierte Mahlein die FDGB-Funktionäre darüber, daß er 1983 in der Druck und Papier nicht mehr für den Vorsitz kandidieren werde: »Frage der Nachfolge von M. (Mahlein, d.

Vf.) wird als ganz wesentliche Aufgabe angesehen für weitere Fortsetzung dessen, was bisher erreicht wurde. Zur Diskussion stehen u.a. J. M., ehemals war vorgesehen Willi Baumann. Müßte mehr dazu gesagt werden. Persönliches Gespräch mit Gisela (Gisela Kessler, d. Vf.).«[89] Ein Jahr später war einem namentlich nicht gekennzeichneten Beitrag aus dem Umfeld der »Nachrichten«-Redaktion zu entnehmen, daß Mahlein seine selbstgestellte Aufgabe bis zum Gewerkschaftstag 1983 erfolgreich gelöst hatte: »Mit dem Gewerkschaftstag hat die IG Druck und Papier ihre mehr oder weniger progressive Grundposition beschlußmäßig beibehalten und insbesondere in der Friedensfrage gegenüber 1980, dem 12. Ordentlichen Gewerkschaftstag in Augsburg, ihre Haltung noch präzisiert. Allerdings ist mit dem vollzogenen Wechsel an der Spitze (als Nachfolger Mahleins wurde Erwin Ferlemann gewählt, d. Vf.) nicht sicher, ob künftig auch die bisherige Politik, insbesondere gegenüber dem DGB, fortgesetzt wird (das begrüßenswerte Interview in der UZ sollte uns nicht zu falschen Schlüssen veranlassen). Immerhin haben sich die Vorstellungen des bisherigen Vorsitzenden realisieren können, daß im neuen fünfköpfigen Geschäftsführenden Hauptvorstand gegen den Vorsitzenden eine mehr oder weniger progressive Mehrheit von 3:2 beibehalten werden konnte.«[90]

Der FDGB und seine »befreundeten Kräfte« in der Bundesrepublik waren nach der Wahl von Erwin Ferlemann auch skeptisch, ob es dem neuen Vorsitzenden genauso gut wie seinem Vorgänger gelingen würde, die progressive Beschlußlage der IG Druck und Papier gegenüber dem DGB zur Geltung zu bringen, da er »sehr druckanfällig« und deshalb »ständig von der eigenen Gewerkschaft in die Pflicht genommen werden« müßte.[91]

Diese Besorgnis erwies sich als begründet, denn nur zwei Monate später suchten Ferlemann und sein Stellvertreter Hans-Joachim Frenzel in der Ständigen Vertretung um Beistand nach. Der Sekretär für die Westarbeit im FDGB, Werner Heilemann, notierte: »Die guten Beziehungen zur IG Druck und Papier im FDGB müßten noch fester geknüpft werden. Aufgrund des Ernstes der Lage sei die Zusammenarbeit zwischen den Einzelgewerkschaften und zwischen den Bundesvorständen des FDGB und dem DGB besonders notwendig. In diesem Zusammenhang verwies er darauf, daß jene, die in dieser Frage bremsen, die gleichen fünf Vorsitzenden seien, die aus der Forderung nach der 35-Stunden-Woche ausschwenken (IG/Gew. Chemie, Glas, Keramik; Bergbau-Energie; Nahrung-Genuß-Gaststätten; Bau-Steine-Erden und Textil-Bekleidung). Wir sollten überlegen, wie wir stärker deren Haltung beeinflussen könnten. Die gleichen Kräfte wären auch für eine neue konzertierte Aktion und eine engere Zusammenarbeit mit der Regierung Kohl bereit. Das müsse von den anderen Einzelgewerkschaften, wozu er sich auch rechnet, verhindert werden. In der jetzigen Situation müßten die Gewerkschaften Kampforganisationen und nicht Ordnungsfaktor sein.«[92]

Das Jahr 1989 brachte eine entscheidende Wende in den Verbandsbeziehungen. Im April durfte eine FDGB-Delegation noch die Gründung der IG Medien erleben. Ihr Bericht mußte sich dieses Mal auch mit der verzweifelten Lage ihrer Bruderorganisationen befassen; die Implosion des Herbstes 1989 kündigte sich an: »Am Gewerkschaftstag nahmen 28 Delegationen teil, unter ihnen die Vorsitzenden der Brudergewerkschaften aus der UdSSR und der VR Ungarn. Die internationalen Gäste waren überwiegend aus Gewerkschaften der Grafischen Industrie. Die Vorsitzende der Kulturarbeitergewerkschaft der Sowjetunion brachte ihre tiefe Sorge zur gegenwärtigen sozial-ökonomischen Lage in der UdSSR zum Ausdruck. Sie sprach von nicht beherrschten Streiks z. B. bei Melodja. Der Vorsitzende des Gutenbergbundes der VR Ungarn erklärte, daß sich die Verbände oppositionelle Ziele zur Regierung stellen, und er bekundete großes Interesse für die Praktiken der Gewerkschaften der BRD. Gewerkschafter aus der VR Polen waren nicht anwesend, und es wurde auch keine öffentliche Diskussion zur Lage in der VR Polen geführt.«[93]

Als die DDR sich im Oktober anschickte, ihren vierzigsten Geburtstag zu feiern, konnten sich beide Seiten zum letzten Male über die erfolgreiche vierzigjährige Entwicklung der DDR austauschen. Unbeirrt waren sie sich einig, daß »sich die Beziehungen zwischen dem FDGB und dem DGB auf der Grundlage der jüngsten Verhandlungen der Kollegen Tisch und Breit in der BRD auch in Zukunft positiv entwickeln müssen und einen stabilisierenden Faktor in der bewegten ideologischen Auseinandersetzung unserer Zeit darstellen.«[94]

Zuversichtlich ging man auseinander: »Die Delegation war beeindruckt von ihrem Gesamtbesuch und verabschiedete sich am 7. Oktober mit besten Wünschen zu unserem 40. Jahrestag der Gründung der DDR und dem Wunsch nach weiterer konstruktiver Zusammenarbeit.«[95] Diese Absicht wurde den Zeitläuften nicht mehr gerecht.

Anmerkungen

Die Beziehungen zwischen DGB und FDGB 1973 bis 1990

1 Zur Ausnahme im Jahr 1988 – einem »Urlauberaustausch« – siehe weiter unten.

2 »Eine Öffnung nach unten ist in den Beziehungen nicht vorgesehen« (FDGB-Bundesvorstand, Beschluß des Sekretariats vom 27.10.1976, S. 725/76, »Internationale Arbeit des FDGB nach der BRD«, S. 4).

3 Das zeigen insbesondere auch die politischen Schlußfolgerungen des Politbüros der SED aus den DGB/FDGB-Gesprächen im November 1976: »*... alle Versuche der DGB-Führung, mit der Weiterführung der Beziehungen einen unkontrollierten, dezentralisierten Dialog der ›organisierten Arbeiterschaft‹ in Gang zu setzen, (sind) weiterhin zu unterbinden*«. (Siehe: Schreiben von Harry Tisch an Albert Norden, Einige politische Schlußfolgerungen, die sich aus den Gesprächen zwischen den Delegationen der Bundesvorstände des FDGB und des DGB (9. und 10. November 1976 in Berlin) ergeben, 17.11.1976. (Vgl. *Dok.* I/4)

4 Vgl. Protokoll über die 5. Sitzung des Bundesvorstandes am Dienstag, dem 6. Januar 1970, im Hans-Böckler-Haus, Düsseldorf, Hans-Böckler-Str. 39, S. 15.

5 Vgl. die Berichterstattung in: Geschäftsbericht des Bundesvorstandes des Deutschen Gewerkschaftsbundes von 1969 bis 1971, Bochum o.J., S. 23/24; Geschäftsbericht des Bundesvorstandes des Deutschen Gewerkschaftsbundes 1972 bis 1974, Bochum o.J., S. 4–6.

6 Protokoll über die 6. Sitzung des Bundesausschusses am Mittwoch, dem 5. Dezember 1973, S. 12.

7 Schreiben von Heinz Oskar Vetter an Herbert Warnke, 25.1.1974 (Abschrift).

8 Schreiben von Herbert Warnke an Heinz Oskar Vetter, 18.3.1974 (Abschrift).

9 Im September 1972 wurde der Sekretär der DGB-Vorstandsverwaltung Wilhelm Gronau wegen des Verdachtes nachrichtendienstlicher Tätigkeit für die DDR verhaftet. Gronau hatte für den DGB die technischen Vorgespräche zur Kontaktaufnahme mit dem FDGB geführt. In den Berichten der FDGB-Delegation über diese Vorgespräche wird die besonders antikommunistische Orientierung Gronaus mehrfach hervorgehoben. Gerüchte, denenzufolge Gronau als Mitarbeiter der Westabteilung des FDGB geführt wurde, dementierte Herbert Warnke 1974 in einem Brief an H. O. Vetter, schrieb dabei aber den Namen Gronaus (absichtlich?) falsch: »Zu Deinem Brief vom 6. September kann ich Dir die aufrichtige und ehrliche Erklärung abgeben, daß der FDGB mit Grohnau nicht das geringste zu tun hat. Er ist weder im Bundesvorstand des FDGB noch sonstwie auf gewerkschaftlicher Ebene tätig oder angestellt« (Schreiben Herbert Warnke an Heinz Oskar Vetter, 13. September 1974).

10 Vgl. die Absage einer Spitzendelegation wegen des Falles Dürrbeck im Fernschreiben von H. O. Vetter an Harry Tisch vom 5.9.1975.

11 Schreiben von Heinz Oskar Vetter an Harry Tisch, 31.7.1978.

12 Vereinbarung zwischen dem Bundesvorstand des Freien Deutschen Gewerkschaftsbundes und dem Ministerium für Nationale Verteidigung über die Zusammenarbeit bei der sozialistischen Wehrerziehung der Arbeiterklasse und aller Werktätigen der DDR«, in: Autorenkollektiv, Gewerkschaften und sozialistische Wehrerziehung. Anregungen und Erfahrungen, Berlin (Ost) 1985, S. 41f.

13 Schreiben von Heinz Oskar Vetter an Harry Tisch, 8.3.1982.

14 AV Bonn/Abt IAP, Vermerk über ein Gespräch des Genossen Schröder mit dem Vorsitzenden der Gewerkschaft ÖTV der BRD, Heinz Kluncker, am 24.3.1982 in Bonn, Bonn, 24.3.1982.

15 Die zahme Ansprache des christdemokratischen Gewerkschafters Fehrenbach kann geradezu beispielhaft für den Verzicht des DGB auf die Nutzung der Öffentlichkeit in der DDR zur Erweiterung des Spielraumes demokratisch-oppositioneller Kräfte stehen. (Vgl.: Protokoll des 11. FDGB-Kongresses vom 22. bis 25. April 1987 in Berlin, hrsg. v. Freien Deutschen Gewerkschaftsbund, Berlin 1987, S. 77–79). – Das perfekt inszenierte Massenspektakel der über zweitausend zu Statisten und Akklamationspublikum herabgewürdigten Delegierten hinterließ bei Fehrenbach einen tiefen Eindruck, wie er dem »lieben Harry« in einer Glückwunsch-Adresse zu dessen »Wahl« umgehend mitteilte. »Lieber Harry«, schrieb Fehrenbach dem FDGB-Vorsitzenden, »wieder gut in die Heimat zurückgekehrt, konnte ich am

Samstag unseren öffentlichen Medien entnehmen, daß Du (und daran war ja ohnedies nicht zu zweifeln), auf dem 11. FDGB-Kongreß wieder zum Vorsitzenden des Bundesvorstandes gewählt worden bist. Ich möchte Dich dazu herzlich beglückwünschen, Dir alles Gute wünschen für die kommenden Jahre und mich zugleich bedanken für die Möglichkeit, auf Eurem Kongreß das Wort zu nehmen und zu den Kongreßteilnehmern zu sprechen. Bedanken möchte ich mich auch für die gute Betreuung und ich verhehle nicht, daß mich der Ablauf Eures Kongresses doch sehr beeindruckt hat« (Schreiben von Gustav Fehrenbach an Harry Tisch vom 28.4.1987).

16 Leitlinien für die Beziehungen des DGB zum FDGB, o.O., o.J. (1977). (*Dok.* I/7)

17 »Leitlinien« und »Interne Richtlinien« wurden in der Sitzung des Bundesvorstandes am 3. Mai 1977 beschlossen. Nach sieben Wochen konnte die »Westabteilung« des FDGB dem FDGB-Vorsitzenden, Harry Tisch, beide Dokumente («Streng vertraulich«!) sowie die Interna der DGB-Bundesvorstandssitzung vorlegen. (Vgl. DOK I/7.)

18 Die folgende Darstellung bezieht sich auf Aktennotizen und schriftlichen Informationen der beteiligten Vertreter des Zentralvorstandes der IG Metall der DDR.

19 Gerhard Voigtländer, Kurt Panter, Otto Fengel, Niederschrift über den Ablauf und Verlauf des Treffens mit Vertretern des Vorstandes der IG Metall im DGB am 11. und 12.6.1975 in Riesa, Berlin, den 23.7.1975, S. 11/12.

20 G. Schulze/Westabteilung, Aktennotiz, 12.6.1975, S. 1/2.

21 Schreiben von Eugen Loderer an die IG Metall im FDGB, 17.6.1975.

22 Fernschreiben von R. Sommer an IG Metall für die Bundesrepublik Deutschland, 26.6.1975.

23 Schreiben von Harry Tisch an Erich Honecker, 16.1.1976. Die erste Seite des Briefes trägt den handschriftlichen Vermerk Honeckers: »Einverstanden. 18.1.1976. E. Honecker.«

24 Schreiben von Harry Tisch an Erich Honecker, 20.4.1976.

25 Mündliche Erklärung im Auftrag des Vorsitzenden der IG Metall des FDGB, Reinhard Sommer, gerichtet an den Vorstand der IG Metall für die Bundesrepublik Deutschland, München, 15. Mai 1976.

26 Vgl. Ulrich Gill: Der Freie Deutsche Gewerkschaftsbund (FDGB), Opladen 1989, S. 292ff.

27 Leonhard Mahlein: Gewerkschaften international – im Spannungsfeld zwischen Ost und West – aus eigener Sicht, Frankfurt 1984, S. 150.

28 Manfred Uschner: Die Ostpolitik der SPD. Sieg und Niederlage einer Strategie, a.a.O., S. 111ff.

29 Vgl. *Dok.* II/37–40.

30 Zit. nach: Manfred Wilke: 12. DGB-Kongreß: Neue Heimat und

Frieden, JW-Exklusiv-Bericht Nr. 233, Wiesbaden, 15. Juli 1982, S. 17.

31 Protokoll 13. Ordentlicher Gewerkschaftstag, Industriegewerkschaft Druck und Papier, Nürnberg 1983, Tübingen, o.J., S. 59.

32 Geschäftsbericht des Bundesvorstandes des Deutschen Gewerkschaftsbundes 1982 bis 1985, Düsseldorf 1986, S. 5.

33 Vgl. dazu auch die hohlen, leerformelhaften gemeinsamen Presseerklärungen anläßlich der Spitzentreffen. Pläne über gemeinsame Projekte schmiedeten selbst die für die ideologische Legitimierung und Abgrenzung zuständigen Historiker beider Organisationen, die doch in der Vergangenheit stets eine der Hauptursachen für die Schwächung der Arbeiterbewegung in den geistigen Traditionen und der Politik der jeweils anderen Strömung identifiziert hatten. Nun wurden gemeinsame 100-Jahr-Feiern und andere Jubiläums-Anlässe beraten und mögliche gemeinsame Aktivitäten auf dem Gebiet der Gewerkschaftsgeschichte sondiert. Als besonders konsensfähig erschienen etwas weiter zurückliegende Vorgänge wie zum Beispiel die »Rahmenbedingungen für die Gewerkschaftspolitik im Kaiserreich«; auch ein Bild-Text-Band über Gewerkschaftshäuser kam offensichtlich dem beiderseitigen Harmoniebedürfnis nahe (vgl. H. Deutschland, Bericht über die Konsultation mit Vertretern des DGB zu Fragen der Gewerkschaftsgeschichte, Bernau, den 19.4.1989). – Eine Notiz von Prof. H. Deutschland, Leiter der Forschungsgruppe Geschichte an der Gewerkschaftshochschule »Fritz Heckert« in Bernau und Autor der SED-orientierten Hof-»Geschichte des FDGB«, über ein Gespräch mit dem damaligen Leiter der Abteilung Bildung beim DGB-Bundesvorstand, zeigt die Richtung an, in die die Funktionäre die Gestaltung der weiteren Beziehungen vordachten: »Kollege Hans Brauser vom DGB-Bundesvorstand äußerte in einem Gespräch: »Es würde sich lohnen darüber nachzudenken, ob FDGB und DGB nicht an einem gemeinsamen Papier über Zukunftsaufgaben der Gewerkschaften arbeiten sollten.« Die Arbeit der damit beauftragten Experten sollte, wie bei SED und SPD, langfristig angelegt werden und, bis greifbare Ergebnisse vorliegen, unter Ausschluß der Öffentlichkeit stattfinden«. (Heinz Deutschland, Bericht über die Teilnahme einer Delegation des FDGB am Hattinger Forum des DGB-Bildungswerkes, 22.11.1988).

34 Schreiben von Harry Tisch an Erich Honecker vom 27.1.1988: »Vereinbart wurde der Austausch von jeweils zehn Ehepaaren im Monat Juli. (...) Ich bin dafür, darauf positiv einzugehen und dem gemachten Vorschlag zuzustimmen. (...) Ich bitte um Deine Zustimmung. Vielleicht wäre es gut, die Mitglieder des Politbüros über diese Situation zu informieren« (Schriftlicher Vermerk Honeckers auf dem Brief: »Einverstanden. Erich Honecker. 28.1.1988«).

35 Das las sich im »Reisebericht des 1. Urlauberaustausches zwischen dem FDGB und dem DGB« dann so: »Alle Kolleginnen und Kollegen hatten sich gut auf die Reise vorbereitet, waren gut über aktuelle Ereignisse informiert, die sich in den zahlreichen Gesprächen mit BRD-Bürgern als nützlich erwiesen. Besonders hervorheben möchte ich das Ehepaar X. Sie hatten sich sehr intensiv vorher mit der Innen- und Außenpolitik der DDR sowie internationalen Ereignissen beschäftigt und diskutierten stets sehr realistisch über ihre Heimat und vertraten einen sauberen Standpunkt (...). Aber auch alle anderen Reiseteilnehmer haben meiner Einschätzung nach einen einwandfreien Standpunkt vertreten (...).«

36 Harry Tisch, Vorlage für das Politbüro des Zentralkomitees der Sozialistischen Einheitspartei Deutschlands. Betrifft: Bericht über den Besuch einer Delegation des Bundesvorstandes des FDGB beim DGB vom 28.-31. Mai 1985, 2. Juni 1985.

37 Harry Tisch, Vorlage für das Politbüro des ZK der SED. Betr.: Information über den Besuch einer DGB-Delegation vom 25. bis 29.5.1987 in der DDR, Berlin, 30.5.1987.

38 Schreiben von Ilse Brusis an Harry Tisch, 28.1.1988.

39 Vgl. Grenzfall 11–12/1987 sowie die »Dokumenta Zion«, auszugsweise abgedruckt in: Frankfurter Rundschau 5.,6. und 7. Januar 1988.

40 Die Vorgehensweise, den Kontakt zum politisch Verfolgten über den (Mit-)Verfolger zu suchen, scheint uns für eine Gewerkschaft zumindest unkonventionell.

41 Schreiben von Johanna Töpfer an Erich Honecker, 8.2.1988 (*Dok.* 15).

42 Hausmitteilung Johanna Töpfer an Harry Tisch, 9.2.1988 (*Dok.* 16).

43 Persönliche Anmerkungen über den Besuch einer Delegation des DGB-Bundesvorstandes, Abt. Jugend, beim FDGB-Bundesvorstand, Abt. Jugend in der DDR, 19.2.1988 (von einem Mitglied der DGB-Delegation).

44 Vgl. »DGB-Jugend mußte DDR-Besuch vorzeitig beenden«, DGB-Nachrichtendienst Nr. 50, 11.2.1988.

45 Man stelle sich umgekehrt vor, der DGB hätte einen Besuch Harry Tischs abgebrochen und ihn aus der Bundesrepublik hinausgewiesen, weil er sich im Anschluß an das Gespräch mit Breit mit dem DKP-Vorsitzenden Mies treffen wollte – was übrigens geschah.

46 Abteilung Internationale Gewerkschaftsbeziehungen, Information über ein Gespräch des DGB-Vorsitzenden Ernst Breit mit dem Vorsitzenden des Bundesvorstandes des FDGB, Harry Tisch, Berlin, den 18. April 1988. Bei einem informellen Gespräch mit der Abteilung Internationale Gewerkschaftsbeziehungen des FDGB war Milert bereits am 16. Februar 1988 auf Distanz zum Besuchsabbruch der DGB-Jugend gegangen: »Kollege Milert bedauerte, daß der Besuch

der Delegation vorzeitig beendet worden ist. (Über die Zuspitzung und die vorzeitige Abreise habe er aus dem Rundfunk bzw. Fernsehen erfahren). Ihm sei der Brief der Kollegin Brusis an Kollegen Tisch nicht bekannt. Er lese ihn hier das erste Mal. Er halte es auch für falsch, wenn solche diffizilen Fragen wie der Besuch der Umweltbibliothek bereits vorher in der Presse veröffentlicht werden. (...) Kollege Milert verwies in diesem Zusammenhang darauf, daß Kollege Graßl erst seit dem 01.12.1987 als Bundesjugendsekretär tätig und deshalb die Vorbereitung auf diese Reise nicht gründlich erfolgt sei«. (Abteilung Internationale Gewerkschaftsbeziehungen, Aktennotiz über ein Gespräch mit Werner Milert, Bundesvorstand des DGB, Berlin, den 16.02.1988).

47 Dies war vermutlich nicht der einzige Versuch, sich von Berliner oder westdeutscher Gewerkschaftsseite in die Privilegien der DDR-Nomenklatura als Trittbrettfahrer einzuklinken.

48 Werner Heilemann, Notiz über das Gespräch mit Kollegen Pagels, Vorsitzender des DGB Berlin-West, am 26. Juli 1988.

49 Viele Probleme sind nur gemeinsam zu lösen, Tribüne-Interview mit Michael Pagels, Vorsitzender des DGB-Landesbezirks Berlin (West), Tribüne, Organ des Bundesvorstandes des FDGB, 27.6.1989.

50 Schreiben Harry Tisch an Erich Honecker, 4. April 1989 (*Dok.* I/8).

51 Harry Tisch, zitiert nach: »Die Welt« vom 16.9.1989. Auf Vorschlag von Johanna Töpfer dankte das Präsidium des FDGB dem Vorsitzenden nach dessen Rückkehr ausdrücklich »für die prinzipielle und offene Darlegung des Klassenstandpunktes der DDR und des FDGB während seines Aufenthaltes in der BRD« (FDGB-Bundesvorstand, Beschluß des Präsidiums vom 22.9.1989, Nr. P 51/89).

52 Gemeinsame Pressemitteilung über den Besuch einer Delegation des Bundesvorstandes des FDGB vom 12. bis 15. September 1989 beim DGB, Stuttgart, 15. September 1989. (Vgl. *Dok.* I/9)

53 Ebd.

54 Interview mit dem DGB-Vorsitzenden Ernst Breit, Deutschlandfunk, 6.10 Uhr, 3.11.1989.

55 »Menschen- und Gewerkschaftsrechte«, Antrag 60 des 13. ordentlichen Bundeskongresses des DGB 1986.

56 »Betr.: Menschen- und Gewerkschaftsrechte«, Antrag 64 des 12. ordentlichen Bundeskongresses des DGB 1982.

57 Wir haben uns deshalb entschieden, die Berichte des FDGB über diese Beziehungen im Anhang umfangreich zu dokumentieren (vgl. *Dok.* II/1–66).

58 Westabteilung, Information. Angaben zur Position der Industriegewerkschaft Druck und Papier und zur Position des Vorsitzenden, Leonhard Mahlein, sowie zu weiteren Delegationsmitgliedern, Berlin, 18. August 1976 (*Dok.* II/21).

59 »Lage und Entwicklungstendenzen im DGB Ende 1971«, S. 28 (P 151/71).
60 Ebd., S. 29. Mit »befreundeten Kräften« umschrieb der FDGB hier die Mitglieder und Funktionäre der DKP.
61 FDGB-Bundesvorstand, Beschluß des Sekretariats vom 11.11.1961, S 751/68, »Information über Verlauf und Ergebnisse des Gewerkschaftstages der IG Druck und Papier im DGB (20. – 26.10.68)«, S. 5/6 (ArchGew A 200.4913).
62 IG Druck und Papier/Zentralvorstand, Sekretariatsinformation über die Ergebnisse des Aufenthaltes einer Delegation des Hauptfrauenausschusses der IG Druck und Papier im DGB vom 6. bis 10. November 1978 (ArchGew A 200.13596) (vgl. *Dok.* II/34).
63 Vgl. dazu *Dok.* II/43 und II/56.
64 Leonhard Mahlein, Gewerkschaften international. Im Spannungsfeld zwischen Ost und West, Frankfurt 1984, S. 75.
65 Ebd., S. 79.
66 Ebd., S. 80.
67 Ebd., S. 202.
68 IG Druck und Papier/Zentralvorstand, Bericht über den Aufenthalt der Delegation des Hauptvorstandes der IG Druck und Papier im DGB in der Zeit vom 23. bis 28.8.1976, Berlin, den 2. September 1976 (*Dok.* II/20).
69 Ebd.
70 Detlef Hensche, Besuch in der DDR – Wir brauchen keine Dolmetscher, in: Druck und Papier Nr. 21, 11.10.1976, S. 8.
71 Ebd., S. 8.
72 Ebd., S. 7.
73 Ebd., S. 7.
74 Ebd., S. 6/7. Während der DGB bis Anfang der achtziger Jahre Distanz zur Ständigen Vertretung der DDR in Bonn behielt, erklärte sich Mahlein beim Gegenbesuch einer FDGB-Delegation in der Bundesrepublik im Jahr 1977 während eines Empfangs von Michael Kohl zu einer engeren Fühlungnahme mit der Ständigen Vertretung der DDR in Bonn bereit (vgl. *Dok.* II/31).
75 IG Druck und Papier/Zentralvorstand, Konzeption zur Vorbereitung des ersten öffentlichen Informationsbesuches einer Delegation der IG Druck und Papier im DGB und Fragen zur weiteren Gestaltung der Beziehungen zwischen beiden Industriegewerkschaften, Berlin, 18. September 1973 (*Dok.* II/7).
76 Schreiben von Herbert Warnke an Erich Honecker, 11.1.1974.
77 Vgl. *Dok.* II/12.
78 Vgl. *Dok.* II/19.
79 Vgl. *Dok.* II/54.
80 »In bezug auf seine Haltung zur Gewerkschaft der Beschäftigten der

Polygraphischen Industrie der VR Polen brachte Ferlemann zum Ausdruck, daß seine Organisation sich nicht an die Festlegungen des EGB-Kongresses von Mailand halte und die Wiener Konferenz nutzen werde, um mit den anwesenden Funktionären der polnischen Gewerkschaft Kontakt aufzunehmen.« (IG Druck und Papier/Zentralvorstand, Zu den Ergebnissen des Informationsbesuches des Vorsitzenden der IG Druck und Papier im DGB, Erwin Ferlemann, sowie des Stellvertretenden Vorsitzenden Heinz Müller am 23. und 24.5.1985 in der DDR, Berlin, 30. Mai 1985 (*Dok.* II/53).

81 Vgl. *Dok.* II/23–27.

82 IG Druck und Papier/Zentralvorstand, Bericht über das Ergebnis des Informationsbesuches einer Delegation des Hauptvorstandes der IG Druck und Papier im DGB mit Funktionären der Deutschen Journalisten-Union (DJU) in der IG Druck und Papier in der Zeit vom 8. bis 13. Dezember 1980 in der DDR, Berlin, 19. Dezember 1980 (*Dok.* II/36).

83 IG Druck und Papier/Zentralvorstand, Erste Information über den Besuch einer Delegation des Hauptvorstandes der IG Druck und Papier im DGB unter Leitung des Vorsitzenden Leonhard Mahlein, Berlin, 27.8.1981 (*Dok.* II/38).

84 W. Heilemann, Information über das Gespräch des Genossen Harry Tisch mit der Delegation der IG Druck und Papier im DGB unter Leitung ihres Vorsitzenden Leonhard Mahlein am 27.8.1981, 2.9.1981 (*Dok.* II/40).

85 Vermerk über ein Gespräch mit Leonhard Mahlein, Vorsitzender der IG Druck und Papier im DGB, Berlin, den 11. Juni 1980 (*Dok.* II/35).

86 Ebd.

87 AV Bonn/IAP, Vermerk über ein Gespräch des Genossen Wolf mit dem Vorsitzenden der IG Druck und Papier im DGB, Leonhard Mahlein, am 17.9.1982 in Stuttgart, Bonn, 23. September 1982 (*Dok.* II/42).

88 Ebd.

89 IG Druck und Papier/Zentralvorstand, Information, Berlin, 29.9.1982, Vertraulich (*Dok.* II/43).

90 Ergänzende Informationen und Bemerkungen über den 13. Ordentlichen Gewerkschaftstag der IG Druck und Papier vom 15. bis 22. Oktober 1983 in Nürnberg, 28. Oktober 1983 (*Dok.* II/47).

91 Ebd.

92 W. Heilemann, Information über Gespräche des Genossen W. Heilemann mit führenden Gewerkschaftsfunktionären, Vertretern gewerkschaftlicher Einrichtungen der BRD und dem Bundestagspräsidenten Eugen Glombig (SPD) in der Zeit vom 5.– 9. 12. 1983, Berlin, den 13.12.1983 (*Dok.* II/48).

93 IG Druck und Papier, Information über die Teilnahme am 1. Gewerk-

schaftsag der IG Medien, Druck und Papier, Publizistik und Kunst im DGB vom 12. bis 15. April 1989 in Hamburg, Berlin, 18.4.1989 (*Dok.* II/65).

94 IG Druck und Papier/Zentralvorstand, Gewerkschaft Kunst/Zentralvorstand, Über die Ergebnisse des Besuches einer Leitungsdelegation der IG Medien – Druck und Papier, Publizistik und Kunst im DGB vom 4. bis 6. Oktober 1989 in der DDR, Berlin, 9. Oktober 1989 (*Dok.* II/66).

95 Ebd.

Die IG Medien und die gescheiterte FDGB-Reform

Nur langsam stellte sich der DGB nach Honeckers Sturz im Oktober 1989 auf den Boden der neuen Realitäten. Er unterstützte die politische Reformbewegung der DDR kaum und machte nur zögerlich deutlich, »daß er bereit ist, eine freie, unabhängige und demokratische Gewerkschaftsbewegung in der DDR mit Rat und Tat zu unterstützen.«[1] Festzuhalten bleibt: Die Entwicklung in der DDR überraschte den DGB und seine 16 Einzelgewerkschaften. Bis zum FDGB-Kongreß Ende Januar 1990 trat die überwiegende Mehrheit der sich öffentlich äußernden DGB-Funktionäre entschieden für eine eigenständige Entwicklung in der DDR ein. Man war bereit, den FDGB-Reformern zu helfen, lehnte aber die Perspektive einer deutschen Einheit entschieden ab. Die gewerkschaftliche Spitzendiplomatie zwischen DGB und FDGB im Zeichen der Entspannungspolitik war in der Bundesrepublik bekanntlich Sache des Dachverbandes, da es sich ja nicht um gewerkschaftliche Kontakte im engen Sinn des Wortes handelte. Mit der FDGB-Reform änderte sich dies grundlegend. Jetzt mußte die Neubestimmung der gewerkschaftlichen Deutschlandpolitik in der Bundesrepublik von den Einzelgewerkschaften ausgehen. Am Anfang der Neubestimmung der Beziehungen zum FDGB und seinen Einzelgewerkschaften stand zunächst die ordnungspolitische Bewertung der Vorgänge in der DDR, mit der die Unterstützung der FDGB-Reformer auf ihrem Weg zu einer erneuerten DDR begründet wurde. Wie diese Politik in den ersten vier Monaten nach der Maueröffnung verlief, soll am Beispiel der IG Medien nachgezeichnet werden.

Die im April 1989 in Hamburg gegründete IG Medien – Druck und Papier, Publizistik und Kunst im DGB war mit rund 180 000 Mitgliedern der wichtigste Interessenverband der Arbeitnehmer in den Kommunikationsindustrien der Bundesrepublik.

Diese Gewerkschaft mit ihren langjährigen Beziehungen zum FDGB, wenn man die IG Druck und Papier in die Betrachtung mit einbezieht, richtete ihre erste Forderung an die Bundesregierung, nachdem die Mauer am 9. November 1989 gefallen war, und forderte: Nichteinmischung! Die vom Gewerkschaftsrat der IG Medien am 1. Dezember 1989 beschlossene Stellungnahme ist ein zeitgeschichtliches Dokument, verbunden mit der Tradition der engen kooperativen Beziehungen mit dem FDGB und doch den neuen Gegebenheiten angepaßt: »Wir erleben gegenwärtig in unseren osteuropäischen Nachbarländern eine friedliche und deshalb epochale Revolution. Sie hat die Richtung, stalinistische Strukturen aufzusprengen, ökonomische Irrwege zu korrigieren und insgesamt auf einen ›Sozialismus mit menschlichem Antlitz‹ zuzusteuern. Diese Vision des Prager Frühlings von 1968 hat auch Michail Gorbatschow zur Richtschnur seiner Politik erklärt. Daß in diesem historischen Moment ausgerechnet die Bundesrepublik Deutschland vorprescht und mit Wiedervereinigungsmodellen den Prozeß der Selbstfindung und Selbstbestimmung der DDR machtpolitisch zu beeinflussen sucht, halten wir für eine gefährliche, unsere Nachbarn im Osten und Verbündeten im Westen gleichermaßen irritierende Politik. Der Gewerkschaftsrat der IG Medien fordert deshalb von der Bundesrepublik, friedensgefährdende Alleingänge zu unterlassen. Vielmehr sollte sie endlich die polnische Westgrenze verbindlich garantieren, um so zu politischer Berechenbarkeit und Stabilität beizutragen. Die deutsche Zukunft darf nicht von unseren großen politischen Parteien einseitig vorprogrammiert –, sie kann nur in gemeinsamer Planung mit der DDR und allen europäischen Nachbarn gestaltet werden. Eine gleichberechtigte Zusammenarbeit ohne Vorbedingungen auf kulturellem, ökologischem und wirtschaftlichem Gebiet ist dringend geboten, soll die historische Chance nicht vertan werden.«[2]

Schon vor dieser Stellungnahme des Gewerkschaftsrates hatte der stellvertretende Gewerkschaftsvorsitzende Detlef Hensche diese Linie propagiert: »Es ist schwer, Voraussagen zu treffen. Bis auf eine: Der Aufbruch in der DDR ist offenkundig unumkehrbar. Ein Rückfall in bürokratische Bevormundung scheint ausgeschlossen. Dazu ist die Bewegung zu breit und zu selbstbewußt. Vereinnahmung und Bevormundung drohen von anderer Seite: In Gestalt westlicher Einmischung. Das Volk der DDR muß seinen eigenen Weg suchen und finden. Daher lasse man davon ab, die Bürger beiderseits der Elbe mit Wiedervereinigungs-Formeln zu bombardieren. (...) Was die Menschen in der DDR auf dem Weg zu demokratischen Verhältnissen brauchen, ist Hilfe. Sie darf nicht unter Bedingungen gestellt werden. Genau hier beginnt das Geschäft der Einmischung. Nun ist die Mauer so gut wie weg. Eine demokratische Erneuerung ist sichtbar. Doch Wirtschaftshilfe, sagt der Bundeskanzler, könne es erst geben, wenn freie Wahlen stattfinden, wenn eine freie Presse, freie Parteien und freie Gewerkschaften zugelassen seien. Mit Krediten an die Türkei und an das Chile Pinochets sind Banken und Bundesregierung nicht so zimperlich.«[3] Für die IG Medien forderte Hensche eine Wächterrolle: »Laßt uns deshalb darüber wachen, daß der Aufbruch in der DDR seinen Weg findet – mit unserer Unterstützung, aber ohne jede Einmischung.«[4]

Entsprechend dieser Linie der »Nichteinmischung« unterstützte die IG Medien die Reform des FDGB. Unter der Überschrift »Die IG Druck und Papier im FDGB der DDR will eingefahrene Gleise rigoros verlassen« bekam deren Vorsitzender Werner Peplowski in der Mitgliederzeitschrift der IG Medien Gelegenheit, die Neubestimmung seines Verbandes als unabhängige freie Gewerkschaft im FDGB vorzustellen. Peplowski übernahm bereits im Dezember 1989 zentrale Begriffe aus dem DGB-Selbstverständnis. Er betonte, daß die Mitglieder zugleich mit der Kritik an überholten Zuständen Vorschläge »zur wirksamen gewerkschaftlichen Interessenvertretung« vorgetragen hätten und besorgt wären »um den weiteren Bestand unserer Einheitsgewerkschaft«, zugleich freilich entschlossen wären, »sie gegen spalterische Absichten zu verteidigen«.[5] Welchen politischen Gehalt der Begriff der »Einheitsgewerkschaft« im Apparat der IG Druck und Papier im FDGB im Dezember 1989 noch besaß, verdeutlichte der Geschäftsbericht des Sekretariats des Zentralvorstandes, der der Außerordentlichen Zentraldelegiertenkonferenz Anfang März 1990 vorgelegt wurde. Dort hieß es rückblickend über die »Kaderarbeit des Sekretariats«, daß diese sich »auf die Stabilität und Beschlußfähigkeit des gewählten Zentralvorstandes« ausgerichtet habe. »Die Kaderarbeit war fest eingefügt in die dafür bestimmenden Beschlüsse des Bundesvorstandes des FDGB. So durfte kein hauptamtlicher Funktionär einer ehemaligen Blockpartei angehören oder parteilos sein. Der Anteil der SED-Mitglieder eines gewählten Vorstandes war vorgeschrieben und wurde vom Sekretariat bestätigt. Sie durften keine Kontakte – weder persönlich noch postalisch – mit Bürgern kapitalistischer Länder einschließlich der BRD und Berlin-West haben.« Diese Feststellung galt natürlich auch für das SED-Mitglied Peplowski. Auch über die Konsequenzen informierte dieser Geschäftsbericht die Delegierten: »Viele Kolleginnen und Kollegen, die sich in Grundorganisationen bzw. als ehrenamtliche Mitglieder in Vorständen für die Mitglieder einsetzten und von ihnen anerkannt wurden, konnten deshalb für hauptamtliche Wahlfunktionen nicht kandidieren.«[6] Die Karriere des Vorsitzenden der IG Druck und Papier im FDGB, Werner Peplowski, entsprach exakt diesen Kaderrichtlinien: 1964, mit 20 Jahren, wurde er Mitglied der SED. Seine Funktionärskarriere begann 1968 in der FDJ, von 1980 bis 1984 war er Bildungs- und Kultursekretär der SED-Kreisleitung Potsdam. Sein Einstieg in den FDGB erfolgte 1984 im Zentralvorstand der Gewerkschaft Unterricht und Erziehung. Vorsitzender der IG Druck und Papier wurde Peplowski im März 1985, und seit dieser Zeit war er Mitglied des Bundesvorstandes des FDGB. Von 1972 bis 1977 besuchte er die Parteihochschule der KPdSU in Moskau.[7] Peplowski nutzte den Raum im »Kontrapunkt«, um die IG Medien in die Reform des Realsozialismus der DDR solidarisch einzubinden: »Um es deutlich zu sagen, unser Herz gehört dem Sozialismus. Wie wir ihn ausgestalten und ausgestalten können, hängt von unserer eigenen Veränderung, aber auch von der Festigung der in vielen Jahren enger Zusammenarbeit gewachsenen solidarischen Beziehungen zwischen der IG Medien der BRD und unserer IG Druck und Papier ab. Wir möchten, daß wir schnell zu gemeinsamen Standpunkten kommen, wie wir unter den Bedingungen offener Grenzen zwischen beiden deutschen Staaten heute dem Anspruch unserer Kolleginnen und Kollegen nach gewerkschaftlicher Vertretung ihrer Interessen gerecht werden.«[8] Nach ersten Gesprächen Anfang Januar 1990 bei der IG Druck und Papier im FDGB artikulierte Detlef Hensche erstmals öffentlich negative Entwicklungen in der DDR, auf die sich seine Organisation einstellen mußte. »Die Glaubwürdigkeitskrise staatlicher Organe und der SED hat auch die Gewerkschaften erfaßt.«[9] Weitere Themen der Gespräche waren die Forderung nach Betriebsräten als »Konsequenz des Vertrauensverlustes« des FDGB in den Betrieben und vor allem die Herausforderungen der Tarifpolitik.

Entgegen den eigenen Nichteinmischungsforderungen an die Bundesregierung besaß und verfolgte man selbst jedoch alsbald aktiv gewerkschaftliche Neustrukturierungsambitionen in der DDR. Von Anfang an riet man, in der DDR eine einheitliche Mediengewerkschaft zu bilden, die wie weiland in der Bundesrepublik von der IG Druck und Papier organisiert werden sollte. Hensche äußerte über das Projekt der gewerkschaftlichen »Neuordnung« auf dem Mediensektor in der DDR: »Von Journalisten wurde bereits Ende vergangenen Jahres mehrfach die Forderung erhoben, eine IG Medien zu gründen. Die IG Druck und Papier im FDGB ist grundsätzlich dazu bereit. Allerdings liegen derzeit Konzepte und Planspiele vor, die sich gegenseitig ausschließen. Zum einen wird an die Schaffung einer einheitlichen Mediengewerkschaft gedacht, im Grunde nach dem Vorbild unserer IG Medien. Auf der anderen Seite stehen Überlegungen, eine IG Medien unter Ausklammerung der IG Druck und Papier zu schaffen; d. h., eine neue Gewerkschaft, die sich nur aus Journalisten, Schriftstellern und Künstlern zusammensetzt. Die IG Druck und Papier lehnt eine derartige Konstruktion ab.«[10] Beiden Seiten war klar, daß die jahrzehntelangen engen »Beziehungen« zwischen beiden Verbänden, die Hensche hervorhob, auf eine neue Grundlage gestellt werden mußten. Die drohenden Joint-ventures aus dem Westen mit Kombinaten aus dem Osten machten es nach Ansicht beider Verbände sehr schnell notwendig, »auf gewerkschaftlicher Ebene zur Gemeinsamkeit zu finden. ... Dementsprechend haben wir während des Besuchs über Einzelheiten eines Gegenseitigkeits- und eines Kooperationsvertrages beraten. Ziel ist es unter anderem, gegenseitigen Erfahrungsaustausch sicherzustellen, gemeinsame Bildungsveranstaltungen durchzuführen sowie die Kooperation zwischen betrieblichen Interessenvertretungen zu fördern.«[11] Noch war von »Kooperation« und einer IG Medien in der DDR die Rede; eine Wiedervereinigung wurde gemeinsam abgelehnt. In einem Interview mit dem Funktionärsorgan des DGB, »Die Quelle«, darauf angesprochen, antwortete Peplowski lapidar: »Nichts. Und ich bin dankbar dafür, daß die IG Medien diese Meinung teilt. Erstens sind die DDR und die Bundesrepublik unter ganz anderen Voraussetzungen entstanden; und zweitens ist bei uns eine demokratische Bewegung entstanden, auf die wir stolz sein dürfen und die nicht kaputtgehen darf.«[12] Schon im Februar 1990 kam es zwischen den FDGB-Gewerkschaften Kunst und IG Druck und Papier zu einer »gemeinsamen Sekretariatsberatung unter Leitung ihrer Vorsitzenden«. Beide Sekretariate hielten »eine Fusion beider Gewerkschaften in einer kampfstarken, einheitlichen IG Medien der DDR in absehbarer Zeit für dringend geboten. Man einigte sich darauf, auf den bevorstehenden Zentraldelegiertenkonferenzen beider Gewerkschaften im März zu dieser Frage grundsätzlich Stellung zu nehmen.«[13]

Auf der Außerordentlichen Zentraldelegiertenkonferenz der IG Druck und Papier am 2./3. März 1990 in Berlin wurde eine Satzung für das »Organisationsgebiet« DDR beschlossen.[14] Die Kollegen aus dem Westen waren damit zufrieden, war doch die »Nähe zur Satzung zur IG Medien unverkennbar«.[15] Einstimmig billigte die Konferenz die Vorbereitung einer »einheitlichen IG Medien zusammen mit der Gewerkschaft Kunst und dem Verband der Journalisten«.[16] Auf der Tagesordnung der IG Druck und Papier stand nach Meinung ihres wiedergewählten Vorsitzenden Werner Peplowski »der Abschluß eines Kooperationsvertrages« zwischen den Verbänden.[17]

Schon im Januar hatte ein Außerordentlicher Kongreß des »Verbandes der Journalisten der DDR (VDJ)« stattgefunden.[18] 1990 hatte der VDJ nach eigenen Angaben ca. 9000 Mitglieder. Die 400 Delegierten des Außerordentlichen Verbandskongresses beschlossen eine neue Satzung, die den Verband als »unabhängige Berufsvereinigung von Journalisten« definierte, »die auf der Grundlage der Verfassung der DDR« arbeiten.[19] Die Definition, daß sich der VDJ »als Teil der Mediengewerkschaften der DDR« versteht, war Ausdruck der offenen organisationspolitischen Situation, denn es gab nur Absichtserklärungen für eine IG Medien in der DDR. Daraus zog der Zentralvorstand am 12. Januar 1990 in seinem Bericht an die Delegiertenkonferenz den Schluß: »So galt gegenwärtig nur die Möglichkeit, uns als Berufsverband mit gewerkschaftlichen Rechten zu erklären. Der Zentralvorstand schlägt vor, daß der Außerordentliche Kongreß beschließt, eine Verhandlungsdelegation zu bevollmächtigen, mit allen zuständigen Organen über die Übertragung gewerkschaftlicher Rechte (Tarifhoheit und die dazugehörenden finanziellen Regelungen) an den Verband zu erörtern und zu vereinbaren. Sie sollen gleichzeitig ermächtigt werden, Tarifgemeinschaften mit anderen Gewerkschaften und Verbänden einzugehen, um bei der eventuellen Vorbereitung einer Mediengewerkschaft der DDR den Standpunkt und die Interessen des VDJ zu vertreten.«[20]

Im Februar 1990 hatte es den Anschein, als wolle der VDJ mit dem Deutschen Journalisten-Verband (DJV) der Bundesrepublik Deutschland kooperieren. So vereinbarten die Vorstände beider Verbände in Berlin »die Gründung einer gemeinsamen Kommission der Verbandsspitzen sowie einen umfassenden Informations- und Erfahrungsaustausch auf allen Ebenen, besonders zwischen Fachgremien beider Journalistenverbände«. Der DJV wollte den VDJ bei der »Entwicklung zu einer unabhängigen Gewerkschaft von Journalisten ideell (z. B. durch Aus- und Fortbildungsveranstaltungen) und materiell (durch technische Hilfe) ... unterstützen.«[21] Aber die Fachgruppe Journalismus der IG Medien überließ dem DJV nicht einfach das Feld. Am Rande der Zentraldelegiertenversammlung der IG Druck und Papier vereinbarten der Fachgruppenvorstand Journalismus der IG Medien und der Vorstand des VDJ die Einrichtung eines ständigen gemeinsamen Koordinationsgremiums. Ende März stellte sich der VDJ-Vorstand an die Spitze der Bewegung für eine IG Medien in der DDR. Die Begründung war plakativ: »Die Kolonisierung der DDR-Medienlandschaft durch das Kapital der BRD ist in vollem

Gange. Unabhängiger Journalismus, hier gerade erst geboren und begonnen, ist in höchster Gefahr.« Die Frage »Was tun?« beantwortete der VDJ-Vorstand mit einem Appell. Er rief »die Industriegewerkschaft Druck und Papier sowie die Gewerkschaft Kunst, Kultur und Medien der DDR auf, jetzt alle Anstrengungen zu unternehmen, um die vereinte Industriegewerkschaft Medien schnellstens zu bilden«. Als befreundete Macht rief der VDJ »die IG Medien der BRD« zu Hilfe, sie solle »aufs engste mit den DDR-Gewerkschaften und Berufsverbänden bei der Verteidigung der sozialen und beruflichen Rechte ihrer Mitglieder im Osten und Westen Deutschlands zusammenwirken«.[22] Die Funktionäre hatten gewissermaßen den gewerkschaftspolitischen Bündnisfall konstruiert, der nunmehr das unverhohlene Eingreifen des DGB-Verbandes, allen vorangegangenen Beteuerungen zum Trotz, legitimieren sollte.

Im April 1990 kam es auf dem vom DJV organisierten ersten deutschen Journalistentag zu einer heftigen Kontroverse zwischen dem Vorsitzenden der DJV, Dr. Hermann Meyn, und dem Vorsitzenden des VDJ, Gerd Kurze. Ernst-Otto Maetzke hat ihn protokolliert und in der »Frankfurter Allgemeinen Zeitung« veröffentlicht: »Meyn erinnerte Kurze daran, daß der Verband der DDR-Journalisten auf dem jüngsten Außerordentlichen Kongreß offengelassen habe, ob der Verband in einer Mediengewerkschaft aufgehen oder sich zu einer Journalistengewerkschaft entwickeln solle. Die Delegierten hätten ihre gewählten Leitungen zwar mit der unverzüglich zu beginnenden Umgestaltung des Verbandes beauftragt, aber ausdrücklich hinzugefügt: ›Das kann innerhalb einer neu zu schaffenden IG Medien oder organisatorisch selbständig geschehen.‹ Obwohl die Entscheidung erst auf dem nächsten Kongreß im Herbst fallen sollte, habe der Zentralvorstand des DDR-Journalistenverbandes im Sinne der erstgenannten Möglichkeit, wie Meyn sagte, ›an der Mitgliedschaft vorbei die Richtungsentscheidung gefällt‹. Er fügte hinzu: ›Wenn sich ein Bundes- oder Gesamtvorstand des Deutschen Journalisten-Verbandes erlauben würde, in dieser Weise die Mitgliedschaft von oben zu manipulieren, würden solche Vorstände von der Basis hinweggefegt.‹ Der VDJ-Vorsitzende Kurze wies unter Beifall vieler anwesender DDR-Journalisten den Vorwurf Meyns vehement zurück. Er machte geltend, daß der übergroße Teil der DDR-Journalisten in der IG Druck und Papier sowie in der Gewerkschaft Kunst, Kultur, Medien des DDR-Gewerkschaftsbundes FDGB organisiert sei. Deshalb sei mit diesen Gewerkschaften ein Kooperationsvertrag geschlossen worden. ›Es ist nicht fair, die demokratische Führung des VDJ zu rügen, weil sie tut, was ihres Amtes ist. Politik für ihre Mitglieder zu machen.‹ Meyn solle nicht ausschließlich zur Kenntnis nehmen, was seinen eigenen Interessen entspreche.«[23]

Der Trend verlief nun unverkennbar in Richtung auf eine IG Medien. Auch die Gewerkschaft Kunst, Kultur, Medien im FDGB sprach sich nun auf ihrer Delegiertenkonferenz sowohl für eine IG Medien in der DDR als auch für die Kooperation mit der IG Medien der Bundesrepublik aus und unterschrieb ein entsprechendes Kooperationsabkommen. Damit wurden »schon erste Schritte für eine spätere Fusion möglich«.[24] Bekräftigt wurde dieser Kurs von der neu gewählten Vorsitzenden der Gewerkschaft Kunst, Kultur und Medien in der DDR, Ruth Martin, in einem Interview mit der Zeitschrift »Publizistik & Kunst«.[25]

Unmittelbar vor der Zentraldelegiertenkonferenz der IG Druck und Papier fand der Schriftstellerkongreß der DDR statt. Am Ende der Veranstaltung hatte der Verband einen neuen Vorstand und ein erneuertes Selbstverständnis: »Nicht ›Deutscher Schriftstellerverband‹, sondern weiterhin ›Schriftstellerverband der DDR‹ heißt die Organisation, was bedeutet, daß sie sich – vorläufig – gegen eine schnelle bundesdeutsche Vereinnahmung behaupten will. In vielen Details allerdings entspricht das schließlich mit 455 gegen 5 Stimmen angenommene Statut dem des bundesdeutschen VS und schreibt auch fest, daß der Anschluß an einen gewerkschaftlichen Dachverband gesucht werden soll.«[26]

Eine Woche zuvor hatte der »Verband der Film- und Fernsehschaffenden der DDR«[27] seinen Weg neu bestimmt. Von den ca. 1.000 Mitgliedern erschienen zu seinem Verbandskongreß ca. 300. »Zu einer Neuformierung als Teil einer Mediengewerkschaft« vermochte man sich jedoch nicht durchzuringen, so die kritische Anmerkung in der IG Medien-Zeitschrift »Publizistik &

Kunst«.[28] Als die IG Druck und Papier/FDGB in ihrem Aktionsprogramm die Etappen ihres künftigen Weges festlegte, schien der Kurs eines »schrittweisen Zusammenwachsens« in Kooperation mit der IG Medien im DGB mit Blick auf die deutsche Einheit realistisch und gut fundiert.[29] Aber die Etappe IG Medien in der DDR fiel aus. Die Zentraldelegiertenkonferenz der IG Druck und Papier billigte auch den Kooperationsvertrag mit der IG Medien der Bundesrepublik. Er enthielt eine Revisionsklausel, wonach jederzeit »mit einer Frist von 6 Monaten zum Monatsende gekündigt werden« konnte.[30] Feierlich wurde der Kooperationsvertrag zwischen IG Medien und IG Druck und Papier in Stuttgart unterschrieben und das Abkommen ohne die Revisionsklausel in der Mitgliederzeitschrift der IG Medien auch publiziert.[31] In der Wiedervereinigungsdebatte gab sich Detlef Hensche weiterhin entschieden: »Die CDU trommelt für den Anschluß der DDR nach Art. 23 GG. Was demokratisch begann, soll in undemokratischer Unterwerfung enden! Das Volk wird nicht gefragt.«[32] Hensche verlangte zudem, daß sich die Gewerkschaften in die Verfassungsdebatte aktiv einmischen und vor der deutschen Vereinigung eine neue gesamtdeutsche Verfassung entsprechend Art. 146 GG geschaffen würde.

Einen Tag, nachdem dieser Kommentar erschienen war, eröffnete die IG Medien in Ost-Berlin »ein Kontaktbüro«. Seine Zielsetzung unterschied sich nicht von dem der anderen DGB-Verbände. Es sollte »Beratung über gewerkschaftliche Interessenvertretung übernehmen« und »Kontakt zwischen den gewerkschaftlichen Betriebsvertretungen, deren Unternehmen Kooperationsabsichten verfolgen«, über die deutsch-deutsche Grenze herstellen.[33]

Nun geschah freilich Unerwartetes: Detlef Hensche signalisierte mit einer Selbstkritik am Umgang namentlich seiner Gewerkschaft mit den Verhältnissen in Osteuropa in der Vergangenheit einen Kurswechsel. Ein Zeitungsartikel über Hensches Selbstkritik erschien fünf Tage, bevor der DGB-Bundesausschuß seine deutschlandpolitische Linie neu bestimmte, in der »Frankfurter Rundschau« und löste im DGB Staunen und Überraschung aus. Hensche bescheinigte den bundesdeutschen Gewerkschaften, daß sie in der Vergangenheit »ihre Kritik an Zuständen und Institutionen in den osteuropäischen Ländern bei weitem nicht entschieden und öffentlich genug vorgetragen« hätten. Die »Hemmschwelle« für dieses Verhalten, »die negativen Erscheinungen des real existierenden Sozialismus deutlich herauszustellen«, habe darin bestanden, »daß man den Verdacht des Antikommunismus und den Vorwurf habe vermeiden wollen, ›man tute ins gleiche Horn wie Springer und Strauß. Das war ein Fehler‹.« Damit nicht genug. Auch die Reaktion der IG Druck und Papier und der IG Medien auf »die oft überzogen klingende Kritik« an der Kooperation zwischen dem VS und dem DDR-Schriftstellerverband erkannte er nun an, denn die Kritik »habe ›auch ihre Berechtigung‹ gehabt«.[34]

Diese verblüffende Selbstkritik erklärt sich durch den Kurswechsel der DGB-Politik. Mit der beabsichtigten Wirtschafts-, Währungs- und Sozialunion zwischen der Bundesrepublik und der Deutschen Demokratischen Republik nahm die Überwindung der deutschen Zweistaatlichkeit Gestalt an. Wenige Tage nach dieser spektakulären Erklärung des Stellvertretenden Vorsitzenden der IG Medien und rechtzeitig vor dem Spitzengespräch zwischen DGB und Bundesverband der Deutschen Arbeitgeberverbände (BDA) legte der DGB in einer Entschließung des Bundesausschusses vom 7. März 1990 seine Politik zur Herbeiführung der deutschen Einheit fest. Der DGB sprach sich für eine einheitliche deutsche Gewerkschaftsbewegung aus und gab damit die FDGB-Reform auf.

Der entscheidende Punkt4 dieser Entschließung lautete: »Freie und unabhängige Gewerkschaften sind eine Voraussetzung jeder demokratischen Gesellschaft. Der DGB und seine Gewerkschaften werden ihre Hilfen zum Aufbau freier und unabhängiger Gewerkschaften in der DDR fortsetzen und intensivieren. Sie werden Gewerkschaften und gewerkschaftliche Initiativen unterstützen, die

– sich um den Aufbau demokratischer Gewerkschaftsstrukturen von unten nach oben bemühen;
– parteipolitisch unabhängig sind, sich zum Prinzip der Einheitsgewerkschaft bekennen und alle Beschäftigten der jeweiligen

Branche vertreten, gleich welchen Beruf sie ausüben, welchen sozialen Status sie haben oder welche politischen oder weltanschaulichen Positionen sie vertreten;
- betriebliche Arbeitnehmervertretungen fördern, die von den Belegschaften frei gewählt werden;
- für Tarifautonomie und Streikrecht eintreten und
- sich für umfassende Mitbestimmung am Arbeitsplatz, in Betrieben und Verwaltungen, in Unternehmen und in der Gewerkschaft einsetzen.

Der FDGB entspricht derzeit nicht diesen Kriterien. Die in ihm zusammengeschlossenen Gewerkschaften bieten in ihrer Erneuerung ein differenziertes Bild. Der DGB setzt sich zum Ziel, eine einheitliche deutsche Gewerkschaftsbewegung zu schaffen, um den Anforderungen entsprechen zu können, die sich durch Kooperationen von Unternehmen der Bundesrepublik und der DDR und durch eine Wirtschaftsgemeinschaft und Währungsunion ergeben. Er erwartet, daß die Gewerkschaften der DDR auf dem Weg dorthin Konsequenzen aus dem erlittenen Vertrauensverlust ziehen und sich entsprechend der dargestellten gewerkschaftlichen Grundprinzipien verändern.«[35] Die Entschließung endete mit der Aufforderung an die Bundesregierung, den DGB »an den Verhandlungen über die Ausgestaltung und über die Wege zur konkreten Herstellung der wirtschaftlichen und sozialen Einheit zu beteiligen«.[36]

Der DGB richtete sich auf Gespräche mit der Bundesregierung und den Arbeitgeberverbänden aus, um seine Vorstellungen und Ziele in den Prozeß der deutschen Einigung einzubringen, dabei war der FDGB im Weg.[37] Mit der Ausdehnung des Organisationsgebietes des DGB auf die noch existierende DDR ging das Kapitel der gewerkschaftlichen Spitzendiplomatie zu Ende.

Was bleibt, ist die Frage nach den Irrtümern dieser Politik; sie hat Detlef Hensche in seiner wohlplazierten Selbstkritik eingeräumt. Offen ist außerdem die Antwort auf die Frage, ob die Beziehungen der IG Druck/IG Medien zum FDGB nur ein Beitrag zur sozialdemokratischen Entspannungspolitik waren, oder gab es gar in vielen Fragen eine politische Koalition, bei der die IG Druck und Papier-Funktionäre – nicht nur nach den FDGB-

Dokumenten – Positionen der SED in der Bundesrepublik vertraten?

Anmerkungen

Die IG Medien und die gescheiterte FDGB-Reform

1 Geschäftsbericht des Bundesvorstandes des DGB 1986 bis 1989, a.a.O., S. 9.
2 Pressemitteilung IG Medien-Hauptvorstand vom 1.12.1989, zit. nach: Kontrapunkt 25/26/1989, S. 4.
3 Detlef Hensche: DDR: Demokratie statt Bevormundung, in: Kontrapunkt 23/1989, S. 5.
4 Ebd.
5 Werner Peplowski: Die IG Druck und Papier im FDGB der DDR will eingefahrene Gleise rigoros verlassen, in: Kontrapunkt 24/1989, S. 26.
6 Geschäftsbericht des Sekretariats des Zentralvorstandes an die Außerordentliche Zentraldelegiertenkonferenz der IG Druck und Papier am 2. und 3. März 1990, o.O., o.J., S. 19f.
7 Vgl. Günther Buch: Namen und Daten, 4. Auflage, Berlin/Bonn 1987, S. 240.
8 Werner Peplowski: Die IG Druck und Papier im FDGB der DDR will eingefahrene Gleise rigoros verlassen, a.a.O., S. 29.
9 Detlef Hensche: Gespräche mit der IG Druck und Papier im FDGB, in: Kontrapunkt 2/1990, S. 8.
10 A.a.O., S. 9.
11 Ebd.
12 Interview mit Werner Peplowski über die Zukunft des FDGB und der DDR-Gewerkschaften, in: Kontrapunkt 2/1990, S. 11.
13 Gespräche über Gewerkschaft Kultur und Medien, in: Neues Deutschland, 13.2.1990, S. 4.
14 Satzung der Industriegewerkschaft Druck und Papier, Berlin (Ost) 1990, § 2, S. 1.
15 Susanne Anger: Von der »Mit-Mach-Gewerkschaft« zur kämpferischen Interessenvertretung, in: Kontrapunkt 6/1990, S. 29.
16 Ebd.
17 Werner Peplowski: Wir müssen uns dem Neuen mit Engagement stellen, in: IG Druck und Papier, Informationsblatt des Hauptvorstandes 4/1990, S. 2.
18 Der VDJ wurde 1946 als Verband der Deutschen Presse begründet,

die Berufsorganisation gehörte bis 1953 dem FDGB an, nach dem Grundvertrag 1972 wurde der Verbandsname in VDJ geändert.

19 Neue Deutsche Presse 3/1990, S. 3ff.

20 Bericht des Zentralvorstandes, Neue Deutsche Presse 3/1990, S. 7.

21 DJV-Pressemitteilung vom 1. März 1990.

22 VDJ-Vorstand: IG Medien schnellstens bilden!, Berlin, 31. März 1990, Neue Deutsche Presse 4/1990, S. 1.

23 Ernst-Otto Maetzke: Streit zwischen Journalistenverbänden, in: Frankfurter Allgemeine Zeitung, 26.4.1990.

24 Gewerkschaft Kunst, Kultur, Medien, in: Die Gewerkschaften, eine Tribüne-Beilage, a.a.O., S. 11.

25 Conrad Schuhler: Interview mit Ruth Martin, Die Kunst geht nach Brot, in: Publizistik & Kunst, Zeitschrift der IG Medien 6/1990, S. 51.

26 Erasmus Schöfer: Überstehen ist alles, in: Publizistik & Kunst 4/1990, S. 25.

27 Der Berufsverband VFF wurde 1967 gegründet, zu seinen Aufgaben gehörten die Nachwuchsförderung und die Mitwirkung »beim Filmeinsatz sowie bei der Spielplan- und Programmgestaltung«. Akademie für Staats- und Rechtswissenschaften der DDR (Hrsg.): Die gesellschaftlichen Organisationen in der DDR, a.a.O., S. 94.

28 Günther Herkel: Schwieriger Prozeß der Selbstfindung, in: Publizistik & Kunst 4/1990, S. 35.

29 Vgl. Aktionsprogramm der IG Druck und Papier, in: IG Druck und Papier, Informationsblatt des Hauptvorstandes 4/1990, S. 4f.

30 Kooperationsvertrag, in: IG Druck und Papier, Informationsblatt des Hauptvorstandes 5/1990, S. 7.

31 Kontrapunkt 7/1990, S. 4.

32 Detlef Hensche: Artikel 23 GG: Einigung im Handstreich, in: Kontrapunkt 6/1990, S. 5.

33 IG Medien eröffnet Büro in Berlin (DDR), in: Kontrapunkt 7/1990, S. 4.

34 Peter Henkel: »Wir wollten nicht ins gleiche Horn tuten wie Springer und Strauß«, in: Frankfurter Rundschau, 2.3.1990, S. 1.

35 Entschließung zur deutschen Einheit, DGB-Informationsdienst, 7.3.1990, S. 2f.

36 A.a.O., S. 7.

37 Die Stunde rückte näher, auf die Hans Böckler nach Unterzeichnung der Gründungsurkunde des Deutschen Gewerkschaftsbundes für das Gebiet der Bundesrepublik Deutschland 1949 in München mit leisen Worten mahnend hinwies: »Nun ist es also geschehen! Die deutschen Arbeitnehmer haben wieder einen Gewerkschaftsbund, d.h. das Instrument, das ihnen die Gewähr gibt, die Zukunft der arbeitenden Menschen zu einer besseren zu gestalten. In dieser feierlichen Stunde wollen wir auch an diejenigen denken, denen die Umstände es ver-

wehren, schon jetzt bereits Mitglied unseres Bundes zu werden ... Wir senden ihnen unsere herzlichsten Grüße durch den Äther. (Beifall)« – Protokoll Gründungskongreß des Deutschen Gewerkschaftsbundes, München, 12.–14. Oktober 1949, Köln 1950, S. 164.

Dokumente

I. Dokumente zur Westarbeit des FDGB

Dok. 1

FDGB-Bundesvorstand **9.2.1972**

Beschluß des Sekretariats Nr. S 133/72

(...)
Aufgaben des Arbeitsbereiches für die Westarbeit des Bundesvorstandes des FDGB
Verantwortung und Aufgabenstellung für die Westarbeit des Bundesvorstandes des FDGB ergeben sich aus den Klassenauseinandersetzungen zwischen Sozialismus und Imperialismus, aus der unmittelbaren Konfrontation mit dem feindlichen staatsmonopolitischen Herrschaftssystem in der BRD an der Nahtstelle zwischen beiden Gesellschaftssystemen. Sie ergeben sich aus der Verpflichtung, die wir daraus gegenüber der internationalen Arbeiterbewegung tragen und der Solidarität für die progressiven Kräfte in der BRD. Ausgangspunkt für unsere Tätigkeit ist, alles zu tun für die Stärkung der entwickelten sozialistischen Gesellschaft in der DDR. Davon ausgehend ist die Propagierung des realen Sozialismus vom Standpunkt der wachsenden Rolle der Arbeiterklasse und ihrer Gewerkschaften unter Führung der marxistisch-leninistischen Partei in Auseinandersetzung mit der bürgerlichen Ideologie zur Unterstützung des Kampfes der Arbeiterklasse und der Gewerkschaftsbewegung in der BRD eine wichtige Aufgabe. Das ist auch ein Beitrag dafür, möglichst günstige äußere Bedingungen für die Gestaltung des Sozialismus in der DDR zu schaffen. Andererseits ist dafür Sorge zu tragen, in offensiver Auseinandersetzung mit dem Wesen des imperialistischen

Herrschaftssystems in der BRD das klassenmäßige Denken und Handeln der Mitglieder des FDGB ständig zu fördern.
Das verlangt die Kenntnis der Lage der Arbeiterklasse, das Wirken der Gewerkschaftsbewegung in der BRD, die Erarbeitung von Analysen zur ideologischen Auseinandersetzung mit dem Klassengegner. Dafür sind dem Bundesvorstand, seinem Präsidium und seinem Sekretariat entsprechende Materialien und Vorschläge zu unterbreiten. Bei straffer zentraler Leitung und Organisation durch den Bundesvorstand des FDGB hat sich der Arbeitsbereich für Westarbeit vor allem auf folgende Schwerpunkte zu konzentrieren:

1. Organisierung von Arbeiterdelegationen und anderen Formen der Studientätigkeit von Arbeitern, Gewerkschaften und Angehörigen der Arbeiter- und Gewerkschaftsjugend der BRD in der DDR. Vorrangig geht es darum, sie »vertraut« zu machen mit Sinn und Ziel des Sozialismus, mit der führenden Rolle der Arbeiterklasse unter Leitung ihrer Partei, mit der umfassenden Mitbestimmung der Gewerkschaften in Staat, Wirtschaft und Gesellschaft. Es ist zu zeigen, wie die Gewerkschaften die Arbeiterinteressen wahrnehmen, vor allem bei der Gestaltung der sozialistischen Gesellschaft, der Leitung und Planung der Volkswirtschaft und der Entwicklung der materiellen und kulturellen Arbeits- und Lebensbedingungen.
2. Aktive Solidarität mit der Arbeiterklasse und der Gewerkschaftsbewegung in der BRD im Kampf gegen die Herrschaft der Monopole, für Frieden und europäische Sicherheit, für Demokratie und Sozialismus (Organisierung marxistisch-leninistischer Propaganda – vor allem von Grundproblemen des Klassenkampfes und der Entwicklung des realen Sozialismus – für gewerkschaftliche Kreise in der BRD; Unterstützung einer marxistisch-leninistischen Gewerkschaftspolitik in der BRD; Arbeit mit progressiven Kräften in den westdeutschen Gewerkschaften und ihren Leitungen; wissenschaftlich-analytische Arbeit zu Problemen des Kampfes der Arbeiterklasse und ihrer Gewerkschaftsbewegung in der BRD).

3. Aussprachen, Beratungen und andere Zusammenkünfte mit Gruppen von Arbeitern und Gewerkschaftern aus der BRD über Grundfragen des Klassenkampfes zwischen Sozialismus und Imperialismus, die auf Einladung des FDGB bei solchen Anlässen wie Leipziger Messe, Ostseewoche, Arbeiterfestspiele, wichtige Jahrestage, Erholungsaufenthalte in der DDR usw. durchgeführt werden.
4. Ständige Information der Leitung des Bundesvorstandes über neue Erscheinungen und Tendenzen des Wirkens der Klassenkräfte in der BRD in Richtung der Arbeiter- und Gewerkschaftsbewegung sowie der gegnerischen Tätigkeit gegen die DDR und den FDGB. Bewertung dieser Politik und Vorbereitung politisch-ideologischer Maßnahmen für eine offensive Politik des FDGB in der Klassenauseinandersetzung Sozialismus–Imperialismus, sowohl für die politisch-ideologische Arbeit der Vorstände und Leitungen des FDGB zur weiteren Festigung des sozialistischen Bewußtseins der Mitglieder unserer Organisation als auch für die Unterstützung der westdeutschen Arbeiterklasse in der Klassenauseinandersetzung mit dem imperialistischen System und seiner Politik.

Anlage 1
Funktions- und Stellenplan der Westabteilung I

Grundlage für die Tätigkeit der Abteilung bilden der Präsidiumsbeschluß /P22/64 vom 31.1.1964 »Ordnung über die Tätigkeit des Präsidiums, des Sekretariats und der Abteilungen des Bundesvorstandes des FDGB«, der Beschluß des Sekretariats S 270/69 vom 2.6.1969 »Geschäftsordnung für die Mitarbeiter des Bundesvorstandes des FDGB« sowie die grundsätzlichen Aufgaben für die Westarbeit des FDGB, die sich aus den Beschlüssen des VIII. Parteitages der SED, des ZK der SED, des Bundesvorstandes des FDGB, seines Präsidiums und seines Sekretariats ergeben. Dabei ist die Festlegung zu berücksichtigen, daß die Westarbeit des FDGB bei straffer zentraler Leitung und Organisation durch den Bundesvorstand des FDGB zu erfolgen hat.

I.
Hauptaufgaben der Westabteilung I

a) Wissenschaftliche Vorbereitung der Beschlußfassung der Leitungsorgane des Bundesvorstandes für die Politik des FDGB zur solidarischen Unterstützung des Kampfes der Arbeiter- und Gewerkschaftsbewegung in der BRD und Westberlin sowie einer offensiven Auseinandersetzung mit dem Imperialismus in der BRD durch umfassende Propagierung des realen Sozialismus in der DDR, der Politik der sozialistischen Staatengemeinschaft mit der Sowjetunion an der Spitze und durch prinzipielle und direkte Unterstützung einer marxistisch-leninistischen Arbeiter- und Gewerkschaftspolitik in der BRD. Ständige Information der Leitung des Bundesvorstandes über neue Erscheinungen und Tendenzen des Wirkens der Klassenkräfte in der BRD in Richtung der Arbeiter- und Gewerkschaftsbewegung sowie der gegnerischen Tätigkeit gegen die DDR und den FDGB. Bewertung dieser Politik und Vorbereitung politisch-ideologischer Maßnahmen für eine offensive Politik des FDGB in der Klassenauseinandersetzung Sozialismus-Imperialismus, sowohl für die politisch-ideologische Arbeit der Vorstände und Leitungen des FDGB zur weiteren Festigung des sozialistischen Bewußtseins der Mitglieder unserer Organisation als auch für die Unterstützung der westdeutschen Arbeiterklasse in der Klassenauseinandersetzung mit dem imperialistischen System und seiner Politik.

b) Umfassende schriftliche und mündliche Propagierung des realen Sozialismus in der DDR, der Politik der Sozialistischen Einheitspartei Deutschlands, der Regierung der DDR und des FDGB bei der Gestaltung der sozialistischen Gesellschaft in der DDR, der unzertrennlichen Freundschaft mit der Sowjetunion und den anderen Ländern der sozialistischen Staatengemeinschaft und ihrer aktiven Friedenspolitik. Auseinandersetzung mit der arbeiter- und gewerkschaftsfeindlichen Politik des Monopolkapitals in der BRD und seiner politischen Kräfte sowie des Sozialdemokratismus.

Organisierung und Sicherung einer straff zentralisierten direkten Arbeit mit Arbeitern und Gewerkschaften aus der BRD in der DDR und der BRD durch den Bundesvorstand, die Bezirksvorstände des FDGB und die Zentralvorstände der IG/Gew. mit dem Schwerpunkt der Organisierung und Durchführung von Arbeiter- und Studiendelegationen von Arbeitern und Gewerkschaftern aus Konzernbetrieben und Ballungszentren.

c) Ständige wissenschaftlich-technische Grundsatzarbeit zum Kampf der Arbeiterklasse und ihrer Gewerkschaften in der BRD gegen das imperialistische System und dessen gegen die Interessen der Arbeiterklasse ausgerichteten Politik sowie der Politik und Taktik des DGB und seiner IG/Gew. Ausarbeitung von Standpunkten, Alternativvorstellungen u.ä. zur Unterstützung dieses Kampfes und die Entwicklung des Klassenbewußtseins in der westdeutschen Arbeiterklasse.

d) Zur Erfüllung der vorgenannten Aufgaben ist eine gegenseitig abgestimmte Arbeit mit der WestabteilungII, die Zusammenarbeit mit den anderen Abteilungen des Bundesvorstandes, der Hochschule der Deutschen Gewerkschaften »Fritz Heckert«, entsprechenden wissenschaftlichen Einrichtungen und anderen Institutionen zu sichern.

Arbeitsbereiche innerhalb der Abteilung

1. *Bereich Sozialismuspropaganda – politisch-operative Arbeit*

– Organisierung einer umfassenden schriftlichen und mündlichen Propagagierung und Darstellung des realen Sozialismus. Ausarbeitung entsprechender Propaganda- und Agitationsmaterialien, einschließlich der Ausarbeitung von Materialien und Standpunkten für befreundete Kräfte und Organisierung eines regelmäßigen Artikeldienstes für Veröffentlichungen in der BRD.

– Ständige Bewertung der gegnerischen Tätigkeit gegen die DDR und den FDGB, einschließlich der direkten Aktivitäten des DGB; Vorbereitung entsprechender politisch-ideologischer und praktischer Leistungsentscheidungen für eine offensive Politik des FDGB in der Klassenauseinandersetzung mit dem imperialistischen System und seiner Politik.

- Organisierung und Sicherung einer planmäßigen und auf entsprechende Schwerpunkte gerichteten direkten Arbeit mit Arbeitern und Gewerkschaftern aus der BRD in der DDR und in der BRD (Arbeiter- und Studiendelegationen, Gruppengespräche, marxistisch-leninistische Zirkel, individuelle Arbeit u.ä.). Zentralisierte Einflußnahme auf die Vorbereitung, Durchführung und Auswertung aller operativen Einsätze von Beauftragten des FDGB in die BRD.
- Anleitung und Kontrolle der Bezirksvorstände des FDGB für deren operative Tätigkeit, Qualifizierung und Grundsatzanleitung von Funktionären des FDGB, die für die direkte Arbeit mit BRD-Gewerkschaftern eingesetzt sind bzw. werden.
- Politisch-ideologische und organisatorische Vorbereitung, Durchführung und Auswertung zentraler Arbeit mit Arbeiter- und Studiendelegationen, einschließlich des Urlauberaufenthaltes in FDGB-Erholungsheimen, von Arbeitern und Gewerkschaftern aus der BRD und Westberlin. Erfüllung der organisationspolitischen Aufgaben der Arbeit mit Arbeitern und Gewerkschaftern aus der BRD und Westberlin zu zentralen Anlässen (Leipziger Messen, Ostseewoche, Arbeiterfestspiele u.a.).
- Herausgabe von DIA-Tonserien sowie spezieller Druckmaterialien zu konkreten Anlässen und Ereignissen.
- Erledigung aller notwendigen Ein- und Ausreiseformalitäten für BRD- und Westberliner Arbeiter und Gewerkschafter in die DDR und für die Beauftragten des FDGB bei Gewährleistung der Sicherheitsbestimmungen für die Westarbeit. Dazu notwendige Zusammenarbeit mit den entsprechenden staatlichen Einrichtungen.

2. *Bereich wissenschaftlich-analytische Grundsatzarbeit zu Problemen der Arbeiter- und Gewerkschaftspolitik in der BRD*

- Ständige Verfolgung der Politik und Haltung des DGB und

seiner IG/Gew., der Haltung und Initiativen der Arbeiter und Gewerkschafter zu folgenden Problemen:
Gesellschaftspolitik des DGB einschließlich seines Standortes und seiner Organisationspolitik, Mitbestimmung einschließlich Betriebsrätearbeit, Lohn- und Tariffragen, Wirtschafts- und Sozialpolitik einschließlich Frauenarbeit, Eigentums- und Vermögenspolitik, Bildungspolitik und Bildungsarbeit der Gewerkschaften, Arbeiterjugendpolitik, Politik des DGB gegenüber der DDR und dem FDGB, »Kontaktpolitik« des DGB gegenüber den Bruderorganisationen in den sozialistischen Ländern und Bestrebungen des DGB auf Erreichung eines Führungsanspruchs in der westeuropäischen Gewerkschaftsbewegung, besonders gegenüber den Gewerkschaften in den EWG-Ländern.

- Vorbereitung entsprechender Leitungsentscheidungen bzw. entsprechender marxistisch-leninistischer Standpunkte zur Unterstützung des Kampfes der Arbeiterklasse der BRD zu vorgenannten Problemen.
- Ständige Bewertung der gegnerischen Tätigkeit gegen die DDR und den FDGB, einschließlich der direkten Aktivitäten des DGB; Vorbereitung entsprechender politisch-ideologischer und praktischer Leitungsentscheidungen für eine offensive Politik des FDGB in der Klassenauseinandersetzung mit dem imperialistischen System und seiner Politik.

3. *Sektor Westberlin*
Politische Unterstützung befreundeter Kräfte bei der umfassenden Propagierung des realen Sozialismus in der DDR durch Organisierung umfangreicher Delegationsreisen Westberliner Arbeiter und Gewerkschafter in die DDR entsprechend Sekretariatsbeschluß S 756/71 vom 22.11.1971.

4. *Sektor Information*
Auswertung und Aufbereitung von Informationen über die aktuelle Tagespolitik des DGB und seiner IG/Gew.; gewerkschaftlicher Kongresse und Tagungen in der BRD; über Initiativen, Bewegungen und Aktionen von Arbeitern und Gewerkschaftern

in der BRD. Auswertung und Aufbereitung der von den verschiedenen politischen Kräften auf die Arbeiter- und Gewerkschaftsbewegung in der BRD erfolgende Einflußnahme. Presseauswertung und Dokumentation zu vorgenannten Problemen. Herausgabe eines Informationsdienstes an den Vorsitzenden, die Mitglieder des Sekretariats des Bundesvorstandes des FDGB zu gegnerischen Aktivitäten und Publikationen gegen die Arbeiterklasse und die Gewerkschaften der DDR.

5. *Sachgebiet Kader/Finanzen*
Erledigung aller Kader- und Finanzarbeiten, die sich aus der internen Arbeit der Abteilung ergeben. Zusammenarbeit mit den entsprechenden staatlichen Einrichtungen.

6. *Sachgebiet Objekte und organisationstechnische Betreuung*
Interne Betreuungsaufgaben und Verwaltung sowie Betreuung der der Abteilung für die direkte Arbeit mit westdeutschen Arbeitern und Gewerkschaftern zur Verfügung stehenden Objekte.
Stellenplanvorschlag

	politische Mitarbeiter	Angestellte
Stellenplan 1971	44	17
Stellenplan 1972		
– Westabteilung	27	13
– Objekte	2	1
– Redaktion »Wir«	4	1
	33	15
Abteilungsleiter	1	1
stellv. Abteilungsleiter	2	1
Bereich Sozialismuspropaganda – politisch-operative Arbeit	8	5
Bereich wissenschaftlich-analytische Grundsatzarbeit	9	1
Sektor Westberlin	3	–

Sektor Information	3	3
Sachgebiet Kader/Finanzen	1	2

Bis zur Erreichung der Altersgrenze werden die langjährig in leitenden Funktionen tätigen Mitarbeiter

Willy Schulz	Elfriede Eichelkraut
Bruno Albrecht	Alfred Rosche
Paul Kunert	

als politische Mitarbeiter in der Westabteilung zusätzlich zum Stellenplan beschäftigt.

Dem Einsatz des Kollegen Alfred Gahlke als politischer Mitarbeiter der Westabteilung für besondere Verbindungsarbeiten mit Einrichtungen außerhalb der DDR wird zugestimmt.

Dok. 2 ***(ArchGew A 200.13497)***

[FDGB-Vorsitzender an SED-Generalsekretär]

An das
Zentralkomitee der SED
Genossen Erich H o n e c k e r
– Erster Sekretär –
102 B e r l i n
Am Marx-Engels-Platz **11. Januar 1974**

Gewerkschaftsdelegationen aus der BRD in die DDR

Lieber Genosse Honecker!
Der Verlauf und die Ergebnisse des Aufenthaltes mehrerer Gewerkschaftsdelegatioinen aus der BRD, die kürzlich in der DDR weilten, haben einige interessante und aufschlußreiche Anhaltspunkte für die weitere Durchführung unserer konstruktiven internationalen Politik gegenüber der Arbeiterklasse und den Gewerkschaften der BRD sowie für die gewerkschaftliche Aktionseinheitspolitik in Europa gezeigt. *Charakteristisch ist, daß*

die Gewerkschaftsdelegationen der BRD mit relativ positiven Eindrücken zurückkehren, dabei auch öffentlich (z.B. gegenüber Journalisten) entsprechende Äußerungen machen, aber dann vom DGB-Vorstand (meistens von H. O. Vetter persönlich) energisch zurückgepfiffen werden.

Eine Delegation des *Bundesjugendausschusses* des DGB und Vorstandsdelegationen der *IG Metall,* der *IG Chemie-Papier-Keramik,* der *IG Druck und Papier* und der *Gew. Holz und Kunststoff* hatten in mehrtägigen Aufenthalten Gelegenheit, die Tätigkeit der Gewerkschaften in der DDR kennenzulernen. Die Verbreiterung unserer Beziehungen zum DGB durch Einladung solcher Kräfte, die im DGB einen wichtigen Platz einnehmen bzw. differenziertere Positionen in der Klassenauseinandersetzung und zur Politik der DGB-Führung, insbesondere H. O. Vetters, vertreten, hat sich als richtig und nutzbringend für unsere Politik bestätigt.

Angesichts der von Vetter und der DGB-Spitze verfolgten Linie der Verhinderung einer *Europäischen Gewerkschaftskonferenz* und antikommunistischer Vorbehalte gegenüber WGB-Gewerkschaften ist beachtlich, daß die Delegation der IG Druck und Papier und der Gew. Holz und Kunststoff unter Leitung ihrer Vorsitzenden in gemeinsamen Presseerklärungen mit dem FDGB eine Europäische Gewerkschaftskonferenz als erstrebenswert und nützlich bezeichnet haben. Auch die Jugenddelegation des DGB hat sich für weitgehende internationale Zusammenarbeit der Gewerkschaften erklärt. Diese Positionsnahme leitender sozialdemokratischer Gewerkschaftsfunktionäre beweist, daß die offensive Friedens- und Entspannungspolitik des WGB Differenzierungsprozesse im DGB hervorrufen und vertiefen, die es in Zukunft noch verstärkt zu nutzen gilt.

Desweiteren wurde von allen Delegationen – zum Teil nach Auseinandersetzungen – anerkannt, daß die Gewerkschaftsbeziehungen DDR–BRD internationale Beziehungen auf der Grundlage der völligen Gleichberechtigung und Souveränität sind. Gelegentliche Versuche, beim Delegationsaufenthalt gewisse Besonderheiten der Beziehungen oder »deutsche Gemeinsamkeiten« herauszustellen, wurden zurückgewiesen. Derartige Versuche kamen von den Delegationen der IG Metall und der IG Chemie-Papier-Keramik, die in ihrem Verhalten und ihren Äußerungen besonders intensiv ihre Übereinstimmung mit der Politik Brandts und deren aktive Unterstützung demonstrierten. Sie sprachen auch die Westberlinfrage im Sinne einer Zugehörigkeit des DGB-Westberlin zum DGB der BRD an.

Ganz besonders hat sich ausgezahlt, die Besuchsprogramme mit zahlreichen Betriebsbesuchen, Begegnungen und Aussprachen mit Arbeitern, Partei, Gewerkschafts- und Wirtschaftsfunktionären auszugestalten, die gemeinsam mit den SED-Bezirksleitungen Halle, Dresden, Leipzig und Erfurt vorbereitet wurden. Das sichere und selbstbewußte Auftreten sozialistischer Arbeiterpersönlichkeiten und ihr konkreter Nachweis, wie sie echte Mitbestimmung und Arbeitermacht verstehen und ausüben, hat die Delegationen stark beeindruckt. Ein Teil der Delegationsmitglieder äußerte sich anerkennend über die für sie erstaunliche Persönlichkeitsentwicklung der Arbeiter in der DDR und ihr bewußt aktives Handeln für die gesellschaftlichen Interessen. Sie verstünden es jetzt besser, warum der Wettbewerb, das Streben nach hohen Produktionsergebnissen, die Erfüllung der Planaufgaben Gegenstand der gewerkschaftlichen Interessenvertretung in der DDR sind. Andere hingegen stellten etwas mißmutig fest, daß es ihnen nicht gelungen ist, Widersprüche zwischen den Führungspositionen der SED und des FDGB und dem Standpunkt und der Haltung der Arbeiter zu entdecken. Ohne das überzubewerten, kann gesagt werden, daß die gewonnenen Eindrücke vom realen Sozialismus ebenfalls zum Differenzierungsprozeß in den DGB-Gewerkschaften beitragen können und den progressiven Kräften bessere Möglichkeiten und Ansatzpunkte für die Herausbildung klassenmäßiger Positionen zum Sozialismus und zu ihrer eigenen Lage in der BRD geben.

Unsererseits darf jedoch nicht übersehen werden, daß die Gewerkschaftsführungen in der BRD ihre Delegationserfahrungen in der DDR nutzen werden, geeignet erscheinende Ansatzpunkte für die Verbreitung sozialdemokratischer Ideologie in den Beziehungen mit dem FDGB zu suchen. Gezielte Fragen und Äußerungen von Delegationsmitgliedern wiesen darauf hin, daß

sie sogenannte Schwachpunkte der wirtschaftlichen und sozialen Entwicklung in der DDR finden wollen, um mit Vergleichen eine angebliche Überlegenheit des gesellschaftlichen, wirtschaftlichen und politischen Systems der BRD zu demonstrieren. In diesem Zusammenhang kam es auch zu nationalistischen und antisowjetischen Argumentationen. Loderer, Vorsitzender der IG Metall, mokierte sich bei Betriebsbesuchen über Losungen, die unseren Bruderbund mit der Sowjetunion und die sozialistische Integration hervorhoben. Er sei ja nicht gegen unsere Zusammenarbeit mit der Sowjetunion, aber ein Zusammengehen BRD–DDR als die »Spitzenreiter in den jeweiligen Systemen« (!) sei doch viel näherliegender.
In Pressekonferenzen und Rundfunk-Interviews haben die Leiter der DGB-Delegationen nach ihrer Rückkehr in die BRD über ihren Aufenthalt in der DDR relativ objektiv berichtet und in Gewerkschaftszeitungen die vereinbarten Pressemitteilungen abgedruckt. Sie hoben hervor, daß ihnen ausführlich Gelegenheit zum Kennenlernen der Gewerkschaftsarbeit in der DDR gegeben wurde, würdigten die Leistungen der Werktätigen in der DDR und betonten die Nützlichkeit der Weiterführung von Gewerkschaftsbeziehungen BRD–DDR für Frieden und Entspannung. *Hauenschild,* Vorsitzender der IG Chemie-Papier-Keramik, und *Loderer,* Vorsitzender der IG Metall, sprachen tendenziös über angebliche »Informationslücken« über die BRD bei Arbeitern und behaupteten wahrheitswidrig, es hätte Versuche gegeben, sie von den Arbeitern in den Betrieben fernzuhalten. Abgesehen von diesen Presseverlautbarungen fanden die Delegationsbesuche in der Öffentlichkeit der BRD kaum Beachtung, weil sie für antikommunistische Propaganda nichts hergaben und, im Gegenteil, die positiven Ergebnisse heruntergespielt werden sollten.
Aus internen Informationen ist bekanntgeworden, daß im Geschäftsführenden Bundesvorstand und besonders durch H. O. Vetter scharfe Kritik an Mahlein, Vorsitzender der IG Druck und Papier, und Vater, Vorsitzender der Gew. Holz und Kunststoff, wegen ihrer weitgehenden gemeinsamen Erklärung mit dem FDGB zur Frage einer Europäischen Gewerkschaftskonferenz geübt wurde.

Es ist übrigens auffallend, daß mit zunehmenden Beziehungen des DGB zu Gewerkschaften sozialistischer Länder, insbesondere mit den Gewerkschaften der Sowjetunion, der ČSSR und DDR, Maßnahmen und Äußerungen der DGB-Spitze einhergehen, die auf Blockierung einer Zusammenarbeit der Gewerkschaften Europas abzielen und die »Ostkontakte« des DGB immer stärker mit antikommunistischen Inhalten und Motiven vor der Mitgliedschaft darstellen. So hat der DGB-Vorsitzende Vetter eine massive antikommunistische Öffentlichkeitsarbeit hinsichtlich der Beziehungen zu sozialistischen Ländern eingeleitet. In der DGB-Zeitung »Welt der Arbeit« wurde im Wortlaut ein Brief des reaktionären Präsidenten der AFL/CIO Meany abgedruckt, der von antikommunistischen Ausfällen gegen die Sowjetunion, die sozialistischen Länder und ihre Gewerkschaften strotzt und in schärfster Form jegliche Beziehungen ablehnt. Der ebenfalls veröffentlichte Brief Vetters an Meany stellt eine von den DGB-Gewerkschaften zu führende innen- und außenpolitische Auseinandersetzung mit dem Kommunismus als wesentliches Motiv der Beziehungen des DGB zu Gewerkschaften sozialistischer Länder heraus. Zugleich wird angekündigt, daß vor allem DGB-Jugendfunktionäre durch Besuche in den USA stärker an die reaktionären Funktionärskreise der AFL/CIO herangeführt werden sollen.

Ernsthafte Störversuche der DGB-Spitze gegenüber sozialistischen Ländern zeigen sich weiterhin in folgenden Tatsachen:

Laut Beschluß des Bundesausschusses des DGB von Anfang Dezember 1973 wollen der DGB und die Einzelgewerkschaften »den FDGB in der DDR in geeigneter Form auffordern, auf die Regierung der DDR einzuwirken mit dem Ziel, die Umtauschquoten zu reduzieren«.

Für das Mitte Januar 1974 bevorstehende Konsultativtreffen der Vorsitzenden europäischer Gewerkschaften in Genf kündigte H. O. Vetter an, daß er die sozialistischen Gewerkschaftsführer fragen werden, wo ihre Proteste gegen »die Erpressungspolitik der Ölscheichs« blieben? Angesichts der Gefährdung der Arbeitsplätze in Westeuropa wären solche Proteste besser als die Forderung der DKP nach Enteignung der Ölkonzerne.

Nach Vorliegen der Ergebnisse und unserer Erfahrungen des Genfer Konsultativtreffens, der Gewerkschaftsvorsitzenden Europas wird der FDGB die konkreten Schritte der Weiterführung seiner Beziehungen zum DGB und seiner IG/Gew. festlegen. Auf jeden Fall werden wir unsere gezielte politische Arbeit gegenüber der DGB-Jugend und bestimmten IG/Gew. fortsetzen, um den Differenzierungsprozeß in der internationalen Gewerkschaftsarbeit im klassenmäßigen Sinne weiter voranzutreiben. Besondere Aufmerksamkeit und sorgfältige politische Vorbereitung werden wir den im Verlauf des Jahres 1974 anstehenden Gegenbesuchen von Delegationen des Jugendausschusses des Bundesvorstandes des FDGB und von Delegationen der IG Metall, der IG Druck und Papier, der IG Bau-Holz und der IG Chemie-Glas-Keramik des FDGB in die BRD widmen. Eine entsprechende Vorlage werden wir dem Sekretariat des ZK der SED zur gegebenen Zeit einreichen.
Mit sozialistischem Gruß
(H. Warnke)

Dok. 3 ***(ArchGew A 200.12869)***

[Plan der FDGB-DGB-Beziehungen]
H. Tisch **19.1.1976**

19 Ex. je 6 Blatt
18 Ex. je 6 Blatt

Vorlage für das Sekretariat des ZK der SED

Betr.: Plan der internationalen Beziehungen des FDGB zum DGB im Jahre 1976

Beschlußvorschlag:

1. Die vom Bundesvorstand des FDGB beabsichtigten Maßnahmen für die internationalen Beziehungen zum DGB der BRD im Jahre 1976 werden bestätigt (Anlage).
2. Die Genossen des Sekretariats des Bundesvorstandes des FDGB werden auf der Grundlage dieses Beschlusses beauftragt, für die ausreisenden Delegationen des FDGB die kadermäßige Zusammensetzung zu beschließen und die

gründliche politische Vorbereitung aller FDGB-Funktionäre zu sichern, die in die BRD reisen bzw. Delegationen des DGB in der DDR empfangen.

(H. Tisch)
(F. Brock)
(H. Häber)

Zu diesem Tagesordnungspunkt sind einzuladen:
Gen. H. Tisch, Bundesvorstand des FDGB
Gen. W. Heilemann, Bundesvorstand des FDGB
Gen. F. Brock, Abt. Gewerkschaften u. Sozialpolitik des ZK
Gen. H. Häber, Westabteilung des ZK

Verteiler:
1.–15. Ex. Sekretariat
16. Ex. Gen. F. Brock
17. Ex. Gen. H. Häber
18.–19. Ex. Bundesvorstand des FDGB

Begründung:
Die seit 1972 bestehenden internationalen Beziehungen des FDGB zum DGB sollen 1976 in einem ihrer Bedeutung angemessenen Umfang zügig, jedoch ohne Übereilung weitergeführt werden. Die bisherige Grundlage für das konstruktive und differenzierte Herangehen an die Beziehungen zum DGB hat sich bewährt und wird auch 1976 beibehalten. Das bedeutet: Vorrangigkeit von Beziehungen zu Industriegewerkschaften und anderen Einzelgewerkschaften des DGB in der BRD sowie zur Gewerkschaftsjugend.
Die Beziehungen zu den IG/Gew. der BRD sollen dazu beitragen, im Bereich der internationalen gewerkschaftlichen Berufsvereinigungen weitere Fortschritte für die Zusammenarbeit der Gewerkschaften, die unterschiedlichen internationalen Gewerkschaftsvereinigungen angehören, herbeizuführen.
Der Bundesvorstand des FDGB setzt sich weiter für Beziehungen mit dem Bundesvorstand des DGB ein, um trotz der vom DGB

mehrfach betriebenen Störmanöver und Provokationen zu erreichen, daß mit normalen Beziehungen zwischen den Bundesvorständen des FDGB und DGB die Gesamtbeziehungen zu den DGB-Gewerkschaften positiv beeinflußt und erfolgreich gestaltet werden. Dabei ist an dem Grundsatz von zentralen Leitungsbeziehungen zum DGB und seinen IG/Gew. festzuhalten.
Beim Austausch von Delegationen und Studienbesuchen kommt es wie bisher darauf an, das Interesse der Arbeiterklasse an Frieden, Sicherheit und Entspannung deutlich zu machen und den Zusammenhang zwischen Friedenspolitik und gewerkschaftlicher Interessenvertretung herauszustellen. Weiterhin und verstärkt sind die konkreten Fragen gewerkschaftlicher Interessenvertretung im Sozialismus und die erfolgreiche Arbeiterpolitik in der DDR aus den grundsätzlichen Vorzügen der sozialistischen Macht- und Eigentumsverhältnisse zu erläutern. Bei der Auswahl und Vereinbarung von Themen für Studien- und Informationsaufenthalte sind generelle und aktuelle Probleme der Lage und des Kampfes der Arbeiterklasse in der BRD so zu beachten, daß auch durch die offiziellen Beziehungen zum DGB die Effektivität gezielter Sozialismuspropaganda weiter erhöht werden kann.

Anlage

Für die Weiterführung der offiziellen Beziehungen FDGB-DGB ist vom Bundesvorstand des FDGB und von den Zentralvorständen der IG/Gew. im einzelnen 1976 vorgesehen:

1. *Realisierung von Vereinbarungen aus den bisherigen Beziehungen*

a) Entsendung von FDGB-Delegationen in die BRD:

– Delegation des ZV der Gewerkschaft der Mitarbeiter der Staatsorgane und der Kommunalwirtschaft auf Einladung des Hauptvorstandes der Gewerkschaft ÖTV im DGB im April 1976 zum Studien- und Informationsaufenthalt.
– Delegation des Jugendausschusses des Zentralvorstandes der IG Transport- und Nachrichtenwesen auf Einladung des Hauptvorstandes der Gewerkschaft der Eisenbahner im DGB Ende Mai zum Studien- und Informationsaufenthalt.
– Delegation des Zentralvorstandes der Gewerkschaft der

Mitarbeiter der Staatsorgane und der Kommunalwirtschaft auf Einladung des Hauptvorstandes der Gewerkschaft ÖTV im DGB zur Teilnahme am Gewerkschaftstag im Juni.

- Delegation des Zentralvorstandes der IG Chemie-Glas-Keramik auf Einladung des Hauptvorstandes der IG Chemie-Papier-Keramik im DGB zur Teilnahme am Gewerkschaftstag im September.
- Delegation des Zentralvorstandes der IG Transport- und Nachrichtenwesen auf Einladung des Hauptvorstandes der Gewerkschaft Post im DGB zum Studien- und Informationsaufenthalt im Oktober.
- Delegation des Zentralvorstandes der Gewerkschaft Handel-Nahrung und Genuß auf Einladung des Hauptvorstandes der Gewerkschaft Handel-Banken-Versicherungen im DGB zum Studien- und Informationsaufenthalt im Herbst.
- Delegation des Jugendausschusses des Zentralvorstandes der IG Chemie, Glas und Keramik auf Einladung des Hauptvorstandes der IG Chemie-Papier-Keramik im DGB zum Studien- und Informationsaufenthalt (Termin noch nicht vereinbart).

b) Aufenthalte von BRD-Gewerkschaftsdelegationen in der DDR:

- Delegation des Hauptvorstandes der IG Druck und Papier auf Einladung des Zentralvorstandes der IG Druck und Papier des FDGB im Frühjahr 1976.
- Delegation des Hauptvorstandes der IG Chemie-Papier-Keramik auf Einladung des Zentralvorstandes der IG Chemie, Glas und Keramik des FDGB im Frühjahr (Funktionäre aus mittleren Leitungen).
- Delegation des Hauptvorstandes der Gewerkschaft Holz und Kunststoff auf Einladung des Zentralvorstandes der IG Bau-Holz des FDGB im Frühjahr.
- Delegation des Jugendausschusses des Hauptvorstandes der Gewerkschaft ÖTV auf Einladung des Zentralvorstandes der Gewerkschaft der Mitarbeiter der Staatsorgane und der Kommunalwirtschaft des FDGB im Herbst.
- Delegation des Hauptvorstandes der IG Chemie-Papier-

Keramik auf Einladung des Zentralvorstandes der IG Chemie, Glas und Keramik des FDGB im Juni.

– Delegation des Hauptvorstandes der Gewerkschaft ÖTV auf Einladung des Zentralvorstandes der Gewerkschaft der Mitarbeiter der Staatsorgane und der Kommunalwirtschaft des FDGB im November.
– Delegation des Jugendausschusses des Hauptvorstandes der IG Druck und Papier auf Einladung des Zentralvorstandes der IG Druck und Papier des FDGB (ohne Termin).

2. *Aufnahme von Beziehungen zu weiteren IG/Gew. der BRD*

In Verwirklichung der Politik des FDGB, die internationalen Beziehungen zu den BRD-Gewerkschaften auszubauen, wird beabsichtigt, im Verlaufe des Jahres 1976 zu drei weiteren der insgesamt 16 DGB-Gewerkschaften Beziehungen aufzunehmen. Es handelt sich um die IG Textil-Bekleidung, IG Nahrung-Genuß-Gaststätten und IG Leder. Die Zentralvorstände der IG Textil-Bekleidung-Leder und der Gewerkschaft Handel-Nahrung und Genuß des FDGB werden entsprechende Einladungen zum Besuch in der DDR aussprechen.

Gegenüber den BRD-Gewerkschaften Erziehung und Wissenschaft sowie Gartenbau, Land- und Forstwirtschaft, die 1975 unter Berufung auf die Haltung der DGB-Spitze und der IG Metall die Aufnahme der Beziehungen zu den entsprechenden IG/Gew. des FDGB ablehnten, wird vom FDGB keine Initiative ergriffen.

3. *Die Haltung des Bundesvorstandes des FDGB zu den im Jahr 1975 unterbrochenen Gewerkschaftsbeziehungen*

Die auf Betreiben verständigungsfeindlicher Kräfte der BRD 1975 erfolgte Unterbrechung in den Beziehungen zwischen dem Bundesvorstand des FDGB und zum Bundesvorstand des DGB sowie der IG Metall des FDGB zur IG Metall im DGB wird unser Verhalten wie folgt bestimmen:

Wir sind für die Weiterführung der Kontakte. Dabei ist zunächst noch abzuwarten, wie sich der Bundesvorstand des DGB bzw. der Hauptvorstand der IG Metall verhalten und ob sie die ihrerseits angekündigten und ihnen auch obliegenden Schritte zur Wiederaufnahme der von ihnen unterbrochenen Beziehungen unternehmen. Durch den FDGB ist zu prüfen, wann und in welcher Weise es unseren prinzipiellen Interessen entspricht, gezielt darauf einzuwirken, daß die Beziehungen wieder in Gang kommen.

4. *Teilnahme leitender FDGB-Funktionäre an internationalen Veranstaltungen der Gewerkschaften in der BRD*

An der Beratung der Arbeitsgruppe zur Vorbereitung der internationalen Tagung der Gewerkschaften der Kommunalen Betriebe und Verwaltungen Europas im Oktober 1977 in Stuttgart, die in der BRD stattfindet, nimmt im Oktober 1976 eine Delegation des Zentralvorstandes der Gewerkschaft der Mitarbeiter der Staatsorgane und der Kommunalwirtschaft des FDGB unter Leitung des Vorsitzenden, Heinz Bartsch, teil.

Dok. 4 ***(ArchGew A 200.13252)***

[Besuchsankündigung des DGB-Vorsitzenden in der DDR. Schreiben von Harry Tisch an Erich Honecker (Hervorhebungen und handschriftliche Bemerkungen von ihm)]

Freier Deutscher Gewerkschaftsbund
Bundesvorstand – Vorsitzender **19. Oktober 1976**

Lieber Genosse Honecker!
Wie ich Dir bereits mündlich mitteilte, hat der Vorsitzende des Bundesvorstandes des DGB, Heinz Oskar Vetter, mit Schreiben vom 10. Oktober an mich wissen lassen, daß der Bundesvorstand des DGB mit einer Delegation unter seiner Leitung in die DDR kommen möchte. (Siehe Anlage Brief und Zusammensetzung der Delegation).
Ich habe Vetter über das Büro des Präsidiums des Bundesvorstandes des FDGB mitteilen lassen, daß wir mit dem Termin, Ankunft am 8.November 1976, abends, in der Hauptstadt der DDR, dann

Beratungen und Besichtigungen in der Hauptstadt Berlin am 9. und 10. November einverstanden sind.
In Abstimmung mit dem DGB ist folgendes vereinbart:
Ankunft am 8.11.1976 gegen 19.00 Uhr am Kontrollpunkt Heinrich-Heine-Straße in der Hauptstadt der DDR.
Unterkunft in Schmöckwitz. Dort Begrüßung durch mich und erstes persönliches Gespräch mit Vetter.
Am 9.11.1976 im Verlaufe des Tages die Gespräche beider Delegationen.
Am 10.11.1976 ein Besuch im VEB Werkzeugmaschinenfabrik Marzahn und Gespräche mit der Betriebsgewerkschaftsorganisation der Baustelle des 9. Stadtbezirks der Hauptstadt (Hier soll den Delegationsmitgliedern vor allem die sozialistische Demokratie im Betrieb, die Rolle und Tätigkeit der Betriebsgewerkschaftsorganisation und unsere erfolgreiche Arbeiterpolitik verdeutlicht sowie Gelegenheit zu Gesprächen mit Arbeitern und betrieblichen Gewerkschaftsfunktionären gegeben werden.).
Anschließend ein Stadtbummel im Zentrum der Hauptstadt mit Besichtigung des Palastes der Republik.
Ich hoffe, daß Du mit diesem Planvorschlag einverstanden bist.
Außerdem bitte ich um Deine Entscheidung in folgenden Fragen:

Vetter teilte mit, daß er sich ungern der Presse in Westberlin stellen möchte und verband damit die Bitte, in *der Hauptstadt der DDR eine Pressekonferenz durchzuführen.*

Ich schlage vor, dem zuzustimmen und daß von dieser Pressekonferenz er und ich über die Ergebnisse unserer Gespräche und eine Pressemitteilung über die Verhandlungsergebnisse informieren. Dazu sollten die Pressevertreter unserer Presse und akkreditierte Journalisten aus den sozialistischen und kapitalitischen Ländern eingeladen werden.

2. Die Ständige Vertretung der BRD in der DDR, Herr Gaus, äußerte den Wunsch, beide Verhandlungsdelegationen zu einem Cocktail einzuladen.
(Unser Vorschlag: Am *10.11.1976*, nachmittags bzw. abends)
Ich bitte um Deine Entscheidung, ob ich daran teilnehmen soll. (ja, EH)

Ich bitte in diesem Zusammenhang um Deine Zustimmung, daß ich am 9.11.1976 von der PB-Sitzung befreit werde. (ja, EH)
Sollest Du den Wunsch haben, so bin ich jederzeit bereit, Dir mündlich weitere Informationen zu geben.

Mit sozialistischem Gruß

Harry Tisch

Anlagen

Dok. 5 ***(ArchGew A 200.13494)***

[Vorbereitung der Pressekonferenz von DGB-FDGB; Schreiben von Harry Tisch an das Mitglied des Zentralkomitees der SED, Werner Lamberz]

Freier Deutscher Gewerkschaftsbund
Bundesvorstand – Vorsitzender **4.11.1976**

Lieber Werner!
Wie Dir bereits bekannt ist, wird eine Delegation des Bundesvorstandes des DGB unter Leitung des Vorsitzenden H. O. Vetter in der Zeit vom 8. bis 11.11. zu Gesprächen mit dem Bundesvorstand des FDGB in der Hauptstadt der DDR Berlin weilen.
In diesem Zusammenhang soll am 10.11. um 15.30 Uhr im Zentralen Club der Gewerkschaft Kunst »Die Möwe« eine internationale Pressekonferenz durchgeführt werden. Damit wird auch einem Wunsch von H. O. Vetter entsprochen, der darum ersuchte, eine solche Zusammenkunft in der Hauptstadt der DDR zu ermöglichen, weil er ein solches Vorhaben nicht in Westberlin veranstalten möchte.
Von uns wird eine gemeinsam vereinbarte Pressemitteilung über die Ergebnisse der Gespräche und den Aufenthalt in der DDR angestrebt, die dann den Korrespondenten zur Verfügung gestellt

werden soll. Die Leiter der beiden Verhandlungsdelegationen werden auf dieser Grundlage Erläuterungen geben und Fragen von Journalisten beantworten.
Wir wollen Vetter vorschlagen, daß beide Verhandlungsdelegationen an der Pressekonferenz teilnehmen. Ihre Dauer soll eine Stunde nicht überschreiten.
In Absprache mit dem Ministerium für Auswärtige Angelegenheiten ist vorgesehen, die in der Anlage aufgeführten Vertreter von Presse, Funk und Fernsehen der DDR sowie akkreditierte Journalisten der sozialistischen und kapitalistischen Länder einzuladen. Es wäre meines Erachtens zweckmäßig, daß für einige Journalisten aus der DDR Fragen vorbereitet werden, die sie bei dieser Gelegenheit an Vetter stellen könnten.
Wenn Du einverstanden bist, würde ich vorschlagen, daß sich Genosse Werner Heilemann, Mitglied des Präsidiums und Sekretär des Bundesvorstandes des FDGB, mit dem Genossen Geggel in Verbindung setzt.
Mit freundlichen Grüßen
Harry Tisch
Anlage

Dok. 6 ***(ArchGew A 200.12869)***

[Auswertung des DGB-Besuches durch das SED-Politbüro]

Genossen
Albert Norden
Mitglied des Politbüros
und Sekretär des
Zentralkomitees der SED
102 B e r l i n **17. November 1976**

Lieber Genosse Norden!
In der Anlage übersende ich Dir, wie besprochen, die im Politbüro beschlossenen politischen Schlußfolgerungen aus den Gesprächen mit der DGB-Delegation. Die anderen Materialien liegen Dir ja schriftlich vor.

Mit sozialistischem Gruß
Harry Tisch
Anlage

Einige politische Schlußfolgerungen, die sich aus den Gesprächen zwischen den Delegationen der Bundesvorstände des FDGB und des DGB (9. und 10. November 1976 in Berlin) ergeben

1. Die Gespräche zwischen den Delegationen des FDGB-Bundesvorstandes und des Bundesvorstandes des DGB haben gezeigt, daß unsere konstruktive Politik der Zusammenarbeit von Gewerkschaften unterschiedlicher Orientierung richtig ist.
   Wir müssen auch weiterhin davon ausgehen,
   daß der DGB über einen nicht geringen Einfluß in der internationalen reformistischen Gewerkschaftsbewegung verfügt;
   daß enge Beziehungen zur sozialdemokratischen Regierungspolitik bestehen;
   daß durch den Umfang der Kontakte zwischen FDGB-Gewerkschaften und DGB-Gewerkschaften auch Wirkungen auf unsere Gesamtpolitik gegenüber dem DGB vorhanden sind.
   Daher ist unsere Linie des konstruktiven Herangehens an die Beziehungen mit dem DGB fortzusetzen und zu versuchen, möglichst mit allen IG/Gew. des DGB offizielle Beziehungen aufzunehmen und kontinuierlich zu entwikkeln, wie sie international üblich sind.
2. Die DGB-Führung stellte die historische Endgültigkeit der Existenz von zwei souveränen deutschen Staaten in Frage. Ausgehend davon versucht sie, die Beziehungen zwischen FDGB und DGB als deutsch-deutsche Beziehungen zu gestalten. Der internationale Charakter der Beziehungen soll unterlaufen werden. Daher müssen die Schlußakte von Helsinki und der Grundlagenvertrag DDR–BRD als völkerrechtliche Grundlagen auch bei den Gewerkschaftsbeziehungen noch stärker in den Vordergrund gerückt und praktiziert werden.

Alle Versuche der Institualisierung (z.B. »gesamtdeutsche Kommission«) und der Einmischung in die inneren Angelegenheiten der DDR und des FDGB sind weiterhin entschieden zurückzuweisen.

In diesem Zusammenhang sind alle Versuche der DGB-Führung, mit der Weiterführung der Beziehungen einen unkontrollierten, dezentralisierten Dialog der »organisierten Arbeiterschaft« in Gang zu setzen, weiterhin zu unterbinden.

3. Die Entwicklung unserer bilateralen Beziehungen zum DGB und seinen IG/Gew. ist von Bedeutung für das Zustandekommen multilateraler gewerkschaftlicher Beratungen und der Durchsetzung der Politik des WGB zur Herstellung der Zusammenarbeit der internationalen Gewerkschaftsbewegung und zur Zurückdrängung der Versuche des IBFG und EGB zur Einschränkung des Aktionsradiusses des WGB.
4. Die Beziehungen zum DGB und das Ergebnis der Gespräche tragen dazu bei, unsere Beziehungen zu anderen, nicht dem WGB angehörenden Gewerkschaften zu entwickeln und können blockierende Einflüsse der DGB-Führung, die die Lösung internationaler gewerkschaftlicher Aufgaben behindern, zurückdrängen helfen.
5. Die Gespräche haben gezeigt, daß die DGB-Führung vordergründiger und offener versucht, zwischen den Gewerkschaften der sozialistischen Länder zu differenzieren und sie gegeneinander auszuspielen. Daraus ergibt sich, daß die Abstimmung der Politik der Gewerkschaften der sozialistischen Länder noch sorgfältiger und aufmerksamer betrieben und verstärkt fortgesetzt werden muß.

Dok. 7 *(ArchGew A 200.13252)*

[Vorlage interner DGB-Richtlinien]

FDGB-Bundesvorstand
Hausmitteilung **22. Juni 1977**

Werter Genosse Tisch!
Wie bereits mit Schreiben vom 9. Mai 1977 angekündigt, bin ich jetzt im Besitz der Originaltexte:

1. Leitlinien für die Beziehungen des DGB zum FDGB
2. Interne Richtlinien für die Kontakte mit dem FDGB
3. Beschlußvorlage »Deutsch-deutsche Beziehungen der Gewerkschaften«
4. Material über bisher stattgefundene Kontakte DGB-FDGB
5. Vorgesehene Kontakte DGB-FDGB.

Alle angeführten Materialien wurden in der Sitzung des Bundesvorstandes des DGB am 3. Mai 1977 beschlossen.
Auf Antrag des Kollegen Mahlein, Vorsitzender der IG Druck und Papier im DGB, wurde der in der Beschlußvorlage enthaltene Punkt D nicht beschlossen. Dieser hatte folgenden Wortlaut:
»D: Sicherheitsvorkehrungen
Für offizielle FDGB- und FDGB-Gewerkschaftsdelegationen, die in die Bundesrepublik einreisen, sind frühzeitig Sicherheitsvorkehrungen zum Schutze der Delegationsmitglieder zu treffen. Die dafür notwendigen Vorbereitungen sollten mit der Abteilung ›Vorsitzender‹ beim DGB-Bundesvorstand durchgeführt werden, die ihrerseits über die notwendigen Kontakte zu den zuständigen öffentlichen Institutionen verfügt.«
In einem Anschreiben von Heinz O. Vetter an die Mitglieder des Bundesvorstandes bei der Übermittlung der Beschlußvorlagen wird auch zum Besuch der DGB-Delegation in der DDR im November vergangenen Jahres Stellung genommen.
Dort heißt es:
»Der Ablauf und das Ergebnis des Besuches der DGB-Delegation haben bestätigt, daß dem aufgestellten Ziel, durch bilaterale Gewerkschaftskontakte einen sinnvollen Beitrag zur Entspan-

nung zu erreichen, gedient werden kann. Zumindest besteht die Hoffnung, daß es mit der Zeit zu einer Entkrampfung des gegenwärtigen Zustandes kommt und in einer normalisierten Atmosphäre beide Seiten interessierende Fragen und Probleme erörtern können.«

Je ein Duplikat der beiliegenden Materialien habe ich der Kollegin Hanna Töpfer und dem Kollegen Werner Heilemann übersandt.

Mit sozialistischem Gruß

/ Werner Geistert /

Abteilungsleiter

PS

Beiliegend übermittle ich Dir einen Artikel aus »express – Zeitung für sozialistische Betriebs- und Gewerkschaftsarbeit« vom 14. Juni 1977 zum 9. FDGB-Kongreß.

Streng vertraulich

Leitlinien für die Beziehungen des DGB zum FDGB

1. Der DGB betrachtet Kontakte und Begegnungen mit dem FDGB, einen ständigen Meinungsaustausch und eine Diskussion über gemeinsam interessierende Fragen im Rahmen bilateraler Beziehungen als sinnvollen Beitrag zur Entspannung.
2. Kontakte müssen unter dem Prinzip der Gegenseitigkeit und der Gleichwertigkeit stattfinden. Das betrifft u.a. den Umfang und die Art der Kontakte und die Zahl der Teilnehmer.
3. Kontakte bedeuten keine Zustimmung zu der in der DDR betriebenen Gewerkschafts- oder Regierungspolitik. Sie sollen dazu dienen, auf beiden Seiten Fehlurteile und Vorurteile abzubauen sowie möglichst objektive Eindrücke über die wirtschafts- und gesellschaftspolitische Entwicklung zu gewinnen.
4. Kontakte sollten die Möglichkeit einschließen, unterschiedliche politische Auffassungen in der Bundesrepublik und der DDR öffentlich sichtbar zu machen. Dazu sollte die ungehinderte Veröffentlichung von Berichten in den

Gewerkschaftszeitungen der Bundesrepublik und der DDR gehören.

5. Art und Umfang der DGB–FDGB-Kontakte bzw. der Kontakte der Einzelgewerkschaften werden jeweils für einen bestimmten Zeitraum im Bundesvorstand des DGB abgestimmt. Die Kontakte der Organisationsgliederungen der DGB-Gewerkschaften bedürfen der Zustimmung des jeweiligen Vorstandes.
6. Geplante Kontaktaufnahmen der DGB-Landesbezirke, der DGB-Kreise oder deren Gliederungen zum FDGB, seinen Gewerkschaften oder deren Einrichtungen bedürfen in jedem Falle der vorherigen Abstimmung und Genehmigung durch den GBV.

Streng vertraulich
Interne Richtlinien für Kontakte mit dem FDGB

A: *Bei der Vorbereitung von Delegationen des DGB und der Gewerkschaften in die DDR sind folgende Gesichtspunkte zu beachten und folgende Fragen zu klären:*

1. *Anreise:*
   Frei nach Wunsch der Delegation.
2. *Unterkunft:*
   Nach Wunsch des Gastgebers.
3. *Kosten:*
   Grundsätzlich Übernahme aller Kosten ab Landesgrenze durch Gastgeber.
4. *Aushändigung von Devisen:*
   Absprache jeweils vor Delegationsbesuch.
5. *Zeitlichen Spielraum* für unkontrollierte und unbegleitete persönliche Kontakte verabreden.
6. *Kontakte* auch mit Arbeitnehmern sicherstellen, die keine Funktionen haben.
7. *Umgang mit der Presse:*
   Gemeinsame Pressekonferenzen vor der Presse der DDR und der Bundesrepublik, z.B. in Ostberlin, Life-Interviews in Rundfunk und Fernsehen ermöglichen (Gastgeber beschafft Gast Unterlagen über erfolgte Interviews).

8. *Programm-Vorbereitungen:*
Wünsche der Gäste,
Gegenvorschlag der Gastgeber,
Abstimmung jeweils durch den Bundesvorstand oder die Vorstände der Gewerkschaften.

9. *Inhalt der Kommuniqués nach Beendigung von Delegationsbesuchen:*
Zeit und Ort der Begegnung,
Teilnehmer,
Zweck der Begegnung,
Inhalt gemeinsamer Absprachen.
(Kontakte dienen der gegenseitigen Information im Sinne der deutsch-deutschen Verträge und im Rahmen der KSZE-Vereinbarungen, FDGB–DGB-Beziehungen sind bilateral. Deshalb werden in den Kommuniqués keine Erklärungen über internationale Beziehungen und internationale Fragen abgegeben.)

10. *Vorbereitung von Delegationen auf den Besuch in der DDR:*
1–2 Tage Vorbereitung bei Delegationen unterhalb der Vorstandsebene.
Dabei Vermittlung von Grundkenntnissen über die DDR,
über den FDGB,
über die Einzelgewerkschaften des FDGB,
über die internationalen Beziehungen des FDGB,
Einstimmung auf die Einzelthemen,
Unterrichtung über die zu treffenden Personen.

B: *Teilnahme an Kongressen*
1. *Status: Ehrengäste* (Ausländer / Inländer)
2. Begrüßungsansprache
   a) im Rahmen ausländischer Delegationen
   b) oder eigene Begrüßungsansprache, dann jedoch Gegenseitigkeit sicherstellen.

C: *Informationsaustausch*
Gegenseitige Zustellung von Informationen an den DGB-Bundesvorstand und die Vorstände der Gewerkschaften:

Gewerkschaftszeitungen,
Tarifverträge,
wichtige Beschlüsse der Organe,
Protokolle von Konferenzen.

Dok. 8 *(ArchGew A 200.12869)*

[FDGB-Vorsitzender an SED-Generalsekretär am 4. April 1989: DGB-Interesse an Fortsetzung des FDGB-Dialoges]

Freier Deutscher Gewerkschaftsbund
Bundesvorstand – Vorsitzender **Berlin, 4. April 1989**

Lieber Genosse Honecker!
Am Freitag, 31. März 1989, weilte der Vorsitzende des DGB, Kollege Ernst Breit, zu einem von ihm gewünschten ausführlichen und vertrauensvollen Meinungsaustausch im Hause des Bundesvorstandes des FDGB.
Dabei wurde deutlich, daß der DGB großes Interesse hat, den in den letzten Jahren entwickelten konstruktiven Dialog zur Bewertung der internationale Lage fortzusetzen und die Zusammenarbeit zwischen FDGB und DGB kontinuierlich auszubauen.
Ganz im Sinne der Vereinbarung zwischen beiden Organisationen vom 28. Mai 1987 stimmte Breit mit mir überein, daß die Gewerkschaften alles dafür tun müssen, die gegenwärtig günstige Entwicklung der internationalen Lage durch ein aktives Engagement der Gewerkschaften weiterhin positiv zu beeinflussen.
Im Gegensatz zur BRD-Regierung und auch zur SPD hat sich der Bundesvorstand des DGB bislang nicht in die inneren Angelegenheiten der DDR einzumischen versucht bzw. Forderungen nach Veränderungen an die Gewerkschaften der DDR erhoben. Breit erweckte den Eindruck, daß wir auch weiterhin von dieser Position des DGB ausgehen können.
Äußerungen, wie sie Kanzleramtsminister Schäuble und andere verantwortliche Politiker der CDU/CSU/FDP-Regierung gemacht haben, bezeichnete Breit als »politisch widersinnig, destruktiv und unangebracht«.

Im Laufe des Gesprächs wurde erkennbar, daß er sich von der stabilen politischen und ökonomischen Entwicklung in der DDR und dem Platz des FDGB in der Gesellschaft überzeugen wollte. Meine diesbezüglichen Ausführungen ließen keinen Zweifel, daß Veränderungen zu Lasten der Mehrheit der Bevölkerung (wie in einigen sozialistischen Staaten) in der DDR nicht anstehen.

Auf die Lage in der BRD eingehend, äußerte sich Kollege Breit besorgt über die Entwicklung rechtskonservativer Tendenzen, die sich auch in Wahlerfolgen neonazistischer Parteien zeigten. Der DGB sehe die Entwicklung der rechtsradikalen Parteien mit Sorge. Als eine Hauptursache nannte er die wachsende Unzufriedenheit von immer größeren Gruppen der Bevölkerung, die ausgegrenzt werden und unter dem Sozialabbau besonders zu leiden haben. Dazu gehören zum Beispiel die mehr als 1 Million Arbeitslosen, die länger als 1 Jahr ohne Arbeit sind. Viele von ihnen seien auf Dauer »in die Ecke gestellt«.

Wenn durch den großen Zuzug von Umsiedlern und Asylanten sich die Lage auf dem Arbeits- und Wohnungsmarkt weiter verschärft, dann erhalten solche Parteien (wie in der Geschichte bereits bewiesen) wachsenden Zuspruch. Man müsse sich auch fragen, woher diese Parteien finanzielle Mittel erhalten, wenn sie in der Lage sind, an alle Haushalte Postwurfsendungen in kaum vorstellbaren Größenordnungen zu verschicken.

Andererseits gewinnen Umweltprobleme immer größere Bedeutung und finden große Beachtung unter der Bevölkerung. Dies hat sich auch in den Wahlergebnissen für die Grünen in der BRD und Berlin (West) niedergeschlagen.

Rot/Grüne Koalitionen, wie in Berlin (West) und in vielen Städten Hessens, müssen nun unter den Belastungen der politischen Praxis beweisen, ob sie langfristig und im Bundesmaßstab eine mögliche Alternative darstellen, da die SPD allein nicht werde regieren können.

Die gegenwärtige BRD-Regierung hat nicht vermocht, die positiven wirtschaftlichen Trends für sich zu nutzen, im Gegenteil. Sollte es bei den Europawahlen im Juni 1989 ähnliche Ergebnisse für die CDU wie bei den letzten Wahlen geben, sei Kohl nicht

mehr zu halten. Dies um so mehr, da der Bundeskanzler Europa zu seiner »persönlichen Sache« erklärt habe.
Kollege Breit informierte mich ausführlich über einige aktuelle Fragen des gewerkschaftlichen Kampfes in Vorbereitung des westeuropäischen Binnenmarktes. Es gelte dabei, den entstandenen Zeitverlust bei der Ausarbeitung einer gewerkschaftlichen Strategie aufzuholen. Dies gestalte sich auf Grund der unterschiedlichen Bedingungen in den EG-Ländern teilweise schwierig und komme z.B. in differenzierten Standpunkten zu solchen Fragen wie Arbeitszeitverkürzung mit oder ohne Lohnausgleich oder Wochenendarbeit zum Ausdruck.
Kollege Breit stellte dazu fest: »Der Markt ist brutal und rücksichtslos, und nicht alle durch die Wirtschaft geforderten Veränderungen sind politisch beherrschbar. Deshalb ist ein aktives Engagement der Gewerkschaften im internationalen Maßstab heute mehr denn je erforderlich.«
Der DGB sehe nach der (bevorstehenden) Zulassung von Solidarność keine Veranlassung mehr, sich an die zur Zeit noch gültigen Beschlüsse des IBFG und EGB zu halten und werde deshalb aktiv für ihre Aufhebung eintreten.
In Realisierung der Vereinbarung zwischen FDGB und DGB lud Kollege Breit eine Delegation unter meiner Leitung vom 12. bis 15. September 1989 in die BRD ein. Außerdem schlug er vor, langfristig in Vorbereitung des 100. Jahrestages des ADGB (1992) zusammenzuarbeiten und bat zu prüfen, ob dabei gemeinsame Projekte (z.B. Gestaltung einer Ausstellung) möglich seien.
Die Einladung für die Teilnahme einer FDGB-Delegation zu einer internationalen Veranstaltung des DGB anläßlich des »Antikriegstages und 50. Jahrestages des Beginns des 2. Weltkrieges« am 1. September 1989 in Dortmund habe ich für den FDGB angenommen.
Bei der Beurteilung der internationalen Lage (z.B. Situation in Lateinamerika, Afrika oder in Afghanistan) gelangte Breit im Vergleich zu früheren Gesprächen teilweise zu klassenmäßigen Wertungen. Das gilt auch für seine Einschätzung der innenpolitischen Situation in der BRD.

Das Gespräch fand in einer aufgeschlossenen Atmosphäre statt.
Mit sozialistischem Gruß
Harry Tisch

Dok. 9

Stuttgart, 15. September 1989

Vereinbarung zu den Beziehungen zwischen dem Deutschen Gewerkschaftsbund (DGB) und dem Freien Deutschen Gewerkschaftsbund (FDGB)

1. Der Bundesvorstand des FDGB lädt eine Delegation des Bundesvorstandes des DGB unter der Leitung des Vorsitzenden des DGB zum Besuch in die Deutsche Demokratische Republik ein.
2. An dem 14. Ordentlichen Bundeskongreß des DGB 1990 in Hamburg und an dem 12. FDGB-Kongreß 1991 in Berlin nehmen Leitungsdelegationen des FDGB bzw. des DGB als Gäste teil.
3. DGB und FDGB halten daran fest, gegenseitig Studiendelegationen zu spezifischen Gebieten gewerkschaftlicher Arbeit auszutauschen; dies schließt die Möglichkeit gemeinsamer Seminare mit ein.
   Die Themen werden im gemeinsamen Einvernehmen je nach Bedarf abgestimmt. Insbesondere ist dabei an Fragen der Einführung und Anwendung neuer Technologien, Fragen des Umweltschutzes sowie – angesichts der anstehenden Gewerkschaftsjubiläen – Themen der Gewerkschaftsgeschichte gedacht.
4. Der gegenseitige Besuch von Delegationen des DGB und des FDGB zu Fragen der gewerkschaftlichen Frauenarbeit und Jugendarbeit wird beibehalten.
5. Der Kulturaustausch zwischen dem DGB und dem FDGB wird fortgesetzt. So wird sich 1990 der FDGB an den Ruhrfestspielen in Recklinghausen und der DGB an den »23.

Arbeiterfestspielen der Deutschen Demokratischen Republik« im Bezirk Cottbus beteiligen.

6. Wie bisher sollen die gegenseitigen Kontakte und Besuche auf der Ebene der Landesbezirksvorstände des DGB und der Bezirksvorstände des FDGB weitergeführt werden.
7. DGB und FDGB werden gegenseitig Referenten an ihren Bildungseinrichtungen austauschen. Gleichzeitig kommen sie überein, Gruppen von in Ausbildung befindlichen Gewerkschaftssekretären gegenseitig zu Seminaren in den zentralen Bildungseinrichtungen einzuladen.
   Der DGB lädt außerdem Gewerkschafter aus der DDR zu einem einjährigen Akademiebesuch an der Sozialakademie und/oder Akademie der Arbeit ein.
8. Die Zusammenarbeit der Archive der Bundesvorstände des DGB und des FDGB wird fortgesetzt.
9. DGB und FDGB unterstützen die Zusammenarbeit zwischen »Arbeit und Leben – Arbeitskreis für die Bundesrepublik Deutschland e.V.« und »INTERNATIONAL – Informations- und Bildungszentrum e.V. in der Deutschen Demokratischen Republik«.

Die Durchführung der Vereinbarung erfolgt auf der Grundlage jährlich abzustimmender Festlegungen.

Deutscher Gewerkschaftsbund	Freier Deutscher Gewerkschaftsbund
Ernst Breit Vorsitzender	Harry Tisch Vorsitzender

II. Dokumente zur Westarbeit der IG Druck und Papier im FDGB

Dok. 1 *(ArchGew 4/672/6621)*

IG Druck und Papier
Zentralvorstand
– Einheit – **Berlin, den 17. Oktober 1961**

Maßnahmeplan zur Aktivierung der Funktionäre und Mitglieder in der IG Druck und Papier im DGB im Kampf um die Sicherung des Friedens

Das Präsidium des Zentralvorstandes beschloß in seiner Sitzung vom 13. Oktober 1961 folgenden Maßnahmeplan zur Neuorientierung in der nationalen Gewerkschaftsarbeit. Das Präsidium beschloß ebenfalls, die nationale Konzeption und den Maßnahmeplan in seminaristischer Form in den Sekretariaten der Bezirksvorstände zu behandeln. Der Teilnehmerkreis wurde wie folgt festgelegt:
Mitglieder des Sekretariats der Bezirksvorstände
Mitglieder des Präsidiums und des Zentralvorstandes des betreffenden Bezirkes
Vorsitzende der Kreisvorstände
BGL-Vorsitzende der Schwerpunktbetriebe des Bezirkes
der Vorsitzende der Kommission für nationale Gewerkschaftsarbeit des Bezirksvorstandes
Verantwortlich für die Durchführung des Seminars: Der Verantwortliche Sekretär des Zentralvorstandes für den betreffenden Bezirksvorstand
Leitung des Seminars: Vorsitzender des Bezirksvorstandes
Ziel des Seminars: Nach Klärung der Grundsatzprobleme ist die

politisch-gewerkschaftliche Lage im Zuständigkeitsbereich zu behandeln. Hierbei sind die konkreten Aufgaben und die anzuwendende Taktik herauszuarbeiten.
Erarbeitung des Seminarplanes: Büro Einheit des Zentralvorstandes
Die Seminare sind in der Zeit vom 1. bis 10. November 1961 durchzuführen.

A. *Ideologische Einflußnahme auf die westdeutschen Mitglieder und Funktionäre*

Der Kampf um die Sicherung des Friedens erfordert, der westdeutschen Arbeiterklasse den Ernst der Lage, hervorgerufen durch die aggressive Politik des deutschen Imperialismus und Militarismus, bewußt zu machen. Mit der Klärung der politischen Grundfragen ist die nationale und internationale Verantwortung der westdeutschen Arbeiterklasse im Kampf gegen Militarismus und Krieg herauszuarbeiten. Die Arbeiter Westdeutschlands, die den chauvinistischen und revanchistischen Parolen der CDU und SPD im Wahlkampf folgten, erkennen nicht, daß sie selbst ihren eigenen Untergang vorbereiten. Das fehlende Klassenverhältnis zum Bonner Staat und zum Arbeiter-und-Bauern-Staat, der DDR, läßt sie nicht erkennen, welcher deutsche Staat Freund der ganzen deutschen Arbeiterklasse ist, und welcher ihr Hauptfeind ist.
Daraus ergeben sich folgende Aufgaben:

1. Kampf um Abschluß des Friedensvertrages und Lösung der Westberlin-Frage noch im Jahre 1961

Hierbei sind folgende Grundfragen zu klären:
Warum im Jahre 1961
Bedeutung für ganz Deutschland, auch wenn nur mit DDR abgeschlossen
Militärisch neutrales Deutschland bändigt Militaristen
schafft Voraussetzung für anti-imperialistisches, demokratisches, friedliebendes Deutschland
fördert friedliche Wiedervereinigung auf dem Weg der Konföderation

Einheit mit Imperialisten und Militaristen nicht möglich
keine Einheit von 1914 und 1939
Einheit nur unter Führung der Arbeiterklasse – Kriegsgefahr für immer gebannt
Friedensvertrag entspricht den Interessen der ganzen deutschen Arbeiterklasse, die mit Interessen des Volkes übereinstimmen.
Friedensvertrag durchsetzen, ist Kampf gegen Imperialismus und Krieg – mit ihm soll die Arbeiterklasse ihrer historischen Aufgabe gerecht werden: das deutsche Volk vom Imperialismus und Krieg für immer zu befreien. Frieden und soziale Sicherheit nur gewährleistet, wenn Arbeiterklasse die politische und ökonomische Macht besitzt.
Nationale und internationale Verantwortung der Arbeiterklasse Westdeutschlands herausarbeiten.
Die westdeutschen Gewerkschaften sind als Klassenorganisation ein mächtiges Instrument im Kampf gegen Ausbeutung und Krieg, deshalb müssen sie ihre Selbständigkeit verteidigen und ihre Kampfkraft erhöhen.
Auch in Westdeutschland muß der Friedensvertrag erkämpft werden.
Die Mitglieder der westdeutschen IG Druck und Papier haben eine große Aufgabe zu erfüllen.
Sie haben es in der Hand, den Militaristen eine wichtige Waffe zu entreißen.
Ihr konkreter Beitrag im Friedenskampf:
Verwirklichung der Gewerkschaftstagbeschlüsse
gegen Atomrüstung
gegen revanchistische und faschistische Kräfte und deren Umtriebe
gegen Herstellung militaristischer und revanchistischer Druckerzeugnisse und Zeitungen
für Abschluß eines Friedensvertrages
für Studiendelegation
Der Kampf gegen psychologische Kriegführung ist konkreter Kampf gegen den Springer-Konzern und dessen chauvinistische und revanchistische Druckerzeugnisse

2. *Offensive Klärung des Charakters unseres Arbeiter-und-Bauern-Staates*

Grundsätze des Potsdamer Abkommens verwirklicht
Arbeiterklasse ihrer historischen Aufgabe gerecht geworden
Monopole – Militarismus und Faschismus mit Stumpf und Stiel ausgerottet – Arbeiterklasse nahm politische und ökonomische Macht in eigene Hände – beseitigte Wurzeln des Krieges und schuf den ersten deutschen Friedensstaat
Arbeiterklasse baut Sozialismus auf – die Perspektive für die ganze deutsche Arbeiterklasse -
Jede Diskussion über Detailfragen mit westdeutschen Kollegen muß die Klärung der Grundfragen beinhalten
Militarismus an Rhein und Ruhr schlagen heißt:
Klarheit bei den Arbeitern über den Charakter unseres Arbeiter-und-Bauern-Staates. Westdeutsche Arbeiterklasse muß begreifen lernen, daß die Arbeiterklasse in der DDR ihr Freund und Klassengenosse ist.

3. *Klärung über den Charakter des Bonner Staates*

Arbeiterklasse 1945 keine Schlußfolgerung gezogen
Urheber des Krieges nicht entmachtet. Monopole, Militaristen und Faschisten haben in Staat und Wirtschaft ihre Macht gefestigt –
Die Unterordnung des Staatsapparates unter die Interessen der Monopole erleichterte ihnen die Militarisierungspolitik auf allen Gebieten des politischen, wirtschaftlichen und kulturellen Lebens
Die Ursachen dafür, daß Feinde des Volkes die Vorbereitungen für einen atomaren Krieg gegen das sozialistische Lager treffen konnten
Der Abbau der demokratischen Rechte und Freiheiten der Arbeiterklasse in Westdeutschland unlösbar mit der aggressiven Politik der Kriegsvorbereitungen verbunden. Unter dem Deckmantel des Parlamentarismus werden auf dem Wege der Gesetzgebung die Anschläge auf das Grundgesetz vorbereitet und beschlossen (Betriebsverfassungsgesetz – Wehrpflicht – Atomare Bewaffnung der Bundeswehr – Notdienst- und Notstandsgesetz usw.)
Justiz und Arbeitsgerichte haben durch arbeiter- und gewerk-

schaftsfeindliche Urteile die geringen demokratischen Rechte, die im Grundgesetz verankert sind, weitgehendst außer Kraft gesetzt. –

Die ständige Verschlechterung der Lebenslage der Arbeiterklasse ist ebenfalls eine Folge der Militarisierung der westdeutschen Wirtschaft. Den Arbeitern muß überzeugend nachgewiesen werden, daß mit der Ideologie der »gerechten Vermögensverteilung« (katholische Soziallehre) die Grundfragen in Deutschland – Krieg-Frieden – nicht gelöst werden.

Kampf um Frieden und Demokratie schließt Kampf gegen Atomrüstung, gegen Chauvinismus und Revanchismus ein, fördert den Abschluß eines Friedensvertrages

Kampf um Frieden und Demokratie erleichtert die Herstellung der Aktionseinheit, erleichtert die Schaffung der breitesten Plattform für eine Volksbewegung im Kampf zur Bändigung des Militarismus an Rhein und Ruhr.

4. Rolle der Richter-Gruppe im Staat der Monopole und Militaristen

Die Gewerkschaften sind das entscheidende Kraftzentrum des Volkskampfes gegen die Monopole und Militarismus

Gegen den Widerstand der Arbeiterklasse und ihrer Gewerkschaften ist Militarismus nicht in der Lage, die Kriegsmaschine in Gang zu setzen

Imperialisten brauchen daher vor allem die Auslieferung der Gewerkschaften durch die Richter-Gruppe für die Durchsetzung ihrer Aggressionsziele

Der offene Übergang der Richter-Gruppe auf die Positionen der imperialistischen Kriegsvorbereitungen hat eine gefährliche Lage für die westdeutsche Gewerkschaftsbewegung herbeigeführt

1914 – stimmte die SPD und Gewerkschaftsführung erst nach Kriegsausbruch dem Krieg der Monopole und Militaristen zu

19. April 1933 – ADGB-Vorstand erließ Aufruf an Mitglieder, sich in den Hitlerstaat einzugliedern – Imperialismus glaubt aber, Krieg nur nach Zerschlagung der Gewerkschaften führen zu können – Deshalb kam 1933 der offene Pakt mit Faschismus nicht zustande

1945 – Fortsetzung der bankrotten Politik und Mithilfe bei der Restaurierung der Macht des deutschen Imperialismus-Militarismus – Bekenntnis zum Marschall-Plan – zur konterrevolutionären Politik gegenüber der DDR
1961 – Monopole und Militaristen versuchen auf kaltem Wege, ohne Lärm, mit Hilfe der Richter-Gruppe die Gewerkschaften schon vorher in die Kriegsvorbereitungen einzugliedern
Offener Pakt – Bekenntnis zur NATO und Atomkriegspolitik – Chauvinismus und Revanchismus wurden zum Bestandteil der Politik der Richter-Gruppe
Richter-Gruppe bekennt sich nicht nur zum Bonner monopolkapitalistischen Staat, sondern fordert die Arbeiterklasse auf, diesen Staat zu festigen
Ihre Losung: »Erst Wiedervereinigung – dann Friedensvertrag« - heißt in der Tat: Arbeiter-und-Bauern-Macht in der DDR beseitigen, die Macht der Monopole und Militaristen auf ganz Deutschland ausdehnen, den Herrschaftsbereich der NATO bis an die Oder verlagern.
Politik der Richter-Gruppe gegen die Lebensinteressen der Arbeiterklasse gerichtet – eine Mißachtung der Gewerkschaftsbeschlüsse – Kampf um Durchsetzung der Gewerkschaftsbeschlüsse ist ehrliches Bekenntnis zum Abbau des Friedensvertrages.
Im Kampf um Friedensvertrag und Gewerkschaftsbeschlüsse Agenten der Monopole und Militaristen aus der Gewerkschaft entfernen.

B. *Politisch-organisatorische Maßnahmen*

Die neue Lage in Deutschland erfordert neue Methoden in der Arbeit nach Westdeutschland. Der ziellose Massenversand von Traktaten und Broschüren zeitigte in der Vergangenheit nicht die Erfolge, die damit erwartet wurden. Die mündliche und schriftliche Agitation muß gezielter und konkreter erfolgen.
Hierzu sind folgende Aufgaben notwendig:

1. Das Büro für nationale Gewerkschaftseinheit beim ZV und die Bezirksvorstände verschaffen sich eine namentliche Übersicht über zuverlässige Mitglieder und Funktionäre, mit denen die Verbindungen aufrechterhalten werden.

Die klassenmäßige Haltung dieser Kollegen zu den einzelnen politischen Grundfragen ist die Grundlage für deren Einschätzung.

a) für Einrichtung von Stützpunkten in Westdeutschland, über die der Einfluß auf die Politik der westdeutschen IG gesichert wird

b) für Schaffung eines Informanten-Netzes. Über diesen Personenkreis sind soweit wie möglich Informationen aus der westdeutschen IG zu sichern (Orts-, Bezirks- und Gaumitteilungsblätter – Beschlüsse der Vorstände – Verlauf von Versammlungen – Über das Auftreten der Funktionäre zu bestimmten politischen und gewerkschaftlichen Fragen – über Vorgänge in Betrieben usw.)

c) Die Festlegung dieses Kollegenkreises muß gleichzeitig die Organisierung einer Gewerkschaftsopposition auf den verschiedensten Organisationsebenen ermöglichen (OV – BV – GV – ZV – Sparten – Betriebe)

d) Die Bezirksvorstände legen fest, wer mit wem in Westdeutschland den brieflichen Kontakt aufrechterhält (Mitglieder der Kommissionen für nationale Gewerkschaftsarbeit sind hierbei heranzuziehen).

Das Büro des Zentralvorstandes führt mit den Bezirksvorständen eine namentliche Übereinstimmung herbei.

Termin: 30.11.1961

2. Zur Befähigung unserer zuverlässigsten Kollegen (Stützpunkte), aktiv Einfluß auf die Gewerkschaftspolitik zu gewinnen, wird ein Informationsdienst eingerichtet. – In diesem sind wichtige Vorgänge aus dem IG -Bereich mitzuteilen, Argumentationen zu Artikeln im Zentralorgan sowie allgemeine Gewerkschaftsinformationen aus dem DGB-Bereich. Argumentationen zu den Fragen, die im ideologischen Teil 1 bis 4 festgehalten sind, müssen Bestandteil des Informationsdienstes werden.

Die Herausgabe soll auch dazu dienen, den westdeutschen Kollegen zu befähigen, zu bestimmten Fragen Aktionen

auszulösen – z.B. Offene Briefe an Zentralvorstand, an Gewerkschaftstag- und Gautagsdelegierte, in denen Rechenschaft über die Beschlüsse des 5. Gewerkschaftstages gefordert wird.
Zur Organisierung von Artikeln und Stellungnahmen im Zentralorgan, in Gaumitteilungsblättern, in Tages- und Wochenzeitungen.
Auf die Orts- und Bezirksvorstände sowie Gautagsdelegierten, die positive Anträge zum Gewerkschaftstag eingebracht haben (gegen Atomrüstung usw.), ist besonders dahingehend einzuwirken, daß sie nicht nur vom Zentralvorstand Rechenschaft fordern, sondern ihren Protest gegen die Mißachtung des Willens der Mitglieder zum Ausdruck bringen.
Die Bezirksvorstände Gera, Erfurt, Halle, Leipzig, Karl-Marx-Stadt und Dresden tragen eine große Verantwortung, da in ihren Zuständigkeitsbereichen hierzu die notwendigen Voraussetzungen bestehen.
Die Schaffung von Aktionsbeispielen ist zwischen den Bezirksvorständen und dem Zentralvorstand abzustimmen.
Verantw.: Büro des ZK, Bezirksvorstände
Termin: laufend

3. Die erste Phase zur Vorbereitung des 6. Gewerkschaftstages (Jahreshauptversammlungen der Ortsvorstände von Januar bis Februar 1962) – wo bereits Anträge beschlossen und Delegierte zu den Bezirks-, Gautagen und dem Gewerkschaftstag gewählt werden, erfordert von den Bezirksvorständen umgehend eine gründliche Analyse vom Zuständigkeitsbereich. Hierbei ist festzulegen, wo und mit welchen Kräften und welcher Antrag an den Gewerkschaftstag durchgesetzt werden kann.
Verantw.: Bezirksvorstände
Termin: 15. November 1961

4. Die bisherige Tätigkeit der Briefzirkel, formloser Versand von Materialien wird eingestellt. – Aus den vorhandenen Betriebsanschriften ist ein Kreis zuverlässiger Kollegen festzulegen, mit denen Mitglieder unserer betrieblichen Kom-

missionen einen gezielten, individuellen, handschriftlichen und kontinuierlichen Briefverkehr führen.

Diesen festgelegten Briefpartnern ist vom Bezirks- bzw. Kreisvorstand regelmäßig die Information und Argumentation für die Führung des Briefverkehrs zu vermitteln, besonders nach Bekanntwerden bestimmter politischer Ereignisse.

Verantw.: Bezirks- und Kreisvorstände
Termine: Mindestens einmal im Monat

Für die zukünftige Arbeit der BGL wird vom Büro ein Leitfaden herausgegeben.

Verantw.: Büro
Termin: 1. November 1961

5. Der betriebliche Briefverkehr erfolgt unter Kontrolle der Betriebsgewerkschaftsleitungen. Diese sind dem Kreis- bzw. Bezirksvorstand rechenschaftspflichtig.

   Der Briefverkehr über den betrieblichen Rahmen hinaus erfolgt unter Kontrolle des Bezirksvorstandes.

   Jeder illegale Briefverkehr ist zu unterbinden (z.B. des Gutenberg-Chores Leipzig und Uthmann-Chor Halle – Messequartiergeber usw.)

6. Der Versand von Materialien erfolgt ebenfalls nach den obengenannten Gesichtspunkten – zu jedem Material sind vom festgelegten Briefpartner handschriftliche Hinweise und ergänzende Argumentationen zu geben.

   Das erfordert die Festlegung eines neuen Verteilerschlüssels. Der Verteilerschlüssel für den »Kleinen Korrespondenten« ist überholt. Der neue Verteilerschlüssel ist dem Büro des ZV zu übermitteln.

   Verantw.: Bezirksvorstände
   Termin: 1. Dezember 1961

Beratungen

Individuelle Gespräche mit den zuverlässigsten und einflußreichsten Kollegen sind nach wie vor in periodischen Abständen zu führen. Diese Beratungen müssen nach Klärung der prinzipiellen Fragen in jedem Fall zu konkreten Maßnahmen bzw. Aktionen in

Westdeutschland führen. – Die Kontrolle und Information darüber ist sicherzustellen.
Wochenend-Beratungen im kleinen Kreis (Funktionäre – Gautags- und Gewerkschaftstags-Delegierte) sind ebenfalls noch anzustreben.
Die immer noch vorhandene Tendenz, Kontakte um jeden Preis, verletzt die Prinzipien der Klassenwachsamkeit und hemmt uns in der zielbewußten klassenerzieherischen Arbeit.
Die Bezirksvorstände sorgen dafür, daß die Aufrechterhaltung solcher Kontakte unterbleibt.
Verantw.: Büro des ZV, Bezirksvorstände

Arbeit mit Rundfunk und Presse
Kommentare und Interviews über Rundfunk (Deutschlandsender und Freiheitssender 904) sind zu sichern. Mit dem Rundfunk sind 8- bzw. 14tägige Sendungen zu bestimmten Zeiten zu vereinbaren. Hierzu wird ein entsprechender Plan ausgearbeitet.
Verantw.: Büro des ZV

Dok. 2 ***(ArchGew 4/672/6621)***

IG Druck und Papier
Zentralvorstand
Abt. für Arbeiterfragen
in Westdeutschland **Berlin, den 24. Januar 1962**

Maßnahmeplan zur Vorbereitung der Frühjahrsmesse in Leipzig (4. bis 13.März 1962) – Sekretariatsbeschluß Nr. S 4/62

A. *Politisch-ideologische Zielstellung*
Die Frühjahrsmesse findet in einem Zeitraum statt, wo der Kampf um den Abschluß des Friedensvertrages in die letzte entscheidende Etappe eingetreten ist. In diesem Zeitraum finden auch die Jahreshauptversammlungen und Delegiertenkonferenzen zur Vorbereitung des 6. DGB-Kongresses der IG Druck und Papier im DGB statt. Die Monopole und Militaristen wollen mit Hilfe

der Brandt und Wehner sowie mit der Richter-Gruppe im DGB diese Gewerkschaftskongresse benutzen, um die z.T. noch vorhandene Selbständigkeit und Unabhängigkeit der einzelnen Industriegewerkschaften endgültig zu beseitigen. Deshalb sind vom Zentralvorstand und von den Bezirksvorständen alle Anstrengungen zu unternehmen, um eine große Anzahl aktiver westdeutscher Funktionäre und Mitglieder für den Besuch der Leipziger Frühjahrsmesse zu gewinnen. Eine breite Teilnahme der westdeutschen Kollegen ermöglicht zugleich, die vom Präsidium des Zentralvorstandes beschlossene Konzeption zur Vorbereitung des 6. Gewerkschaftstages in die Tat umzusetzen. Ebenfalls sollte die Werbung zu den Arbeiter-Festspielen vorgenommen werden.
Die Frühjahrsmesse dient vor allem dazu, folgende politisch-ideologische Grundfragen mit den westdeutschen Kollegen zu klären:

1. Klärung des internationalen Kräfteverhältnisses, damit die westdeutschen Kollegen die wachsende Stärke des sozialistischen Weltsystems und der Friedenskräfte erkennen. Am Beispiel des Aufbaus des Kommunismus in der UdSSR und des Aufbaus des Sozialismus in der DDR ist nachzuweisen, daß dem Sozialismus und Kommunismus die Zukunft gehört. Unsere westdeutschen Kollegen sollen erkennen, daß der Aufbau des Sozialismus und schließlich des Kommunismus in der DDR unabhängig von der Entwicklung in Westdeutschland sowohl den Interessen der deutschen Nation als auch der ganzen deutschen Arbeiterklasse dient. Sie müssen begreifen, daß sie gegen Imperialismus und Militarismus nur erfolgreich kämpfen können, wenn sie fest an der Seite der DDR stehen.
2. Der erste Schritt zur Wiedervereinigung Deutschlands ist der Abschluß eines deutschen Friedensvertrages und die Lösung des Westberlin-Problems, wie es im Friedensplan der Volkskammer dargelegt ist. Das klassenfeindliche Argument »erst Wiedervereinigung, dann Friedensvertrag«, das von Adenauer-Richter strapaziert wird, ist allseitig zu zerschlagen. Dabei ist unsere Losung »die Schaffung eines antiimperialistischen, militärisch neutralen Deutschlands« in den Mittelpunkt unserer Aufklärungsarbeit zu

stellen. Die Bildung einer freien entmilitarisierten Stadt Westberlin liegt ebenfalls im Interesse der westdeutschen Arbeiter und Gewerkschafter.
Das Minimalprogramm der Regierung der Deutschen Demokratischen Republik an die Adenauer-Regierung vom 1. Dezember 1961 macht noch einmal die Politik der beiden deutschen Staaten deutlich. Es zeigt den Weg, wenigstens ein Minimum an Maßnahmen zur Sicherung des Friedens, der friedlichen Koexistenz und der Entwicklung normaler Beziehungen zwischen beiden deutschen Staaten zu vereinbaren.
Im Zusammenhang mit der Klärung dieser Hauptfrage ist darauf hinzuwirken, daß die westdeutschen Arbeiter klarer erkennen, daß

a) die Lösung der nationalen Frage in Deutschland nur durch die Überwindung des westdeutschen Imperialismus und Militarismus möglich ist. Die Kriegsgefahr und die Spannung in Deutschland ergeben sich nicht aus der Spaltung Deutschlands und nicht aus der Existenz von zwei deutschen Staaten, sondern aus der Herrschaft des Militarismus und Imperialismus in Westdeutschland. Der tiefe Klassengegensatz zwischen den Interessen der Arbeiterklasse und der Monopolbourgeoisie in Westdeutschland kann nur durch den antiimperialistischen Kampf und durch den Sieg der Arbeiterklasse überwunden werden.
b) Die Zerschlagung des Antikommunismus und Revanchismus, der in Westdeutschland zur offiziellen Staatsdoktrin erhoben wurde, ist von großer Bedeutung. Der Antikommunismus ist die gemeinsame ideologische Plattform aller revanchistischen Kräfte von Adenauer und Strauß, über Brandt und Wehner bis zu Leber und Richter. Der Antikommunismus und Revanchismus lähmen die Kampfkraft der Arbeiterklasse und ihrer Gewerkschaften in Westdeutschland. Die Zurückdrängung und

Überwindung des Antikommunismus und Revanchismus in der Arbeiterbewegung ist dringend notwendig.

c) Die von der imperialistischen Ideologie aller Schattierungen verbreitete soziale Demagogie ist zu zerschlagen. An Hand der eigenen Erfahrungen der Arbeiter sind die arbeiterfeindlichen Theorien, wie »Volkskapitalismus«, »Christliche Soziallehre«, »Volksaktien«, »Sozialpartnerschaft« und des »sozialen Kapitals« zu entlarven. Das Wesen der kapitalistischen Ausbeutung in Westdeutschland ist in der Gegenüberstellung zum Charakter der sozialistischen Arbeit in der DDR ständig zu erläutern.

d) Unter den jetzigen Bedingungen des Kampfes in Westdeutschland sind die Gewerkschaften die einzig legalen Kampforganisationen der Arbeiterklasse zur Verteidigung und Sicherung der Lebensinteressen der Arbeiterklasse und der deutschen Nation. Deshalb ist der Kampf gegen die Gleichschaltungspolitik der Brandt-Wehner und der Leber-Richter auf breiter Front und offensiv zu organisieren. Im Kampf um eine unabhängige und selbständige Klassenpolitik im DGB müssen wir besondere Aufmerksamkeit unseren Funktionären und aktiven Mitgliedern in den Betrieben, Orts- und Bezirksvorständen widmen.

Der Zentralvorstand der IG Druck und Papier im DGB stellt für den 6. Gewerkschaftstag zwei Hauptprobleme

a) Satzung- und Strukturbereinigung mit der Begründung, daß die Kampfkraft der Gewerkschaften erhöht werden muß,

b) Behandlung tarifpolitischer Probleme, die über viele Jahre richtunggebend sein sollen.

Mit dem Argument der »Erhöhung der gewerkschaftlichen Kampfkraft« soll die Unterordnung der Industriegewerkschaft unter die klassenfeindliche Politik der Richter-Gruppe satzungsgemäß vollzogen werden. Die IG soll zu einer reinen Fachorganisation und zum Ordnungselement des Bonner Staates herabgewürdigt werden. Damit soll dem 6. DGB-Kongreß der Weg freigemacht werden, das Grundsatzprogramm von 1949 zu liquidieren und das Godesberger Programm der SPD in der Gewerkschaft zu verwirklichen.

e) Mit der Klärung der dargelegten politisch-ideologischen Grundfragen ist an die Beschlüsse des 5. Gewerkschaftstages sowie an die Entschließungen, Resolutionen und Stellungnahmen der Ortsvereine, der Betriebsräte, der Gautage usw., die sich gegen
atomare Aufrüstung der Bundeswehr,
Notstandsgesetzgebung,
faschistisch-militaristische Druckerzeugnisse,
Abbau demokratischer Rechte und verschärfte Ausbeutung,
und gegen den Abbau der Krankenversicherungsleistungen
richten, anzuknüpfen. Ziel muß es sein, erneut zu solchen gewerkschaftlichen Beschlüssen zu kommen, die gleichzeitig bestimmte Maßnahmen zu ihrer Realisierung beinhalten.
Wo gibt es solche Beschlüsse und Entschließungen usw. und mit welchen Kräften sind diese erneut in die Tat umzusetzen.

B. *Politisch-organisatorische Maßnahmen*

1. Einladung aller uns bekannten aktiven Funktionäre und Mitglieder, bei denen Voraussetzungen gegeben sind, daß sie aktiv in die Vorbereitung des 6. Gewerkschaftstages eingreifen. Wenn die Antworten auf die Einladung ausbleiben sollten, sollte unbedingt eine zweite Einladungswelle organisiert werden. Jede Einladung muß einen individuellen Charakter tragen, keine »Kontakte um jeden Preis«, ebenso ist auf die Einladung von Rentnern und Hausfrauen zu verzichten.
Es sind Jugendliche und Frauen zu gewinnen, die in der IG Druck und Papier aktiv wirken.
Die Richtzahlen für die Einladung der westdeutschen Kolle-

gen sind den Bezirksvorständen des FDGB vom Zentralvorstand übergeben worden und von diesen zu bekommen.
Die Gewinnung westdeutscher Kollegen soll vor allen Dingen mit Konzentration auf die Druckhauptorte in den einzelnen Gaubezirken erfolgen.
Verantw. Büro des ZV – Bezirks- und Kreisvorsitzende
Termin: sofort

2. Die Bezirksvorstände führen während der Messe in eigener Verantwortung unter Anleitung des Zentralvorstandes Beratungen auf der Gauebene durch. Grundlage dieser Beratungen ist die Konzeption des Präsidiums des Zentralvorstandes zum 6. Gewerkschaftstag und die des Bezirksvorstandes, in denen die konkreten Maßnahmen zum Gewerkschaftstag enthalten sind. Es empfiehlt sich, Entwürfe für Anträge und Diskussionsbeiträge – je nach der Situation des Zuständigkeitsbereiches – vorzubereiten, damit mit den westdeutschen Funktionären die konkreten Aufgaben erläutert werden können.
Verantw. die Bezirksvorsitzenden

3. Der Zentralvorstand führt ein Forum durch, auf dem der 1. Vorsitzende des Zentralvorstandes, Koll. Heinz Oehler, sowie die Präsidiumsmitglieder Gerhard Kretschmar, Oswald Otto, Anni Sindermann und Werner Geistert die Fragen der westdeutschen Kollegen beantworten. Die politisch-ideologische Vorbereitung der westdeutschen Kollegen auf dieses Forum wird durch das Betreuerkollektiv vorgenommen.
Konzeption bis 25.2.62 im Sekretariat beschließen
Verantw. Kollegen Kretschmar und Klose
Termin: 4.3. bzw. 9./11.3.62

4. Die politisch-ökonomischen und sozialen Errungenschaften in unserer DDR sind den westdeutschen Kollegen ausführlich und überzeugender als bisher zu vermitteln. Die westdeutschen Kollegen sollen erkennen, daß die Arbeiterklasse und die Gewerkschaften in der DDR unmittelbar an der Leitung und Lenkung des Staates und der Wirtschaft teilnimmt, daß dies vor allem auf der Grundlage des Gesetzbu-

ches der Arbeit erfolgt. Daraus muß die hervorragende Rolle des FDGB als Interessenvertreter des Staates und der Arbeiterklasse klar gemacht und der Verrat der Richter-Gruppe im DGB gegenüber den westdeutschen Arbeitern sichtbar gemacht werden.
Hierzu werden in noch festzulegenden Leipziger Betrieben Betriebsstudien durchgeführt. Im Anschluß daran erfolgt eine zwei- bis dreistündige Aussprache mit verantwortlichen Kollegen aus den Betrieben. Die Studienergebnisse sind nach der Abschlußaussprache von den westdeutschen Kollegen in Erklärungen oder Stellungnahmen schriftlich festzuhalten. Sie sollen den Gau- und Gewerkschaftstagsdelegierten zugestellt werden und damit der vorbereiteten Broschüre der Studienkommission des Zentralvorstandes der IG Druck und Papier im DGB entgegenwirken. Das Studium erfolgt auf Länderebene.
Verantw. Bezirksvorsitzender bzw. der verantwortliche Kollege für Arbeiterfragen in Westdeutschland und der Betreuer des Bezirksvorstandes. Vom Zentralvorstand nimmt ein Sekretär an der Abschlußaussprache teil.

5. Zur Vorbereitung der DGB-Bundesjugend-Konferenz in Westberlin vom 12. bis 14. April und zur Vorbereitung des 6. Gewerkschaftstages der IG Druck und Papier im DGB wird eine Jugendberatung durchgeführt.
   Verantw. Kollegen Kretschmar und Geistert
   Termin wird noch festgelegt
6. Zur Vorbereitung der DGB-Bundesfrauenkonferenz in Nürnberg vom 26. bis 28. April und zur Vorbereitung des 6. Gewerkschaftstages der IG Druck und Papier im DGB wird mit den anwesenden Kolleginnen eine Beratung durchgeführt.
   Verantw. Kollegin Sindermann, Kollege Kretschmar
   Termin wird noch festgelegt

Betreuerschulung
Die Schulung findet vom 1. bis 3. März in Leipzig statt (unmittelbar vor der Messe). Die Bezirksvorstände Leipzig, Karl-Marx-

Stadt, Dresden, Gera, Halle und Rostock haben jeweils die Verantwortlichen für Arbeiterfragen in Westdeutschland des Bezirksvorstandes zu delegieren und zusätzlich einen Betreuer zu stellen.
Die Bezirksvorstände Cottbus, Frankfurt/O., Magdeburg, Suhl und Potsdam haben den Vorsitzenden der Kommission für Arbeiterfragen in Westdeutschland beim Bezirksvorstand zu delegieren.
Der Bezirksvorstand Leipzig delegiert darüber hinaus die Vorsitzenden der Kommission für Arbeiterfragen in Westdeutschland der wichtigsten Leipziger Betriebe. Als Betreuer werden diese Kollegen nur dann eingesetzt, wenn die Anreise westdeutscher Kollegen über alle Erwartungen erfolgen sollte.
Die namentliche Benennung der Betreuer hat bis zum 15. Februar an die Abteilung für Arbeiterfragen in Westdeutschland beim Zentralvorstand zu erfolgen. Es ist unbedingt zu sichern, daß nur Kollegen als Betreuer eingesetzt werden, die diese Tätigkeit schon in Leipzig ausgeübt haben.
Verantw. Bezirksvorsitzender f. d. Durchführung der Schulung die Kollegen Kretschmar und Klose
Für die Arbeit mit den westdeutschen Jugendlichen zur Vorbereitung des DGB-Jugend-Kongresses sowie zur Vorbereitung der Jugendaussprache in Leipzig wird Koll. Günther Baumgärtel eingesetzt.

Materialien

a) Sonderausgabe des »Kleinen Korrespondenten«
Arbeitsthema: Auseinandersetzung mit der Politik des westdeutschen Zentralvorstandes
Grundlage: Beschlüsse des 5. Gewerkschaftstages und der Artikel von Hansen im Zentralorgan »Druck und Papier« Nr. 1/62
Verantw. Koll. Kretschmar
Termin: 15. Februar

b) Stellungnahme zur Lohnpolitik des Stuttgarter Zentralvorstandes
Grundlage: Referat von Harri Zieher auf der ZV-Sitzung

vom 27. Juni 1961 und Artikel in »Druck und Papier« Nr.2/62
Verantw. Koll. Kretschmar und Otto
Termin: 22. Februar

c) Zusätzlich folgende Broschüren:
»Für unabhängige Klassengewerkschaften« (Verlag Tribüne 1961)
»Der Trimph des Kommunismus ist gewiß« (XXII. Parteitag – Dietz Verlag)
»Ein Dokument der sozialistischen Demokratie« (AGB – Herausgeber FDGB-Bundesvorstand)
»300 Fragen und Antworten« (Herausgeber Ausschuß für Einheit)
»Bei unserer Industriegewerkschaft zu Gast« (Herausgeber Zentralvorstand IG Druck und Papier)
»Reden und Beschlüsse vom 5. Gewerkschaftstag der IG Druck und Papier im DGB« (Sonderausgabe »Kleiner Korrespondent«)
»Revanchismus aus Rotationen« (Herausgeber Verband der Deutschen Journalisten)
für alles verantwortlich: Abt. f. Arbeiterfragen in Westdeutschland/ZV

Sonstige organisatorische Maßnahmen

1. Die eingegangenen Voranmeldungen von westdeutschen Kollegen bei den Bezirksvorständen sind den Bezirksvorständen des FDGB zuzuleiten. Der Abteilung des ZV ist eine Durchschrift davon zu übermitteln.
2. Für die Besetzung des Org.-Büros, für seine Ausgestaltung, ist der Kreisvorstand Leipzig verantwortlich. Die Kassengeschäfte übernimmt ein Mitglied der Revisionskommission des Kreisvorstandes Leipzig.
Verantw. Kreisvorstand Leipzig
von der Abt. d. ZV wird im Org.-Büro Koll. Semper oder Koll. Müller verantwortlich mitarbeiten
3. Die Verpflegungsstelle ist, wie in den vergangenen Jahren, in der LKG einzurichten. Der Verpflegungssatz wird pro

Tag und Kopf auf DM 7, festgelegt und vertraglich mit der LKG vereinbart.
Verantw. Bezirksvorstand und Abt. f. Arbeiterfragen beim ZV
Quartiere: Für die Werbung von Quartieren ist der Kreisvorstand verantwortlich. Es erweisen sich 90 Quartiere als notwendig.
PKW – Für die Dauer der Messe wird dem Messe-Org.-Büro vom Zentralvorstand ein PKW vom 3. bis 13. März zur Verfügung gestellt.
Für die politisch-ideologische Arbeit mit dem Betreuerkollektiv sowie für die Informationsberichte an den Bundesvorstand ist die Abt. für Arbeiterfragen in Westdeutschland beim ZV, Koll. Klose, verantwortlich.

Finanzplan
Im Haushaltsplan der Abt. für Arbeiterfragen in Westdeutschland des Zentralvorstandes für das Jahr 1962 ist für die Frühjahresmesse ein Betrag von DM1500, vorgesehen. Die neue Aufgabenstellung für die Frühjahresmesse, die sich aus der augenblicklichen politischen Lage heraus entwickelt, erfordert die Bewilligung zusätzlicher Mittel zur Durchführung der Messe.
Insgesamt wird um die Bewilligung von DM7500, gebeten.
An Gesamtmitteln ist ein Betrag von DM9000, notwendig.
Davon sind bereits DM1500, im Plan vorgesehen.

Aufschlüsselung:

Verpflegung:	
Tagesdurchschnitt 60 Kollegen	
pro Kopf und Tag DM 7,– bei 10 Tagen Messe	DM 4200,–
(DDR-Kollegen 30 – westd. Kollegen 30)	
Forum:	
70 bis 80 Kollegen	
(für Getränke, Zigaretten und Gebäck)	200,–
Quartiere	
90 Quartiere für 10 Tage	2600,–
Unkosten für Org.-Büro:	

Straßenbahnfahrten f. Betreuer und westd. Kollegen
Getränke, Blumen, Gelder für kulturelle Zwecke,
Schreibutensilien usw. 1500,–
Frauentag 8. März:
Blumen und Konfekt für ca. 20 Kolleginnen des
Küchen- und Bedienungspersonals der LKG und
für ca. 20 anwesende westdeutsche Kolleginnen
pro Kopf DM 7,– 280,–
für unvorhergesehene Ausgaben 220,–
DM 9000,–

Kollege Kretschmar wird mit der Abteilung für Arbeiterfragen in Westdeutschland beim Bundesvorstand die notwendigen Verhandlungen führen.

Dok. 3 *(ArchGew 4/672/6621)*

IG Druck und Papier
Zentralvorstand
Westkommission **Berlin, 21. August 1965**

Verteiler:	Koll. Gehler	Koll. Wünschmann
	Deckert	Kolln. Simchen
	Geistert	Kleppsch
	Otto	Thomas
	Kolln. Sindermann	Wieland
	Koll. Schulze	Jahn
	Kein	Seiffert
	Schmidt	Koll. Schnürer
	Zietzschmann	Broecker
	Reitzig	Feldemann
		Hartmann, BV

Präsidiumsvorlage

Beschluß zur Vorlage:

Zur Lage in der IG Druck und Papier nach Abschluß der Landesbezirks-Delegiertenkonferenzen am 7. Gewerkschaftstag vom 26.9. bis 2.10.1965

Das Präsidium beschließt:

1. Der vorgelegten Einschätzung zum Stand der Vorbereitungen des 7. Gewerkschaftstages im September in Westberlin gibt das Präsidium seine Zustimmung. Die in den Diskussionen unterbreiteten Vorschläge sind in die Einschätzung bzw. im Maßnahmeplan einzugliedern.
2. Nach Abschluß des 7. Gewerkschaftstages ist dem Präsidium eine Einschätzung mit den notwendigen Schlußfolgerungen in der November-Sitzung vorzulegen.
   Verantw. Koll. Kein, Westkommission
3. Im 1. Quartal 1966 ist dem Präsidium eine Untersuchung über den Konzentrationsprozeß in der grafischen Industrie und im Pressewesen sowie über den Automatisierungsprozeß und deren Folgen für die grafischen Arbeiter zu unterbreiten.
   Diese Einschätzung soll die Grundlage für die Entwicklung der gerechten Forderung nach Erweiterung des Mitbestimmungsrechtes bilden.
   Verantw. Koll. Kein, Westkommission

Maßnahmeplan zum 7. Gewerkschaftstag
Die Fortsetzung der Arbeit zum 7. Gewerkschaftstag der IG Druck und Papier erfordert unter Berücksichtigung der jetzigen politischen Situation eine Ergänzung der Aufgabenstellung, die bereits im Präsidiumsbeschluß der »Konzeption für die Westarbeit im Jahr 1965« enthalten ist.
Ausgangspunkt bei allen Diskussionen mit Gewerkschaftstagsdelegierten und anderen Funktionären ist das Sonntagsgespräch des Vorsitzenden des Staatsrates am 1. August 1965 im DFF. Dabei sind besonders die drei Hauptfragen – Frieden, Abrüstung und Sicherheit in Europa – in den Vordergrund zu stellen.
Walter Ulbricht erklärte u.a.:
»... daß Atomwaffen im gespaltenen Deutschland die Kriegsge-

fahr unerhört verschärfen würden. Ein Atomkrieg auf deutschem Boden hätte die schrecklichsten Folgen. Nur ein Mensch, der total kriegstoll ist, kann annehmen, daß ein mit Atomwaffen ausgerüstetes Westdeutschland einen Erfolg der Bonner Eroberungspolitik erzwingen könnte.«

»Atomare Waffen im Besitz der westdeutschen Bundesrepublik, ein Mitbestimmungsrecht der Bonner Regierung über Atomwaffen, bedeuten auch, daß die Wiedervereinigung vollständig blokkiert wird, daß eine Annäherung der beiden deutschen Staaten und gemeinsame Schritte in der Wiedervereinigung unmöglich gemacht werden.«

»Sicherheit und Abrüstung könnten zum Prolog der Wiedervereinigung, der Wiederherstellung der Einheit Deutschlands werden. Das wünschen auch die Deutschen im Westen unseres Landes.«

Zu der CDU-Politik und den Bundestagswahlen erklärte Walter Ulbricht:

»Die CDU hat in der Tat während der 16 Jahre, die sie an der Macht ist, das nationale Anliegen des deutschen Volkes, die Überwindung der deutschen Spaltung blockiert, und den Graben zwischen den beiden deutschen Staaten vertieft und verbreitert. Wer also Sicherheit wünscht, gegen Krieg und gegen Verlust des mühsam Erworbenen, wer Fortschritt wünscht in der Richtung der Versöhnung in Deutschland, wer die Normalisierung der Beziehungen zwischen den beiden deutschen Staaten, ihre Annäherung und die Überwindung der deutschen Spaltung erstrebt, der kann auf keinen Fall der CDU seine Stimme geben.«

»Wenn nicht diese westdeutschen Wahlen unserem großen nationalen Anliegen ernsten und vielleicht nicht mehr gutzumachenden Schaden zufügen sollen, dann muß aus ihnen eine Regierung herauskommen, die Mut und Verantwortungsbewußtsein zu wirklich entscheidenden Schritten in Richtung auf die Überwindung der deutschen Spaltung durch Abrüstung, Annäherung und Verständigung beweist. Das ist der einzig reale Weg.«

In den Gesprächen mit den Gewerkschaftsdelegierten ist auf folgende Hauptfragen Orientierung zu nehmen:

I. *Weiterführung des Kampfes gegen die Notstandsgesetze*

Mit der Verhinderung der beabsichtigten Verfassungsänderung sind die Gefahren nicht abgewendet.

Daher ist

– den Arbeitern und der ganzen westdeutschen Bevölkerung der Inhalt der Notstandsgesetzgebung als wesentlicher Bestandteil der atomaren Kriegsvorbereitung aktueller zu erläutern, um den Widerstandskampf zu verstärken,
– der Kampf gegen die bereits angenommenen Gesetze und die geplante Verfassungsänderung weiter zu entwickeln – der Ungehorsam gegen die Durchsetzung des Gesetzes und die Bildung von Wachsamkeitsausschüssen anzuregen,
– der Beschluß des Hauptvorstandes der IG Metall über die Entwicklung vielfältiger Aktionen gegen die Notstandsgesetze und die von Otto Brenner vertretene Auffassung, »daß der Frieden nicht durch eine Notstandspolitik, sondern nur durch eine aktive Politik des Friedens und der Entspannung gesichert wird« – durch die IG Druck und Papier solidarisch zu unterstützen.

Hierbei stützen wir uns auf die Entschließungen der Landesbezirks-Konferenz von Bayern, Hessen, Niedersachsen und des Hauptjugendausschusses (Anträge Nr. 19, 21, 23, 25)

II. *Für Frieden – Abrüstung – Sicherheit*

Die Bezirks- und Landesbezirkskonferenzen bekräftigten in ihren Anträgen den Standpunkt, daß die Atomrüstungspolitik den Frieden bedroht und die friedliche Wiedervereinigung blockiert.

Wir unterstützen die Anträge (Nr. 30–35), die fordern:

– Verhinderung der atomaren Aufrüstung der Bundeswehr – gegen den verbrecherischen Atomminengürtel,
– die Rückgängigmachung des DGB-Beschlusses zum 1. September und die Durchführung von Kundgebungen am Antikriegstag,
– eine größere Aktivität für eine Politik der Entspannung, des Friedens und die Ausschaltung der Gewalt als Mittel der Politik.

III. *Zum Deutschland-Problem*

Wir unterstützen und fördern besonders die Entschließung der Landesbezirks-Delegiertenkonferenzen von Hessen und Bayern (Nr. 37 und 38), die hervorheben,

– daß die Wiedervereinigung in erster Linie eine Angelegenheit der Deutschen selbst ist,
– daß die Einbeziehung Westdeutschlands in die NATO und die atomare Ausrüstung der Bundeswehr die Wiedervereinigung blockiert,
– daß der DGB-Bundesvorstand eine eigene Deutschland-Initiative ergreifen soll,
– daß zwei Staten auf deutschem Boden existieren und das Deutschlandproblem nur auf dem Wege von Verhandlungen zwischen beiden deutschen Staaten zu lösen ist,
– daß die Verständigungspolitik die Aufhebung der Machtpolitik zum Ziele haben muß. – Die Arbeiter und Gewerkschaften müssen in der Verständigungspolitik mit gutem Beispiel vorangehen. – Der Antikontakt-Beschluß ist nicht mehr zeitgemäß.

IV. *Zum Kampf um die Erweiterung des Mitbestimmungsrechtes*

Bei zahlreichen Gewerkschaftstagsdelegierten ist die Erkenntnis vorhanden, daß das Problem der Mitbestimmung unmittelbar mit der Machtfrage verbunden ist. Wir unterstützen besonders die Entschließung Nr. 1 von Hessen – zum Aktionsprogramm des DGB – in der die Mitbestimmung als Machtfrage herausgestellt wurde.

Weitere Hilfe und Unterstützung ist durch die Übermittlung folgender Materialien zu geben:

a) Übermittlung der Artikelserie von Heinz Brühl und Dr. Felgentreu in der »Tribüne« über »Die Mitbestimmung muß erkämpft werden«
b) Publizierung der wichtigsten Anträge an den 8. Gewerkschaftstag der IG Metall zum Mitbestimmungsrecht
c) Unterstützung der Forderung von Nordrhein/Westfalen, in der vom Hauptvorstand die Erarbeitung einer Konzeption-

für »sozial- und wirtschaftspolitische« Forderungen für notwendig gehalten wird.

V. *Organisationspolitische Maßnahmen*

1. Brief des Präsidiums des Zentralvorstandes an die Delegierten des 7. Gewerkschaftstages: Nur sachliches Grußschreiben ohne Polemik. Dieses Grußschreiben ist einheitlich an die Delegierten und an den Gewerkschaftstag zu richten.
Inhalt:
- Grüße und Wünsche für einen guten Erfolg des Verlaufs des Gewerkschaftstages
- Gemeinsamkeiten hervorheben
- Einladen zum Besuch unserer Hauptstadt
- für Gespräche jederzeit bereit.

Umfang: nicht mehr als 2 Schreibmaschinenseiten.

2. Einladung zum Besuch unserer Betriebe »Berliner Druckerei« und »Tägliche Rundschau«
Die Einladung sollte durch die BGL der beiden Betriebe ausgesprochen werden. Hierbei auf den sitzungsfreien Mittwochnachmittag hinweisen, an dem interessierten Delegierten ein Besuch Ostberlins freigestellt wird.
Gestaltung: Doppelkarte DIN A 6 gedruckt.
Die BGL-Vorsitzenden Kollegen Heisinger und Bechstein sind hierum zu einer Aussprache einzuladen.

3. Organisierung von Gesprächen mit Gewerkschaftstagsdelegierten vor und während des Gewerkschaftstages
   a) Vor dem Gewerkschaftstag sind die Gespräche mit den Delegierten über die Probleme im Maßnahmeplan Abschnitt I bis IV zu führen.
   Hierbei ist Hilfe und Unterstützung zu Ergänzungsanträgen zu geben.
   b) Während des Gewerkschaftstages sind am sitzungsfreien Mittwochnachmittag (29.9.) Gespräche mit Gewerkschaftstagsdelegierten und Mitgliedern unseres Präsidiums vorzubereiten. Diese Gespräche können auch in den einladenden Betrieben stattfinden.
   c) Täglichen Informationsdienst sichern.

Hierzu ist eine gemeinsame Arbeitsgruppe mit dem Sektor Information der Westabteilung des Bundesvorsitzenden zu bilden.
Verantw. Koll. Kein
Zur Vervollständigung des täglichen Informationsdienstes ist zu prüfen, wieweit Delegierten für die tägliche Berichterstattung gewonnen werden können.

Dok. 4 ***(ArchGew A 201.13573)***

IG Druck und Papier
Zentralvorstand
Westabteilung **Berlin, 18. Oktober 1967**

Sekretariatsbeschluß

Betr. Maßnahmeplan für die Vorbereitung des 8. Gewerkschaftstages der IG Druck und Papier im DGB

Das Sekretariat beschließt:

1. Der Maßnahmeplan wird in seiner Zielstellung einschließlich der vorgeschlagenen taktischen Variante bestätigt.
2. Für die einzelnen Etappen bzw. für die Durchführung von Detailaufgaben sind dem Sekretariat rechtzeitig entsprechende Konzeptionen zur Bestätigung vorzulegen.
3. Der Maßnahmeplan ist noch zu ergänzen bzw. zu vervollständigen:
   a) durch die gegebenen Hinweise des Sekretariats,
   b) durch eine Konzeption für die Arbeit mit marxistischer Literatur (Kapital Band 1–3)
   einschließlich der Entwicklung von Grundsatzartikeln und Leserbriefen für das Zentralorgan »Druck und Papier«.
   Hierzu ist die Bildung einer zeitweiligen Arbeitsgruppe notwendig.
   c) Es ist ein besonderer Plan für Einzelgespräche zwi-

schen Mitgliedern unseres Präsidiums und den hauptamtlichen Funktionären im
a) Hauptvorstand
b) Landesbezirksvorständen
in der DDR und in Westdeutschland einschl. mit der Zielstellung konkreter Vereinbarungen zu erarbeiten.

d) Nach Abschluß der Landesbezirks-Delegiertenkonferenzen ist eine Zwischenbilanz einschl. der notwendigen Schlußfolgerungen für die unmittelbare Einwirkung auf den 8. Gewerkschaftstag zu ziehen.
Diese Zwischenbilanz muß einschließen:
Die personellen Veränderungen und die Einschätzung über die kommenden Kandidaten im
a) Hauptvorstand
b) Landesbezirksvorständen
und damit über das zukünftige Kräfteverhältnis Ausdruck geben.

e) Unseren Bezirksvorständen – die in die Vorbereitung des 8. Gewerkschaftstages einbezogen werden – sind auszugsweise ihre zu übernehmenden Aufgaben mit entsprechenden Erläuterungen zu übergeben.

4. Erarbeitung einer Analyse über den Standpunkt des Hauptvorstandes und der Landesbezirksvorstände zu den wichtigsten Grundfragen.
Die Erfahrungen, die bei Vorträgen, Schulungen, Zirkelgruppen gesammelt werden, sind erstrangig für die Analyse mit einzubeziehen.
Die Erfahrungen besagen, daß zwischen öffentlichen Erklärungen, Gesprächen unter vier Augen und freien Diskussionen im Rahmen einer Schulung qualitative Unterschiede bestehen.
Die Erfahrungen der Referenten sind hier mit einzubeziehen.

Vorlage der Konzeption für die Analyse: Februar 1968
für die Analyse selbst: Mitte Juni 1968

Maßnahmeplan für die Vorbereitung des 8. Gewerkschaftstages der IG Druck und Papier im DGB vom 6. bis 12. Oktober 1968 in Koblenz

1. Die Vorbereitung des 8. Gewerkschaftstages fällt in eine Zeit, die gekennzeichnet ist durch eine arbeiter- und friedensfeindliche Politik der westdeutschen Monopole und ihrer CDU/CSU und Kiesinger/Strauß-Regierung. Diese Politik ist der Ausdruck der sich gesetzmäßig weiter verschärfenden Widersprüche, die sich besonders im Zusammenhang mit der stürmischen Entwicklung der wissenschaftlich-technischen Revolution und dem immer größer werdenden Einfluß der wirtschaftlichen und politischen Stärke des sozialistischen Weltsystems weiter verschärfen.
Die Abschwächung und Überwindung der antagonistischen Widersprüche sucht der westdeutsche Imperialismus durch die Expansionspolitik, die in der Alleinvertretungsanmaßung, im Revanchismus, im Streben nach Hegemonie über Westeuropa und im Neokolonialismus ihren Ausdruck findet.

1.2 Zum 8. Gewerkschaftstag sollte daher das ideologisch-politische Ziel darin bestehen, auf diesem die klassenmäßigen Auseinandersetzungen über folgende Schwerpunktfragen herbeizuführen:

1.2.1 Das Grundgebot der Menschlichkeit ist das Bemühen um die Erhaltung des Friedens
Der Brief Kiesingers an den Genossen Stoph und die außenpolitische Debatte im Bundestag beweisen,

- die alte Politik des westdeutschen Monopolkapitals und seiner Regierung wird fortgesetzt. Jegliche Normalisierung der Beziehungen beider deutscher Staaten und damit eine Entspannung in Europa wird abgelehnt.
- Kiesinger/Strauß/Wehner und Brandt setzen den Revanchekurs nach außen und den antidemokratischen Kurs nach innen fort.
- Die Alleinvertretungsanmaßung von Bonn wird nach wie vor aufrechterhalten.

Duldung und Unterstützung der Alleinvertretungsanmaßung schadet in erster Linie der westdeutschen Arbeiterklasse selbst
(Trennung vom wichtigsten Bundesgenossen – Widerspruch zu eigenen Zielen einer demokratischen Umgestaltung Westdeutschlands).

1.2.2 Die Erhaltung des Friedens verlangt

– Normalisierung der staatlichen Beziehungen zwischen Westdeutschland und der DDR
  Vertraglicher Verzicht auf Gewaltausübung und vorbehaltlose Anerkennung der bestehenden Grenzen in Europa
– Verhinderung des Besitzes, des Mitbesitzes oder der Verfügungsgewalt der westdeutschen herrschenden Kreise über Atomwaffen.

1.2.3 Die IG Druck und Papier im DGB und alle anderen Gewerkschaften müssen den Scharfmachern der CDU/CSU eine eigene Klassenpolitik entgegensetzen. Die Grundlage dafür sind die Beschlüsse und Forderungen des DGB und der IG Druck und Papier

– für einen Atomwaffensperrvertrag,
– für Gewaltverzicht in den Beziehungen zwischen den Staaten,
– für Verhinderung atomarer Ausrüstung der Bundeswehr,
– für 50% Senkung der Rüstungsausgaben,
– nach wirksamer gewerkschaftlicher Mitbestimmung,
– nach Stabilisierung der Wirtschaft auf Kosten der Reichen,
– prinzipielle Ablehnung der Notstandsverfassung.

1.2.4 Das Ergebnis der Auseinandersetzung mit der Politik der Regierung Kiesinger/Strauß sollte sein, daß der Gewerkschaftstag die Forderung an den kommenden DGB-Kongreß erhebt, den Antikontaktbeschluß des DGB zum FDGB aufzuheben.
Die Normalisierung der Beziehungen beider deutscher Gewerkschaftsverbände ist ein wesentlicher Bestandteil der

Normalisierung der Beziehungen zwischen beiden deutschen Staaten.

Grundlage für die gesamte Tätigkeit bis zum 8. Gewerkschaftstag bilden die Dokumente:

- VII. Parteitag der SED
- Konferenz in Karlovy Vary über die europäische Sicherheit
- Volkskammertagung vom 29.9.1967, Brief des Ministerpräsidenten Willi Stoph an Kiesinger
- Referat des Genossen Walter Ulbricht anläßlich des 100. Jahrestages des Erscheinens des 1. Bandes »Kapital« von Karl Marx.

2. *Ideologische und organisationspolitische Maßnahmen*

Der Schwerpunkt der Arbeit in Vorbereitung des 8. Gewerkschaftstages liegt auf der ideologisch-theoretischen und praktischen Klärung von Grundfragen. Dadurch wird eine neue Phase unserer Hilfe und Unterstützung für die einflußreichsten Leitungen der IG Druck und Papier eingeleitet, die sich auf dem Gewerkschaftstag in den Anträgen, Stellungnahmen und Diskussionsbeiträgen auswirken muß,

- zur Politik des Bonner Staates und der Demokratie
- zur Wirtschaftspolitik der westdeutschen Monopole
- zur Ost- und Deutschlandpolitik.

Zur Durchsetzung dieser Zielstellung werden folgende Maßnahmen eingeleitet.

2.1. *Organisierung von Vorträgen mit folgendem Arbeitsthema:*

- Staat und Demokratie in der DDR und die Rolle der Gewerkschaften bei der Gestaltung des Staates. – Dr. Friedrich, Institut der GeWi/ZK
  - Die Verflechtung der westdeutschen Monopole mit dem Staat der Bundesrepublik und die Rolle der Gewerkschaften im staatsmonopolitischen System.

    In diesem Vortrag ist nachzuweisen, daß das Herrschaftssystem der Monopole antisozial, antidemokratisch und antinational ist (siehe 26. Arbeiterkonferenz) – Hochschule Bernau

- Das neue ökonomische System in der DDR und Bildungsfragen.
  Hochschule Bernau
- Die Wechselwirkung zwischen der Konzentration ökonomischer und politischer Macht einschließlich Pressekonzentration und das Wesen der Demokratie.
  Fakultät für Journalistik
  Karl-Marx-Universität Leipzig
- Gewerkschaftliche Bildungsarbeit im Zeitalter der technischen Revolution.
  Hochschule Bernau
- Was gefährdet die Sicherheit Europas?
  Institut für Völkerrecht -
  Karl-Marx-Universität Leipzig

Die Vorträge über technische Revolution in der DDR, Berufsausbildung und Erwachsenenqualifizierung in der DDR werden nur noch in den Bezirken und Ländern organisiert, wo die Entwicklung offizieller Kontakte noch Schwierigkeiten bereitet.

2.1.1 Diese Vorträge werden folgenden Landesbezirksvorständen bzw. Bezirksvorständen angeboten und entsprechend vereinbart:

- Landesbezirksvorstand Nordrhein/Westfalen
  Bezirksvorstand: Köln, Düsseldorf, Bielefeld, Hagen
- Landesbezirksvorstand Bayern
  Bezirksvorstand: München, Nürnberg, Würzburg
- Landesbezirksvorstand Hessen
  Bezirksvorstand: Kassel, Frankfurt/M., Darmstadt, Wiesbaden
- Landesbezirksvorstand Baden/Württemberg
  Bezirksvorstand: Stuttgart, Karlsruhe, Mannheim, Freiburg
- Landesbezirksvorstand Niedersachsen
  Bezirksvorstand: Hannover, Braunschweig, Göttingen, Osnabrück.

2.2.2 Der Vortrag »Staat und Demokratie in der DDR ...« wird bereits am 21./22. Oktober 1967 in München vor einflußrei-

chen Gewerkschaftsfunktionären aus der ganzen Bundesrepublik gehalten und ist als Auftakt für die Durchführung unserer Vortragsreihen vorgesehen.
Referent dieses Vortrages ist Genosse Dr. Friedrich, Institut für Gesellschaftswissenschaften des ZK.
Vertreter des Zentralvorstandes, Kollege Rudi Wünschmann, Mitglied des Präsidiums.
Zu diesem Vortrag werden Landesbezirksvorsitzende eingeladen. Bei erfolgreichem Verlauf dieses Vortrages mit Diskussion und bei Zustimmung der Anwesenden werden mit diesen Vereinbarungen in der Richtung abgeschlossen, daß der gleiche Vortrag mit Genossen Dr. Friedrich vor den zukünftigen Gewerkschaftstagsdelegierten in Form einer Wochenendschulung stattfinden soll.

2.2.3 *Ziel* ist, diese Wochenendschulungen mit den gewünschten Themen noch vor den Landesbezirksdelegiertenkonferenzen (die Mehrzahl der Landesbezirksdelegierten sind gleichzeitig Delegierte zum Gewerkschaftstag) zur Durchführung zu bringen, damit bereits auf dieser Ebene die klassenmäßige Auseinandersetzung über die Grundfragen erfolgen kann.

2.3 *Weiter Vorträge*

2.3.1 Zentrale Jugendkonferenzen vom 3. bis 5. Februar 1968 im Schulungsheim Springen (ca. 100 Delegierte).
Im Konferenzplan ist ein gesellschaftspolitisches Grundthema für die Jugendfunktionäre vorgesehen.
(...)
Termin: Ende Oktober 1967

2.3.2 Zentrale Frauendelegiertenkonferenz
Hier wird ebenfalls dem Hauptfrauenausschuß vorgeschlagen, eine Frauendelegation aus der DDR zu empfangen, mit der Bitte, der Delegationsleiterin die Möglichkeit zu geben, über das Thema »Die Stellung der Frau in der sozialistischen DDR« zu sprechen.
Termin: Ende Oktober 1967

3. *Zur Lohnpolitik und zum Problem Mitbestimmung in der IG*
Dieser Fragenkomplex ist das schwächste Kettenglied. In der Lohnpolitik sind nach wie vor nicht nur die reformistischen Kräfte beherrschend und bestimmend, sondern darüber hinaus gibt es Funktionäre, die sehr offen eine Unternehmerpolitik in der IG betreiben.

3.1 Um in die Gremien der Großen Tarifkommission, Bundesspartenleitung der Maschinen- und Handsetzer und Fachausschüsse, die sich mit den Problemen der Mitbestimmung usw. beschäftigen, eine annähernd klassenmäßige Politik hineinzutragen, werden folgende Maßnahmen eingeleitet:

3.1.1 – In Verbindung mit dem Institut für Gesellschaftswissenschaften des ZK, Prof. Dr. Hemberger, wird eine wissenschaftliche Einschätzung über die Lohnpolitik der IG Druck und Papier im System des staatsmonopolistischen Kapitalismus und

3.1.1.1. – über den Stand der Diskussion in der Organisation zum Problem Mitbestimmung
erarbeitet.

3.1.2 Zur Erfüllung dieser Aufgabe werden Wochenendgespräche organisiert mit Mitgliedern der Großen Tarifkommission und Vertretern von Fachausschüssen, dem wissenschaftlichen Kollektiv des Instituts für Gesellschaftswissenschaften des ZK und Vertretern unseres Zentralvorstandes.
Mit diesen Aussprachen soll folgendes Ziel erreicht werden:
– die wissenschaftliche Untersuchung so konkret wie möglich zu gestalten,
– mit der Diskussion das marxistische Gedankengut in die Große Tarifkommission und die anderen Fachausschüsse hineinzutragen.
In dieser Richtung wird versucht, mindestens zwei- bis dreimal in diesem Kreis Gespräche zu führen.
Verantwortlich für den Vertragsabschluß mit dem Institut des ZK und die Ausarbeitung dieser Dokumente: Kollege D.

4. *Studientätigkeit*

Die Studientätigkeit wird in der Vorbereitung des 8. Gewerkschaftstages eine entscheidende Rolle spielen, nicht nur für die Herbeiführung der Kontaktentschließung mit dem FDGB, sondern für die Klärung aller Grundsatzfragen auf dem Gewerkschaftstag.

Die bisherige Studientätigkeit zeigte, daß eine Vielzahl von Kontaktanträgen dem Gewerkschaftstag vorliegen werden. Es ist möglich, daß den wichtigsten Landesbezirksvorsitzenden diese Vielzahl der Anträge in dieser Richtung langsam unheimlich wird. So gibt es bereits Äußerungen von drei Landesbezirksvorsitzenden, wonach es ausreichen würde, nur von drei Landesbezirks-Delegiertenkonferenzen eine Kontaktentschließung abzufassen. Sie schätzen ein, daß die Bewegung für Kontakte mit dem FDGB zu weit fortgeschritten und nicht mehr aufzuhalten ist.

Deshalb sollte der Schwerpunkt in der ganzen Studientätigkeit auf die Klärung grundsätzlicher Fragen gelegt werden. Auch neue Bedingungen und Verhältnisse sind zu überlegen und in Angriff zu nehmen.

4.1 Bereits feststehende Studiendelegationen zum Frühjahr 1968:

Orts- und Bezirksvorstand Bielefeld	12 bis 15 Kollegen
Orts- und Bezirksvorstand Köln	12 Kollegen
Orts- und Bezirksvorstand München	12 Kollegen
Orts- und Bezirksvorstand Düsseldorf	8 Kollegen
Orts- und Bezirksvorstand Hagen	10 Kollegen

Verhandlungen betreffs Studiendelegationen werden noch eingeleitet mit den Orts- bzw. Bezirksvorständen Frankfurt/M., Stuttgart und Hannover.

Ebenfalls ist vorgesehen, eine Frauenstudiendelegation bzw. eine Jugendstudiendelegation zu gewinnen. Die Vorstände Bielefeld und Köln haben für die Delegierung einer Frauenstudiendelegation mit Mitgliedern des Landesfrauenausschusses von Nordrhein/Westfalen bereits ihre Zustimmung gegeben. Der Termin hierzu wurde für Monat Mai 1968 in Erwägung gezogen.

Bemerkung: Bei den Studiendelegationen wird ein Unkostenbeitrag, einschließlich Messeausweis, bei 8 bis 10 Tagen Aufenthalt von 60,– DBB erhoben. Es wird erwogen, die MIN 5,– Tagegeld nicht mehr zu zahlen.

4.2 Als Studienorte sind vorgesehen:

4.2.1 Für die Delegation aus Nordrhein/Westfalen: Wartburg, Fortschritt Erfurt, Besuch von Weimar und Buchenwald – über Druckhaus Freiheit Halle – Endstation Leipzig.

Die Delegationen werden zeitlich so organisiert, daß im Raum Erfurt kein kompaktes Zusammentreffen erfolgt.

4.2.2 Die Studiendelegation aus Bayern (evtl. kommt noch Nürnberg hinzu) wird ihr Studium in Pößneck beginnen, dann evtl. Jena, Freiheit Halle – Endstation Leipzig.

4.2.3 Für Niedersachsen ist die Reiseroute Magdeburg, Aschersleben, Halle, Leipzig vorgesehen.

4.2.4 Für die Studiendelegationen Frankfurt/M. und Stuttgart Dresden, Halle, Leipzig.

(...)

5. *Teilnahme an Bezirks- bzw. Landesbezirks-Delegiertenkonferenzen*

Ziel ist:

5.1 Die Teilnehmer offizieller Delegationen unserer Industriegewerkschaft auf folgenden Bezirksdelegiertenkonferenzen zu erreichen:

– Köln

(Delegation wird vom Bezirksvorstand Karl-Marx-Stadt gestellt, 2 Funktionäre mit 1 Mitglied des Zentralvorstandes)

– Bielefeld

(Delegation wird vom Bezirksvorstand Leipzig gestellt, 2 Funktionäre mit 1 Mitglied des ZV)

– Hannover

(Delegation wird vom Bezirksvorstand Potsdam gestellt, 2 Funktionäre mit 1 Mitglied des ZV)

– Kassel

(Delegation wird vom Bezirksvorstand Erfurt gestellt, 2 Funktionäre mit 1 Mitglied des ZV)

5.1.1 Die betreffenden Bezirksvorstände haben die entsprechenden Kader dafür vorzubereiten.
Der Landesbezirk Bayern wird absichtlich auf dieser Ebene herausgelassen.

5.1.2 Dem neugewählten Vorsitzenden werden 3 Bände »Das Kapital« und das Handbuch der DDR übergeben.

5.2 *Landesbezirks-Delegiertenkonferenzen*
Nordrhein/Westfalen
Baden/Württemberg
Hessen
Niedersachsen
Die DDR-Delegation sollte sich wie folgt zusammensetzen:
der zuständige Vorsitzende des Bezirksvorstandes
2 Mitglieder des Zentralvorstandes

5.3 *Delegation zum 8. Gewerkschaftstag*
Die Delegation steht unter der Leitung des stellvertretenden Vorsitzenden und zwei weiteren Mitgliedern des Präsidiums unseres Zentralvorstandes. Die Delegation steht auf Abruf bereit. Sie wird, nachdem der Kontaktbeschluß zum FDGB von den Delegierten gefaßt worden ist, die Reise zum Gewerkschaftstag antreten.
Diese Taktik muß vorher mit einigen Landesbezirks-Vorsitzenden abgestimmt werden.

6. *Teilnahme westdeutscher Funktionäre und Leitungen an der zentralen Delegiertenkonferenz unserer IG im April 1968*
Es ist zweckmäßig, anläßlich unserer Delegiertenkonferenz eine Studiendelegation, die etwa 4 bis 6 Tage vorher ihre Studientätigkeit in der DDR durchführt, einzuladen. Der Abschluß der Studientätigkeit ist die offizielle Teilnahme an unserer zentralen Delegiertenkonferenz.
Es muß geprüft werden, ob die Studiendelegation sich nur aus einem Bezirksvorstand bildet oder von den Bezirksvorständen, wo unsere Delegationen auf den Bezirksdelegiertenkonferenzen aufgetreten sind.

Maximale Stärke der Delegation: 10 Funktionäre
In diesem Fall darf kein Unkostenbeitrag erhoben werden.

7. *Bestrebungen für eine systematische Schulungstätigkeit*
Ziel:
- Noch im I. Quartal 1968 in das Schulungssystem einiger Bezirksvorstände bzw. Landesbezirksvorstände einzudringen (s. Vortragsthema am Anfang).
- Im Bereich des Bezirksvorstandes Nürnberg besteht Interesse für einen Zyklus »Deutsche Arbeitergeschichte«.
  Als Dozent und Diskussionspartner für die westdeutschen Funktionäre wurde Genosse Dr. Wolfgang Schröder, Leipzig, gewonnen.
  Mit dem Genossen Dr. Schröder ist ein entsprechender Zirkelplan auszuarbeiten und den westdeutschen Funktionären zu unterbreiten.
  Termin: Spätestens 28. Dezember 1967

7.1 *In der DDR*
In Erweiterung des Vorschlages der Westabteilung/Bundesvorstand, westdeutsche Funktionäre für einen Schulungszyklus in der DDR zu gewinnen (Druck und Papier sollte 5 westdeutsche Funktionäre benennen), wird vorgeschlagen:
- einen eigenen Zyklus mit 15 bis 20 Funktionären der IG Druck und Papier zu organisieren;
- die Westabteilung des Bundesvorstandes unterstützt die Westabteilung des Zentralvorstandes mit der Zurverfügungstellung der konkreten Themenpläne, stellt die Referenten und Diskussionsleiter zur Verfügung, schafft auch die notwendigen organisatorischen Bedingungen in der DDR.

Die Zyklen sollten nicht mehr als 4 Themen betragen, und zwar dürften auf Grund der vorhandenen Diskussionen mit den westdeutschen Funktionären 2 Hauptthemen Interesse finden:
- Ökonomik und Wirtschaftspolitik

– Probleme der europäischen Sicherheit einschl. nationaler Politik

Die Schulung ist mit Schulungsbriefen (ähnlich wie Fernstudium) und anderer wissenschaftlicher Literatur zu unterstützen.

(...)

Einbeziehung der westdeutschen IG Druck und Papier in die Aktion »Enteignet Springer-Konzern«

Die Bewegung gegen den Springer-Konzern wird schon jetzt von zahlreichen demokratischen Kräften gefördert und entwickelt, aber in den Städten, wo der Springer-Konzern konzentriert ist, steht die IG Druck und Papier noch außerhalb dieser demokratischen Bewegung (Ausnahme ist bis jetzt Düsseldorf).

Der Springer-Konzern hat mit der Einleitung des Pressesterbens die Arbeitsplätze unserer westdeutschen Kollegen stark gefährdet. Die krassesten Beispiele sind in Nordrhein/Westfalen.

Der Geschäftsführende Hauptvorstand der IG Druck und Papier sieht z.B. seine Aufgabe darin, mit dem grafischen Unternehmen zu einer Vereinbarung zu kommen, in deren Mittelpunkt die Erhaltung der Arbeitsplätze steht.

Hier ergeben sich günstige Ansatzpunkte in der IG für eine einheitliche Aktion, nämlich

der Kampf um die Erhaltung der Arbeitsplätze ist nur erfolgreich zu lösen, wenn gleichzeitig der Kampf gegen den Pressediktator Springer und damit gegen das organisierte Pressesterben durch Springer verbunden wird.

Anknüpfend an die sozialen gewerkschaftlichen Interessen der Kollegen – selbst im Springer-Konzern – werden Möglichkeiten geschaffen für klassenmäßige Auseinandersetzungen innerhalb der IG Druck und Papier. Die Aktion Springer wird einen größeren Umfang annehmen und auch über einen längeren Zeitraum bis zum 8. Gewerkschaftstag und darüber hinaus anhalten.

Es ist umgehend zu sichern, daß die Ergebnisse der wissenschaftlichen Konferenz über die Pressekonzentration in Westdeutschland – insbesondere die Alternativvorschläge des Vorsitzenden Heinz Deckert – mit in diese Aktion einbezogen werden.

Es wird daher empfohlen, eine zeitweilige Arbeitsgruppe beim Zentralvorstand zu bilden mit der Aufgabenstellung, einen entsprechenden ideologisch-politisch-organisatorischen Aktionsplan zu entwickeln.
Verantw. für die Bildung der Arbeitsgruppe:
Kollege D.
In dieser Arbeitsgruppe sollte der BGL-Vorsitzende von ADN, Kollege T., der gleichzeitig Journalist ist, mitwirken, ferner 1 Vertreter der Westabteilung des Bundesvorstandes, 1 Vertreter des Zentralvorstandes
Termin: spätestens 30.10.1967

Dok. 5 ***(ArchGew A 201.13573)***

[DDR-Seminar der IG Druck und Papier mit FDGB-Beteiligung]

IG Druck und Papier
– Zentralvorstand – **Berlin, den 12.12.1967**

Niederschrift über das Seminar in Hörste

Das Seminar wurde eröffnet durch den Kollegen Fritz *Gent,* Vorsitzender des Landesbezirksvorstandes NRW. Er fürte in seinen einleitenden Worten u.a. aus:
Das Seminar soll
– sich von den üblichen Deutschlandseminaren in Westberlin deutlich unterscheiden. Dazu seien entsprechende Referenten gewonnen worden, die keine klischeemäßigen Vorstellungen über die DDR vermitteln;
– prüfen, ob die jetzige DDR noch die »alte« DDR ist und welche Entwicklung in den letzten Jahren genommen wurde;
– prüfen, ob die Beschlußfassung der letzten Gewerkschaftstage – keine Kontakte mit dem FDGB – noch richtig ist.

Zum Vortrag des Kollegen Günter R. Bröhl:
Er legte die Problematik (siehe Anlage seines Konzepts) klassenmäßig richtig dar. Besonders betonte er:

- die kontinuierliche Politik der Sowjetunion zur Sicherung des Friedens, beginnend mit der Niederschlagung des Faschismus, die Haltung auf den Konferenzen unmittelbar während und unmittelbar nach dem 2. Weltkrieg bis in die Gegenwart;
- die imperialistische, auf Eroberung neuer Märkte abzielende Politik der Westmächte, besonders der USA;
- der Ausgangspunkt für eine demokratische Entwicklung war in allen Teilen Deutschlands gleich, die Westmächte betrieben jedoch von Anfang an eine Politik der Restaurierung der alten Verhältnisse (der alte Staatsapparat blieb im Westen bestehen);
- Sehr umfangreich stellte Kollege Bröhl die Beziehungen zwischen der Schaffung der Einheit Deutschlands und der Sicherung des Friedens her.
- Das deutsche Problem kann nur im Zusammenhang mit der europäischen Sicherheit und der Erhaltung des Friedens gelöst werden. (Ein einheitliches Deutschland muß größere Gewähr für den Frieden und die Sicherheit als die jetzigen zwei Staaten geben.)
- Die Spaltung Deutschlands ist das Ergebnis der Politik der Westmächte im Bunde mit den soeben geschlagenen deutschen Imperialisten.
- Seit Anbeginn betrieb die Bundesrepublik eine Politik, bei der die Friedenssicherung nicht im Vordergrund stand. Die Einheit Deutschlands wurde zugunsten der imperialistischen Politik an die Amerikaner verkauft (Deutschlandvertrag).
- Die Sowjetunion hatte von Anbeginn eine Konzeption für ein einheitliches Deutschland (Potsdamer Abkommen).
- Ein sozialistisches Gesamtdeutschland ist gegenwärtig unrealistisch. Folglich geht es darum, Wege des Nebeneinander beider deutscher Staaten zu beschreiten. Die DDR hat dazu außerordentlich brauchbare Vorschläge unterbreitet.
- Die sog. neue Ostpolitik ist nichts weiter als die Fortsetzung der alten CDU-Politik. Er wies nach, daß die Schrödersche

stufenweise Diplomatie (Verbindung mit Moskau, Warschau und Prag herzustellen) jetzt durch Willi Brandt auf alle sozialistische Länder erweitert wurde, mit der gleichen Zielstellung der Ignorierung bzw. Isolierung der DDR.

- Die Atombewaffnung Westdeutschlands steht im Widerspruch des Interesses der westdeutschen Bevölkerung und anderer sozialistischer Länder (Westdeutschland darf keine Waffen erhalten, damit sie nicht mit ihnen die Wiedervereinigung erpressen können).
- Israel darf kein Beispiel für die Lösung der europäischen Probleme sein (er erinnerte in diesem Zusammenhang an die Äußerung eines israelischen Militärs in Westberlin).
- Eine Nichtangriffserklärung gegenüber der DDR ist erst dann brauchbar und glaubhaft, wenn man die DDR anerkennt.
- Der Hinweis westdeutscher Politiker auf die Politik in Schweden, daß dies ein anzustrebendes Ziel wäre, kann sich nicht nur auf die Innenpolitik beziehen (soziale Verbesserungen), sondern muß mit die Außenpolitik einschließen. Eine Politik des Nichteinmischens in die Angelegenheiten anderer.
- Die rechtsextremistischen Kreise sind nicht nur in der NPD zu suchen, im Gegenteil, sie sind aus den Verhältnissen der Bundesrepublik, aus der Politik der Regierungspartei CDU/CSU hervorgegangen. Er wies nach, anhand der Zusammensetzung der CDU/CSU-Fraktionen in verschiedenen Landtagen und im Bundestag die zunehmende Faschisierung.
- Freiheit, von der in der Bundesrepublik so viel gesprochen wird, ist keine sich im luftleeren Raum entwickelnde Größe, sondern kann nur als Ausdruck des Anteils an den Produktionsmitteln richtig verstanden werden.
- Einen großen Raum seiner Darlegungen nahm das Problem ein, was können die Gewerkschaften tun, um die Beziehungen zwischen beiden deutschen Staaten zu normalisieren. Er war der Auffassung: Die Gewerkschaften

müssen bildend wirken und mithelfen, die großen Illusionen, die in der Bevölkerung vorhanden sind, zu beseitigen. Die Bildungstätigkeit der Gewerkschaften muß im wirklichen Sinne der Realitäten erfolgen. Es ist eigene gewerkschaftliche Aktivität notwendig, durch eigene Beschlußfassung, durch Normalisierung der Beziehungen der Gewerkschaften der Bundesrepublik zur DDR, Erhöhung des Einflusses der Gewerkschaften auf die Politik der Regierung, die parteigebundenen Gewerkschaftsmitglieder müssen Gewerkschaftspolitik in ihrer Partei machen.

Zur Diskussion:
Die Diskussion wurde abschnittsweise zu seinem Vortrag geführt. Insgesamt gab es zu den Darlegungen des Kollegen Bröhl keine grundsätzlichen gegenteiligen Auffassungen, wobei die Erkenntnis der Richtigkeit dieser Darlegungen bei einzelnen Teilnehmern unterschiedlich war.
Längere Diskussionen gab es zu folgenden Problemen:
a) *Ursachen der Spaltung Deutschlands*
Einige Kollegen, darunter Kollege Fritz Gent, LBV, waren der Auffassung, daß die Spaltung Deutschlands den Klasseninteressen beider Mächte entsprach. Sie stellen diese unterschiedlichen Klasseninteressen auf eine Stufe und haben meines Erachtens noch nicht genügend verstanden, daß die Spalterpolitik der Westmächte im Widerspruch zu dem erklärten Willen der Völker (Potsdamer Abkommen) über die künftige Entwicklung in Deutschland steht.
(Dieses Thema müßte mit Kollegen Fritz Gent weiter diskutiert werden.)
In diesem Zusammenhang vertreten einige Kollegen (besonders Kollege Engelmann) die Auffassung, daß die Demontagepolitik der Sowjetunion gegenüber der DDR eine eigennützige Handlung war und nicht im Interesse der Entwicklung der DDR lag.
Dieser Auffassung wurde von vielen Kollegen widersprochen mit dem Hinweis, daß die DDR damit Kriegsschulden abgedeckt hat, die noch Westdeutschland an die DDR schuldet.
b) *Neue Ostpolitik*

Allgemein wurde die Auffassung in der Diskussion geäußert, daß dies keine neue Politik ist, sondern die Fortsetzung der alten CDU/CSU-Politik und diese sog. neue Ostpolitik im Grunde genommen gescheitert ist.
Die Anerkennung der DDR ist eine den Realitäten entsprechende Notwendigkeit. Einige Kollegen, darunter Kollege Engelmann, Kollege Karnath, Kollege Helgers, waren der Meinung, daß trotz der noch nicht vorhandenen Anerkennung der DDR seitens der Bundesregierung menschliche Erleichterungen geschaffen werden sollten.
Der Verlauf der Diskussion:
Der erste Tag des Seminars machte bei allen Teilnehmern deutlich, daß es zwei deutsche Staaten gibt mit unterschiedlicher Gesellschaftsordnung und daß es im Interesse der Sicherung des Friedens in Europa notwendig ist, ein friedliches Nebeneinander für längere Zeit zu sichern und die DDR anzuerkennen. Weiterhin wurde deutlich, daß sich daraus wichtige Konsequenzen für die gewerkschaftliche Arbeit in Westdeutschland ergeben zur Herausbildung einer eigenständigen Arbeiterpolitik, da sich die Gewerkschaften nicht mehr auf die Führung der SPD verlassen können.
Der Verlauf des ersten Tages der Diskussion veranlaßte den Kollegen Herbig in einem persönlichen Gespräch, dem Kollegen Gent zu sagen: »Ich wußte manchmal nicht mehr, wo ich mich befinde, ob auf der Schule in Hörste oder auf einer Versammlung in Karl-Marx-Stadt.«
Zum Vortrag des Kollegen Georg Polikeit
Kollege Polikeit stützte sich in seinen Darlegungen auf sein Buch »Die sogenannte DDR«. Er gab einen chronologischen Ablauf der Entwicklungsetappen in der DDR, insbesondere zugeschnitten auf die wirtschaftliche Entwicklung. Er gab eine Begründung für die Notwendigkeit der Entwicklung des neuen ökonomischen Systems und legte einige Hauptgedanken dieses Systems dar, die von ihrer Anlage her die wichtigsten Grundgedanken beinhalteten. Er vermittelte weiterhin umfangreiche Kenntnisse über die soziale Entwicklung in der DDR und unterstrich besonders die soziale Sicherheit der Werktätigen. Ein weiterer großer Komplex

seiner Darlegungen beschäftigte sich mit der Rolle und Stellung der Werktätigen und der Rechte des FDGB. Grundlage seiner Ausführungen zu diesem Teil bildete das Gesetzbuch der Arbeit. Ein Mangel in seinen Darlegungen bestand darin, daß seine Kenntnisse über das neue ökonomische System dem Stand von vor zwei Jahren entsprachen. In der Diskussion boten sich genügend Gelegenheiten, daß diese Lücke durch die Vertreter aus der DDR geschlossen wurde.

Hauptgesichtspunkte der Diskussion:

a) Die Bewältigung der technischen Revolution im Interesse des Menschen:
Alle Teilnehmer waren stärkstens daran interessiert, wie in der DDR bei der Durchführung des ökonomischen Systems, unter Bewältigung der technischen Revolution, die sozialen Probleme im Interesse der Werktätigen gelöst werden. Sie stellten dabei ihre Erfahrungen denen der DDR gegenüber und wiesen nach, daß die technische Entwicklung in der Bundesrepublik zu Lasten der Werktätigen durchgeführt wird (Bergbau, Metall, Umstrukturierung in der grafischen Industrie).

b) Die Rechte der Mitwirkung der Werktätigen bei der Lösung der wirtschaftlichen Probleme:
In der Diskussion wurde nachgewiesen, daß die breite Mitwirkung der Werktätigen in der DDR nicht nur möglich, sondern notwendig ist. Anhand konkreter Beispiele wurde die Mitwirkung der Gewerkschaften auf betrieblicher und überbetrieblicher Ebene in allen Fragen nachgewiesen.
Die Kollegen brachten in der Diskussion zum Ausdruck, daß sie die Gewerkschaften der DDR um ihre Rechte beneiden. Sie stellten dagegen ihre bundesrepublikanische Praxis, in der die Werktätigen von der Ausübung grundsätzlicher Entscheidungen ausgeschlossen sind. In dem Zusammenhang wurde die Mißgeburt Betriebsverfassungsgesetz erwähnt und übereinstimmend die Auffassung vertreten, daß die Mitbestimmung der Mitglieder noch in den Gewerkschaften vorhanden ist, in der Partei, SPD, schon äußerst beschnitten, aber am Betriebstor endgültig endet.

c) Kollege *Blumenberg* stelle die Frage nach dem Streikrecht in der DDR. (Wenn schon so viel Recht vorhanden, warum dann nicht das Streikrecht?)

Kollege *Hollmann* stellte die Frage, war die Einführung der 5-Tage-Woche und die Verkürzung der Arbeitszeit eine politische Angelegenheit oder entsprach es den Möglichkeiten des Staates? (Die Frage wurde von den Diskussionsteilnehmern z.T. selbst beantwortet, daß natürlich jede Maßnahme eine politische Bedeutung hat, aber die Gewerkschaften zu einer solchen Politik nur ja sagen können.)

Zum Vortrag des Kollegen Herbig:

Einleitend bezog er sich auf die vorangegangenen zwei Tage und äußerte etwa sinngemäß: Es wurden sehr interessante Diskussionen geführt, aber ich habe dabei eine eigene Position der IG Druck und Papier in Westdeutschland vermißt. Die Kollegen aus der DDR sind unmittelbar in einer besseren Lage, sie identifizieren sich voll mit ihrem System. Wer sich aus Westdeutschland und wieviel sich mit dem westdeutschen System identifizieren, ist ungewiß. Im weiteren Verlauf versuchte er eine Position der IG Druck und Papier zu formulieren.

- Erweiterung der jetzigen Stellung der Gewerkschaften. Sie müssen mehr Einfluß auf die Wirtschaft erhalten.
  Die Gegenseite will das verhindern, sie sprechen den Gewerkschaften das Recht auf politisches Mitreden ab, es gibt einen Ausschließlichkeitsanspruch der Parteien auf die Politik.
- Das gegenwärtig vorhandene gespannte Verhältnis der Gewerkschaften zur SP ist zwar nichts Neues (Geschichte), ist aber ungesund. Er bezeichnete die Politik als Mittel des Kampfes von Gruppen um die Macht.
- Die Gewerkschaftsfunktionäre vergessen oft ihre Position, wenn sie in der Partei oder im Parlament arbeiten.
- Soziale Sicherheit kann nicht die Sorge bei Notfällen sein, sondern es müssen solche Voraussetzungen geschaffen werden, die soziale Sicherheit einschließt. Ein Generalangriff auf die sozialen Probleme der Werktätigen steht bevor (Wiedereinführung der Karenztage).

- Wir bejahen diesen Staat, aber viele Probleme in diesem Staat nicht.
- Mitbestimmung auf betrieblicher Seite langt nicht aus, sie muß perfekt sein, überbetrieblich notwendig, aber das wird nicht kommen. Eine evtl. Alternative würde darin zu sehen sein, nur Forderungen auf Lohn, Lohn, Lohn zu stellen, auch wenn der Staat kaputt geht.
- Der Wille der Mitglieder stimmt mit dem Willen der Führung nicht überein. Für die Mitglieder sind die Ergebnisse der Lohnkämpfe alleiniger Maßstab.
- Wesentliche Änderungen sind nur möglich, wenn es gelingt, die Machtverhältnisse zu ändern.
- Unbehagen äußert sich oft bei den Mitgliedern nur in Resignation. Aufgabe der Bildungsarbeit, dies umzuwandeln in Handlungen.
- Der Arbeiterhaushalt wendet sich von der Politik ab.

Mit diesen Darlegungen wollte Kollege Herbig die Position der IG abgesteckt wissen. Diese Darlegungen lösten eine sehr lebhafte Diskussion aus, in deren Verlauf sich die Mehrheit der Seminarteilnehmer offen in Widerspruch gegen Kollegen Herbig stellte, insbesondere zu folgenden Problemen:

a) Stellung zum Staat

   Kollege *Tabbert,* Bez.Sekretär in Bielefeld, warf die Frage auf, wenn ja zum Staat, zu welchem Staat?

   Wenn wir einen Staat hätten, der das Grundsatzprogramm des DGB verwirklichen würde, insbesondere Veränderung der Eigentumsverhältnisse, dann würde ich auch ja zu diesem Staat sagen. Dieser Staat ist unser Staat, wenn er sich bemüht, diese Grundsatzforderungen durchzusetzen. Es gibt nur 2 Wege, um das zu erreichen: Veränderungen über Reformen oder auf revolutionärem Wege.

   Kollege *Engelmann,* Bez.Sekretär in Dortmund:

   Der Staat muß als Ordnungsfaktor von den Gewerkschaften anerkannt werden, wenn er diese Funktion erfüllt. Er bekannte sich zum Grundsatzprogramm des DGB und forderte eine größere Lebensnähe des Aktionsprogramms. Es ist notwendig, im Aktionsprogramm bestimmte Rangfolgen zu schaffen, bei denen deutlich wird, auf welche Fragen man sich in welchen Etappen gemeinsam zu orientieren hat.

Kollege *Bresgen* (SPD Landtagsabgeordneter NRW, BS-Köln):

Dieser Staat ist nicht unser Staat. Er ist ein Klassenstaat. Anhand der NRW-Verfassung wies er nach, daß dieser Staat seit 17 Jahren Verfassungsbruch betreibt. (Daraufhin erwiderte Kollege Herbig, daß Bundesrecht Landesrecht breche; darauf Kollege Polikeit, so einfach ist das nicht darzustellen, die Bundesverfassung verbietet nicht die Durchsetzung von Grundsätzen der NRW-Verfassung – Artikel 15 des GG –)

Es ist eine gewerkschaftliche Kontrolle über die Arbeit der Abgeordneten notwendig. Die Unternehmer schalten und walten wie sie wollen. In NRW gibt es Geheimlisten der Unternehmer, wann welche Zechen geschlossen werden. Selbst der Ministerpräsident kennt diese Listen nicht. Die Macht wird nicht von den Regierungsgremien, sondern von den Unternehmern gemacht. Die Klassengesellschaft spitzt sich immer mehr zu.

Die jetzige Mitbestimmung bietet wenig Möglichkeiten, dennoch werden diese Möglichkeiten ungenügend genutzt.

Kollege *Blumenberg* ,Ortssekretärin Köln, stellte dem Kollege *Bresgen* die Frage, was er im Landtag bisher getan habe, um die Verfassung durchzusetzen, damit dieser Staat wirklich unser Staat sein kann. Er vertrat die Auffassung, daß innerhalb der SPD und auch innerhalb der Gewerkschaften politische Grundsatzdiskussionen unerwünscht sind. Die Bildungsarbeit beschränke sich auf gewerkschaftliche Tagesfragen und in dem die Mitglieder von grundsätzlichen Entscheidungen ausgeschlossen sind, darf man sich nicht über ihre politische Inaktivität wundern.

Kollege *Wisotzki,* Bez.Vorsitzender in Hagen, wandte sich gegen Koll. Herbig, daß die Arbeiter keine Politik interessieren würde. Er sagte, die Menschen sind sich ihrer Ohnmacht bewußt, es gäbe genügend politische Diskussionen, jedoch eine bewußte Forderung erfolgt nicht. (Er versprach

dem Kollegen Herbig ein Protokoll über die letzte Versammlung in seinem Bereich zu schicken.)
Kollege *Herbig* antwortete auf diesen Teil der Diskussion sehr ausweichend und beschränkte sich darauf festzustellen, daß nach 1945 die Sozialpolitik überwogen habe und dabei sei es passiert, daß die alten Machtverhältnisse wieder hergestellt wurden.
Kollege *Baumüller,* OVM-Düsseldorf, erwiderte, daß es notwendig ist, eine eigenständige Arbeiterpolitik der Gewerkschaften zu entwickeln und diese an die Abgeordneten heranzutragen.
Ein großer Teil der Diskussion widmete sich den Problemen der soziologischen Forschung, dabei spielte besonders die zielgerichtete Tätigkeit und die Auftragserteilung eine Rolle.
In dem Zusammenhang wurden solche Probleme aufgeworfen, daß sich mit der weiteren Verwirklichung der technischen Revolution in beiden Gesellschaftssystemen der Abstand zwischen der Masse der Werktätigen und der »Führungsschicht« vergrößere. Im Kapitalismus würden sich die Unternehmer und Technokraten immer mehr von den Werktätigen entfernen und unter sozialistischen Verhältnissen seien das die sozialistischen Manager.
Kollege *Frenzel* machte daraufhin die Bemerkung, daß sich somit beide Systeme im bestimmten Maße annähern würden.

Gesamteinschätzung seitens der Seminarteilnehmer:
Kollege *Hollmann,* 2. Landesbezirksvorsitzender:
Mit dieser Veranstaltung haben wir einen neuen Weg beschritten, welcher weitergeführt werden muß. Viele Kollegen sind an für sie neue Probleme herangeführt worden. Nicht jeder wird voll befriedigt sein. Das Seminar trug dazu bei, unsere Position zu klären, wo wir stehen und es machte deutlich, welchen Aufgaben wir uns künftig verstärkt zuwenden müssen. (Im persönlichen Gespräch brachte sowohl Kollege Gent als auch Kollege Frenzen und Koll. Hollmann zum Ausdruck, daß diesem Seminar ähnliche Veran-

staltungen folgen müßten, wobei dann zu Problemen der Entwicklung in der DDR Referenten aus der DDR gewonnen werden sollten.
In diesem Zusammenhang sagte Kollege Hollmann, daß dieses Seminar auch der Vorbereitung der Beschlußfassung auf der Landesbezirksdelegiertenkonferenz insbesondere zur Entwicklung einer selbständigen Arbeiterpolitik, Verhältnis zur DDR und die Beziehungen zwischen beiden Industriegewerkschaften dienen sollte.
Die Teilnehmer aus Köln waren von dem Auftreten des Kollegen Herbig maßlos enttäuscht. Er wurde bisher von ihnen als sog. linker Mann eingeschätzt, aber sein Auftreten hat das Gegenteil bewiesen.
Kollege *Baumüller* vertrat die Auffassung, daß dies eine sehr wertvolle Beratung war, er bezog sich dabei auf die beiden ersten Referenten. Seiner Meinung nach ist es notwendig, das Studium auf diesem Gebiet zu vertiefen und eigene Eindrücke zu sammeln und dort selbst zu studieren.
Seiner Meinung nach steht die Studienkommission nach wie vor auf der Tagesordnung.
Kollege *Herbig* äußerte sich abschließend: Wir haben uns in diesen 3 Tagen einem Thema zugewandt, was in der bisherigen gewerkschaftlichen Bildungsarbeit vernachlässigt worden ist. Er sei bereit, an ähnlichen Seminarberatungen teilzunehmen, wenn die kollegiale Art der Führung der Diskussion gewahrt wird und es nicht in einen Schlagabtausch abgleitet. (Diese Bemerkung bezieht sich sichtbar auf Kollegen Friedrich, der ihn mehrmals an Formulierungen erinnerte, die in einem von ihm verfaßten Buch enthalten sind.)

Einschätzung des Seminars durch die DDR-Teilnehmer:
Das Seminar war u.E. ein wertvoller Beginn einer offenen Auseinandersetzung mit Grundfragen. Es trug vor allem dazu bei, deutlicher als in der Vergangenheit den Klassencharakter des westdeutschen Staates deutlich zu machen und sich über die Stellung der Gewerkschaften in diesem und zu diesem Staat klar zu werden. Es war gegenüber dem letzten Gespräch in diesem Kreis

(Mai Düsseldorf) deutlich spürbar, daß die damals vorhandenen großen Illusionen zur großen Koalition, zur neuen Ostpolitik, zur Demokratie in ihrem Staat und zur Schillerschen Wirtschaftspolitik und zur Politik der kleinen Schritte einer nüchternen Beurteilung der Realitäten gewichen sind. Wenn im Mai noch die Auffassung vorherrschend war, daß der Eintritt der SP in die Regierung der größte Sieg der Sozialdemokratie nach der Weimarer Republik sei, war in Hörste die Meinung verbreitet, daß die SP ja gar keine eigene Politik in dieser Koalition machen könne, da sie solche Posten bekleiden, die wesentlich von den Ministerien, die durch die CDU besetzt sind, abhängig sind.

Dabei wurde von mehreren Teilnehmern die Frage zugespitzter aufgeworfen, ob denn die Führung der SP überhaupt den Willen hat, eine andere Politik als die der CDU/CSU zu machen (Blumenberg, Schleddermann).

Die im Mai stark diskutierten Probleme der Militarisierung und deren Zielrichtung wurden jetzt deutlicher erkannt, daß die Warnungen der DDR von der revanchistischen Politik berechtigt sind.

Das Seminar trug zur Vertiefung der Erkenntnis bei, daß es notwendig ist, eine gewerkschaftseigene Arbeiterpolitik zu entwikkeln. Dabei wurden wesentliche Ansätze einer Klassenpolitik deutlich (Rolle des Staates, Durchsetzung der Mitbestimmung und Machtfrage, Verhältnis zur DDR).

Das Seminar machte die Versäumnisse in der bisherigen Bildungsarbeit der IG deutlich, die sich bisher zu stark auf gewerkschaftliche Tagesinteressen konzentrierte, und unterstrich die Notwendigkeit, sich künftig stärker auf solche Grundsatzfragen zu konzentrieren. Es förderte die Erkenntnis, daß Gewerkschaftsarbeit in der jetzigen Periode auch höhere theoretische Grundkenntnisse des Marxismus erfordert.

Das Seminar war u.E. ein wertvoller Beitrag zur Vorbereitung der Landesbezirksdelegiertenkonferenz und des Gewerkschaftstages.

Dok. 6 *(ArchGew 309.2808)*

IG Druck und Papier
– Zentralvorstand – **Berlin, den 6.1.1969**

Diskussionsbeitrag auf dem Lehrgang der Westkommission in Ferch »Zu einigen Hauptproblemen der Lage in der westdeutschen IG Druck und Papier«

Werte Kollegen!
Kollege Jochen Hoffmann hat hier sehr gründlich die Lage in der westdeutschen Gewerkschaftsbewegung vor dem 8. DGB-Kongreß eingeschätzt und unsere langfristigen Aufgaben für das Wirken nach Westdeutschland formuliert.
Ich möchte über einige Hauptprobleme zur Lage in der westdeutschen IG Druck und Papier sprechen. Ich gehe dabei davon aus, daß die IG Druck und Papier ein Teil des DGB ist und daß folglich die vom Kollegen Jochen Hoffmann dargelegten grundsätzlichen Probleme auch für die IG Druck und Papier zutreffend sind. Um unserer Klassenverantwortung vollauf gerecht werden zu können und eine wirkungsvolle Arbeit nach Westdeutschland zu leisten, erfordert jedoch, daß wir die Lage in jeder Industriegewerkschaft, differenziert von den Grundproblemen abgeleitet, einschätzen und die spezifische Differenziertheit im Entwicklungsprozeß der einzelnen Industriegewerkschaften deutlich machen. Daher möchte ich den 8. Gewerkschaftstag der westdeutschen IG Druck und Papier, der vom 20.–26.10.1968 in Koblenz stattfand, zum Ausgangspunkt nehmen.
Was zeigte sich auf diesem Gewerkschaftstag?
Verlauf und Beschlüsse des Gewerkschaftstages machten vor allem die große Widersprüchlichkeit in der westdeutschen IG Druck und Papier sichtbar, in dem sich vor allem zwei Haupttendenzen zeigten: Einerseits spiegelt der Gewerkschaftstag das Bemühen, die Politik der großen Koalition und der rechten SP-Führung in der westdeutschen IG Druck und Papier versteckt und offen durchzusetzen und damit den fortschreitenden Prozeß der schleichenden Integration der westdeutschen Gewerkschaften in

das herrschende staatsmonopolistische System zu fördern. Diese Politik der rechten SP-Führung wurde vor allem von einigen Mitgliedern des Hauptvorstandes und den Delegierten der Landesbezirke Nordmark und Westberlin vertreten, die wiederholt den Versuch unternahmen, ihre wahren Absichten in Reden und Bemerkungen demagogisch zu verschleiern. Diesen Kräften ist es gelungen, ihre politischen Absichten in den meisten Beschlüssen des Gewerkschaftstages durchzusetzen. Das zeigt sich besonders in der Bejahung des Bonner Staates, in der Unterstützung der Wirtschaftspolitik der großen Koalition, im Zurückweichen in der Notstandsfrage, indem man sich auf »Machtmißbrauchskontrolle« beschränkte, in der Vermeidung jeglicher Kritik an der Schützenhilfe Bonns bei der USA-Aggression in Vietnam und nicht zuletzt in der Unterstützung der »Entspannungspolitik« der Bonner Regierung.

Worin sehen wir die wesentlichen Ursachen für diese Entscheidungen? Sie bestehen unseres Erachtens im wesentlichen darin:

1. Der Prozeß der schleichenden Integration der westdeutschen Gewerkschaften in das staatsmonopolistische System ist auch in der IG Druck und Papier vorangeschritten.
2. In wichtigen politisch-ideologischen Grundfragen gibt es erhebliche Unklarheiten. Die bürgerliche Ideologie dringt durch einen zielgerichteten Einsatz aller Massenmedien immer stärker in die Köpfe der Menschen. Große Teile der Mitglieder der westdeutschen IG Druck und Papier sind dabei nicht nur schlechthin Konsumenten dieser Ideologie, sondern direkte (Redakteure) oder indirekte (Setzer, Drukker usw.) Produzenten der großen einflußbesitzenden Zeitungen und Zeitschriften.

   Die wesentlich über dem Durchschnitt liegende materielle und finanzielle Begünstigung großer Teile der grafischen Arbeit – besonders in den Zeitungen und Zeitschriften herstellenden Betrieben – ist kein politische Aktivität fördernder Faktor.
3. Es gibt einen erheblichen Mangel an marxistisch-leninistischer Bildung, selbst bei fortschrittlichen Mitgliedern und Funktionären.

4. Nach wie vor gibt es Illusionen über die Politik der SP-Führung. Viele Funktionäre gehen bei der Beurteilung der SP-Politik und der Tätigkeit der SP-Minister von ihrer Position als ehrliche Sozialdemokraten aus und können oder wollen nicht erkennen, daß es zwischen den SP-Mitgliedern und den SP-Ministern eine große klassenmäßige Kluft gibt. Da auf dem 8. Gewerkschaftstag ca. 90 Prozent aller Delegierte Mitglieder der SP waren, fand die politische Grundkonzeption von Brandt und Schiller, unter Berücksichtigung des eben Gesagten, günstigen Nährboden, und schließlich
5. die für eine selbständige, klassenmäßige Gewerkschaftspolitik eintretenden Kräfte handeln noch nicht einheitlich und geschlossen, wie es angesichts der formierten Macht der Monopole notwendig wäre.

Der 8. Gewerkschaftstag widerspiegelte andererseits jedoch die erfreuliche Tatsache, daß sich innerhalb der IG Druck und Papier in zunehmendem Maße die Kräfte formieren und für die Herausbildung einer selbständigen, unabhängigen Gewerkschaftspolitik eintreten. Auf dieser Position bewegten sich überwiegend Delegierte aus unteren Vorständen und aus Betrieben der Länder Bayerns und Nordrhein-Westfalens. Sie beherrschten oft die Diskussion und übten harte Kritik an Erscheinungen und Auswirkungen der Politik des Bonner Staates, an der großen Koalition und an der Politik der rechten SP-Führung und vertraten Auffassungen, die für eine selbständige, unabhängige Gewerkschaftspolitik von Bedeutung sein können. So formulierten einige Funktionäre (Mitglieder der SP) in ihren Diskussionsbeiträgen:

- »Es hat keine Krise der Bundesrepublik gegeben, es hat nur eine Krise des Kapitalismus gegeben und diese Krise wird auch ständig wieder neu kommen«;
- »Keine karitative Hilfspolitik für die Unternehmer, sondern gesellschaftliche Umgestaltung ist notwendig«;
- »Ich glaube, diese Kapelle (gemeint ist die konzertierte Aktion) spielt zumindest auf einem Teil falsch. Ein wunderbares Zusammenspiel kommt nicht zustande«.

Andere Delegierte entwickelten richtige Vorstellungen in der

Mitbestimmungsfrage als Machtfrage, erhoben die Forderung auf Beitritt Westdeutschlands zum Atomwaffensperrvertrag und setzten gegen führende Kräfte des Hauptvorstandes den Antrag auf Anerkennung der DDR durch (auch wenn dieser mit Illusionen behaftet und nicht genügend klassenmäßig formuliert ist).
Bemerkenswert ist auch die Tatsache, daß der 8. Gewerkschaftstag die zunehmende Politisierung der IG Druck und Papier deutlich machte. So wurde beschlossen, der Behandlung politischer Fragen den Vorrang zu geben und sozialpolitische Probleme, die auf den vorangegangenen Gewerkschaftstagen immer sehr umfangreich diskutiert wurden, wie die Tarifpolitik, das Unterstützungswesen u.a., zurückzustellen und diese Probleme auf einem außerordentlichen Gewerkschaftstag, der bis Ende 1969 stattfinden soll, zu behandeln. Mit dieser Entscheidung ist nicht gesagt, daß es etwa keine Probleme in der Tarifpolitik, im Unterstützungswesen usw. innerhalb der westdeutschen IG gäbe, derer gibt es genug. Diese Entscheidung ist eher so zu bewerten, daß es vor allem politische Fragen sind, die die Mitglieder der westdeutschen IG bewegen und daß in der Periode der Zuspitzung der Widersprüche zwischen Kapital und Arbeit im spätkapitalistischen System Westdeutschlands die politischen und sozialen Fragen eng miteinander verschmelzen und die politischen Fragen unausweichlich in den Vordergrund rücken. Mit dieser Entscheidung haben solche Landesvorstände der westdeutschen IG wie Bayern und Nordrhein-Westfalen ihre Auffassung durchgesetzt, daß die politische Friedhofsruhe, wie sie die Befürworter der Notstandsgesetze erhofften, nicht eintreten darf.
Es ist nicht möglich, hier an dieser Stelle im Rahmen der zur Verfügung stehenden Zeit näher auf einzelne Beschlüsse des 8. Gewerkschaftstages einzugehen. Ich möchte jedoch einige ideologische Aspekte aufwerfen, die bei genauer Prüfung dieser Beschlüsse deutlich hervortreten und die für die künftige Arbeit nach Westdeutschland uns als bedeutungsvoll erscheinen.
Verlauf und Ergebnis des 8. Gewerkschaftstages der IG Druck und Papier machen deutlich:

1. Von der Mehrheit der Delegierten und der Mitglieder wird der Bonner Staat nicht als ein arbeiter- und gewerkschafts-

feindlicher Klassenstaat der Monopole erkannt. Selbst die als »positiv« zu bezeichnenden Delegierten übten nur Kritik an ihrem Staat, der mit Fehlern behaftet ist. Aber es blieb eben bei der Kritik an Schönheitsfehlern, die man gemeinsam beseitigen müsse.

2. Die Erkenntnis, daß die westdeutsche Arbeiterklasse und ihre Gewerkschaften alles mit der sozialistischen DDR verbindet, ist nur in geringen Ansätzen vorhanden. Die zu sogenannten Ostkontakten, zur Anerkennung der DDR und zur Aufnahme offizieller Beziehungen zum FDGB angenommenen Beschlüsse folgen zwar nicht der nach dem 21.8. bei einigen Gewerkschaftsvorständen vertretenen Position des Abbruches der Kontakte zu den Gewerkschaften der sozialistischen Länder, sondern sie treten für die Fortführung dieser Kontakte ein. Diese Beschlüsse sind jedoch so variabel gehalten, daß sie durchaus die Möglichkeit bieten, der Brandt-Wehnerschen Position des Brückenschlagens zu konterrevolutionären Zwecken Tür und Tor zu öffnen. Diese Feststellung wird erhärtet durch die Tatsache, daß viele Redner die Anerkennung der DDR lediglich mit dem Argument begründeten »man muß den bestehenden Realitäten entsprechen«. (Diese Auffassung vertreten – zwar noch intern – selbst Führer der SP.)

   Es bleibt festzustellen, daß viele Leitungen und Mitglieder, die seit Jahren für ehrliche Beziehungen zur DDR und dem FDGB eintreten, die SP-Argumente nicht klassenmäßig erkennen und beurteilen. So heißt es z.B. in der Entschließung:

   »Zur Anerkennung der DDR«:

   »Die Entwicklung der letzten Jahre einerseits durch eine elastische Außenpolitik der Bundesregierung und andererseits durch gewisse Demokratisierungstendenzen in den osteuropäischen Staaten bedingt, hat zu Entspannungstendenzen zwischen West- und Osteuropa geführt. Die Bundesrepublik hat die einmalige Chance, ihr Verhältnis zu den osteuropäischen Ländern nicht nur zu normalisierern, sondern auch zu freundschaftlichen Kontakten mit diesen Völkern zu kommen«.

Bei der Diskussion um diesen Antrag zeigte sich die große Differenziertheit in den Beweggründen bei der Zustimmung zu den o.g. Anträgen. Mehrere Delegierte vertraten die Auffassung, es gibt die DDR, ob es einem paßt oder nicht, bis zur Auffassung eines Delegierten aus Westberlin, der formulierte »daß wir den Versuch unternehmen sollten über Menschen Systeme zu verändern«.

Es zeigt sich also, daß selbst die Zustimmung zur angenommenen Entschließung sehr unterschiedlich motiviert ist und es gegenwärtig darum geht, die Positionen der fortschrittlichen Kräfte zu stärken, um diese Beschlüsse im klassenmäßigen Interesse durchzusetzen. Diesem Ziel muß auch unsere zukünftige Arbeit nach Westdeutschland dienen.

Wir sehen in unserer Arbeit nach Westdeutschland vor allem solche Aufgaben wie:

1. Unter Ausnutzung unserer bisherigen Erfahrungen geht es darum, die spezifische Situation in den Landesbezirken gründlich einzuschätzen. Es ist eine Tatsache, daß die Entschließungen und Beschlüsse der Landesbezirkskonferenzen keinesfalls in absoluter Übereinstimmung mit denen des Gewerkschaftstages stehen, im Gegenteil. Es gibt erhebliche Abweichungen.
   Davon abgeleitet gilt es, daß unsere Bezirksvorstände die jeweiligen politischen Schwerpunkte herausfinden und sie zur Grundlage ihrer künftigen Arbeit machen. Dabei müssen die politisch-ideologischen Grundfragen im Mittelpunkt stehen.
2. Es gehörte und wird auch künftig zu unserer Praxis gehören, daß wir nicht nur an Gesprächen mit westdeutschen Funktionären und Mitgliedern teilnehmen, sondern auch in Westdeutschland offensiv in Vorträgen und Seminaren unsere marxistisch-leninistische Auffassung darlegen. Unsere Erfahrung lehrt, daß nur das politische Streitgespräch, nicht aber die Position der schnellen Erreichung von Übereinstimmung auf die Dauer zu Erfolgen führt.

So haben wir z.B. auf der Zentralschule Vorträge und Seminare durchgeführt, an der die Mehrheit der Delegierten eines Landesbezirkes teilnahmen. Das hat sich auf dem 8. Gewerkschaftstag sehr günstig ausgewirkt.

3. Wir werden zunehmend offizielle klassenmäßige Beziehungen von Vorstand zu Vorstand und von Leitung zu Leitung anstreben. Das heißt, unsere Arbeit in Westdeutschland muß immer stärker mit den westdeutschen Vorständen geleistet werden und nicht mit irgendwelchen, oft wenig Einfluß besitzenden Mitgliedern.
4. Der 20. Jahrestag der Gründung der DDR wird Anlaß sein, die gezielte Studientätigkeit westdeutscher Funktionäre in der DDR zu verstärken, um die den Arbeiterinteressen dienliche, kontinuierliche Politik des ersten sozialistischen Staates am praktischen Beispiel kennenzulernen.
5. In der Arbeit mit der westdeutschen Jugend müssen wir wesentlich vorankommen. Wir haben dabei zu bedenken, daß die Jugendfunktionäre von heute die entscheidenden Funktionäre der zentralen Leitungen von morgen sein werden. Hier erwächst unserem Jugendausschuß eine große Aufgabe.
6. Auch in der internationalen Arbeit muß die Westproblematik mehr in den Vordergrund treten. Es gilt, den revanchistischen Standpunkt des Bonner Staates, seine friedensgefährdende Expansionspolitik und sie sog. »neue Ostpolitik« noch wirkungsvoller zu entlarven. Dazu gehört auch ein abgestimmtes Wirken der Gewerkschaften der sozialistischen Länder gegenüber Westdeutschland.
8. Es gilt, die Westarbeit auf der Grundlage einer langfristigen Konzeption festzulegen, den Ressortgeist zu überwinden und sie zum festen Bestandteil der Leitungstätigkeit auf allen Leitungsebenen zu machen. Einen besonderen Schwerpunkt bilden hierbei unseres Erachtens die Bezirksvorstände der IG und die betrieblichen Gewerkschaftsleitungen in den Schwerpunktbetrieben.

Dok. 7 *(ArchGew A 200.13596)*

IG Druck und Papier
Zentralvorstand **Berlin, 18. September 1973**

Konzeption zur Vorbereitung des ersten offiziellen Informationsbesuches einer Delegation der IG Druck und Papier im DGB und Fragen zur weiteren Gestaltung der Beziehungen zwischen beiden Industriegewerkschaften

1. Mit dem ersten Informationsbesuch einer Delegation des Hauptvorstandes der IG Druck und Papier im DGB vom 12. bis 17.11.1973 sollen entsprechend dem Ergebnis der beiden Treffen von Delegationen des FDGB-Bundesvorstandes und des DGB-Bundesvorstandes in Berlin und Düsseldorf offizielle Beziehungen zur IG Druck und Papier im DGB aufgenommen werden. Der Zentralvorstand der IG Druck und Papier geht dabei davon aus, daß es sich nur um normale, gleichberechtigte Beziehungen zwischen selbständigen Organisationen handeln kann, wie sie seitens unserer IG auch zu Gewerkschaften anderer kapitalistischer Länder bestehen und international üblich sind. Eventuelle Vorstellungen von »Sonderbeziehungen«, solche Thesen wie »innerdeutsch«, »Einheit der Nation« bzw. Auffassungen, die Grenze zwischen DDR und BRD sei eine Grenze wie zwischen den Bundesländern oder Westberlin sei ein Bestandteil der Bundesrepublik, entsprechen nicht den Realitäten und werden von uns zurückgewiesen.
   Bei der IG Druck und Papier im DGB handelt es sich um eine sozialdemokratisch geführte Organisation, die, ungeachtet mancher positiver Erscheinungen bzw. Unterschiede zu andern IG im DGB, eine reformistische Politik betreibt und sich zur »demokratischen« Grundordnung und der sogenannten freien Marktwirtschaft ohne Wenn und Aber bekennt. Die Gesprächspartner sind Anhänger bzw. Vertreter der bürgerlichen Konzeption des »demokratischen Sozialismus«.

Ungeachtet dieser Einschätzung gehen wir davon aus, daß die Herstellung normaler Beziehungen zur IG Druck und Papier im DGB möglich und nützlich ist und den Lebensinteressen der Arbeiter entspricht. Sie muß der Weiterführung des Prozesses der Entspannung in Europa und der Festigung des Friedens dienen.
Mit dem ersten Informationsbesuch soll folgende Zielstellung erreicht werden:

– Den Gästen wird eine umfassende Darstellung der Rolle und Stellung des FDGB und unserer IG als Klassenorganisation der machtausübenden Arbeiterklasse der DDR vermittelt.
– Es wird der Standpunkt des FDGB und unserer IG zu wichtigen Fragen der internationalen Politik dargelegt sowie die Notwendigkeit und Möglichkeit der internationalen Zusammenarbeit der Gewerkschaften zur Sicherung des Friedens und Vertretung der Arbeiterinteressen begründet.
– Den Gästen wird die Möglichkeit gegeben, den in der DDR real existierenden Sozialismus zu studieren, die sozialistischen Errungenschaften kennenzulernen und einen überzeugenden Eindruck vom gesellschaftlichen Leben in der DDR zu gewinnen. Dadurch sollen vorhandene antikommunistische Vorbehalte abgebaut werden und so den progressiven Kräften in der IG Druck und Papier im DGB solidarische Hilfe gegeben werden.

(...)

Dok. 8 *(ArchGew A 200.13596)*

IG Druck und Papier
Zentralvorstand **Berlin, 12.11.1973**

Erster Informationsbericht über die Delegation der IG Druck und Papier im DGB

(...)
Kollege Mahlein brachte zum Ausdruck, daß er sich in letzter Zeit häufig mit dem Problem des Funktionswandels der Gewerkschaften unter kapitalistischen Bedingungen beschäftigt hat. Daraus ergab sich für ihn die Frage: Worin eigentlich der Unterschied der Funktion der Gewerkschaften zwischen Sozialismus und Kapitalismus bestehe, da in der Mitwirkung der Gewerkschaften sich bestimmte gleiche Formen zeigen. Deshalb möchte er seinen Aufenthalt in der DDR dafür nutzen, um sich in der Frage des gesellschaftlichen Eigentums an den Produktionsmitteln und die damit verbundenen Auswirkungen auf die Tätigkeit der Gewerkschaften mehr Klarheit zu verschaffen.
Im weiteren Verlauf des Gesprächs entwickelte Kollege Mahlein seine Vorstellungen über Möglichkeiten und Wege der engeren internationalen Zusammenarbeit zwischen dem Ständigen Komitee und der IGF. Er brachte dazu zum Ausdruck, daß gegenwärtig das Bemühen verschiedener fortschrittlicher Kräfte innerhalb der IGF gehemmt wird durch konservative Kräfte. Er sieht eine Möglichkeit, über bilaterale Verbindungen den Einfluß der fortschrittlichen Kräfte zu stärken und somit die konservativen Kräfte zurückzudrängen.

Dok. 9 *(ArchGew A 200.13596)*

IG Druck und Papier
Zentralvorstand **Berlin, 13.11.1973**

Zweiter Informationsbericht über die Delegation der IG Druck und Papier im DGB

(...)
Kollege Mahlein stellte die Frage, wie es möglich ist, daß unter dem Vorhandensein von sozialistischen Produktions- und Eigentumsverhältnissen der werktätige Mensch eine neue Einstellung zur Arbeit und zum Leben überhaupt erhält. Er begründete es damit, daß es für den einzelnen Arbeiter nicht so entscheidend wäre, zu wem er abhängig ist. In der DDR ist der Arbeiter vom sozialistischen Betrieb und in der BRD vom Unternehmer abhängig. In diesem Zusammenhang zeigte er eine Perspektivlosigkeit der Arbeiter in der BRD und auch ihrer Gewerkschaften. Beide Kollegen machten einen tiefen Pessimismus deutlich. Dabei gestattete sich Kollege Mahlein eine Charakterisierung von zum Teil jungen Menschen in der BRD, die verbürgerlicht sind und auch eine hauptamtliche Funktion innerhalb der Gewerkschaft nur als einen gewissen »Job« betrachten. Solche Funktionäre sind jederzeit bereit, für 500 DM mehr im Monat bei einem Unternehmer Arbeit aufzunehmen.
Gleichzeitig charakterisierte er einige leitende Gewerkschaftsfunktionäre. Kollege Hauenschild wurde z.B. als sogenannter »Playboy« der Gewerkschaften bezeichnet.
(...)
Kollege Mahlein unterbreitete im weiteren Verlauf der Gespräche Vorschläge zur weiteren Normalisierung der Beziehungen zwischen beiden Organisationen. Er wiederholte nochmals seinen bereits geäußerten Standpunkt, daß dieser Prozeß nur schrittweise vor sich gehen kann. Er verwies jedoch auch darauf, daß er eine bewußte Hinauszögerung der einzelnen Schritte, wie es nach seiner Auffassung bei Chemie sichtbar wird, nicht für richtig hält. Er begründete nochmals den Besuch einer Studiendelegation zu

Fragen der Berufsausbildung in der DDR und betrachtete dies als einen ersten weiteren wichtigen Schritt. Dieser Studiendelegation gab Kollege Mahlein offensichtlich den Vorrang gegenüber allen anderen Möglichkeiten, auch gegenüber der Aufnahme von Kontakten zwischen den Jugendausschüssen beider Organisationen. Kollege Mahlein sprach sich eindeutig dafür aus, daß alle Schritte zur weiteren Normalisierung der Beziehungen nur über die Federführung des Hauptvorstandes gehen können. Mit einem gewissen Nachdruck verwahrte er sich gegen sogenannte »wilde Kontakte« der Vergangenheit. Als naheliegenden Beweis führte Kollege Mahlein den Brief des Landesbezirksvorsitzenden von Hessen, Kollege Melzer, an den Zentralvorstand der IG Druck und Papier im FDGB, Kollege Deckert, betreffs einer Studiendelegation der DJU an. Dieser Brief war ohne Kenntnis des Hauptvorstandes abgeschickt worden. Im Hauptvorstand wurde die Verhaltensweise des Kollegen Melzer kritisiert.
Beide Kollegen verwiesen im Gespräch darauf, daß das gegenwärtig erste offizielle Informationsgespräch nicht nur eine Angelegenheit beider Organisationen ist, sondern von verschiedenen Seiten beobachtet wird. (Wer damit im einzelnen gemeint war, wurde nicht angedeutet!) Kollege Mahlein brachte uns in diesem Zusammenhang eine Presseinformation über das Informationsgespräch der IG Chemie zur Kenntnis und machte deutlich, daß er die Hoffnung hat, daß die Ergebnisse unseres Informationsgesprächs und des Studienaufenthaltes umfassender und prinzipieller sein müßten. Er brachte zum Ausdruck, daß sie bereit sind, über den Verlauf und die Ergebnisse des Informationsgesprächs ein entsprechendes Kommuniqué zu vereinbaren.
Kollege Mahlein unterbreitete uns auch eine offizielle Einladung zur Teilnahme an ihrem 10. Gewerkschaftstag, der im Oktober 1974 in Hamburg stattfindet.
(...)

Dok. 10 *(ArchGew A 200.13596)*

Zentralvorstand IG Druck und Papier **14.11.1973**

Dritter Bericht über die Studiendelegation aus der BRD

Ausgehend von den grundlegenden Ausführungen des Vorsitzenden des BV IG Druck und Papier in Dresden sowie der Erläuterung der Rolle und Aufgaben der Gewerkschaften im Betrieb durch den BGL-Vorsitzenden des graphischen Großbetriebes »Völkerfreundschaft« Dresden wurde durch die Kollegen Mahlein und Schwiedel eine Reihe von Problemen gestellt.
(...)
So interessierten sie sich für alle Einzelheiten des demokratischen Prozesses bei der Durchführung der Plandiskussion, der Durchführung von gewerkschaftlichen Mitgliederversammlungen bis hin zum Abschluß der Betriebskollektivverträge. In diesem Zusammenhang brachte Kollege Mahlein seine Bewunderung darüber zum Ausdruck, welcher gewaltige Umerziehungsprozeß sich bei uns vollzogen hat.
Ein weiteres Interesse war auf die Tätigkeit der Konfliktkommissionen gerichtet. Hier wollten beide Kollegen genau die Funktion und Arbeitsweise sowie die Zusammensetzung der Konfliktkommission kennenlernen. Ihre besondere Beachtung brachten sie darüber zum Ausdruck, daß auch die Konfliktkommissionen demokratisch gewählt werden. Kollege Mahlein war bisher der Meinung, daß die Konfliktkommission sich paritätisch von Gewerkschafts- und Wirtschaftsfunktionären zusammensetzt.
Kollege Schwiedel stellte dazu auch die Frage, was geschieht, wenn die Entscheidungen der Konfliktkommission nicht der Auffassung des betreffenden Werktätigen entspricht. Mit einer gewissen Zustimmung nahmen sie die Möglichkeit der Berufung vor dem Kreis- bzw. Bezirksgericht zur Kenntnis.
Wiederholt wurde durch beide Kollegen die Frage nach dem Verhältnis zwischen Partei und Gewerkschaft gestellt. Kollege Mahlein äußerte dazu, daß er keine klare Vorstellung über dieses Verhältnis hat, und interessierte sich besonders für die Rolle der

Partei. Dieses Problem wurde durch ihn sowohl in persönlichen Beratungen als auch im Betrieb im Gespräch mit Betriebsfunktionären aufgeworfen. Kollege Mahlein äußerte im Ergebnis der Aussprachen, daß er jetzt über diese Frage ein wenig mehr Klarheit besitzt.
Durch beide Kollegen wurde in persönlichen Gesprächen nach den Formen und Methoden zur Überführung bisheriger Privatbetriebe und Betrieben mit staatlicher Beteiligung gefragt. Sie vermerkten dazu, daß es ihnen unverständlich sei, wie ehemalige kapitalistische Unternehmer sich selbst bereit erklären, ihren Betrieb in Volkseigentum zu überführen bzw. in diesen als Werkdirektoren weiter zu fungieren.
Zu unseren Erläuterungen dazu brachte Kollege Mahlein auch hier ein gewisses Erstaunen zum Ausdruck. Mit Interesse nahmen sie zur Kenntnis, welche Rolle dabei auch die Blockparteien in unserer Republik gespielt haben.
(...)

Dok. 11 ***(ArchGew A 200.13596)***

IG Druck und Papier
Zentralvorstand **Berlin, 16.11.1973**

Sechster Informationsbericht über die Delegation der IG Druck und Papier im DGB

Wie im Ablaufplan vorgesehen, fand heute das Abschlußgespräch über den Informationsbesuch statt. Beide Gäste brachten dabei übereinstimmend zum Ausdruck, daß sie ihren Besuch als sehr nützlich, informativ und aufschlußreich einschätzten. Kollege Mahlein erklärte, daß ihm sehr deutlich geworden ist, welcher große Wandel sich in der DDR vollzogen hat, und daß vor allem die Menschen wesentlich gewachsen sind. Ihn hat beeindruckt, mit welcher Überzeugung und mit welchem Stolz sie von ihrem Staat, von ihrem Betrieb und von ihrem Leben sprechen. Kollege Schwiedel bestätigte diese Einschätzung und schätzt den Studien-

besuch als einen verheißungsvollen Beginn einer längeren Periode des Miteinanders und des gegenseitigen Verstehens ein.
Beide Gäste brachten zum Ausdruck, daß sie sich in den Gesprächen wie auch beim Besuch in Dresden wesentliche Klarheit unter anderem über folgende Probleme verschaffen konnten:

- Über die große Bedeutung und breite Palette der Aufgaben der Gewerkschaften in der DDR, besonders der Betriebsgewerkschaftsorganisationen, und die echte Mitbestimmung, die sie im Betrieb und in der Gesellschaft ausüben;
- über die Rolle der Parteiorganisation in den Betrieben, über das Verhältnis zwischen Partei und Gewerkschaften;
- über die Rolle und Aufgaben der betrieblichen Konfliktkommissionen im Betrieb als Organ der Interessenvertretung für die Kollegen sowie der allseitigen Erziehung zur Einhaltung der sozialistischen Gesetzlichkeit;
- über das Funktionieren des Neuererwesens und die große Verantwortung der Gewerkschaften für die Organisierung der Neuerertätigkeit und die besondere Förderung junger Neuerer sowie der Kolleginnen in der Neuerertätigkeit;
- über die Formen und Methoden der Aus- und Weiterbildung und die Notwendigkeit der engen Verbindung zwischen politischer Erziehung und fachlicher Ausbildung;
- über den hohen Stand der technischen Ausrüstung der Betriebe der polygraphischen Industrie in der DDR und die breite Mitwirkung aller Werktätigen bei den Fragen der Rationalisierung der Produktion sowie bei der Planung und Leitung der Volkswirtschaft.

Beide Gäste brachten übereinstimmend ihre Haltung zum Westberlin-Problem zum Ausdruck. Sie drückten ihr Unverständnis über das Verhalten des DGB-Jugendausschusses sowie des Hauptvorstandes der IG Metall aus, die offensichtlich bewußt und wahrscheinlich in provokatorischer Absicht Westberliner Mitglieder in ihre Delegationen aufgenommen haben. Für sie sei von Anfang an klargewesen, daß sie die unterschiedlichen Positionen zu dieser Frage in Rechnung stellen. Deshalb haben sie bei der Auswahl der Delegationsmitglieder auf Westberlin von vornherein verzichtet. Sie erklärten dazu, daß der jetzige Vorsitzende des

Landesbezirksvorstands Westberlin der IG Druck und Papier, Kollege Ballentin, eine vernünftige Haltung zeigt. Beim vorherigen Vorsitzenden, Kollegen Richter, wäre dabei mit Schwierigkeiten zu rechnen gewesen.
Im Gespräch wurde ohne große Diskussion Übereinkunft über eine Presseinformation erzielt. Die Gäste erklärten, daß diese Presseinformation in vollem Wortlaut im Zentralorgan der IG Druck und Papier im DGB veröffentlicht und darüber hinaus an DPA übergeben wird. Sie rechnen damit, daß auch in der Welt der Arbeit zumindest Auszüge veröffentlicht werden.
In ihr sind auch die Maßnahmen zur Weiterführung der Beziehungen enthalten. Von beiden Seiten wurde Übereinstimmung erzielt, dabei nicht übereilt und unbedacht zu handeln. Jeder weitere Schritt soll sorgsam überlegt werden, besonders in bezug auf aktuelle internationale Probleme. Dies sei unter anderem auch erforderlich, weil andere Kreise sorgsam die Aktivität der IG Druck und Papier beobachten.

Dok. 12 ***(ArchGew A 200.13596)***

IG Druck und Papier
Zentralvorstand **Berlin, 10. Juli 1974**

Bericht über die Tätigkeit der Delegation des Zentralvorstandes der IG Druck und Papier [im FDGB] beim Informationsbesuch in der BRD in der Zeit vom 18. bis 22. Juni 1974

1. Entsprechend den Festlegungen in der vereinbarten Pressemitteilung vom 16.11.1973 und der Einladung des Hauptvorstandes der IG Druck und Papier im DGB führte eine Delegation des Zentralvorstandes der IG Druck und Papier im FDGB in der Zeit vom 18.6. bis 22.6.1974 einen Informationsbesuch in der BRD durch. Der Delegation gehörten an:
Heinz Deckert, Vorsitzender;
Heinz Giese, Stellvertretender Vorsitzender;

Klaus Schwuchow, Mitglied des Präsidiums.
(...)

2. Im Eröffnungsgespräch im Hauptvorstand, an dem von seiten der BRD L. Mahlein, Vorsitzender, H. Schwiedel, Zweiter Vorsitzender, E. Stotz, Redakteur, W. Schüßler, Kassierer, und H. J. Frenzel, Referent, sowie zeitweise E. Ferlemann teilnahmen, legte der Vorsitzende des Zentralvorstandes, Heinz Deckert, dar, daß die Fortsetzung des Normalisierungsprozesses entsprechend den übereinstimmenden Auffassungen vom November 1973 der weiteren Erwärmung des politischen Klimas und der Durchführung des Grundlagenvertrages DDR/BRD nach Geist und Buchstaben dienen kann. Er unterstrich dabei die Verantwortung der Gewerkschaften als Klassenorganisation der Arbeiter zur umfassenden Ausdehnung der Bewegung für Entspannung und Frieden. L. Mahlein erklärte, daß »sie weiterhin zu dem im November Vereinbarten stehen. Am Donnerstag werden Kohl und Gaus akkreditiert, wenn die Regierungen verhandeln, warum dann nicht auch die Gewerkschaften«.
Bei der weiteren Normalisierung und Entwicklung der Beziehungen wird sich der Hauptvorstand nicht von zufälligen politischen Ereignissen beeinflussen lassen. Kollege Mahlein teilte mit, daß er mit dem Vorsitzenden des DGB, Vetter, über die Aufrechterhaltung der Einladung gesprochen habe. Vetter brachte dabei zum Ausdruck, daß eine solche Entscheidung im Ermessen des Hauptvorstandes liegt. Im übrigen habe der DGB seine Beziehungen zum FDGB auch nicht abgebrochen. Wir wurden im weiteren davon informiert, daß der Vorstand der IG Metall die Haltung der IG Druck und Papier im DGB kritisiert hat und von fehlenden Solidaritätsbeweisen sprach. Es ist anzunehmen, daß der DGB-Vorsitzende Vetter während unseres Aufenthaltes in der BRD zwischenzeitlich von Mahlein über den Ablauf der Gespräche informiert wurde. Das könnte auf einer Sitzung in der Bank für Gemeinwirtschaft von Mahlein erfolgt sein. Wir haben im Eröffnungsgespräch darauf hingewiesen, daß der Bundesvorstand des FDGB wie auch die

Zentralvorstände unverändert für die Einhaltung der getroffenen Vereinbarungen eintreten und unser Dasein ein Beweis dafür ist.
Informationen und Anfragen unsererseits führten zu Diskussionen über die krisenhafte Entwicklung in der BRD und sozialer Unsicherheit für die Arbeiter in der BRD im Gegensatz zur kontinuierlichen Entwicklung in der DDR. Besonders die Pressekonzentration hat Auswirkungen auf die Sicherheit der Arbeitsplätze. Aber auch die Ergebnisse des wissenschaftlich-technischen Fortschritts führen zur Verschärfung der Widersprüche zwischen Kapital und Arbeit. Dabei mußten die Gastgeber zum Teil, anknüpfend an ihre Studienergebnisse in der DDR, die sich aus unseren sozialistischen Bedingungen ergebenden großen Möglichkeiten gewerkschaftlicher Interessenvertretung unterstreichen. Der wachsende Zusammenschluß zu multinationalen Monopolen und ihre antigewerkschaftliche Politik unterstreichen die Notwendigkeit der Zusammenarbeit im Interesse der Arbeiter. Gerade auf diesem Gebiet gibt es beim Hauptvorstand der IG Druck und Papier im DGB Interesse und Einsicht zu gemeinsamer Aktion. Hierauf wird in einem weiteren Abschnitt näher eingegangen.

3. Die Gespräche mit den Funktionären im Vorstand der IG Druck und Papier machten nochmals ihre Grundpositionen reformistischer Gewerkschaftspolitik deutlich. Dies zeigte sich besonders in den Illusionen über die wirklichen Machtverhältnisse in der BRD, in der Auffassung über den gewerkschaftlichen Einfluß auf die Regierung und ihre Gesetzgebung und den »großen Fortschritten«, die mit dem novellierten Betriebsverfassungsgesetz erreicht wurden. Dabei ist die Haltung der einzelnen Funktionäre recht differenziert. Das wurde besonders beim Auftreten gegensätzlicher Meinungen deutlich. Dies zeigte sich z.B. in der Auffassung zur Rolle des Staates. (...)

4. (...) Während L. Mahlein des öfteren von den progressiven Beschlüssen der Gewerkschaftstage und der Kritik an den bestehenden Klassen- und Machtverhältnissen in der BRD

ausging, haben H. Schwiedel und E. Blanke die Ergebnisse ihrer gewerkschaftlichen Arbeit auf dem Gebiet der Tarifpolitik, der Mitbestimmung und Rechtsvertretung immer im Rahmen der in der BRD herrschenden Macht- und Rechtsverhältnisse dargelegt.

(...)

7. Bei den Gesprächen im Hauptvorstand wurde die bevorstehende Europäische Gewerkschaftskonferenz zu Problemen der Arbeitsumwelt von beiden Seiten begrüßt. Weiterer Gesprächsstoff war die schnelle Herausbildung und Wirksamkeit multinationaler Unternehmen in der Druckindustrie. Es gab Übereinstimmung, daß es gemeinsamer Anstrengungen bedarf, um dieser Entwicklung entgegenzuwirken und die Rechte der Arbeiter zu sichern. Es wurde seitens der Kollegen des Hauptvorstandes nicht in Frage gestellt, daß die Zusammenarbeit seitens der IG F und des Ständigen Komitees der graphischen Gewerkschaften dabei unerläßlich ist. Sie äußerten die Bereitschaft, in diesem Sinne zu wirken und die Aktivitäten des Ständigen Komitees weiter zu unterstützen. Eine Delegation des Hauptvorstandes wird an der vierten internationalen Konsultativkonferenz im Herbst 1975 in Berlin teilnehmen. Unser Vorschlag, eine europäische Gewerkschaftskonferenz der graphischen Gewerkschaften vorzubereiten, fand Zustimmung und soll in weiteren Konsultationen geprüft werden. Sie informierten uns über ihre Reformvorschläge in der IG F, brachten aber gleichzeitig zum Ausdruck, daß sie bei verschiedenen Organisationen kein Verständnis finden. Sie führen das auf konservatives Festhalten an alten Organisationsfragen und Strukturen und auch auf Vorbehalte gegenüber der IG Druck und Papier im DGB zurück. Angeblich würden verschiedene graphische Verbände ihnen Führungsansprüche unterstellen.

(...)

Gemeinsame Abschlußerklärung

(...)

Die Gespräche zwischen den Vertretern des Hauptvorstandes

und des Zentralvorstandes beider Gewerkschaften fanden in einer offenen und kollegialen Atmosphäre statt. Beide Seiten betrachteten sie als Fortsetzung der im November 1973 in der Hauptstadt der DDR begonnenen Herstellung normaler, gleichberechtigter Beziehungen, wie sie international üblich sind. Beide Seiten bekräftigten ihren Standpunkt im Interesse der Solidarität der arbeitenden Menschen für Frieden und Sicherheit, für die Verbesserung der Arbeits- und Lebensbedingungen und gegen die antigewerkschaftliche Politik multinationaler Monopole ihre Beziehungen zu normalisieren. In diesem Sinne wurden Absprachen über die feste Eingliederung der Aufgaben in die Pläne der internationalen Arbeit 1974/75 getroffen. Danach wird der Zentralvorstand der IG Druck und Papier der Einladung zum 10. Gewerkschaftstag der IG Druck und Papier im DGB folgen und im Dezember eine Delegation der IG Druck und Papier im DGB zum Studium der Bildungspolitik in die DDR reisen. Sie werden die begonnenen Konsultationen über notwendige und mögliche Initiativen fortsetzen.

Dok. 13 *(ArchGew A 200.13596)*

Nur für den Dienstgebrauch

Information über den Aufenthalt der Delegation des Hauptvorstandes der IG Druck und Papier im DGB zum Studium der Bildungspolitik der DDR in der Zeit vom 2. bis 7. Dezember 1974

Der Aufenthalt und die Arbeit der Delegation erfolgten auf Grundlage der vom Sekretariat des Bundesvorstandes des FDGB bestätigten Konzeption (Beschluß S 872/74 vom 18.11.74) einschließlich der gegebenen Hinweise.
Die Delegation reiste in der uns angekündigten Zusammensetzung an. Kollege Pleithner wurde durch einen Beschluß des Geschäftsführenden Vorstandes der IG Druck und Papier im DGB mit der Leitung der Delegation beauftragt. Das vom Zentralvorstand vorgeschlagene Programm wurde akzeptiert und durchgeführt.

Die Delegation besuchte Bildungseinrichtungen des graphischen Großbetriebes Völkerfreundschaft Dresden, führte Gespräche mit FDGB-Abgeordneten des Bezirkstages Dresden. Sie besuchte Einrichtungen der Berufsausbildung in der sozialistischen Landwirtschaft und die Ingenieurschule Otto Grotewohl Leipzig. Sie war Gast des Ausschusses für Volksbildung der Volkskammer der DDR und hatte Begegnungen mit Abgeordneten der FDGB-Fraktion. Der Aufenthalt der Delegation verlief reibungslos.
(...)
Kollege *Pleithner* übermittelte im Laufe des einleitenden Informationsgespräches die Grüße des Vorsitzenden des Hauptvorstandes der IG Druck und Papier im DGB, Kollege Mahlein, und bekräftigte den ernsthaften Willen des Hauptvorstandes, mit dem Besuch der Studiendelegation, »die eine erste Arbeitsdelegation sei«, die begonnene Herstellung normaler gleichberechtigter Beziehungen zwischen beiden Organisationen fortzusetzen.
Er bemerkte einleitend, die Kollegen der Delegation seien nicht als »Systemkritiker« in die DDR gekommen, sondern mit der Absicht, die Bildungspolitik zu studieren. Man sei sich klar darüber, daß die Existenz der beiden gesellschaftlichen Systeme eine schematische Übertragung des Inhalts des sozialistischen Bildungssystems der DDR auf die gesellschaftlichen Verhältnisse in der BRD unmöglich mache.
Mehrfach wurde im Verlauf des Aufenthaltes von allen Delegationsmitgliedern bemerkt, mit dem Aufenthalt dieser Delegation den Beweis für die Nützlichkeit und Notwendigkeit der weiteren Herstellung normaler, gleichberechtigter Beziehungen, wie sie international üblich sind, zwischen beiden Organisationen anzutreten.
Es wurde bemerkt, daß die IG Druck und Papier im DGB auch in Zukunft entschlossen sei, den eingeschlagenen Weg fortzusetzen, wobei sich der jeweilige Sprecher immer auf die entsprechende Haltung des Hauptvorstandes und seines Vorsitzenden berief.
Die Gäste zeigten sich sichtlich beeindruckt von den gesellschaftlichen Verhältnissen in der DDR und besonders über die Wirksamkeit des einheitlichen sozialistischen Bildungssystems, wobei

ihr Bemühen sichtbar war, die Erfolge der DDR unter dem Gesichtspunkt der Machtverhältnisse zu verstehen.
(...)
Während ihres Aufenthaltes, und besonders bei Gesprächen außerhalb des Programms, wurde die reformistische Position der Mitglieder der Studiendelegation sichtbar, indem sie lediglich von »Verbesserungen und Veränderungen des Zustandes der Berufsausbildung« unter den gegebenen gesellschaftlichen Verhältnissen in der BRD sprachen. Es gehe ihnen darum, den »Arbeitnehmern höhere Bildung zu vermitteln, um angesichts der Existenz multinationaler Monopole und ihrer Auswirkungen auf das Leben der Arbeiter besser bestehen« zu können.
Ihre Bemerkungen zu Problemen der Mitbestimmung, zur Reform des Bildungswesens, zeigten, daß sie eindeutig auf dem Boden des kapitalistischen Systems stehen und mittels innerer Reformen größere gewerkschaftliche Rechte erstreben, ohne die gesellschaftlichen Verhältnisse zu verändern.
(...)

Dok. 14 *(ArchGew A 200.13596)*

IG Druck und Papier **Vertrauliche Dienstsache**
Zentralvorstand **Berlin, 21. Februar 1975**

Information über einige Probleme aus den Gesprächen mit dem Ersten und Zweiten Vorsitzenden der IG Druck und Papier im DGB anläßlich der Konsultation am 18. und 19. Februar 1975 in Berlin

Anläßlich des Aufenthaltes des Ersten Vorsitzenden, Kollegen Mahlein, und des Zweiten Vorsitzenden, Kollegen Schwiedel, wurden unter anderem Gespräche geführt über die derzeitige Situation in der BRD, die Haltung des DGB, die Beziehungen der einzelnen Gewerkschaften zum DGB und über das Verhältnis des DGB zur sozialliberalen Regierung Schmidt.
Im einzelnen wurden folgende Probleme angesprochen:

1. Zur derzeitigen wirtschaftlichen Situation in der BRD

(...)

Die derzeitige wirtschaftliche Situation erschwere die Position der Gewerkschaften. Kämpfe der Gewerkschaften wären gegenwärtig nur zum Vorteil der Unternehmer, die daraus resultieren, daß die Bundesregierung und die Gewerkschaften sowohl die Streikunterstützungen wie auch die Unterstützungen für die Arbeitslosen zu tragen hätten, und sich die Unternehmer die Anordnung von Kurzarbeit und Betriebsschließungen ersparen.

(...)

Ein Vorteil bestehe gegenwärtig darin, daß die Kraft der Gewerkschaften von den Unternehmern überschätzt werde. Kampfsituationen in der gegenwärtigen Lage könnten die Schwäche und die Blöße aufdecken. Auch von dieser Seite her wurde begründet, daß der Tarifabschluß bei Metall im Rahmen des derzeitig Möglichen liege. Höhere Forderungen oder der Kampf um höhere Abschlüsse seien nicht realistisch.

2. Zur Position der Gewerkschaften in der BRD

Die Position der Gewerkschaften in der BRD werde gegenwärtig maßgeblich charakterisiert durch das verschlechterte Verhältnis zur sozialliberalen Regierung, speziell zu Schmidt.

Schmidt sei nicht geneigt, so wie Brandt, die Auffassungen und den Standpunkt der Gewerkschaften sowie ihre Haltung zu verschiedenen Fragen der Entwicklung anzuhören und zu akzeptieren. Es würde ein härterer Kurs gefahren.

Die Position Vetters sei gegenwärtig nicht so fest wie bei Brandt. Bei Brandt hatte Vetter die Rolle in der Art eines persönlichen Beraters. Bei Schmidt sei dies nicht der Fall. Selbst der Antrittsempfang Schmidts für die Gewerkschaften war kein Ausgangspunkt für eine bessere Zusammenarbeit der Regierung und der Gewerkschaften. Deshalb lobten beide Kollegen erneut die Haltung Brandts seine Persönlichkeit und sein Format.

Angesprochen auf die Prüfsteine des DGB äußerten sie, daß sie in der jetzigen Lage und in der Politik des DGB gegenwärtig keine Rolle spielen. Selbst im DGB gäbe es keine Analysen darüber. Es sei offensichtlich, daß die Prüfsteine auch vom DGB zur Seite gelegt sind.

Im DGB sei ein breites Bedauern spürbar, daß Brandt nicht mehr an der Spitze stehe, aber die Regierung Schmidt sei annehmbarer als eventuell eine Große Koalition unter Strauß. Es gäbe für die Gewerkschaften der BRD keine Alternative zur Schmidt-Regierung. Dabei sind sie fest davon überzeugt, daß es keine Große Koalition unter Strauß geben wird. Strauß käme nicht an die Macht.

Sie äußerten Zweifel an der Nützlichkeit des Besuches und des Empfanges solcher Politiker wie Leisler-Kiep und ähnlicher Politiker der Oppositionsparteien in der DDR, da sie nach ihrer Auffassung zum Schaden der sozialliberalen Regierung seien. Dabei sei Kiep ohne Bedeutung, er habe zwar Millionen im Rücken, aber Strauß habe dagegen mehr Masseneinfluß. Selbst wenn Strauß oder andere an die Macht kommen, sei die Entwicklung zur Entspannung und die Verwirklichung der Verträge nicht rückgängig zu machen. Vielleicht sei der Besuch von Kiep ein Vortasten, um die Möglichkeiten einer eventuellen späteren Zusammenarbeit zu prüfen.

Die Wahlen z.B. in Nordrhein-Westfalen und in anderen Ländern würden die Stunde der Wahrheit sein. Von ihnen wurde nicht bestritten, daß die krisenhafte Entwicklung besonders für die SPD keinen günstigen Ausgangspunkt in Vorbereitung der Wahlen darstelle.

3. *Zur Entwicklung und dem Stand der Beziehungen FDGB und DGB*

Die Entwicklung und der Stand der Beziehungen zwischen FDGB und DGB sind nach ihrer Auffassung gegenwärtig maßgeblich bestimmt von der Situation im Land, die sich unter anderem äußert in der Rolle der Gewerkschaften, in der Politik von Schmidt, im verstärkten Druck auf die Gewerkschaften, mit dem Ziel, die Gewerkschaften weiter unterzuordnen und ihren Einfluß einzuschränken, in der Kritik an Vetter, ausgelöst durch den Empfang Schelepins in Düsseldorf, durch die Auswirkungen der Vorgänge um Böhm und nicht zuletzt darin, daß die Meinung des DGB, sein Standpunkt zu sozialpolitischen Problemen in der Bundesrepublik nicht beachtet wird. Vetter komme bei Schmidt nicht wie bei Brandt zum Zuge.

Nach ihrer Meinung müßten jetzt die Beziehungen zum FDGB noch stärker von den Industriegewerkschaften und den unteren Leitungen getragen werden. Dabei sind sie bereit, den Weg der weiteren Normalisierung voranzutreiben, wobei sie durchaus erkennen, daß ein Vorprellen einzelner Gewerkschaften nicht ratsam ist. In der letzten Bundesvorstandssitzung des DGB kamen die Angriffe gegen Mahlein aus Reihen des DGB bezüglich seiner DKP-Definition auf dem letzten Gewerkschaftstag nicht zum Tragen. Vetter habe offen zu verstehen gegeben, daß eine Diskussion darüber im Bundesvorstand offensichtlich nicht erwünscht sei.

4. Zu einigen internationalen Problemen

Die internationale Arbeit betreffend, wurde von den beiden Vertretern festgestellt, daß die Internationale Graphische Föderation (IGF) gegenwärtig ihrer Rolle nicht gerecht werde und völlig aktionsunfähig sei. Aus diesem Grunde sei eine Änderung an der Spitze notwendig, auch um die Zusammenarbeit mit dem Ständigen Komitee der graphischen Gewerkschaften weiter zu fördern. Mahlein und Schwiedel sprachen sich offen dafür aus, daß Mahlein Präsident der IGF werden müsse, sonst sei keine Änderung in der Politik der IGF zu erwarten. Wobei sie durchaus erkennen, daß ein Problem für sie darin besteht, da eine Reihe IGF-Gewerkschaften Gegner der Kandidatur eines BRD-Gewerkschaftsfunktionärs sind, daß sie Angst dabei hätten, den BRD-Gewerkschaften auch auf internationaler Ebene gewerkschaftliche Macht zu übertragen. Das Mißtrauen gegenüber den Gewerkschaften der BRD rühre bereits her aus den Vorgängen bei der Bildung des Europäischen Gewerkschaftsbundes, als Vetter Anspruch auf die Präsidentschaft erhoben habe.

Die Anwartschaft auf die Präsidentenfunktion in der IGF wurde auch aus finanziellen Gründen erhoben. Der finanzielle Beitrag der IG Druck und Papier der BRD sei wesentlich für die Aufrechterhaltung der Lebensfähigkeit der IGF. Der 100 000 DM-Betrag sei aber zu schade für die IGF in der jetzigen Verfassung und wäre besser für den Ausbau der bilateralen Beziehungen benutzt. Parallel dazu unternimmt die IG Druck und Papier der BRD Anstrengungen, die italienischen graphischen Gewerkschaften für die IGF zu gewinnen, da nach ihrer Auffassung die Gewerkschaften der BRD, Frankreichs und Italiens zu den maßgeblichen Trägern des Kampfes gegen die internationalen Monopole werden könnten.

5. *Zu Absprachen zwischen beiden Industriegewerkschaften, dem Zentralvorstand der IG Druck und Papier im FDGB und dem Hauptvorstand der IG Druck und Papier im DGB*

Es wurde Übereinstimmung darüber erzielt, daß die Weiterentwicklung der Beziehungen im Rahmen der internationalen Pläne weiter betrieben wird. Die Anstrengungen sind einzuordnen in die Entwicklung der Beziehungen zwischen DGB und FDGB insgesamt. Beide Seiten bekräftigten jedoch, Anstrengungen zur weiteren Normalisierung der Beziehungen zu unternehmen. Die Erfahrungen ergaben die Richtigkeit des unter Leitung beider Vorstände eingeschlagenen Weges zur Normalisierung der Beziehungen.

(...)

Abschließend gab es einen Meinungsaustausch über die Möglichkeit der Vorbereitung einer europäischen Konferenz der Gewerkschaften der graphischen Industrie, ausgehend von der Europäischen Konferenz der Gewerkschaften in Genf, unter spezieller Berücksichtigung der Lage der graphischen Arbeiter und ihres Kampfes gegen Konzentration in den kapitalistischen Ländern. Ihrer Meinung nach wäre eine solche Konferenz nach dem Kongreß der IGF möglich, der 1976 stattfindet.

Heinz Deckert
Vorsitzender

Dok. 15 *(ArchGew A 200.13596)*

[Interne Abstimmung von Referaten zwischen IG Druck und Papier und FDGB]

12.8.1975

Internationale Konferenz der IG Druck und Papier im DGB zum Jahr der Frau

Nachstehende Information ergibt sich aus einem Gespräch, das W. P. mit Gisela Kessler und Manfred Balder (Zweiter Landesvorsitzender der IG Druck und Papier Hessen) am 9. August 1975 in Frankfurt/M. führte.
Nach einem Gespräch mit Kollegen L. Mahlein hat G. Kessler auf Vorschlag von L. Mahlein das Thema für die Konferenz geändert. Es lautet »Die berufstätige Frau im Prozeß der gesellschaftlichen Entwicklung« (nicht mehr wie bisher »Die berufstätige Frau und die Familie«). Diese Themenänderung wird G. Kessler noch allen Teilnehmern an der Konferenz offiziell mitteilen. Für das vorgesehene einstündige Referat hat G. Kessler folgende Gliederung vorgesehen: (...) Das sind erste Vorstellungen von G. Kessler. Nach unserer Diskussion will sie noch folgende Aspekte mit hereinarbeiten: Notwendigkeit der internationalen Zusammenarbeit der Gewerkschaften (dabei will sie – oder der Vorsitzende L. Mahlein – eventuell einen Vorschlag entwickeln analog zur Genfer Konzeption, im Frühjahr 1976 eine europäische internationale Gewerkschaftskonferenz zu Problemen der gewerkschaftlichen Frauenarbeit vorzuschlagen).
Außerdem will sie in ihrem Referat die Frage der Notwendigkeit von Frieden und Entspannung (anknüpfend an die KSZE) hereinarbeiten, vor allem will sie im Zusammenhang mit Punkt 5c (Forderungen an den Staat, d. Vf.) den Beschluß des letzten Gewerkschaftstages »Senkung der Rüstungsausgaben« darlegen.
Sobald G. Kessler den ersten Entwurf ihres Referates fertiggestellt hat, wird sie ihn einmal offiziell an Kollegin J. Töpfer senden und zugleich inoffiziell.

Für das Referat der Kollegin J. Töpfer schlägt G. Kessler vor, daß sie bei der Behandlung dieser Thematik auch Ausführungen zur historischen Entwicklung der gewerkschaftlichen Frauenarbeit bzw. der Rolle der Frauen in der Arbeiterbewegung allgemein gültige Aussagen macht.

Dok. 16 ***(ArchGew A 200.13307)***

[Ständige Vertretung der DDR in der Bundesrepublik (StV)]

AV Bonn
IAP **Bonn, den 20. August 1975**

Vermerk über ein Gespräch mit dem Vorsitzenden der IG Druck und Papier im DGB, Leonhard Mahlein, und der Abteilungsleiterin Gisela Kessler am 18.8.1975 in Stuttgart

Die Begegnung fand auf unsere Initiative hin statt. Koll. M. nahm die Grüße des Botschafters mit Dank entgegen und sprach seine Bereitschaft aus, mit der AV Kontakte und sachliche Arbeitsbeziehungen zu unterhalten. Das diene der Entspannung und der gegenseitigen besseren Information über prinzipielle Fragen der Politik sowie spezifischer Probleme der Gewerkschaftsarbeit in der DDR und der BRD.
Die im Namen des Botschafters Dr. Kohl ausgesprochene Einladung zu einem Empfang zu Ehren der stellvertretenden Vorsitzenden des Bundesvorstandes des FDGB, Prof. Johanna Töpfer und der sie begleitenden Delegation für den 22.9.1975 ist mit Freude angenommen worden. Koll. M. sagte die Teilnahme aller Mitglieder des Geschäftsführenden Vorstandes der IG Druck und Papier sowie der Frauensekretärin zu (6 Kollegen).
Zum Stand der inhaltlichen und organisatorischen Vorbereitung der internationalen Veranstaltung der IG Druck und Papier zum Jahr der Frau vom 19.–21.9.1975 in Springen (BRD) erhielt ich folgende Information:
Thema der Konferenz: »Die berufstätige Frau im Prozeß der gesellschaftlichen Entwicklung«

(Konzeption dazu siehe Anhang).
Das Referat hält Kollegin Kessler. In der Diskussion sprechen die Teilnehmer aus elf Ländern, deren Zusagen vorliegen. (...)
Für die Ausführungen von Kolln. Prof. Töpfer wird vorgeschlagen, nach Möglichkeit Beziehungen herzustellen zwischen der UNO-Tagung in Mexiko und dem politischen Anliegen der Veranstaltung in Springen. Entsprechende Fragen zu Mexiko werden für die Diskussion vorbereitet.
Zur gegenwärtigen wirtschafts- und sozialpolitischen Situation in der BRD befragt, äußerte Koll. M., daß den Gewerkschaften die hohe Arbeitslosigkeit und Kurzarbeit wohl Kopfschmerzen bereiten, das Hauptproblem jedoch in der »echten Strukturkrise der Wirtschaft insgesamt« liege. (...)
In diesem Zusammenhang bezeichnete Kollege M. die bevorstehenden Tarifverhandlungen 1975/76 als sehr kompliziert.
Auf der einen Seite verlange die eingetretene wirtschaftliche Lage der Arbeiter hohe Forderungen der Gewerkschaften (konkrete Zahlen wurden nicht genannt), auf der anderen Seite könne nicht mit einer entsprechenden Kampfbereitschaft der Arbeiter und Angestellten gerechnet werden. Hinzu komme, daß es innerhalb der Gewerkschaften unterschiedliche Auffassungen gäbe.
Die Haltung von Vetter »... unter den heutigen Bedingungen auf Reallohnsteigerungen vorübergehend zu verzichten.«, geäußert im »Spiegel« Nr.31/75, stoße auf den Widerstand z.B. der IG Metall, der IG Druck und Papier, der Gewerkschaft Holz und Kunststoff, werde aber bestimmt von der IG Bau-Steine-Erden, der IG Bergbau-Energie und der IG Chemie-Papier-Keramik unterstützt.
Die zuerst genannten Gewerkschaften würden ihre Forderungen also mehr an Arbeiterinteressen orientieren. Es sei zu erwarten, daß Bundeskanzler Schmidt, der am 3.9.1975 vor den Mitgliedern des Bundesausschusses des DGB spricht, den Versuch unternimmt, die Aktivitäten der Gewerkschaften auf lohnpolitischem Gebiet so zu kanalisieren, daß der Regierung keine zusätzlichen Schwierigkeiten entstehen.
Im weiteren Verlauf des Gesprächs charakterisierte Koll. M. verschiedene Vorsitzende von Einzelgewerkschaften.

Es zeichne sich ab, daß bestimmte rechtsstehende Funktionäre »näher an Schmidt dran seien« als Vetter. Dazu gehörten Karl Hauenschild, Vorsitzender der IG Bergbau-Energie und Rudolf Sperner, Vorsitzender der IG Bau-Steine-Erden (Nachfolger von Leber). Besonders »profiliere« sich Hauenschild mit rechter Politik. In den Beratungen des Bundesausschusses des DGB unterstütze er alle Auffassungen, die Schmidt nützen.
Das Verhalten der IG Metallfunktionäre der BRD in der DDR (Riesa) beurteilte Koll. M. als unmöglich. Seiner Meinung nach geht dies auf Initiative von Otmar Günther zurück. Hans Mayr sei da mit »reingerutscht«.
Daß sich »Metaller« so etwas überhaupt erlauben, hänge mit der Führungsschwäche des Vorsitzenden der IG Metall, Eugen Loderer, zusammen. Für ihn sei diese IG eine »Nummer zu groß«. Loderer könne nie ein Otto Brenner werden und daran kranke er.
Zum Abschluß des Gesprächs wurde vereinbart, weitere Gespräche zu führen.
Verteiler:
1. Prof. Töpfer, FDGB Behnisch
2. Gen. Heilemann, FDGB 1. Sekretär
3./4. MfAA / Abt. BRD
5. MfAA / HAID
6./2. AV – IAP

Dok. 17 ***(ArchGew A 200.13307)***

[StV der DDR]

– AV Bonn – **10.9.1975**

Vermerk über ein Gespräch mit dem Geschäftsführer der Zeitschrift »Nachrichten« (Gewerkschaftsspiegel, Informationen und Kommentare)

Die Absage des Spitzentreffens zwischen dem FDGB und dem DGB durch den Geschäftsführenden Bundesvorstand des DGB

sei erst nach einer längeren Debatte zustande gekommen. Es könne angenommen werden, daß es unterschiedliche Auffassungen dazu gab. Gut unterrichtete Kreise seien der Meinung, daß erstens von seiten der SPD-Führung auf den Vorstand ein gewisser Druck ausgeübt wurde, um die Beziehungen weiter zu stören und zweitens in diesem Beschluß die eigentliche Haltung Vetters zum FDGB deutlich werde. Es müsse auch davon ausgegangen werden, daß die Vorkommnisse bei der IG Metall eine zielgerichtete Provokation gegen die Beziehungen zwischen dem FDGB und dem DGB sowie zwischen den Einzelgewerkschaften sei. Als Initiator könne in erster Linie Otmar Günther, persönlicher Referent von Loderer, in Frage kommen. (...)
Wegen der Verhaftung von Heinz Dürrbeck fand im Vorstand der IGM eine Belegschaftsversammlung statt. Dort erklärte der Vorstand, daß z.Z. keinerlei Maßnahmen von seiten der IG gegen H. D. eingeleitet würden. Man könne sich keinen »zweiten Böhm« leisten.
Zur bevorstehenden internationalen Frauenkonferenz der IG Druck und Papier vom 19.9.–21.9.75 in Springen erhielt ich folgende Informationen: Der Vorsitzende dieser IG , Leonhard Mahlein, unterrichtete Vetter offiziell davon, daß an dieser Tagung Kollegin Prof. Johanna Töpfer, stellvertretende Vorsitzende des Bundesvorstandes des FDGB, teilnimmt. Bis zum 8.9.1975 gab es noch keine Anzeichen dafür, daß der DGB oder andere von der IG Druck und Papier eine Absage an Kollegin Töpfer verlangen. Die Industriegewerkschaft wolle sich auch einem solchen evtl. Ansinnen im Rahmen ihrer politischen Möglichkeiten widersetzen. Es sei jedoch anzunehmen, daß der DGB in der Teilnahme der stellvertretenden Vorsitzenden des FDGB eine Möglichkeit sieht, trotz der Absage des Spitzengesprächs weiter mit dem FDGB im Gespräch zu bleiben.
Die IG Druck und Papier hat von einer Einladung an den DGB zur Teilnahme an der Tagung in Springen abgesehen. Wie mir weiter mitgeteilt wurde, wollte die Landesregierung Hessen anläßlich dieser Konferenz einen Empfang geben, auf dem ein Landesminister sprechen wollte. Die Kosten sollte jedoch die

IG Druck und Papier tragen. Das wurde abgelehnt und damit der Empfang gestrichen.
Behnisch
I. Sekretär
Verteiler:
1 x FDGB BV, Gen. Heilemann (Anlagen)
2 x MfAA, Abt. BRD
2 x AV Bonn

Dok. 18 ***(ArchGew A 200.13307)***

[StV der DDR]

– AV Bonn, Bereich IAP – **Bonn, den 23.9.1975**

Vermerk über Gespräche mit dem Vorsitzenden der IG Druck und Papier, L. Mahlein, und dem Jugendsekretär der Gewerkschaft ÖTV, Klaus Engel, am 16.9.1975, in Stuttgart

Entsprechend dem Auftrag des Bundesvorstandes des FDGB informierte ich Kollegen M. darüber, daß der stellvertretenden Vorsitzenden des FDGB, Genn. Prof. Johanna Töpfer, aus dienstlichen Gründen die Teilnahme an der internationalen Frauenkonferenz der IG Druck und Papier vom 19.–21.9.75 in Springen nicht möglich ist. M. nahm die Information mit Dank entgegen und brachte sein Verständnis dafür zum Ausdruck. Er und andere führende Funktionäre dieser IG hätten einen solchen Schritt erwartet. Mein Hinweis, daß damit auf keinen Fall die Beziehungen zwischen der IG Druck und Papier im DGB und der IG Druck und Papier im FDGB belastet werden sollen, ist anerkannt und akzeptiert worden.
Die Entscheidung der AV, unter diesen Umständen von einem Empfang des Botschafters in der Auslandsvertretung abzusehen, bezeichnete M. als den Gegebenheiten entsprechend. Er erklärte, daß er bereit wäre, bei einer angemessenen Gelegenheit, z.B. einem Besuch des Vorsitzenden der IG Druck und Papier im

FDGB, Heinz Deckert, in der BRD, einer Einladung der AV nachzukommen.
Unsere Vorschläge für das Auftreten unserer Delegation auf der internationalen Frauenkonferenz nahm M. an. (...)
Das Verhalten des DGB gegenüber dem FDGB findet bei der IG kein Verständnis und wird als falsch und unrealistisch bewertet. Es sei anzunehmen, daß Vetter von anderen, z.B. der IG Metall, zu diesem Schritt mit gedrängt wurde. Vetter hätte den Bundesvorstand des DGB erst nach diesem Schritt unterrichtet.
(...)
Die Frage, ob es Anzeichen dafür gäbe, daß der DGB die Einzelgewerkschaften auffordere, ihre Beziehungen zu den Gewerkschaften der DDR einzustellen, wurde von M. verneint.
Es gäbe einen Brief Vetters an alle Vorsitzenden der IG/Gewerkschaft vom Juli/August mit dem Hinweis, daß sich die Beziehungen nach dem Spitzengespräch ausweiteten. Aus diesem Grunde wolle der DGB eine zentrale Koordinierungsstelle schaffen. Diese würde ehrenamtlich von Walter Fritze geleitet. Die Vorstände wurden aufgefordert, für ihren Bereich einen Verantwortlichen für »Ostbeziehungen« zu benennen, welcher dem DGB gemeldet werden soll.
Für diese Funktionäre würden Schulungen und Informationen vom »Bundesministerium für innerdeutsche Beziehungen« (Abt.II, Politik, Öffentlichkeitsarbeit) organisiert und durchgeführt. Das Ziel bestünde darin, für einen künftigen Delegationsaustausch durch bessere Informationen über die DDR und ihre Gewerkschaften gründlicher vorbereitet zu sein.
Kollege M. lehnte das mit dem Hinweis auf die Selbständigkeit der Einzelgewerkschaften ab und will sich nicht daran beteiligen. Seiner Meinung nach will der DGB über diesen Weg die Kontakte zentral kontrollieren und beeinflussen.
Meine Frage an Engel, ob ein Gespräch zwischen dem Vorsitzenden, H. Klunker, und mir im Zusammenhang mit der Anwesenheit der Jugenddelegation möglich sei, wurde verneint. Wir sollten in der jetzigen Situation Verständnis dafür aufbringen. Zu einem späteren Zeitpunkt könne darüber nochmals gesprochen werden.

Behnisch
I. Sekretär
Verteiler:
1. BV des FDGB, Gen. Heilemann
2. AV Bonn/IAP

Dok. 19 ***(ArchGew A 200.13596)***

Nur für den Dienstgebrauch

Zentralvorstand
IG Druck und Papier **Berlin, den 30.3.1976**

Information über das Ergebnis eines Arbeitsgespräches mit dem Vorsitzenden der IG Druck und Papier im DGB, Kollege Mahlein, und dem Sekretär des Hauptvorstandes, Kollege Müller

Am 25. und 26. März 1976 fand in Schmöckwitz ein vereinbartes Arbeitsgespräch mit dem Vorsitzenden der IG Druck und Papier im DGB, Kollegen Mahlein, und dem Sekretär des Hauptvorstandes, Kollegen Müller, statt. An den Gesprächen nahmen teil Kollege Deckert, Vorsitzender des Zentralvorstandes, Kollege Frohböse, Sekretär des Zentralvorstandes. Inhalt des Gespräches war die Gestaltung der Beziehungen zwischen beiden Organisationen entsprechend ihren internationalen Plänen im Jahre 1976/77. Beide Seiten brachten zu Beginn des Gesprächs ihre Genugtuung über die im Februar 1975 vereinbarten und realisierten Aktivitäten zur weiteren Gestaltung ihrer Beziehungen zum Ausdruck. Beide Funktionäre der IG Druck und Papier im DGB brachten zum Ausdruck, daß die weitere erfolgreiche Gestaltung der Beziehungen zwischen beiden Organisationen nicht nur die Auffassung Mahleins sei, sondern der Wunsch des Geschäftsführenden Vorstandes und eines großen Teils des erweiterten Hauptvorstandes.

Man verwies darauf, daß der Hauptvorstand der IG Druck und Papier im DGB das Jahr 1968 nicht zum Anlaß genommen habe, die Beziehungen zu Gewerkschaften der sozialistischen Länder

abzubrechen. Damals habe man eine klare Haltung eingenommen, und auch heute ließe sich der Hauptvorstand nicht durch politische Ereignisse bzw. Provokationen von seiner Haltung abbringen.
Über die Zusammensetzung der von uns eingeladenen Delegation, der auf Wunsch der BRD-Seite der Vorsitzende der Westberliner Organisation angehören soll, erfolgte ein Meinungsaustausch. Es wurde Übereinstimmung darüber erzielt, daß die Nominierung Ballentins (Vorsitzender der Westberliner Organisation) als Mitglied der Delegation, die uns im August 1976 besucht, nicht zu einer Belastung der Beziehungen zwischen beiden Organisationen führen dürfe.
Mahlein brachte zum Ausdruck, daß er auf die Dauer im Hinblick auf die Beziehungen zu den Gewerkschaften der sozialistischen Länder nicht mehr an Ballentin vorbeigehen könne. Deshalb sei das ihrerseits keinesfalls eine Provokation.
Beide Seiten kamen überein, den Status auf eine Delegation des Hauptvorstandes zu beschränken, die vom Vorsitzenden geleitet wird, und der weitere Mitglieder des Hauptvorstandes angehören.
Die Delegation des Hauptvorstandes soll nach Vorschlag Mahleins in folgender Zusammensetzung einreisen:

1. Kollege Mahlein, Vorsitzender
2. Kollege Müller, Sekretär des Hauptvorstandes
3. Kollege Gent, Landesbezirk Nordrhein-Westfalen (Vorsitzender)
4. Kollege Baumann, Landesbezirk Bayern (Vorsitzender)
5. Kollege Ballentin, Westberlin (Vorsitzender)

Kollege Deckert nahm diesen Vorschlag mit dem Hinweis zur Kenntnis, ihn dem Sekretariat des Zentralvorstandes zu unterbreiten. Beim Studium der Probleme der Betriebsdemokratie in Betrieben der polygraphischen Industrie wolle man sich besonders den Fragen der Planung im Betrieb widmen. Der unsererseits unterbreitete Vorschlag für die Gestaltung des Programms wurde akzeptiert.
(...)
Im Verlaufe der Gespräche gab es einen Meinungsaustausch über

den bevorstehenden Kongreß der IGF. Mahlein gab zu verstehen, daß die konzeptionelle Linie der IG Druck und Papier im DGB weiterhin darin bestehe, auf seine Wahl als Präsident der IGF zuzusteuern. Die bereits im Februar 1975 geäußerte Auffassung der BRD-Seite über Rolle und Arbeitsweise der IGF (Spartengeist) wurde erneut bekräftigt.

Heinz Deckert
Vorsitzender

Verteiler:
Genosse Harry Tisch
Genossin Johanna Töpfer
Genosse Werner Heilemann
Westabteilung 3x
Ablage ZV 1x

Dok. 20 ***(ArchGew A 200.13596)***

Zentralvorstand
IG Druck und Papier **Berlin, den 2. September 1976**

Bericht über den Aufenthalt der Delegation des Hauptvorstandes der IG Druck und Papier im DGB in der Zeit vom 23. bis 28.8.1976

1. Auf Einladung des ZV der IG Druck und Papier im FDGB weilte eine Delegation des Hauptvorstandes der IG Druck und Papier im DGB in der Zeit vom 23.8. bis 28.8. in der DDR. Der Delegation gehörten an
   - Leonhard Mahlein, Vorsitzender
   - Detlef Hensche, Mitglied des Geschäftsführenden Hauptvorstandes und Verantwortlicher Redakteur der IG -Zeitung »Druck und Papier«
   - Fritz Gent, Vorsitzender des Landesbezirkes Nordrhein-Westfalen
   - Willi Baumann, Vorsitzender des Landesbezirkes Bayern

– Lebrecht Lange, Vorsitzender des Landesbezirkes Niedersachsen.

2. Die Arbeit mit der Delegation IG Druck und Papier im DGB erfolgte auf der Grundlage der vom Sekretariat des Bundesvorstandes des FDGB bestätigten Konzeption.
   – Die Delegation wurde vom Mitglied des Politbüros des ZK der SED und Vorsitzenden des Bundesvorstandes des FDGB, Genossen Harry Tisch, empfangen.
   – In der Druckerei »Freiheit« Halle und dem Papierverarbeitungswerk »Optima« Aschersleben wurde sie ausführlich über die Rolle und Tätigkeit der Gewerkschaften bei der Gestaltung der sozialistischen Betriebsdemokratie informiert.
   – In einer Aussprache mit Abgeordneten des Bezirkstages und der Stadtbezirksversammlung einschließlich dem Besuch von Halle-Neustadt wurde sie mit der Machtausübung der Arbeiterklasse, der Gestaltung der sozialistischen Demokratie und des Zusammenwirkens der Gewerkschaften mit den Volksvertretungen vertraut gemacht.
   – Sie besuchte die Kooperative Abteilung Pflanzenproduktion in Nauendorf bei Halle und wurde über die praktische Wirksamkeit des Bündnisses der Arbeiterklasse mit den Genossenschaftsbauern über den erreichten Stand und die weiteren Perspektiven der Agrarpolitik von Partei und Regierung informiert.

Unter Einschluß der Gespräche mit den leitenden Kadern unseres Zentralvorstandes können wir einschätzen, daß das gesetzte Ziel erreicht wurde.

Aus den Überlegungen der BRD-Delegation kann geschlußfolgert werden, daß es gelang, überzeugend die Zusammenhänge unserer sozialistischen Entwicklung darzustellen.

Sie erhielten wirksame Denkanstöße in Fragen der Rolle der politischen Macht der Arbeiterklasse und ihrer marxistisch-leninistischen Partei, des sozialistischen Eigentums und der neuen Beziehungen und Verhaltensweisen der Menschen unter sozialistischen Produktionsverhältnissen. Nach Äußerungen aller Delegationsteilnehmer war der Empfang durch das Mitglied des Politbüros des ZK der SED und Vorsitzenden des Bundesvorstandes, Genossen Harry Tisch, der »absolute Höhepunkt«, »der den größten Eindruck« ihres an sich erfolgreichen Studienbesuches hinterließ.

3. Die BRD-Delegation vermied bei den Gesprächen in den Betrieben die Konfrontation der unterschiedlichen ideologischen Standpunkte. Sie trat in der Regel den Gesprächspartnern als studierende, die Probleme kennenlernende Gruppe gegenüber. Einerseits bemühten sie sich, nicht provokatorisch aufzutreten, andererseits waren sie bestrebt, die BRD in den Augen der Gesprächspartner aus der DDR aufzuwerten.

   Alle Gesprächspartner aus der DDR beeindruckten durch ihre überzeugende, qualifizierte Argumentation, insbesondere aber durch die Darstellung ihres eigenen Entwicklungsweges, die erreichte Qualifikation, die überzeugende Verbundenheit mit ihrem sozialistischen Staat und der Sozialistischen Einheitspartei Deutschlands.

   Auf die BRD-Delegation wirkte besonders eindrucksvoll:
   - die in der Praxis erlebte Einheit von sozialistischer Wirtschafts- und Sozialpolitik;
   - der hohe Entwicklungsstand des Bewußtseins (Mahlein);
   - die sozialistische Atmosphäre, die neuen Beziehungen im Arbeitskollektiv (Gent);
   - die Demokratie in den Betrieben und die umfassende Information und Kenntnis der Arbeiter (Hensche);
   - die Zuversichtlichkeit in die Entwicklung im Betrieb, im Territorium und die gesellschaftliche Entwicklung in der DDR insgesamt (Die Ableitung der betrieblichen Ziele und Aufgaben im Betrieb und Territorium vom IX. Parteitag der SED und die Bereitschaft zu schöpferischer Arbeit und hohen Leistungen durch die Werktätigen und Arbeitskollektive selbst);

- die soliden ökonomischen Grundlagen, das sachliche Rechnen, Vergleichen und Anstreben höherer Ziele im Interesse der Befriedigung der Bedürfnisse der Menschen und zur Stärkung des sozialistischen Staates.

Die BRD-Delegation stellte viele Fragen, die sich auf den Betriebsplan, die betrieblichen Fonds, die Wirkung ökonomischer Hebel, den BKV, die Rechte der Betriebsgewerkschaftsorganisation, die Qualifizierung und auch auf die Masseninitiative bezogen. Sie stellte dabei zum Teil Vergleiche mit der BRD an und entschuldigte sich meist zugleich für ihre mangelhaften Kenntnisse über die tatsächliche Lage in der DDR. Sie führte die positiven Ergebnisse auf unsere sozialistischen Bedingungen zurück.

4. In den Aussprachen außerhalb der Betriebe mit den Funktionären des Zentralvorstandes unserer IG und zum Teil auch mit den Abgeordneten in Halle traten ihre sozialdemokratischen Positionen offener zu Tage.

   Hier versuchten sie, ohne Beachtung der klassenmäßigen Grundlagen Vergleiche zwischen der BRD und DDR zu ziehen und verteidigten Positioinen der rechten SP-Führung. Dabei scheiterten sie in der offensiven Auseinandersetzung vor allem an den Grundfragen des politischen Kampfes und dem Ziel der Arbeiterbewegung. Ihre weltanschauliche reformistische Grundhaltung trat besonders bei folgenden Punkten zutage:

   - In der Machtfrage unterliegen sie vielfältigen Illusionen, die darin zum Ausdruck kommen, daß sie entscheidende gesellschaftliche Veränderungen in der BRD im Rahmen und mit Hilfe des gegenwärtigen Grundgesetzes für möglich halten. (Hensche) Dabei werden Berlinguer und Marchais als Zeugen für die Richtigkeit dieser sozialdemokratischen Politik benannt. Sie würden für Italien und Frankreich im Grunde den selben Weg vorschlagen.
   - In den gesellschaftspolitischen Zielvorstellungen sind sie Anhänger des »demokratischen Sozialismus« und

unterstützen zugleich mit Blick auf einige notwendige »Verbesserungen« die soziale Marktwirtschaft und den sogenannten sozialen Rechtsstaat in der BRD. (Gent und Lange)

- Die zunehmenden Tendenzen einer rechtsgerichteten faschistischen Entwicklung werden von ihnen weitgehend negiert und als »übertrieben« abqualifiziert. (...)
- Die Gesetzmäßigkeit der allgemeinen und zyklischen Krise des Kapitalismus mit Arbeitslosigkeit als Dauererscheinung wird von ihnen geleugnet. Das Ausmaß der Arbeitslosigkeit wird verniedlicht, ihre persönlichkeitszerstörende Wirkung auf die Arbeiter verkannt. (...)
- Das souveräne Recht der DDR zur bewaffneten Verteidigung ihres Staates und seiner Grenzen, zur Stärkung der Verteidigungskraft und zur Abwehr provokatorischer Anschläge wird in Verkennung imperialistischer Friedensbedrohung in Zweifel gezogen und wahltaktisch analysiert. (...)

In diesen Auseinandersetzungen hielt sich Leonhard Mahlein meist zurück und gab seine eigene Position nicht klar zu erkennen. Er widersprach D. Hensche in bezug auf die Möglichkeit, in Ausnutzung des Grundgesetzes gesellschaftliche Veränderungen in der BRD zu erreichen. Streitgespräche der Delegationsmitglieder untereinander machten differenzierte Positionen sichtbar. Offensichtlich hegt Leonhard Mahlein Mißtrauen zur Haltung seines neuen Stellvertreters Erwin Ferlemann und anderer Hauptvorstandsmitglieder. Verschiedentlich wies er D. Hensche darauf hin, daß er diese Leute nicht unterstützen sollte. Ein Anknüpfungspunkt war dabei die unterschiedliche Haltung zum 13. Mitgliedsbeitrag zur Auffüllung ihrer Kasse. Hier waren alle Delegationsmitglieder gegen Mahlein.

5. Die Delegation der BRD folgte einer Einladung zum Besuch der Ständigen Vertretung der BRD in der DDR. Sie wurde vom Vertreter des Leiters, Bräutigam und weiteren

Mitarbeitern empfangen. Außerdem nahmen teil Heinz Deckert, Heinz Giese und Genosse Seidel vom Außenministerium der DDR. Die Gespräche währten cirka 1 Stunde. Unsererseits wurden die Gespräche und Fragen der Mitarbeiter der Vertretung genutzt, um die Rolle und Aufgaben der Gewerkschaften in der DDR, die erfolgreiche Verwirklichung der Wirtschafts- und Sozialpolitik der SED, die gewerkschaftliche Mitverantwortung und Mitwirkung an der Planung und Leitung und die Bildungs- und Kulturarbeit darzulegen.

Fragen nach dem Ziel des Besuches und der Zusammenarbeit der beiden Gewerkschaften wurden mit dem Hinweis auf die Arbeitersolidarität, das Interesse der Gewerkschaften an der Entspannung, der Durchsetzung der Verträge einschließlich der Schlußakte von Helsinki beantwortet.

In den Gesprächen verwiesen die Mitarbeiter der Vertretung auf die komplizierte Lage, die gerade jetzt vor den Wahlen auftritt. Sie hoffen, daß sich dies nach den Wahlen ändert.

L. Mahlein und Bräutigam sprachen über das Schwab-Interview, dabei hat L. Mahlein offensichtlich über die Auffassung des FDGB informiert. D. Hensche sagte: »Wir haben die Mitbestimmung studiert. Das, was in der DDR gemacht wird, sei das Optimalste, was möglich ist. Dagegen sei die Mitbestimmung in der BRD schmalbrüstig.« Ein vorgesehenes Rundfunkinterview des Deutschlandfunks mit Mahlein wurde nicht durchgeführt und soll in Stuttgart nachgeholt werden.

6. Bei der Verabschiedung bedankte sich die Delegation der BRD für den guten Studienaufenthalt. Dabei wurde nochmals ausdrücklich auf das »sehr inhaltsreiche und aufschlußgebende Gespräch« mit dem Mitglied des Politbüros und Vorsitzenden des Bundesvorstandes, Harry Tisch, Bezug genommen.

Es wurde vereinbart, daß eine Delegation des Zentralvorstandes der IG Druck und Papier im FDGB mit Bezirksvorständen im Frühjahr 1977 die BRD besucht. Der im Oktober 1976 vorgesehene Besuch einer Frauendelegation des Hauptvorstandes in der DDR soll 1977 realisiert werden. Während des Aufenthaltes der BRD-Delegation wurde ein Gedankenaustausch über die Zusammenarbeit Internationale Graphische Föderation und Ständiges Komitee der graphischen Gewerkschaften geführt. (dazu liegt eine gesonderte Information für das Ständige Komitee vor).

Heinz Deckert

Dok. 21 ***(ArchGew A 200.13596)***

[FDGB] **Westabteilung** **Berlin, den 18. August 1976**

Verteiler:
Kollege H. Tisch
Kollege W. Heilemann
Kollege H. Deckert
Kollege G. Schulze

Information

Angaben zur Position der Industriegewerkschaft Druck und Papier im DGB und zur Position des Vorsitzenden, Leonhard Mahlein, sowie zu weiteren Delegationsmitgliedern.

I. Die IG Druck und Papier gehört zahlenmäßig zu den kleinen Gewerkschaften im DGB, besitzt jedoch aufgrund des Charakters des Organisationsbereiches (Presse und andere Massenmedien) große gesellschaftspolitische Bedeutung. (...)

1. Unter dem Einfluß realistischer Kräfte in der IG Druck und Papier faßten Gewerkschaftstage konstruktive Beschlüsse zur völkerrechtlichen Anerkennung der DDR, zum Kampf um Frieden, Sicherheit und Entspannung in Europa, gegen aggressive imperialistische Abenteuer und faschistische Diktaturen, zum Abbau der Rüstungskosten. Führungs-

kräfte der IG Druck und Papier wenden sich gegen den Antikommunismus.
Insgesamt ist die IG Druck und Papier wie alle anderen 15 Einzelgewerkschaften des DGB eine sozialdemokratisch orientierte, reformistisch geführte Gewerkschaft, die die Grundposition des DGB vertritt und unterstützt, aber auch mehr als andere IG/Gew. kritische Positionen gegenüber der DGB-Spitze bezieht.
(...)
Detlef Hensche, Dr. jur.
Mitglied des Geschäftsführenden Hauptvorstandes der IG Druck und Papier im DGB und Redakteur seit 1. Oktober 1975.
Hensche ist 39 Jahre alt (geboren 1938 in Wuppertal), kommt aus einer kleinbürgerlichen Familie (Vater war Besitzer von zwei Handelsfirmen), Mitglied der SPD, radikale linke politische Haltung.
Bisherige gewerkschaftliche Funktionen: wissenschaftlicher Referent im Wirtschafts- und Sozialwissenschaftlichen Institut des DGB (WSI) von 1969 bis 1971; vier Jahre Leiter der Abteilung Gesellschaftspolitik beim DGB-Bundesvorstand (1971 bis 1975). Aktiver Vertreter des »demokratischen Sozialismus«, engagierter Anhänger radikaler Reformen und sachlicher Kontakte zu den Gewerkschaften sozialistischer Länder. Er kommt erstmalig in die DDR.
Willi Baumann
Erster Vorsitzender des Landesbezirkes Bayern der IG Druck und Papier im DGB seit 1969.
Baumann ist 39 Jahre alt (geboren am 3. Juli 1937 in München), gelernter Schriftsetzer, Mitglied der SPD, linke Position, aber inkonsequent und schwankend.
Hauptamtlich gewerkschaftlich tätig vor 1969 als Jugendsekretär beim Hauptvorstand der IG Druck und Papier im DGB, 1969 Nachfolger von L. Mahlein als Erster Landesbezirksvorsitzender in Bayern. Baumann kann zu den progressiven Kräften gerechnet werden, er besuchte offiziell mehrmals sozialistische Länder. Er unterliegt ausgeprägten Illu-

sionen über Klassencharakter und Machtverhältnisse der BRD; wendet sich gegen »starre« zentrale Planung in der DDR.

Fritz Gent

Erster Vorsitzender des Landesbezirkes Nordrhein-Westfalen der IG Druck und Papier im DGB seit 1965.

Gent ist 56 Jahre alt (geboren 10.10.1919), gelernter Maschinensetzer, Mitglied der SPD, progressiv. Er trat frühzeitig für die Herstellung normaler, sachlicher Kontakte zum FDGB ein und befand sich mehrmals zu inoffiziellen Besuchen in der Hauptstadt der DDR.

Sein Demokratieverständnis ist das des bürgerlichen Parlamentarismus. Er ist engagierter Anhänger der »sozialen Marktwirtschaft« bei Forderung nach gerechterer Verteilung. Bei Zuspitzungen und Wendungen im Klassenkampf läßt er sich zu Äußerungen gegen die sozialistischen Länder mißbrauchen (1968 ČSSR und Westberlin-Problem).

Leberecht Lange

Erster Vorsitzender des Landesbezirkes Niedersachsen der IG Druck und Papier im DGB seit 1963.

Lange ist 60 Jahre alt (geboren 4. Februar 1916), gelernter Maschinensetzer, »rechtes« SPD-Mitglied, Antikommunist.

War bis 1965 langjähriger Bundesvorsitzender der Maschinensetzersparte, ausgeprägter Reformist. Wandte sich hartnäckig gegen alle Kontakte zum FDGB, bezieht DGB-Position zur Grenzsicherung der DDR und sieht Beziehungen zur DDR nur unter dem Gesichtspunkt des Erreichens sogenannter »menschlicher Erleichterungen«. Kommt erstmalig in die DDR.

Dok. 22 *(ArchGew A 200.13596)*

[Schreiben von Leonhard Mahlein an Heinz Deckert, Vorsitzender der Industriegewerkschaft Druck und Papier im FDGB.]

8. November 1976

Werter Kollege Deckert,
als neuer Präsident der Internationalen Graphischen Föderation setze ich mich mit Dir in Verbindung wegen der von der 4. Internationalen Konsultativkonferenz der Gewerkschaften der Graphischen Industrie gebilligten Deklaration, die Du mit Schreiben vom 7.4.76 der IGF zugesandt hast. Aus diesem Dokument geht hervor, daß das Ständige Komitee und die IGF eine gemeinsame ständige Gruppe bilden sollen, die sich mit der ständigen Prüfung der Konzentration und der Bildung nationaler und multinationaler Gesellschaften der graphischen Industrie befassen sowie Schlußfolgerungen über die erforderlichen gewerkschaftlichen Aktivitäten ziehen soll.
Das Exekutivkomitee der IGF hat auf seiner letzten Sitzung den Beschluß gefaßt, eine Dreierkommission zu bilden, die sich aus dem Präsidenten, einem Vizepräsidenten und dem Generalsekretär der IGF zusammensetzt. Das Exekutivkomitee der IGF erwartet, daß eine gleichgewichtige Dreiergruppe vom Ständigen Komitee gebildet wird. Dieses Gremium soll dann zunächst in einem Vorgespräch prüfen, inwieweit eine gemeinsame Arbeit und ein gemeinsamer Erfahrungsaustausch über die vorgenannten Sachgebiete erfolgen kann. Daraus ergibt sich natürlich auch die Frage, inwieweit aufgrund der unterschiedlichen Strukturen der Gewerkschaften, des Ständigen Komitees und des IGF Schlußfolgerungen auf die erforderlichen gewerkschaftlichen Aktivitäten gezogen werden können.
Zusammengefaßt bedeutet dieses Vorgespräch auf der genannten Ebene also die Prüfung, inwieweit das von der 4. Internationalen Konsultativkonferenz verabschiedete Dokument realisierbar ist.
Der neu gewählte Geschäftsführende Vorstand der IGF wird am 19.1.1977 zu seiner konstituierenden Sitzung zusammentreten

und dabei sicher auch beschließen, wer von den drei Vizepräsidenten dieser Kommission der IGF noch angehören soll, nachdem die anderen beiden Teilnehmer bereits feststehen. Aufgrund des Zeitablaufs würde ich Dir deshalb vorschlagen, daß wir den Februar 1977 für eine erste Begegnung in Aussicht nehmen, wobei ich bitten darf, geeignete Terminvorschläge zu unterbreiten. Ebenfalls sollte eine Übereinstimmung über den Begegnungsort herbeigeführt werden, wobei mein Vorschlag wäre, daß wir uns zur ersten Begegnung in Bern treffen.
Ich wäre Dir dankbar, wenn Du mir Eure Teilnehmer baldmöglichst mitteilen könntest, damit auch die Dolmetscherfrage geklärt werden kann.
Mit freundlichen Grüßen
Industriegewerkschaft
Druck und Papier
Hauptvorstand/Sitz Stuttgart
L. Mahlein

Dok. 23 ***(Arch Schwenger)***

[Solidarität mit in der DDR inhaftierten Schriftstellern; Schreiben VS, Verband deutscher Schriftsteller in der Industriegewerkschaft Druck und Papier, Landesbezirk Berlin]

Wir bitten Sie um Ihre Unterstützung für den folgenden Aufruf, für den wir zunächst Ihre grundsätzliche Zustimmung erhoffen. Wir werden Ihnen – eine rasche Antwort vorausgesetzt – in den nächsten Tagen den weiteren Kreis der Unterzeichner zur Kenntnis bringen und Sie erst dann vor die Frage stellen, ob Sie selbst zu einer Mitarbeit in dem zu gründenden Komitee bereit sind. Wir hoffen, daß dieses Verfahren für Sie annehmbar ist.
Es geht um gefährdete Bürger der DDR.
Der west-berliner Verband deutscher Schriftsteller in der IG Druck und Papier hat eine öffentliche Patenschaft für den in der DDR verhafteten Schriftsteller Jürgen Fuchs übernommen. Er lädt Schriftsteller, Schauspieler und andere Künstler, Wissen-

schaftler und Vertreter von Gewerkschaften und Kirchen aus der Bundesrepublik und dem Ausland ein, mit ihm ein Komitee zum Schutz der aufgrund ihrer Meinungsfreiheit beruflich, politisch und persönlich bedrohten DDR-Bürger zu bilden. Diese Schutzabsicht schließt jede propagandistischen oder in anderer Weise Interessen Dritter verpflichteten Aktivitäten aus. Sie versteht sich in Einklang mit den Beschlüssen von Helsinki und der Menschenrechtsdeklaration der Vereinten Nationen. Es geht ihr um den Schutz der Staatsbürgerrechte, freie Wahl des Aufenthalts, ungehinderte Publikation von Literatur, auch um den Schutz vor leichtfertiger oder mißbräuchlicher Gefährdung durch westliche Publikationsmedien. Im Fall von Berufsverboten und Inhaftierungen sollen die Betroffenen und ihre Angehörigen unterstützt werden.

Diese Initiative geht von Westberlin aus, dessen Schriftsteller mit Berufsverboten (Peter Schneider), mit politischer Zensur für inhaftierte Autoren (Peter Paul Zahl), mit der Entfernung mißliebiger Literatur aus öffentlichen Büchereien (Yaak Karsunke) eigene Erfahrungen besitzen und das häufig auch erste Zuflucht exilierter Autoren der DDR ist. An diesem Ort darf sich eine solche Initiative weder von Feindseligkeit gegenüber den sozialistischen Ländern noch von Illusionen über die Situation im Westen leiten lassen. Diese nüchterne Einsicht muß ihre Arbeit bestimmen.

Eine Information über Jürgen Fuchs und weitere gefährdete Bürger der DDR liegt bei.

Wir bitten herzlich um Ihre Antwort bis Samstag, den 4. Dezember.

Mit freundlichen Grüßen
Verband deutscher Schriftsteller
in der IG Druck und Papier Berlin
Hannes Schwenger
Vorsitzender

Dok. 24 *(Arch Schwenger)*

[Schreiben der IG Druck und Papier, Leonhard Mahlein, an den Verband deutscher Schriftsteller, Hannes Schwenger]

10. Dezember 1976

Lieber Kollege Schwenger,
durch längere dienstliche Abwesenheit komme ich erst heute dazu, Dir auf Dein Schreiben vom 30.11.1976 zu antworten.
Ich möchte Dir ganz offen sagen, daß ich nicht bereit bin, so global einen Aufruf zu unterzeichnen, weil mir die Hintergründe der im Aufruf geschilderten Umstände nicht eindeutig bekannt sind. Ich verlasse mich nicht gerne auf Pressemitteilungen oder andere Informationen, von denen ich nicht weiß, wo sie herkommen, weil ich gerade im Arbeitskampf in der Druckindustrie persönlich verstärkt verspürt habe, wie Manipulationen betrieben werden.
Ich meine, daß man über diese Angelegenheit und ähnliche Fragen einmal ernsthaft und grundsätzlich diskutieren sollte, wobei auch die unterschiedlichsten persönlichen Motive und Zielsetzungen mit behandelt werden müßten.
Ich möchte Dich deswegen um Verständnis für meine negative Antwort bitten und verbleibe
mit freundlichen Grüßen
Industriegewerkschaft
Druck und Papier
Hauptvorstand/Sitz Stuttgart
L. Mahlein

Dok. 25 *(Arch Schwenger)*

[Schreiben von Hannes Schwenger an Leonhard Mahlein]

17.12.1976

Dein Schreiben vom 10.12. HA I ma-la
Lieber Kollege Mahlein,
aufgrund der inzwischen aufgenommenen Arbeit des Komitees kann ich heute mit noch größerer Bestimmtheit als neulich feststellen, daß die gegebenen Informationen leider voll zutreffen und keinerlei Manipulationen erfolgt sind. Uns liegen sowohl Texte der betroffenen Schriftsteller wie Berichte über die Verhaftungen und anderen Maßnahmen und deren Begründung vor. Mit Angehörigen der Betroffenen besteht Verbindung. Ich bin gern bereit, Dir darüber im einzelnen zu berichten, wenn dies Dich noch zu der Entscheidung Deines nachträglichen Beitritts veranlassen kann.
Inzwischen haben ihren Beitritt erklärt: Heinrich Albertz, Heinrich Böll, Max Frisch, Robert Jungk, Jakob Moneta, Alexander Mitscherlich, Peter Schneider, Otto Schily, Helmut Gollwitzer, Romy Schneider, Alice Schwarzer, Klaus Staeck, Thomas von der Vring. Alles Personen – darunter auch einige Gewerkschafter –, die wir sicher beide nicht für voreilig urteilende Menschen halten.
Deinen Vorschlag, sich über diese Angelegenheit und ähnliche Fragen ernsthaft und grundsätzlich zu unterhalten, möchte ich gern aufgreifen und Dir vorschlagen, bei nächster Gelegenheit ein solches Gespräch mit Mitgliedern des Komitees zu führen.
Für Nachricht dankbar,
mit freundlichen Grüßen
Hannes Schwenger

Dok. 26 *(Arch Schwenger)*

[Schreiben der IG Druck und Papier, Leonhard Mahlein, an den Verband deutscher Schriftsteller, Hannes Schwenger]

23. Dezember 1976

Lieber Kollege Schwenger,
trotz Deines erneuten Schreibens vom 17.12.1976 bleibe ich bei meinem Nein. Ich habe etwas dagegen, daß man immer gegen Vorgänge in anderen Ländern protestiert, aber nicht den Mut findet, im eigenen Land mit der gleichen Intensität Stellung zu nehmen. Dies gilt z.B. für die Berufsverbote bzw. den Radikalenerlaß, wo anscheinend kein Mensch zur Kenntnis nehmen will, welche negativen Auswirkungen diese Handhabung im Ausland über die demokratische Entwicklung in der BRD zur Folge hat. Ich möchte in diesem Zusammenhang insbesondere auch Dein Augenmerk lenken auf die Beiträge der Kollegen Grass und Lattmann in der Broschüre »Demokratie und Sozialismus – L 76«, in denen wichtige Aussagen zu den von mir erwähnten Problemen gemacht sind.

Darüber hinaus wäre es z.B. auch einmal überlegenswert, ob es nicht notwendig gewesen wäre, gegen die Meinungsmanipulation und Meinungsunterdrückung während des Lohnkampfes 1976 in der Druckindustrie zu protestieren. Beispiele ähnlicher Art ließen sich noch beliebig aufführen.

Ich wollte Dir wegen meiner Meinung noch einige Gegenstände benennen, bin aber der Meinung, daß diejenigen, die ihren Beitritt zwischenzeitlich erklärt haben, sehr vielschichtig sind, zum Teil für mich aber auch fraglich.

Ich werde also bei meinem Nein bleiben und bitte Dich, für meine Haltung Verständnis zu haben.

Mit freundlichen Grüßen
Industriegewerkschaft
Druck und Papier
Hauptvorstand/Sitz Stuttgart
L. Mahlein

Dok. 27 ***(Arch Schwenger)***

[Schreiben von Hannes Schwenger an die IG Druck und Papier, Leonhard Mahlein]

31.12.1976

Lieber Kollege Mahlein,

Dein Schreiben vom 23. Dezember erstaunt mich. Es sind gerade Mitglieder unseres Komitees gewesen – z.B. Max Frisch in seiner Friedenspreisrede! –, die als erste und am deutlichsten auf die negativen Folgen des Radikalenerlasses hingewiesen haben. Kollege Grass, auf dessen Aufsatz Du hinweist, hat sich inzwischen ebenfalls für unser Komitee erklärt. Ich für meine Person möchte Dich auf zwei Beiträge hinweisen, die ich zu den von dir angeschnittenen Themen (Berufsverbote und Meinungsmanipulation während des Druckerstreiks) geschrieben habe, noch bevor ich mich an der vorliegenden Initiative beteiligt habe: 1. Meinen Beitrag über Presseberichtserstattung zum Druckerstreik aus der Zeitschrift der RFFU im DGB »Hörfunk-Fernsehen-Film« und 2. Meine Rede gegen Berufsverbote und politische Unterdrückung auf der Schlußkundgebung vor 22000 Teilnehmern am 1.12.76 in Westberlin.
Unter diesen Umständen kann Dein Einwand wohl kaum gelten, »daß man immer gegen Vorgänge in anderen Ländern protestiert, aber nicht den Mut findet, im eigenen Land mit der gleichen Intensität Stellung zu nehmen«. Wen kannst Du damit meinen – die Mitglieder unseres Komitees doch wohl kaum?
Deine Auskunft, die Mitglieder des Komitees seien »vielschichtig«, für Dich zum Teil aber auch »fraglich«, liest sich in dieser Dunkelheit der Formulierung beunruhigend. Kann man so formulieren, ohne bereit zu sein deutlicher zu werden?
Ich entnehme den Formulierungen Deines Briefes, daß Du auch das von Dir erwähnte, von mir vorgeschlagene Gespräch mit Mitgliedern des Komitees nicht wünschst. Ich bedaure das.
Mit freundlichen Grüßen

VS in der IG Druck und Papier
Landesbezirk Berlin
H. Schwenger, Vors.

Dok. 28 *(ArchGew A 200.13596)*

[Undatierte Notiz über die internationale Zusammenarbeit zwischen den graphischen Verbänden aus Ost und West]

Kurzinformation

17. Februar 1977 fand in Berlin das erste offizielle Gespräch zwischen den Delegationen des Ständigen Komitees der Gewerkschaften der graphischen Industrie und der Internationalen Graphischen Föderation unter Leitung der jeweiligen Präsidenten Heinz Deckert und Leonhard Mahlein statt.

1. Die Vertreter beider Seiten werden ihren Leitungsgremien in den nächsten Tagungen (September bzw. Oktober 1977) Vorschläge zur Bildung einer paritätischen Kommission (je Seite 2 bis 3 Kollegen) unterbreiten, die sich mit der ständigen Überprüfung der Konzentration und der Bildung nationaler und multinationaler Gesellschaften der graphischen Industrie befaßt und Schlußfolgerungen sowie die erforderlichen gewerkschaftlichen Aktivitäten berät.
   Dabei wurde von allen Teilnehmern darauf verwiesen, daß es nicht um die »Anfertigung weiterer Statistiken« über die Konzentration geht, sondern um abgestimmte Aktionen gegen die Politik der Konzerne.
2. In parallelen Initiativen wird der gewerkschaftliche Einfluß auf die ILO verstärkt, um eine Industriekommission für die graphische Industrie bei der ILO zu bilden. Weiter wird die ILO von beiden Seiten zur Durchführung einer dreigliedrigen Konferenz für die graphische Industrie gedrängt. Beide Seiten kamen überein, einen stärkeren abgestimmten Einfluß auf diese internationale Organisation auszuüben.
3. In einer gemeinsamen Pressemitteilung (die von ADN ver-

breitet wurde und in der »Tribüne« erschien) wurde die Öffentlichkeit über die Gespräche informiert und die Fortsetzung der Gespräche festgelegt. Termine dafür werden nach den Tagungen der Leitungsgremien vereinbart.

Zu einigen Details:

Im Hinblick auf den Kampf gegen die multinationalen Konzerne gab es bei den Gesprächspartnern anfangs Vorbehalte über die möglichen Gemeinsamkeiten zwischen den Gewerkschaften der sozialistischen und der kapitalistischen Länder. Da dieser Kampf, wie in der Diskussion bewiesen wurde, jedoch nicht getrennt von den Fragen der Einführung neuer Techniken, dem Arbeits- und Gesundheitsschutz sowie den Rechten der Gewerkschaften geführt werden kann, kam es zu völliger Übereinstimmung in dieser Frage. Zustimmung fand die Ankündigung, daß von seiten des Ständigen Komitees selbstverständlich ein oder zwei Kollegen aus den sozialistischen Ländern für die paritätische Kommission benannt werden.

Wiederholt wurde von den Teilnehmern die Genugtuung über das Stattfinden dieses Treffens betont und vom IGF-Präsidenten Mahlein die »positive Einstellung des Exekutivkomitees zur Zusammenarbeit« unterstrichen. Von seiten der IGF wurde das Treffen eingangs als ein Vorgespräch zur Klärung der Standpunkte bezeichnet. Abschließend schätzte Kollege Mahlein ein, daß »das Gespräch viele Gemeinsamkeiten« gebracht habe und jetzt auf konkreten Gebieten eine gemeinsame Linie festgelegt werden müsse.

Abschließend kann festgestellt werden, daß dieses seit Jahren vom Ständigen Komitee der Gewerkschaften der graphischen Industrie angestrebte Gespräch entsprechend der Zielsetzung ergebnisreich verlaufen ist und eine gute Grundlage für die Fortsetzung der kontinuierlichen Arbeit des Ständigen Komitees in der internationalen Gewerkschaftsarbeit darstellt.

Dok. 29 *(ArchGew A 200.13596)*

[Deutsch-deutsche Frauenpolitik]

Aktennotiz über ein Gespräch mit dem Vorsitzenden des Zentralvorstandes der IG Druck und Papier im DGB, Kollegen Mahlein.

Anläßlich der Beratung von Delegationen des Ständigen Komitees der Gewerkschaften der Grafischen Industrie und der IGF in Berlin fand mit Mahlein ein Gespräch über Aktivitäten beider Zentralvorstände im Jahre 1977 statt.

(...)

3. Auf unsere ausgesprochene Einladung zum Besuch einer Frauendelegation des Hauptvorstandes der IG Druck und Papier in der DDR (Oktober 1977) reagierte Mahlein wie folgt: Er schlug vor, den Besuch der Frauendelegation in der DDR auf das Frühjahr 1978 zu verlegen. Es stünde in diesem Jahr der Besuch einer Frauendelegation des DGB-Bundesvorstandes in der DDR bevor. Der Hauptvorstand beabsichtigt, seine Vertreterin für diese Delegation zu nominieren.
   Wenn dies gelänge, könne die Reise der Delegation im Frühjahr 1978 ohne äußere politische Belastung für die Leiterin erfolgen.

Berlin, den 23.2.1977
Frohböse
Mitglied des Präsidiums

Dok. 30 *(ArchGew A 200.13596)*

[Über den 11. Gewerkschaftstag der IG Druck und Papier im DGB]

IG Druck und Papier
Zentralvorstand **Berlin, 24.10.1977**

Sekretariatsinformation an das Sekretariat des Bundesvorstandes des FDGB

Bericht über die Teilnahme von Vertretern des Zentralvorstandes der IG Druck und Papier im FDGB am 11. Ordentlichen Gewerkschaftstag der IG Druck und Papier im DGB (Augsburg, 16. bis 22. Oktober 1977)

1. Auf Einladung des Hauptvorstandes der IG Druck und Papier im DGB nahmen die Kollegen Heinz Giese, Stellvertretender Vorsitzender des Zentralvorstandes, und Günther Frohböse, Mitglied des Präsidiums, am 11. Ordentlichen Gewerkschaftstag der IG Druck und Papier im DGB teil, der in der Zeit vom 16. bis 22. Oktober 1977 in Augsburg stattfand. Die An- und Abreise erfolgte ohne Zwischenfälle. Die Vertreter des Zentralvorstandes arbeiteten auf der Grundlage der vom Sekretariat des Bundesvorstandes des FDGB bestätigten Konzeption.
   Am Gewerkschaftstag nahmen 18 Organisationen aus 15 Ländern teil. Von den sozialistischen Ländern waren die UdSSR, Ungarn, Polen und die DDR vertreten. Die Behandlung unserer Vertreter erfolgte nach internationalen Gepflogenheiten. Provokationen und antikommunistische Ausfälle erfolgten nicht. (...)
2. (...) Am Parteienabend folgten die Delegationen der UdSSR, der VR Polen, der Ungarischen Volksrepublik und der DDR der Einladung der DKP. Ferner waren der Vizepräsident des Ständigen Komitees der graphischen Gewerkschaften, Kollege Arcese (Italien), und der Vorsitzende der Bucharbeitergewerkschaft Frankreichs, Kollege Piot,

anwesend. Insgesamt waren 140 Teilnehmer, unter ihnen Mitglieder der SPD, zu dieser Veranstaltung erschienen. In einer aufgeschlossenen und kampfbetonten Atmosphäre diskutierten sie nach einleitenden Ausführungen des Genossen Hermann Gautier über aktuelle Probleme der Gewerkschaftsarbeit. (...)

3. (...) Er (L. Mahlein, d. Vf.) würdigte als Präsident der IGF das Zustandekommen von Beziehungen zum Ständigen Komitee der Gewerkschaften der graphischen Industrie und informierte über die Bildung einer gemeinsamen Kommission zum Studium der Politik multinationaler Monopole im Pressewesen und der Druckindustrie. Er sprach sich generell für die Vertiefung der internationalen Zusammenarbeit aus. Allerdings wurde im Verlaufe der Antragsdebatte die beachtliche Formulierung im Initiativantrag Nr. 14, worin sich »der Gewerkschaftstag zur Zusammenarbeit mit allen Gewerkschaften« bekennt, die Gewerkschaftskonferenzen von Genf begrüßt und den Hauptvorstand »beauftragt, sich beim DGB-Bundesvorstand dafür einzusetzen, daß weitere gesamteuropäische Gewerkschaftskonferenzen stattfinden«, möglicherweise auf Druck des DGB gestrichen. (...)

Dok. 31 ***(ArchGew A 200.13596)***

[Die IG Druck und die StV der DDR in Bonn]

Zentralvorstand
IG Druck und Papier **Berlin, 12. Dezember 1977**

Information für das Sekretariat des FDGB-Bundesvorstandes

Bericht der Delegation des Zentralvorstandes der IG Druck und Papier über den Studienaufenthalt bei der IG Druck und Papier im DGB

Auf der Grundlage der vom Sekretariat des Bundesvorstandes

des FDGB beschlossenen Konzeption (S 183/77) und der mit dem Hauptvorstand der IG Druck und Papier im DGB getroffenen Vereinbarung fand in der Zeit vom 28.11. bis 3.12.1977 der Gegenbesuch einer Delegation des Zentralvorstandes in der BRD statt.

Der Delegation gehörten an:

Kollege Heinz Deckert, Vorsitzender des Zentralvorstandes der IG Druck und Papier,

Kollege Willi Schnürer, Mitglied des Präsidiums und Sekretär des Zentralvorstandes der IG Druck und Papier,

Kollege Klaus Radzinski, Mitglied des Präsidiums des Zentralvorstandes und Vorsitzender des Bezirksvorstandes der IG Druck und Papier Berlin,

Kollegin Ursula Voigt, Vorsitzende des Bezirksvorstandes der IG Druck und Papier Halle.

(...)

Zur politischen und wirtschaftlichen Situation in der Druckindustrie der BRD

Die IG Druck und Papier befindet sich derzeitig in der Situation zugespitzter Auseinandersetzungen mit dem Bundesverband Druck in der Bundesvereinigung der deutschen Arbeitgeberverbände für den Abschluß eines Tarifvertrages zur Sicherung der Arbeitsplätze für die Beschäftigten der Druckindustrie. (...) Die Ausfälle und Verleumdungen gegen die Industriegewerkschaft, besonders seit dem vorjährigen Streik während und nach dem 11. Gewerkschaftstag, werden verstärkt fortgesetzt. Sie richten sich besonders gegen Mahlein und Hensche, gegen progressive Schriftsteller und Journalisten in der Industriegewerkschaft, denen man geistige Urheberschaft für den Terrorismus und wachsende klassenkämpferische Positionen in der IG unterstellt. Dabei wird mehr oder weniger versteckt auf die Beziehungen der IG der BRD zu den Gewerkschaften der sozialistischen Länder angespielt. Die harten Worte Mahleins auf dem Gewerkschaftstag zur Gesellschaft der BRD seien als eine Verbeugung vor den Gäste aus den sozialistischen Ländern, speziell der DDR, zu werten (Artikel in der Unternehmerzeitung des Bundesverbandes Druck).

Mit Rücksicht auf die während unseres Aufenthaltes entstandene zugespitzte Tarifauseinandersetzung verhielt sich die Delegation zurückhaltend und verzichtete auf die Teilnahme an einer Pressekonferenz zu diesen Problemen und vermied alles, was der Industriegewerkschaft insgesamt und den Maßnahmen des Hauptvorstandes geschadet hätte.

(...)

Die Gespräche und Verhandlungsergebnisse beim Hauptvorstand der Industriegewerkschaft

Mahlein brachte die Meinung des Hauptvorstandes in den Worten zum Ausdruck, daß der Besuch der Delegation der IG Druck und Papier im FDGB Ausdruck der Kontinuität der Entwicklung der Beziehungen ist. Auch hierin äußerte sich das gemeinsame Bestreben, im Interesse der Mitglieder beider Staaten zu wirken, wobei unser Bemühen um die Sicherung des Friedens und Förderung des Entspannungsprozesses vordergründiges Anliegen sei. In diesem Sinne stehe die IG zu den bereits getroffenen Gemeinsamen Erklärungen der letzten Zeit. Der 11. Gewerkschaftstag habe dazu noch einmal die Positionen deutlich gemacht. In diesem Zusammenhang hob er die Bedeutung dieser bilateralen Beziehungen für die Förderung der internationalen Zusammenarbeit der graphischen Gewerkschaften hervor. (...)

Aus der geschilderten Situation heraus wurde vereinbart, beiderseits lediglich eine sachliche Presseinformation über den Aufenthalt der Delegation in der BRD zu veröffentlichen. Die Delegation war zu keiner Zeit ihrer Reise und beim Zusammentreffen mit Gewerkschaftern und Funktionären provoziert oder hetzerischen Reden ausgesetzt worden. Die Gespräche trugen einen sachlichen und aufgeschlossenen Charakter.

Zu internationalen Problemen

Ausgehend von der Bedeutung der internationalen Arbeit beider Organisationen wurden Fragen der weiteren Zusammenarbeit des Ständigen Komitees der Gewerkschaften der graphischen Industrie und der Internationalen Graphischen Föderation (IGF) besprochen. Prinzipiell besteht Übereinstimmung, diese konstruktive Politik fortzusetzen.

Danach ist vorgesehen, daß die inzwischen von beiden Exekutivkomitees bestätigte, paritätisch zusammengesetzte Studiengruppe baldmöglichst die Tätigkeit aufnehmen soll. Einzelheiten sollen bei einem Spitzengespräch im Februar 1978 besprochen und festgelegt werden.

Der Präsident der IGF, Kollege Mahlein, ersuchte um eine nochmalige Durchführung dieses Gesprächs am Sitz des Ständigen Komitees in Berlin. Er begründete dies mit finanziellen Schwierigkeiten der IGF infolge mangelhafter Beitragspflicht verschiedener Mitgliedsorganisationen. Mahlein gab zu verstehen, daß der IBFG, vernehmlich Kersten, der Generalsekretär, mehrfach den Versuch unternahm, die IGF zur Aufgabe ihrer Vereinbarungen mit dem Ständigen Komitee zu veranlassen. Das Exekutivkomitee der IGF hat dieses Ansinnen abgelehnt. Inzwischen hat die IGF erstmalig eine Einladung zum Kongreß der amerikanischen AFL/CIO erhalten. Mahlein befürchtet, daß damit die gleiche Absicht wie die des IBFG verfolgt wird. Mahlein selbst wird dieser Einladung nicht folgen. (...)

Deckert
Vorsitzender

Anlage zum Bericht *Vertraulich!*

1. Zum Empfang beim Botschafter Michael Kohl

Die Vertreter der IG im DGB zeigten sich äußerst angetan und äußerten sich anerkennend über das Gespräch. Sie empfanden es als eine großzügige Geste, daß der Botschafter rund 4 Stunden Zeit für das Gespräch einräumte (Mahlein). Im Verlaufe des Gesprächs äußerte der Botschafter seine Meinung zur Bedeutung der Zusammenarbeit der Gewerkschaften der DDR und der BRD für die Normalisierung der Beziehungen zwischen den beiden Staaten und würdigte besonders die Ergebnisse der Gespräche der von Harry Tisch geleiteten FDGB-Delegation beim DGB-Bundesvorstand.

Der Botschafter brachte die Hoffnung zum Ausdruck, daß sich die Beziehungen beider Gewerkschaften noch weiter positiv entwickeln und äußerte zugleich den Wunsch nach einem engeren Kontakt zwischen der Vertretung der DDR und den leitenden Funktionären der IG der BRD. Mahlein nahm zustimmend das

Angebot an, gelegentlich an Gesprächen in der Vertretung der DDR mit Repräsentanten der Wirtschaft der BRD teilzunehmen und sprach seinerseits den Wunsch aus, den Botschafter auch bei Veranstaltungen der Industriegewerkschaft begrüßen zu können.
2. Im Anschluß an das Gespräch in der Vertretung äußerte sich Mahlein zum Besuch der FDGB-Delegation beim DGB. Er bewertet die Ergebnisse insgesamt positiv, hat aber Bedenken hinsichtlich der Verwirklichung der Festlegungen.
Begründung: Die Zusammensetzung der DGB-Delegation gäbe nicht die Gewähr. Es sei eine Zumutung gewesen, wenn nicht gar eine Provokation, daß Leute wie Zimmermann, Jeuner und Frister der DGB-Delegation angehörten.
3. Mahlein äußerte sich zum Verhältnis DGB und Bundesregierung. Seit Schmidt Bundeskanzler ist, sei die Zusammenarbeit zurückgegangen. Schmidt habe enge Beziehungen lediglich zu einigen Funktionären des DGB – Hauenschild, Frister und einige andere.
4. Mahlein bedauerte, daß zwischen den Metallarbeitergewerkschaften beider Staaten keine nennenswerten Fortschritte in den Beziehungen zu merken sind. Er sieht dies in der Ausweglosigkeit Loderers, der auf Grund einer Reihe voreiliger Entscheidungen zum Schaden der Beziehungen sich nicht zu einer Korrektur der Entscheidungen und zu einem richtigen Standpunkt entschließen könne.

Dok. 32 ***(ArchGew A 200.13596)***

IG Druck und Papier
– Zentralvorstand –

Information
für das Sekretariat des Bundesvorstandes des FDGB über die Ergebnisse des Aufenthaltes einer Delegation des Hauptjugendausschusses der IG Druck und Papier im DGB zum Studium der Jugendpolitik in der DDR vom 3. bis 8. April 1978

1. Der Aufenthalt der Delegation und die Arbeit mit ihr erfolgten auf der Grundlage der vom Sekretariat des Bundesvorstandes des FDGB bestätigten Konzeption (Beschluß S 239/87) einschließlich der gegebenen Hinweise.

Die Delegation reiste in der uns angekündigten Zusammensetzung an:

– Koll. Gerd Beu, Vorsitzender des Hauptjugendausschusses und Sekretär für Jugend und Bildung;
– Koll. Erich Dojan, Landesbezirks-Jugendleiter Bayern;
– Koll. Friedel Giesen, Landesbezirks-Jugendleiter Nordrhein-Westfalen.

Die Delegation stand durch Beschluß des Hauptvorstandes unter Leitung des Persönlichen Referenten des Vorsitzenden der IG Druck und Papier im DGB, Koll. Hans-Joachim Frenzel. Die Gäste äußerten ihre Zustimmung zum vorgeschlagenen Programm, welches in der vorgesehenen Weise realisiert wurde. (...)

In Konfrontation mit den Errungenschaften des realen Sozialismus zeigten sich die Gäste besonders beeindruckt von dem großen Stolz der jungen Produktionsarbeiter, Lehrlinge, Gewerkschafts- und Jugendfunktionäre sowie der staatlichen Leiter auf das durch die Werktätigen in der DDR Geschaffene, wobei die Delegationsmitglieder unterschiedlich darauf reagierten.

Übereinstimmende Auffassungen gab es zu den Problemen der Friedenssicherung, besonders der Abrüstung, der Weiterführung und Vertiefung des Entspannungsprozesses, des Kampfes gegen den Neonazismus und der Weiterführung der internationalen gewerkschaftlichen Beziehungen.

Der Besuch hat dazu beigetragen, den Differenzierungsprozeß innerhalb der Delegation zu fördern und progressive Positionen zu verstärken. Insgesamt ist einzuschätzen, daß alle Versuche, sozialdemokratische Auffassungen unterschwellig oder direkt anzubringen, am Klassenstand-

punkt, an der überlegenen marxistisch-leninistischen Grundposition der Gesprächspartner sowie an der sozialistischen Wirklichkeit in der DDR gescheitert sind.
Antikommunistische Vorbehalte wurden sachlich, aber bestimmt zurückgewiesen und konnten teilweise abgebaut werden. Der Aufenthalt der Delegation verlief reibungslos.

2. Beim Empfangs- und Abschlußgespräch des Sekretariats des Zentralvorstandes der IG Druck und Papier bekräftigte die Delegation den Willen des Hauptvorstandes, ungeachtet unterschiedlicher ideologischer Grundpositionen die Zusammenarbeit zwischen beiden Organisationen zu vertiefen. Dabei zeigte sich, daß auch bei ihnen die Erkenntnis besteht, daß die Weiterführung der Beziehungen im Interesse des Friedens, der Entspannung und der Interessenvertretung der Mitglieder notwendig ist.
Die Delegation, die wiederholt Wunschvorstellungen über die Aufnahme von Beziehungen auf Landes/Bezirks- und Betriebsebene vortrug, war unseres Erachtens nicht vom Geschäftsführenden Hauptvorstand dazu befugt. Sie wurde auf die offizielle Vereinbarung verwiesen, Beziehungen zwischen beiden Organisationen lediglich zwischen dem Zentralvorstand bzw. dem Hauptvorstand und in deren ausschließlicher Verantwortlichkeit zu entwickeln.
Im Verlaufe der Abschlußberatung würdigten sie das abwechslungsreiche Programm, die offene und kollegiale Art der Begegnungen und das Selbstbewußtsein unserer Menschen.
Nach ihrer Meinung falle die Anti-DDR-Hetze bestimmter BRD-Massenmedien bei den westdeutschen Gewerkschaften nicht auf fruchtbaren Boden. Im übrigen wären sie davon überzeugt, daß das eigentliche deutsche Wirtschaftswunder nicht in der BRD stattgefunden habe.
Es erfolgte abschließend ein Gedankenaustausch über die durch die Vorstände beider Organisationen vorgesehene Weiterführung der Beziehungen.

3. Die Delegation besuchte programmgemäß den Grafischen Großbetrieb Karl-Marx-Werke Pößneck und die Ingenieur-

schule für Polygrafie »Otto Grotewohl« in Leipzig. Sie hatte Gelegenheit zum Besuch des Sportmuseums der DDR an der DHFK in Leipzig sowie der Agrar-Industrie-Vereinigung (AIV) Berlstedt/Kreis Weimar. Die Gäste trafen zu einer Begegnung mit Abgeordneten des Bezirkstages Leipzig zusammen und weilten in der Mahn- und Gedenkstätte Buchenwald.

Im Abschluß ihres Studienaufenthaltes wurde der Delegation ein Gespräch mit dem Koll. Bernd Nickel, Leiter der Abt. Jugend des Bundesvorstandes des FDGB ermöglicht. Dabei bekräftigten sie die Nützlichkeit ihres Besuches in der DDR. (...)

Beim Besuch der Nationalen Mahn- und Gedenkstätte Buchenwald legten die Gäste ein Blumengebinde nieder.

Während ihres Informationsaufenthaltes im Haus der Jungen Talente in Berlin erkundigte sich die Delegation nach den Möglichkeiten der geistig-kulturellen Freizeitbeschäftigung der Jugend der Hauptstadt der DDR. Nach Entgegennahme entsprechender Informationen äußerten sie sich anerkennend über die Vielfalt und die Qualität der Möglichkeiten. Sie ließen dabei erkennen, daß die BRD dem nichts Vergleichbares entgegenzusetzen habe.

In persönlichen Gesprächen stellte die Delegation u.a. noch folgende Fragen:

- Schränkt die Bürokratie in der DDR nicht ebenso wie in allen Industrieländern die Demokratie ein?
- Warum wird in der DDR Trotzki nicht verlegt?
- Ist die gegenwärtige Form der Ehe nicht nach Engels »Ursprung der Familie ...« überholt?
- Warum wurde die NVA auch mit Hilfe ehemaliger Nazigenerale (Paulus u.a.) aufgebaut?

Insgesamt trugen die Besuche in den sozialistischen Betrieben und Einrichtungen dazu bei, bei der Delegation, die unter dem Einfluß von sozialismusfeindlichem Schriftgut stand und nach Konflikten und Widersprüchen in der DDR suchte, vorgefaßte antikommunistische Klischeevorstellungen über den realen Sozialismus abzubauen.

Das politisch engagierte und fachlich fundierte Auftreten aller DDR-Gesprächspartner machte die Bestrebungen insbesondere des Koll. Beu wirkungslos, die Realitäten in der DDR in seinem Sinne zu verfälschen. Die Delegation erhielt im Verlaufe ihres Informationsbesuches vielfältige Denkanstöße, die zur Zurückdrängung verzerrter Vorstellungen über den Aufbau der entwickelten sozialistischen Gesellschaft beitrugen. Sie wurde durch die gewonnenen positiven Eindrücke veranlaßt, oberflächliche Urteile über die DDR fallen zu lassen und nach eigenem Eingeständnis eine ganze Reihe von Problemen neu zu durchdenken.
Die Delegation gab ihrerseits Sachinformationen zum Streik und seinen Ergebnissen in der grafischen Industrie der BRD. Dabei wurde sichtbar, daß der Kompromiß an der Basis auf Kritik stößt. Obwohl sie einräumen mußten, daß die unterschiedlichen gesellschaftlichen Machtverhältnisse auch unterschiedliche gewerkschaftliche Kampfbedingungen schaffen, streben sie unter Nichtbeachtung der Klassenverhältnisse danach, Errungenschaften z.B. des sozialistischen Bildungswesens auf die BRD zu verpflanzen.

Dok. 33 ***(ArchGew A 200.13308)***

[StV der DDR]

Nur für den Dienstgebrauch

AV Bonn, Bereich IAP **Berlin, 6.11.1978**

Vermerk über ein Gespräch des Genossen Schröder beim Hauptvorstand der IG Druck und Papier am 25.10.1978 in Stuttgart

Gesprächspartner waren Herr Mahlein, Vorsitzender der IG Druck und Papier im DGB und sein persönlicher Referent, Herr Frenzel. Das Gespräch fand zunächst mit Frenzel allein statt.

1. Herr F. informierte mich über eine bevorstehende Zusammenkunft zwischen dem Vorsitzenden Mahlein und dem

Vorsitzenden der IG Druck und Papier im FDGB, Genossen H. Deckert. Die Zusammenkunft (sie hat inzwischen stattgefunden) findet im Rahmen der beiden Berufsvereinigungen für beide Industriegewerkschaften statt. Herr F. stellte dabei die These auf, daß die Zusammenkunft offensichtlich »hart am Rande der Legalität für beide Präsidenten« (Deckert und Mahlein) stattfinden würde. F. bezog sich auf meinen Einwand hin dabei besonders auf die gegensätzlichen Standpunkte der beiden Dachorganisationen WGB und IBFG. Meinen Hinweis, daß der Weltgewerkschaftsbund ständig für die internationale Aktionseinheit der Gewerkschaften eintrete, beantwortete F. mit dem Hinweis, daß innerhalb des IBFG ein derartiges Zusammentreffen argwöhnisch beobachtet würde.

2. Herr Mahlein erläuterte im Gespräch zunächst die Lage auf dem Arbeitsmarkt in der graphischen Industrie der BRD. Nach seinen Darlegungen ist mit einer Verschärfung der zukünftigen Tarifauseinandersetzungen zu rechnen. (...) Die IG Druck und Papier im DGB rechnet mit weiteren Arbeitsplatzverlusten. Die Gewerkschaft wird sich voll auf den Einstieg in die 35-stündige Arbeitswoche konzentrieren.

   Neben dem Widerstand der Unternehmer erwartet M. bei evtl. Arbeitskämpfen auch Schwierigkeiten aus der Richtung der SPD- und der DGB-Führung. Mahlein fühlt sich und die Führung der IG Druck und Papier indirekt durch die SPD-Führung unter Druck gesetzt. Er erläuterte, daß aus der Richtung der SPD über den DGB Hinweise gekommen seien, daß »bei Druck und Papier nun einmal Schluß sein müsse mit Streiks und Arbeitskämpfen«. Derartige indirekte Einflußnahmen seitens der SPD-Führung würden auch von einzelnen leitenden Gewerkschaftsfunktionären aus bestimmten Einzelgewerkschaften unterstützt.

   Aus dem Gespräch war zu entnehmen, daß Mahlein u.a. auf Hauenschild, Vorsitzender der IG Chemie, hinzielte.

3. Mahlein wies darauf hin, daß durch die gegenwärtige Situation (ca. 1 Million Arbeitslose) sich die Spannungen zwi-

schen Basis und DGB-Führung weiter verschärfen können, wenn die Gewerkschaftsführungen den Basiswillen nicht mehr Rechnung tragen würden. Erste Anzeichen dafür seien seiner Auffassung nach bei der IG Metall sichtbar, aber auch in seiner Organisation gäbe es in größeren Betrieben erste Anzeichen auf eine Entfremdung zwischen Gewerkschaftsleitungen auf zentraler und mittlerer Ebene einerseits und den Mitgliedern andererseits. Außerdem könne diese Situation auch zu einer weiteren Polarisierung innerhalb des Funktionärskörpers des DGB beitragen. In diesem Zusammenhang informierte M. über ein im Umlauf befindliches Gerücht. Diesem Gerücht nach hätten Vetter, Loderer, Hauenschild, Kluncker, und er, Mahlein, in einer internen Zusammenkunft über eine mögliche Nachfolge für Vetter als DGB-Vorsitzenden beraten. Sofern dieses Gerücht auf Tatsachen beruhe, sei es unwahr, daß er, Mahlein, an der Gesprächsrunde beteiligt gewesen sei.
Wenn Vetter nach Ablauf der gegenwärtigen Wahlperiode zurücktrete, so sei Kluncker nach seiner Ansicht ein akzeptabler Kandidat für den Vorsitzenden des DGB. Kluncker habe in der Vergangenheit zu erkennen gegeben, daß es ihm nach den langen Jahren als Vorsitzender der ÖTV immer schwerer falle, neue vorwärtsbringende Aufgaben in die Arbeit der ÖTV-Führung einzubringen. Kluncker besitze seiner Auffassung nach ein genügend großes Ansehen sowohl innerhalb des DGB als auch in der Öffentlichkeit der BRD, um eine derartige Funktion erfolgreich ausüben zu können.
Andererseits wisse Kluncker auch, daß er als Vorsitzender des DGB immer vom Willen der großen Einzelgewerkschaften, wie z.B. Metall und Chemie, abhängig sei.

4. M. äußerte sich zufriedenstellend über die Zusammenarbeit zwischen den beiden Industriegewerkschaften Druck und Papier der DDR und der BRD. Mahlein wünscht in der Zusammenarbeit zwischen beiden Gewerkschaften über einen normalen Delegationsaustausch hinaus zu sachbezogener Zusammenarbeit auf dem Gebiet bestimmter The-

menkomplexe zu kommen. Als Beispiel führte er eine in der Vergangenheit in der BRD durchgeführte internationale Frauenkonferenz an. Er unterbreitete den Gedanken, eine derartige Konferenz im Jahre 1978, dem internationalen Jahr des Kindes, in der DDR durchzuführen. Eine derartige Konferenz würde auch auf die Zustimmung weiterer Gewerkschaften Westeuropas und der skandinavischen Länder stoßen. Aus den Darlegungen von Herrn M. war der Wunsch zu erkennen, daß ein derartiges Vorhaben auch von Seiten der AV bei der Industriegewerkschaft Druck und Papier im FDGB der DDR unterstützt werden möge.

Schröder
I. Sekretär

Verteiler
1 Ex. FDGB, Gen. Heilemann
2 Ex. MfAA, Abt. BRD
1 Ex. MfAA, HAID
1 Ex. AV Bonn, IAP

Dok. 34 ***(ArchGew A 200.13596)***

IG Druck und Papier
Zentralvorstand

Sekretariatsinformation über die Ergebnisse des Aufenthaltes einer Delegation des Hauptfrauenausschusses der IG Druck und Papier im DGB vom 6. bis 10. November 1978

Der Aufenthalt der Delegation und die Arbeit mit ihr erfolgte auf der Grundlage der vom Sekretariat des Bundesvorstandes des FDGB bestätigten Konzeption (Beschluß S 718/78 vom 4.10.78) einschließlich der gegebenen Hinweise. Die Delegation reiste in der uns angekündigten Zusammensetzung an: Sie wurde geleitet von der Frauensekretärin des Hauptvorstandes der IG Druck und Papier im DGB Kollegin Gisela Kessler. Ihr gehörten weiter an: Kollegin Eva Lauer, Landesbezirksfrauenleiterin im Landesbe-

zirk Hessen und stellv. Betriebsratsvorsitzende Druck und Verlag Dietrichs und Co., Kassel;
Kollegin Lore Wilke, Landesbezirksfrauenleiterin im Landesbezirk Niedersachsen.
Laut Beschluß des Hauptvorstandes wurde die Delegation vom persönlichen Referenten des Vorsitzenden der IG Druck und Papier im DGB, Koll. Hans-Joachim Frenzel, begleitet.
Die durch das Sekretariat des Bundesvorstandes des FDGB für den Aufenthalt der Delegation beschlossene politische Zielstellung wurde erfüllt.

1. Es gab Übereinstimmung in allen Grundfragen des Kampfes um Frieden und Entspannung und ihre Ergänzung durch konkrete Schritte auf dem Gebiete der Abrüstung.
   Die überzeugende Vermittlung von Informationen über den realen Sozialismus und über die Rolle des FDGB als Klassenorganisation und Sachwalter der Interessen der Arbeiterklasse und aller Werktätigen hinterließ einen tiefen Eindruck bei der Delegation, wobei sie bewußt alle Informationsmöglichkeiten nutzte.
   Sie studierte die Errungenschaften des realen Sozialismus in ständiger eigener Konfrontation mit der Lage in der BRD, bezog eine klassenmäßige Position zum notwendigen Kampf der Arbeiterklasse gegen die Lasten der Krise, für höhere Löhne und die Erhaltung von Arbeitsplätzen, die Schaffung neuer, besonders für die Frauen und gegen Dequalifizierung. Sie betrachten die Frauenfrage als Teil der sozialen Frage, die sich heute in der BRD mit besonderer Schärfe stellt.
   In zahlreichen Gesprächen mit betrieblichen Gewerkschaftsfunktionären und mit Werktätigen am Arbeitsplatz bekräftigten sie mit Hinweis auf die Beschlüsse des jüngsten Gewerkschaftstages ihre Position im Kampf gegen die neonazistische Entwicklung in der BRD für die Erhaltung der demokratischen Grundrechte und die Verbesserung der Lage der werktätigen Frau durch gewerkschaftliche Kampfmaßnahmen.
   Übereinstimmung gab es über die weitere Gestaltung der

internationalen Beziehungen zwischen unseren Organisationen. Antikommunistische Vorbehalte traten nicht auf. Der Aufenthalt der Delegation verlief reibungslos.

Sie hatte Gelegenheit zu einem Gespräch mit der Kollegin Margarete Müller, Mitglied des Präsidiums und Sekretär des FDGB-Bundesvorstandes, sowie im Hause der Volkskammer eine Begegnung mit dem Kollegen Hans Jendretzky, Vorsitzender der Fraktion des FDGB, von denen sie sehr beeindruckt waren.

Der Besuch der landwirtschaftlichen Einrichtung Ferdinandshof konnte auf Grund kurzfristiger Absage durch das Ministerium für Land, Forst und Nahrungsgüterwirtschaft nicht erfolgen. (...)

2. Beim Empfangs- und Abschlußgespräch im Sekretariat des Zentralvorstandes, an denen Mitglieder der Frauenkommission des Zentralvorstandes teilnahmen, bekräftigten sie erneut die Haltung des Hauptvorstandes im Hinblick auf die mögliche und notwendige Zusammenarbeit zwischen beiden Organisationen ungeachtet unterschiedlicher ideologischer Grundpositionen und internationaler Zugehörigkeit im Interesse des Friedens, der Entspannung und der Interessenvertretung der Mitglieder.

Wiederholt wurde, besonders von der Leiterin der Delegation, die Vorbildwirkung der DDR zum Ausdruck gebracht. Der real existierende Sozialismus in der DDR gebe viele Impulse für die Herausarbeitung gewerkschaftlicher Forderungen besonders im Hinblick auf die Verbesserung der Lage der werktätigen Frauen am Arbeitsplatz bis hinein in die Familie.

Dabei ließen sie sich nicht von Wunschvorstellungen über die klassenindifferente Verpflanzung der sozialpolitischen Errungenschaften der DDR auf die Verhältnisse der imperialistischen BRD leiten, »weil man den fünften Schritt nicht vor dem ersten tun kann«.

Besonders von der Leiterin der Delegation wurde wiederholt zum Ausdruck gebracht, daß die progressiven Kräfte der BRD »glücklich sind, daß es die DDR gibt«.

Im Verlaufe des Abschlußgesprächs wurde namens des Hauptvorstandes der IG Druck und Papier im DGB eine Frauendelegation des Zentralvorstandes der IG Druck und Papier zu einem Gegenbesuch eingeladen. Unser Zentralvorstand sagte zu, die Einladung dem Sekretariat zur Entscheidung vorzulegen.
Es wurde die Bitte ausgesprochen, dem Hauptvorstand Unterlagen über Untersuchungsergebnisse unseres Zentralvorstandes auf dem Sekretariat zur Verfügung zu stellen.
Auf ausdrücklichen Wunsch der Delegation wurde die Gedenkstätte der Sozialisten in Berlin-Friedrichsfelde sowie das sowjetische Ehrenmal in Treptow besucht.
Die Delegation stattete der Mahn- und Gedenkstätte Ravensbrück einen Besuch ab und legte ein Gebinde mit einer Schleife des Hauptvorstandes der IG Druck und Papier im DGB nieder.
Dabei würdigten sie in eigener Konfrontation mit der Lage in der BRD die Pflege der Traditionen antifaschistischen Kampfes in der DDR und die Erziehung der Jugend anhand der historischen Erfahrungen der Arbeiterklasse zu sozialistischem Bewußtsein.
Programmgemäß besuchte die Delegation den VOB »Ostsee-Druck« Rostock und den VOB Tastomat Eggersdorf.
Mehrfach würdigten sie das fundierte und politisch engagierte, vom Stolz auf das Erreichte geprägte Auftreten der Gewerkschaftsfunktionäre, bei der weiteren Gestaltung der entwickelten sozialistischen Gesellschaft, insbesondere bei der umfassenden gewerkschaftlichen Interessenvertretung der werktätigen Frauen, in den besuchten Betrieben.
Die Fragen der Gäste konzentrierten sich bei allen Besuchen und Begegnungen auf folgende Probleme:

- Neue Technik und Arbeitsplatzsicherung;
- Stellung der Frau in der Familie;
- Einsatz der neuen Technik und sein Einfluß auf die Qualifikation (Qualifizierung);
- Berufstätigkeit der Frau und Familie sowie Kindererziehung und Betreuung;

- Entwicklung der Scheidungsquoten in der DDR;
- Geburtenentwicklung und Geburtenregelung;
- Entwicklung der Wohngemeinschaften;
- Pausengestaltung von Frauen an Tastomaten;
- Ausbildung von weiblichen Lehrlingen zu Facharbeitern;
- Stabile Preise, Methoden und Preisgestaltung bei der Arbeiterversorgung.

Insgesamt trugen die Besuche in Betrieben und die Begegnungen mit leitenden Funktionären des FDGB-Bundesvorstandes und des Zentralvorstandes dazu bei, den vornehmlich linksorientierten Delegationsmitgliedern ein anschauliches Bild über den real existierenden Sozialismus zu vermitteln.

Die Leiterin brachte im Abschlußgespräch zum Ausdruck, daß all das, was sie über die DDR gelesen habe, sich durch diesen Besuch bestätigt und verdichtet habe.

Dok. 35 ***(ArchGew A 201.13597)***

[Funktionäre der FDGB-Westabteilung]

Berlin, den 11. Juni 1980

Vermerk über ein Gespräch mit Leonhard Mahlein, Vorsitzender der IG Druck und Papier im DGB

Teilnehmer des Gesprächs waren W. Heilemann und G. Schulze. Es kam auf Wunsch von L. Mahlein im Zusammenhang mit seiner Anwesenheit in Berlin (Tagung des Ständigen Komitees und der Internationalen Graphischen Föderation) zustande.

1. Mahlein unterstützte mit Nachdruck unsere Auffassung, daß die Gewerkschaften in der BRD die Politik der Friedenssicherung, Entspannung und Abrüstung unterstützen müßten. Die Besorgnis über die gegenwärtige internationale Lage sei bei vielen Funktionären sehr groß. Bei Beurteilung der Ursachen wurde jedoch die Schuld daran noch

überwiegend der »Afghanistan-Krise« zugeordnet. Es sei jedoch ein Stimmungsumschwung bemerkbar, der sich vor allem auf Gewerkschaftskonferenzen der Jugend darin zeige, daß neben »Afghanistan-Beschlüssen« auch gegen die NATO-Raketenbeschlüsse von Brüssel Stellung genommen wird. Die Haltung der Gewerkschaftsspitzen in dieser Situation sei voll darauf gerichtet, außenpolitisch gegenüber den sozialistischen Ländern und besonders der DDR die Politik der SPD und von Bundeskanzler Schmidt zu unterstützen.

Schmidt habe auf der kürzlich stattgefundenen Beratung des Gewerkschaftsrates der SPD erneut die Fortsetzung der Entspannungspolitik betont. Auf die Mitteilung, daß die Mehrzahl der eingeladenen Gewerkschaften der sozialistischen Länder am Gewerkschaftstag der Gewerkschaft ÖTV nicht teilnehmen, habe er mit den Worten reagiert, die Beziehungen mit diesen unbedingt fortzusetzen.

Der Brief des Gen. H. Tisch an H. O. Vetter vom Oktober 1979 sei weder den Vorsitzenden der Einzelgewerkschaften bekannt geworden noch im Bundesvorstand des DGB behandelt worden. Vetters Haltung in dieser Frage bewertend sagte Mahlein: Er sei unberechenbar, schalte seine Kollegen nicht ein und wollte offensichtlich kein Vorprellen ohne Abstimmung mit Schmidt. Es sei durchaus denkbar, daß Schmidt H. O. Vetter bei seinem DDR-Besuch mitnehme.

L. Mahlein hält seine Einladung für eine Delegation der IG Druck und Papier des FDGB an seinem Gewerkschaftstag in Augsburg (12.–18.10.1980) aufrecht. Er betonte, daß es in dieser Situation gut wäre, wenn die DDR und andere sozialistische Länder anwesend wären.

2. Der Beschluß, keine Wahlprüfsteine zur Bundestagswahl herauszugeben, sei durch seine Intervention revidiert worden. Die »rechte Fraktion« werde immer aktiver. Das seien die Vorsitzenden der IG/Gew. Chemie-Papier-Keramik (Hauenschild), Textil-Bekleidung (Keller), Nahrung-Genuß-Gaststätten (Döding), Bergbau und Energie

(Schmidt) und Bau-Steine-Erden (Sperner). Dieser Kreis sitze auch monatlich einmal mit Bundeskanzler Schmidt zusammen. Es sei deshalb kein Zufall, daß die verstärkte Politik der Sozialpartnerschaft gerade von diesen Funktionären praktiziert werde.

In dieser Frage zeige sich in den Leitungsgremien Widersprüchlichkeit. Die konkrete Lage in der BRD und im Betrieb erfordere entschiedenes Auftreten. Die Funktionäre an der Basis haben dafür ein offenes Ohr und erwarten eine kämpferische Gewerkschaftspolitik. Seine Auseinandersetzung mit Keller und der Politik der Sozialpartnerschaft habe deshalb auch über seine IG hinaus Unterstützung gefunden.

Die Diskussionen und Spekulationen um den Nachfolger von H. O. Vetter bestehen nach wie vor. Durch die Krankheit von H. O. Vetter scheint sicher, daß er nicht wieder kandidieren will. Döding mache sich nach wie vor Hoffnungen. Er trete in dieser Frage jetzt geschickter auf und werde immer öfter als erfolgreicher Gewerkschafter herausgestellt.

Alois Pfeiffer, Mitglied des Geschäftsführenden Bundesvorstandes, sei jetzt neu als Nachfolger im Gespräch. Er werde offensichtlich von der IG Metall gestützt.

Schwab hat alle Gerüchte dementiert, wonach er zurücktreten wolle. Sein Ausscheiden werde »normal« 1982 erfolgen. Seine Politik sei in vielen Fragen nicht mehr verständlich. Er habe sich in alle »Fettnäpfchen« gesetzt, die man ihm hinhielt.

Breit (Postgewerkschaft) habe endgültig aus familiären Gründen auf eine Kandidatur als Nachfolger Vetters verzichtet. Dafür soll sein Stellvertreter, Gustav Fehrenbach (CDU), für 1982 als Kandidat für die Funktion des Stellvertretenden Vorsitzenden des DGB im Gespräch sein.

Schulze

Verteiler:

Koll. H. Tisch

Koll. W. Heilemann

Koll. G. Schulze

Dok. 36 *(ArchGew A 201.13491)*

[Keine Solidarität für Lothar Löwe]

IG Druck und Papier
– Zentralvorstand – **Berlin, 19. Dez. 1980**

Bericht über das Ergebnis des Informationsbesuches einer Delegation des Hauptvorstandes der IG Druck und Papier im DGB mit Funktionären der Deutschen Journalisten Union (DJU) in der IG Druck und Papier in der Zeit vom 8. bis 13. Dezember 1980 in der DDR.

I.
Auf Wunsch des Vorsitzenden der IG Druck und Papier im DGB weilte zusätzlich zu den getroffenen Vereinbarungen eine Delegation des Hauptvorstandes der IG Druck und Papier im DGB mit Funktionären der Deutschen Journalisten Union unter Leitung des Kollegen Detlef Hensche, Mitglied des Geschäftsführenden Hauptvorstandes der IG Druck und Papier im DGB vom 8. bis 13. Dezember 1980 zu einem Informationsbesuch in der DDR.
Der Delegation gehörten ferner an:
Kollege Eckart Spoo, Bundesvorsitzender der DJU in der IG Druck und Papier im DGB und Korrespondent der »Frankfurter Rundschau« in Hannover,
Kollege Ingo Girndt, Mitglied des DJU-Landesvorstandes Bayern, Redakteur der »Nürnberger Nachrichten«, Mitglied der Tarifkommission Redakteure an Tageszeitungen, verantwortlich für Ausbildungsfragen bei der DJU Nürnberg,
Kollege Gerhard Manthey Sekretär der Geschäftsstelle der DJU beim Hauptvorstand der IG Druck und Papier im DGB,
Kollege Henrik Müller, Mitglied der Tarifkommission Redakteure der DJU, Vorsitzender des Ortsvereins Siegen, verantwortlich für Fachgebiet Journalistenausbildung, Redakteur bei der »Westfälischen Rundschau«, Bad Berleburg.
Als Betreuer fungierten Kollege Frohböse, Mitglied des Präsidiums und Sekretär des Zentralvorstandes, Kollege Petersen,

stellvertretender Leiter der Abteilung Agitation, Propaganda, Bildung und Kultur.
Die durch das Sekretariat des FDGB-Bundesvorstandes für den Aufenthalt der Delegation beschlossene politische Zielstellung wurde erfüllt. Das durch den Zentralvorstand vorbereitete Programm für den Informationsaufenthalt der Delegation wurde von ihr akzeptiert.
(...)
Sie besuchte die Ingenieurschule »Otto Grotewohl« in Leipzig und informierte sich über die Ausbildung an dieser Bildungseinrichtung der Polygrafie, studierte in der LVZ-Redaktion Leipzig die Arbeits- und Lebensbedingungen der Redakteure und nahm die Gelegenheit zu einem Informationsgespräch mit Betriebszeitungsredakteuren im VEB Gießerei und Maschinenbau Leipzig (ehem. Giesag) wahr. Die Delegation machte sich des weiteren mit Problemen der Aus- und Weiterbildung von Journalisten der DDR an der Sektion Journalistik der Karl-Marx-Universität Leipzig bekannt und besuchte das VEG Pflanzenproduktion Wölkau bei Delitzsch. Mit Gewerkschaftsjournalisten fand ein Gespräch statt, an dem das Mitglied des Präsidiums des Bundesvorstandes des FDGB und Chefredakteur der »Tribüne«, Koll. Claus Friedrich, teilnahm.
Die Delegation weilte am 12. Dezember 1980 zu einem Empfang in der Ständigen Vertretung der BRD in der DDR, sie besuchte die Mahn- und Gedenkstätte Sachsenhausen und legte am Ehrenmal ein Blumengebinde nieder, besichtigte das Neubaugebiet Marzahn und informierte sich über die Sanierung von Altbauwohnungen in Berlin Prenzlauer Berg (Arnimplatz).
Kennzeichnend für die Dauer ihres Aufenthaltes waren die intensive Arbeit der Delegation und ihre vielfältigen und zielgerichteten Fragen zur sozialistischen Journalistik in der DDR. Der Besuch war gleichzeitig von dem Wunsch getragen, sich ein möglichst umfassendes Bild über die gesellschaftlichen Verhältnisse in der DDR zu verschaffen.

II.
Während des Begrüßungs- und Abschlußgepräches und im Ver-

laufe der Betriebsbesuche wurde von Koll. Hensche und Spoo mehrfach betont, daß der Hauptvorstand der IG Druck und Papier im DGB daran interessiert sei, die Beziehungen zur IG Druck und Papier im FDGB fortzusetzen. Der Informationsbesuch der Delegation diene diesem Ziel. Gerade in der jetzigen Zeit, wo es eine Abkühlung der weltpolitischen Lage gäbe, müßten die gewerkschaftlichen Kontakte enger geknüpft und noch mehr in den Dienst der Entspannung gestellt werden. Sie bekräftigten ihre Haltung »trotz der Absage einiger Gewerkschaftsorganisationen der BRD jetzt in die DDR zu reisen«. Koll. Hensche warf die Frage nach der Gestaltung der Beziehungen zwischen beiden Organisationen im Jahre 1981 auf. Es wurde Übereinstimmung erzielt, sich darüber zu Beginn des Jahres definitiv zu verständigen.
Von ihnen wurde betont, daß es sich um die erste Journalistendelegation der DJU in der DDR handele, daß sie freundschaftliche Beziehungen zu ihren Partnern in der UdSSR unterhalten und den Wunsch haben, ebenfalls gute Beziehungen zum Verband der Journalisten der DDR herzustellen. In der BRD gäbe es unter vielen Journalisten, auch bei Gewerkschaftsmitgliedern solche Vorstellungen, daß in der DDR kein echter Journalismus existiere. Man sage, die Massenmedien seien Propaganda-Institute der SED, die Presse sei nicht frei.
Durch Kontakte mit dem VdJ der DDR wäre die DJU besser in der Lage, die Einbettung der journalistischen Arbeit in die gesellschaftlichen Verhältnisse nachzuweisen und falsche Vorstellungen über den sozialistischen Journalismus in der DDR abzubauen.
(...)
Die Delegation wandte sich gegen die Stationierung neuer NATO-Mittelstreckenraketen in Westeuropa. Sie nahm eine zustimmende Haltung zu den Abrüstungsvorschlägen der sozialistischen Gemeinschaft und zum Vorschlag auf Anerkennung der Staatsbürgerschaft der DDR ein. Spoo: »Die Anerkennung der Staatsbürgerschaft der DDR durch die Bonner Regierung ist längst überfällig.«
Hensche und Spoo betonten mehrfach, daß sie in den Gewerk-

schaften und durch ihre publizistische Arbeit Barrieren gegen den Antikommunismus setzen und Mißverständnisse und Vorbehalte gegenüber der DDR in der BRD abbauen und beseitigen müssen. Die Zurückdrängung des Antikommunismus sei aus verschiedenen Gründen wichtig. Vor allem im Interesse des Friedens, der Weiterführung der Entspannung, aber auch aus innenpolitischen Gründen zur Abwehr der Unternehmerangriffe auf die Arbeiter. Sie legten dar, daß die verzerrte Darstellung der DDR-Wirklichkeit durch die BRD-Massenmedien System sei, und daß sie ihre Aufgabe mit darin sehen, ein reales DDR-Bild zu vermitteln und durchsetzen zu helfen.
Die Delegation distanzierte sich einerseits vom antikommunistischen Auftreten von BRD-Journalisten wie Löwe und Löwenthal u.a. gegen die DDR, hielt es aber für angebracht, offensichtlich unter dem Eindruck des Gewerkschaftstages, sich gegen die »Behinderung« von BRD-Journalisten in der DDR zu äußern.
Hensche betonte, obwohl der Hauptvorstand dazu gedrängt wurde, habe die IG Druck und Papier zur Ausweisung von Löwe keine Stellung in der Presse bezogen. Man wisse, mit welchen Aufträgen einzelne westliche Journalisten zu uns in die DDR kämen. Dazu brauche man keinen Nachhilfeunterricht. Aber man sei daran interessiert zu erfahren, ob auch progressive Journalisten der BRD von der »Behinderung« betroffen seien. Es wurde der Wunsch geäußert, von uns Dokumente und Fakten zu erhalten von Journalisten aus der BRD und aus anderen kapitalistischen Ländern über deren Einmischung in die inneren Angelegenheiten der DDR.
(...)

III.
Während des Aufenthaltes der Delegation in Betrieben und Einrichtungen wurden die Gäste über die verfassungsmäßigen Rechte der Gewerkschaften und ihre Wahrnehmung durch die Betriebsgewerkschaftsleitungen informiert.
(...)

IV.
Während des Abschlußgespräches baten die Gäste um die Übermittlung von DDR-Materialien über die Massenmedien der BRD sowie die Veröffentlichungen in der »Tribüne« über Probleme des Arbeitsrechts. Die Delegation kündigte an, daß sie über den Besuch in der DDR im Zentralorgan der IG Druck und Papier im DGB und dem der DJU berichten werde. Während des Aufenthaltes in der Ständigen Vertretung der BRD in der DDR wurden Hensche und Spoo von Journalisten des Rias sowie der »Süddeutschen Zeitung« interviewt. Weitere Interviews fanden, so informierten die Gäste, am 13. Dezember in Westberlin statt.
Es kam während der Gesamtdauer des Besuches zu keinen provokatorischen Fragen oder Äußerungen. Beide Seiten kamen überein, diesen Informationsbesuch auf der jeweiligen Leitungsebene auszuwerten und Maßnahmen für den Ausbau der künftigen Beziehungen zwischen beiden Organisationen festzulegen.

Dok. 37

IG Druck und Papier
Zentralvorstand
Bundesvorstand des FDGB
Westabteilung **Berlin, 19. August 1981**

Information
Angaben zur Position der IG Druck und Papier im DGB und zur Person des Vorsitzenden Leonhard Mahlein

(...)
2. Die IG Druck und Papier gehört zahlenmäßig zu den kleinen Gewerkschaften im DGB, besitzt jedoch aufgrund des Charakters des Organisationsbereiches (Druckindustrie, Massenmedien) gegenüber anderen Industriegewerkschaften und Gewerkschaften eine gewisse gesellschaftspolitische Bedeutung.
(...)

Die IG Druck und Papier ist wie alle anderen Einzelgewerkschaften im DGB eine sozialdemokratisch-orientierte, reformistisch geführte Gewerkschaft. Sie vertritt die Grundauffassungen des DGB, bezieht jedoch mehr als andere Gewerkschaften oft kritische und realistische Positionen in der gesellschaftspolitischen Auseinandersetzung. Die Politik der IG Druck und Papier und des Hauptvorstandes wird entscheidend geprägt von der Positionsnahme des Vorsitzenden Leonhard Mahlein. Die IG Druck und Papier gilt bei den Monopolen und im DGB als »linkslastig«, was sicherlich auf die Anerkennung von Realitäten in der internationalen Politik, auf verstärkte Interessenvertretung, und Ablehnung des Antikommunismus und Neonazismus zurückzuführen ist. Wegen Äußerungen im Juni 1981 über die Leistungen der Gewerkschaften in der Sowjetunion, war Mahlein heftigen Angriffen ausgesetzt. Die Monopol-Presse forderte die Mitglieder auf, ihn von seiner Funktion abberufen zu lassen.
Unter dem Einfluß progressiver Kräfte in der IG Druck und Papier (Mahlein, Hensche) faßten Gewerkschaftstage in der Vergangenheit konstruktive Beschlüsse zur völkerrechtlichen Anerkennung der DDR, zum Kampf für den Frieden, für Entspannung und Abrüstung.
Mit dem Programm »Rolle und Aufgaben der Gewerkschaften im letzten Viertel des 20. Jahrhunderts« bezieht die IG Druck und Papier Positionen für eine konstruktive, auf die Interessenvertretung der Arbeiter gerichtete Politik.
Seit längerer Zeit nimmt die IG Druck und Papier einen realistischen Kurs zu den Gewerkschaften der sozialistischen Länder ein. Bereits der 8. Ordentliche Gewerkschaftstag 1968 in Koblenz beschloß die Aufnahme offizieller Kontakte zur IG Druck und Papier im FDGB. Seit November 1973 bestehen offizielle sachliche Kontakte und eine sich stetig weiterentwickelnde Zusammenarbeit auf der Grundlage der international üblichen Normen mit der IG Druck und Papier im FDGB.

3. In jüngster Zeit gibt es vom Hauptvorstand der IG Druck

und Papier und besonders durch den Vorsitzenden, Leonhard Mahlein, eine klare Haltung und eindeutige Stellungnahme zu wichtigen gesellschaftspolitischen Problemen, wie Kampf um die Sicherung des Friedens, gegen die Stationierung von amerikanischen Atomraketen in Westeuropa, gegen die Neutronenbombe und auch die Machenschaften der DGB-Führungsspitze zur Kanalisierung der Friedensbewegung in den Gewerkschaften.
(...)

Dok. 38 ***(ArchGew A 201.13597)***

Zentralvorstand
IG Druck und Papier **Berlin, 27.8.1981**

Erste Information über den Besuch einer Delegation des Hauptvorstandes der IG Druck und Papier im DGB unter der Leitung des Vorsitzenden Leonhard Mahlein

(...)

2. In zahlreichen Gesprächen zeigte Mahlein eine große Aufgeschlossenheit, unseren Standpunkt zur gegenwärtig verschärften internationalen Lage kennenzulernen, deren Ursache er in der Hochrüstung der USA und ihrer NATO-Verbündeten sieht. Seine Position:
»Wir können uns über viele Dinge unterhalten und Einigung erzielen, das Hauptproblem sind aber unsere Anstrengungen für die Erhaltung des Friedens.« Er bekennt sich immer wieder zum Beschluß des Gewerkschaftstages der IG Druck und Papier im DGB vom Oktober 1980 gegen die Stationierung neuer Mittelstreckenraketen der USA in Westeuropa und für die sofortige Aufnahme von Verhandlungen über Rüstungsbegrenzung und Abrüstung. Erneut brachte er seine Besorgnis über den Bau der Neutronenbombe zum Ausdruck und informierte über seinen Brief an den Vorsitzenden des DGB, der zum Ziel hat, eine einheitliche Hal-

tung des DGB gegenüber der Bundesregierung in dieser Frage zu erreichen.

(...)

3. Die Delegation wurde in Erfurt mit diesen Grundfragen ebenfalls konfrontiert. Im wesentlichen wird von den Mitgliedern der Delegation die Position des Vorsitzenden gestützt. Sie stehen hinter dem Beschluß ihres Gewerkschaftstages. Abweichende Positionen zeigten sich besonders bei Metzinger, zweiter Vorsitzender des Landesbezirkes Nordmark.
   - Er versucht die Verschärfung der Lage auf Afghanistan zurückzuführen und sieht die Bedrohung durch die »Vorrüstung der UdSSR durch die Stationierung der SS 20-Rakete«. Darum seien die Mittelstreckenraketen notwendig.
   - In anderen Fragen vertritt er offen seine antikommunistische Position, indem er unter anderem Demokratie in der DDR in Abrede stellt, die Gründung der SED als »Zwangsvereinigung zwischen KPD und SPD« bezeichnet und sich gegen unsere Maßnahmen gegenüber Bahro, Biermann und Havemann wendet. Müller, Mitglied des Geschäftsführenden Hauptvorstandes, und Holzmann, zweiter Vorsitzender des Landesbezirkes Baden-Württemberg, distanzierten sich von diesen Auffassungen, wobei sie versuchten, sich in einer Reihe anderer Fragen durch Gespräche Klarheit zu verschaffen. Müller vertritt pluralistische Auffassungen.

Zur Lage in Polen:

Mahlein sieht die Gefährlichkeit der Situation, charakterisiert Solidarność als von konterrevolutionären Kräften gelenkte Organisation, die auch aus dem Ausland gelenkt wird. Bei den anderen Mitgliedern der Delegation gibt es unterschiedliche Auffassungen, die Besorgnis widerspiegeln und oft von antikommunistischen Vorbehalten geprägt sind.

Heinz Deckert
Vorsitzender

Dok. 39 *(ArchGew A 201.13491)*

IG Druck und Papier
– Zentralvorstand – **Berlin, 1. Sept. 1981**

Bericht über das Ergebnis des Informationsbesuches einer Delegation des Hauptvorstandes der IG Druck und Papier im DGB in der DDR vom 24. bis 29. August 1981

I.
In Realisierung des Beschlusses des Sekretariats des Bundesvorstandes des FDGB S 49/81 vom 28.1.1981 und einer Vereinbarung mit dem Hauptvorstand der IG Druck und Papier im DGB erhielt eine Delegation des Hauptvorstandes der IG Druck und Papier im DGB unter Leitung des Vorsitzenden und Präsidenten der Internationalen Grafischen Föderation, Kollegen Leonhard Mahlein, die Möglichkeit, sich in der Zeit vom 24. bis 29. August 1981 über die gewerkschaftliche Bildungsarbeit des FDGB zu informieren.
Der Delegation gehörten ferner an:
Kollege Joachim Müller, Kassierer und Mitglied des Geschäftsführenden Hauptvorstandes;
Kollege Karl Holzmann, 2. Vorsitzender des Landesbezirkes Baden-Württemberg der IG Druck und Papier im DGB;
Kollege Günter Metzinger, 2. Vorsitzender des Landesbezirkes Nordmark der IG Druck und Papier im DGB;
Kollege Werner Tschischka, Pädagogischer Mitarbeiter im Schulungs- und Erholungsheim Springen der IG Druck und Papier im DGB.
Die durch das Sekretariat des Bundesvorstandes des FDGB beschlossene Zielstellung des Informationsaufenthaltes wurde erfüllt. Das vorbereitete Programm fand die Zustimmung der Delegation.
Die Delegation informierte sich über den Standpunkt des FDGB zur Friedenssicherung, insbesondere gegen die Stationierung neuer atomarer Mittelstreckenraketen sowie anderer Massenvernichtungswaffen der USA in Westeuropa, zur Konfrontations- und Hochrüstungspolitik des Imperialismus, sowie über den

gewerkschaftlichen Beitrag des FDGB zur Herbeiführung der Abrüstung und Bewahrung und Festigung des Friedens.
Der vereinbarten Thematik entsprechend machte sich die Delegation besonders mit Inhalten und Methoden der Aus- und Weiterbildung der Mitglieder des FDGB und der Gewerkschaftsfunktionäre vertraut. Dazu nutzten sie die gebotenen Möglichkeiten des Meinungsaustausches an der Zentralschule des FDGB in Erfurt, der Bezirksgewerkschaftsschule in Crawinkel, an der Gewerkschaftshochschule »Fritz Heckert« in Bernau sowie in der Druckerei »Fortschritt« Erfurt.
Am 27. August 1981 empfing der Vorsitzende des Bundesvorstandes des FDGB, Kollege Harry Tisch, die Delegation unter Leitung des Kollegen L. Mahlein zu einem Gespräch, das den nachhaltigsten Eindruck bei ihnen hinterließ. Im Mittelpunkt dieses Meinungsaustausches standen Fragen der Interessenvertretung der Arbeiterklasse, besonders der Friedenssicherung durch die Gewerkschaften in Staaten unterschiedlicher Gesellschaftsordnung. Die Mitglieder der Delegation bezeichneten dieses Gespräch als sehr interessant und nützlich und hoben den offenen und freimütigen Charakter hervor. Metzinger brachte zum Ausdruck, daß das Gespräch für ihn sehr informativ war und er auf eine ganze Reihe von Fragen zufriedenstellende Antworten erhalten habe. Diese Auffassung wurde auch von Müller geteilt. Die Ergebnisse des Meinungsaustausches wurden am 28.8.81 im ND und der »Tribüne« veröffentlicht. (...)
Der Vorsitzende der IG Druck und Papier im DGB, Kollege L. Mahlein, führte in seiner Eigenschaft als Präsident der Internationalen Grafischen Föderation am 25. und 26.8.1981 Beratungen mit dem Ständigen Komitee der Gewerkschaften der Grafischen Industrie über die Vorbereitung der dreigliedrigen ILO-Konferenz zu Fragen der grafischen Industrie. Die Beratungen wurden am 26.8.1981 erfolgreich beendet.

II.

In zahlreichen Gesprächen zeigte L. Mahlein eine große Aufgeschlossenheit, unseren Standpunkt zur gegenwärtig verschärften internationalen Lage kennenzulernen, deren Ursache er in der

Hochrüstung der USA und ihrer NATO-Verbündeten sieht. Seine Position wird darin deutlich, daß er verstärkte gewerkschaftliche Aktivitäten für die Erhaltung des Friedens als das Hauptproblem unserer Anstrengungen betrachtet. Er bekannte sich wiederholt zum Beschluß des Gewerkschaftstages der IG Druck und Papier im DGB vom Oktober 1980 gegen die Stationierung neuer Mittelstreckenraketen der USA in Westeuropa und für die sofortige Aufnahme von Verhandlungen über Rüstungsbegrenzung und Abrüstung. Im Namen der Delegation brachte L. Mahlein wiederholt zum Ausdruck, daß immer mehr Mitglieder der IG Druck und Papier im DGB mit Unbehagen und Sorge auf den Beschluß der USA-Regierung zur Produktion der Neutronenwaffe reagieren und daß gewerkschaftliche Friedensaktionen zunehmen.

Er unterstrich dabei die wachsende Verantwortung der Gewerkschaften für die Friedenssicherung. Er informierte über seinen Brief an den Vorsitzenden des DGB, der zum Ziel hat, eine einheitliche Haltung des DGB gegenüber der Bundesregierung in dieser Frage zu erreichen.

Um der Gefahr eines Krieges noch entschlossener und wirksamer entgegentreten zu können, sei die Zusammenarbeit von Gewerkschaften der BRD und der DDR gerade jetzt dringender denn je. Die IG Druck und Papier im DGB werde sich von niemandem abhalten lassen, ihrer Verantwortung im Friedenskampf noch umfassender gerecht zu werden. Gewerkschaftliche Maßnahmen gegen die USA-Politik der Hochrüstung und die Erreichung einer Wende zur Abrüstung seien dringendst geboten. Mahlein forderte das Verbot des Baues und der Stationierung der Neutronenbombe und die Zurücknahme des NATO-Raketenbeschlusses. In einer gemeinsamen Presseerklärung anläßlich des Informationsbesuches der Delegation in der DDR bekräftigte L. Mahlein seine grundsätzliche Haltung zu Fragen des Friedens und der Abrüstung. Im wesentlichen wurde diese Position des Vorsitzenden von den Delegationsmitgliedern gestützt, wobei Koll. Karl Holzmann die progressivste Haltung zeigte. Abweichende Positionen zeigten sich besonders bei Metzinger und teilweise bei Müller, wobei letzterer fortwährend taktierte und die antisowjetischen

antikommunistischen Ausfälle von Metzinger abzuschwächen bzw. zu verteidigen versuchte. (»Wir brauchen Argumente für unsere Auseinandersetzung mit den Unternehmern und den Mitgliedern der IG«)
(...)
Hin und wieder äußerten sie sich kritisch gegenüber bestimmten pädagogischen – didaktischen – und Leitungsprinzipien an den Schulen des FDGB. Gleichzeitig räumten sie ein, daß bei den unterschiedlichen gesellschaftlichen Verhältnissen formale Vergleiche in der gewerkschaftlichen Schulungsarbeit nicht möglich sind.
Die von ihnen zur gewerkschaftlichen Bildungsarbeit vorgetragenen Auffassungen beinhalteten u.a. solche Aussagen wie:

- Unsere Lehrgangsteilnehmer wehren sich gegen Erziehung in einem bestimmten Sinne, sie opponieren dagegen, nach einer gewerkschaftlichen Linie ausgebildet zu werden.
- Wir haben es auf den Lehrgängen ein ganzes Stück schwerer als Ihr, bei uns ist eine vielfältige Überzeugungsarbeit notwendig, um die erforderliche Lerneinstellung bei den Kollegen zu schaffen.
- Wir schulen unsere Kollegen stärker für die Arbeit im Betrieb, Ihr schult mehr hauptamtliche Gewerkschaftsfunktionäre. Gewerkschaftsfunktionär als Lehrberuf kann es nicht geben, das scheint der wesentliche Unterschied zu Euch zu sein.
- Für uns als Gewerkschafter zeigt sich bei Euch eine ganz andere Welt in Bildungsfragen, und man sieht, daß Ihr die Macht habt. Wir können nur kurze Lehrgänge durchführen, um im »Schnellbleichverfahren« Kollegen für die Auseinandersetzung mit den Unternehmern auszubilden.
- Die IG Druck und Papier im DGB gibt 10% ihrer Mittel für Bildungszwecke aus.
- Einer der großen Unterschiede ist, daß Ihr Gewerkschaftsfunktionäre zur Machtausübung ausbildet, während es bei uns darum geht, Konflikte zu beherrschen und Konfliktbereitschaft der Kollegen zu erzeugen und

im Betrieb eine gewerkschaftliche Gegenmacht gegen den Unternehmer aufzubauen.

- Zum Studium gehört der freie Zugriff zu jeglicher Literatur, nicht nur marxistisch-leninistischer. Dazu gehört auch neuere sozialistische Literatur aus dem Westen, nicht nur Werke von Klassikern. Man kann nicht nur das anbieten an Literatur, was einer vor 100 Jahren gedacht hat.

III.
Im Namen des Hauptvorstandes der IG Druck und Papier im DGB sprach L. Mahlein eine offizielle Einladung für Herbst 1972 zum Gegenbesuch einer Frauendelegation der IG Druck und Papier des FDGB in der BRD aus.

Dok. 40 *(ArchGew 201.13491)*

W. Heilemann **2.9.1981**

Information über das Gespräch des Genossen Harry Tisch mit der Delegation der IG Druck und Papier im DGB unter Leitung ihres Vorsitzenden Leonhard Mahlein am 27.8.1981

Im Mittelpunkt einer länger geführten Aussprache standen die Sicherung des Friedens und die Notwendigkeit weiterer Schritte zur Abrüstung. Von seiten der DGB-Gewerkschafter wurde die große Sorge deutlich gemacht, die sich aufgrund der verstärkten Rüstung unter der neuen USA-Administration bei vielen Menschen ausbreitet. Die Angst, in einen Konflikt hineinbezogen und verheizt zu werden, ist überall spürbar. Das sei auch der Grund für die sich in der BRD entwickelnde Friedensbewegung. Von den einfachen Leuten würde weniger nach den Initiatoren und Überschriften der einzelnen Friedensappelle gefragt, es gehe ihnen vor allem gegen das weitere Drehen an der Rüstungsspirale und die daraus entstehende Gefahr. (...) Es wurde geäußert, daß der Aufruf des DGB zur Unterschriftensammlung unter ein eigenes Dokument sehr spät käme. In der Vergangenheit, sowohl

beim Kampf gegen die Wiederaufrüstung in den 50er Jahren als auch gegen die Notstandsgesetzgebung, habe der DGB immer an der Spitze gestanden. Die Ursache dafür sei die Mehrheit der Delegationsmitglieder in der Haltung der DGB-Führung, die sich nicht einseitig gegen die amerikanische Politik wenden wolle. Hinzu käme der ausgeprägte Antikommunismus. Das widerspiegelte sich in den Hinweisen auf die Stationierung von sowjetischen Mittelstreckenraketen usw. Auch hier muß vermerkt werden, daß die Vorschläge der Sowjetunion zur Rüstungsbegrenzung und Abrüstung im Konkreten wenig bekannt sind oder bewußt negiert werden.
Übereinstimmung gab es von seiten der DGB-Gewerkschafter, daß man das Erreichte durch die Entspannungspolitik vor allem von Brandt und Bahr nicht kaputtmachen lassen dürfe. Die IG Druck und Papier unterstütze alle Initiativen und Äußerungen, die der Rüstungsbegrenzung und Abrüstung in Europa dienen. Leider würden einige große Gewerkschaften, wie Chemie, ÖTV, Bergbau und andere, sich noch sehr zurückhaltend bewegen. (...) Hervorgehoben wurde auch die Verantwortung, die ihrer Meinung nach gerade die Deutschen für die Erhaltung des Friedens tragen. Deshalb begrüßten sie auch den Briefwechsel zwischen Genossen Erich Honecker und Helmut Schmidt mit dem Ziel, eine Begegnung beider durchzuführen. (...) Was die innere Lage betrifft, könnte sich im Zusammenhang mit den Maßnahmen zum weiteren Sozialabbau die Situation weiter verschärfen. Man müsse sehen, daß die angekündigten Maßnahmen immer nur Teile der Werktätigen betreffen (Arbeitslose, Kranke, Brillenträger etc.). Dadurch würde die Solidarisierung aller Betroffenen erschwert. Es sei anzunehmen, daß der DGB und seine Einzelgewerkschaften gegen bestimmte Maßnahmen wortstark auftreten werde, am Ende aber die Regierung nicht in Gefahr bringen würden. Man gehe davon aus, daß die Koalition die Sache überstehen wird.
Aus dem vorher Gesagten und aus der Haltung des DGB zu den inneren Fragen ergäbe sich, daß der Kanzler im DGB gegenwärtig eine größere Stütze habe als in seiner eigenen Partei. Aus dieser Situation ergäbe sich auch die Tatsache, daß Vetter auf dem näch-

sten DGB-Kongreß im Mai 1982 noch einmal als Vorsitzender kandidieren wolle. Bei ihm wisse man, woran man sei und gehe kein Risiko ein.
Starkes Interesse bestand bei allen an Fragen zur weiteren Entwicklung in der DDR. Das bezog sich sowohl auf wirtschafts- als auch auf sozial-politische Probleme.
Neben der positiven Wertung machten sie »ihre Besorgnis« deutlich, ob bei uns nicht Ähnliches passieren könnte wie in Polen. Nach überzeugenden Antworten unsererseits, daß eine solche Lage in der DDR nicht eintreten wird, versuchten sie, die richtige Politik der DDR anderen sozialistischen Ländern gegenüberzustellen. Abschließend sprachen sich die DGB-Gewerkschafter einmütig für die Notwendigkeit der Fortführung normaler Beziehungen zwischen DGB und FDGB aus. Sie bekräftigten, daß unter den gegenwärtigen Bedingungen Gespräche zwischen den Führungen beider Organisationen nicht nur nützlich, sondern auch notwendig wären.
Von seiten der IG Druck und Papier nahmen außer ihrem Vorsitzenden Leonhard Mahlein,
das Mitglied des Geschäftsführenden Hauptvorstandes, Joachim Müller,
der 2. Vorsitzende des Landesbezirkes Baden-Württemberg, Karl Holzmann,
der 2. Vorsitzende des Landesbezirkes Nordmark, Günter Metzinger,
sowie Werner Tschuschka, Pädagogischer Mitarbeiter im Schulungs- und Erholungsheim Springen der IG Druck und Papier teil.

Dok. 41 *(ArchGew A 201.13491)*

IG Druck und Papier
Zentralvorstand **Berlin, 28.9.1982**

Information über die Ergebnisse des Informationsbesuches einer Frauendelegation des Zentralvorstandes der IG Druck und Papier in der BRD vom 20. bis 25. September 1982

(...)
Der Delegation gehörten an: Kollegin Sonja Wieland, Sekretär des Zentralvorstandes (Leiter der Delegation), Kollegin Christina Gatzmaga, Mitglied des Zentralvorstandes und Mitglied des Bezirksvorstandes der IG Druck und Papier Karl-Marx-Stadt, Kollegin Gisela Unrein, Mitglied des Zentralvorstandes und BGL-Vorsitzende des Fachbuchverlages Leipzig.
(...)
Bei Gesprächen mit Frauen des Landesvorstandes Baden-Württemberg und der IG Druck und Papier gibt es Übereinstimmung im Friedenskampf – gegen Stationierung zusätzlicher NATO-Raketen und für atomwaffenfreies Europa. Sie stimmen uns völlig zu, daß wir in der DDR hervorragende sozialpolitische Maßnahmen haben und unterstützen unsere Zielstellung durch gute Arbeit zur Erhaltung des Friedens, zu noch besseren wirtschaftlichen Erfolgen der DDR beizutragen.
(...)
Zur Situation der VR Polen gab es bei den Gesprächspartnern keine provokatorischen Fragen. Wir stellten allerdings fest, daß an der Schule in Springen eine Ausstellung über »Solidarność« existierte, worauf wir jedoch nicht besonders aufmerksam gemacht wurden.
Vereinzelten Diskussionen über die Höhe des Mindestumtauschsatzes, der bei vielen BRD-Bürgern auf Unverständnis stoße, wurde von der Delegation entgegengetreten.
Eine gemeinsame Presseerklärung über den Informationsbesuch erfolgte auf Wunsch der BRD-Seite nicht. In dem Zusammenhang wurde darüber informiert, daß es über die jüngste Presseer-

klärung der Delegation des Hauptvorstandes 1981 in der DDR eine mehrstündige Diskussion im erweiterten Hauptvorstand gegeben habe.

Dok. 42 *(ArchGew A 200.13308)*

[StV der DDR in Bonn]

AV Bonn, Abt. IAP **Bonn, 23. September 1982**

Vermerk über ein Gespräch des Genossen Wolf mit dem Vorsitzenden der IG Druck und Papier im DGB, Leonhard Mahlein, am 17.9.1982 in Stuttgart

Das Gespräch kam auf meinen Wunsch zustande. Es diente der Vorstellung und Information.
Zur Lage im DGB und seinen Gewerkschaften sowie zum Regierungswechsel in Bonn äußerte Mahlein folgende Auffassungen:
Zum DGB:
Mit Breit steht ein äußerst staatsverbundener Mann an der Spitze des DGB.
Seine typischen Aussagen dazu sind – der DGB ist nicht der Staat und auch nicht das Parlament und wir sind auch nicht seine Partner. Im Rahmen seiner »besonnenen« und »staatsmännischen« Haltung zeigt Breit keine Bereitschaft, zur Abwehr arbeiterfeindlicher Politik gegen Regierung und Parlament, auch nicht gegen eine von der CDU/CSU-geführten Regierung, zum gewerkschaftlichen Kampf aufzurufen.
In seiner Grundhaltung ist er bereit, mit jeder Regierung zusammenzuarbeiten.
Breit hat begonnen, die DGB-Gewerkschaften, vor allem rebellierende und schwankende Funktionäre, auf sozialdemokratische Führungspolitik – besonders auf Schmidt-Kurs – zu disziplinieren.
Er will das »historische Bündnis« von Gewerkschaften und Sozialdemokratie, besonders für die Periode der Opposition der SPD,

fest solidarisieren und die Grundströmungen im DGB eindeutig für Sozialpartnerschaft und gegen alle Tendenzen zur Formierung einer Widerstandsbewegung bestimmen.
Breit hat schon begonnen, nach einer ideologischen Rechtfertigung für »Sozialabbau« und »Überversorgung« zu suchen und verlangt Verständnis für eine Sozialpolitik, die auf geringeres Wirtschaftswachstum und hohe Arbeitslosigkeit eingestellt werden muß. Für die Lohn- und Tarifpolitik versucht er eine Rahmenordnung zu erreichen mit dem Ziel, in Vorabsprachen zwischen DGB-Führung und »Arbeitgeberpräsident« Esser eine aktive Gewerkschaftspolitik auf diesem Gebiet einzugrenzen und die Tarifautonomie der Gewerkschaften zu beschneiden.
Er sperrt sich auch gegenüber vernünftigen Forderungen und Anstößen, die aus der Friedens- und Ökologiebewegung kommen, um sie in gewerkschaftliche Maßnahmen aufzunehmen und überzeugenden Antworten zuzuführen.
Für seine politischen Zielstellungen sucht Breit Verbündete in den DGB-Gewerkschaften und findet dabei weitgehenden Gleichklang in den Auffassungen besonders bei Schmidt, Vorsitzender der IG Bergbau-Energie; Haar, Vorsitzender GdED; Keller, Vorsitzender Textil-Bekleidung und den beiden designierten Vorsitzenden der IG Chemie-Papier-Keramik, Rappe, und IG Metall, Mayr.
Breit läßt seinen Stellvertreter Fehrenbach (CDU) sowohl aus blindem Vertrauen zur Einheitsgewerkschaft als auch aufgrund der langjährigen Zusammenarbeit bei der Deutschen Postgewerkschaft weitestgehende Freiräume und Eigenständigkeit.
Fehrenbach nutzt die ihm gebotenen Möglichkeiten, um politische Grundhaltungen der CDU stärker als bisher in die DGB-Gewerkschaften zu streuen, die Nähe des DGB zur SPD zu kontrollieren und mitzubestimmen, die Wirksamkeit und gleichberechtigte Stellung von Gewerkschaftsfunktionären, die der CDU angehören, zu erhöhen und die Zusammenarbeit mit den Sozialausschüssen der CDU mitgliederwirksam zu verbessern.
Aufgrund des fehlenden Verständnisses für mehr solidarische Verbundenheit zwischen den Gewerkschaften im DGB und für Aktionsfähigkeit mit dem DGB wird die Gewerkschaftsbewe-

gung in der BRD heute und für die nächste Zeit ihren Aufgaben nicht voll gerecht werden. Dabei wird besonders auch das Fehlen von konzeptionellen Vorstellungen und personeller Einsatzbereitschaft für eine selbständige und unabhängige Gewerkschaftspolitik im Sinne einer Widerstandsbewegung des DGB deutlich sichtbar.
Dieses Erscheinungsbild der DGB-Gewerkschaften widerspiegelt sich bei der Mitgliedschaft in einem Prozeß des Vertrauensschwundes zwischen Basis und Führung, insbesondere der Abwendung der jungen Generation von einer bewußten Mitwirkung in der gewerkschaftlichen Arbeiterbewegung.
Deshalb wird auch – nicht nur im Zusammenhang mit einem Regierungswechsel in Bonn – eine bestimmte Rechtsentwicklung in der Führungspolitik des DGB und mit Duldung, teilweiser Unterstützung einiger Gewerkschaftsführungen kaum zu verhindern sein.
Zum Regierungswechsel:
Mit einer von der CDU/CSU-geführten Bundesregierung kommt eine konservative Grundströmung auf den DGB und seine Gewerkschaften zu. Sie wird keine der innenpolitischen Probleme, auch nicht den Haushalt 1983, im Sinne der Vorstellungen der Arbeiterbewegung lösen. Dadurch wird es zu einer beachtlichen Herausforderung der Gewerkschaften in der BRD kommen, die nur durch eine Rückbesinnung auf gewerkschaftliche Gegenmacht erfolgreich zu lösen ist.
Die SPD muß sich für längere Zeit auf die Stellung und Aufgaben in der Opposition einrichten. Die Neuformierung wird ihr nicht leichtfallen, weil doch viele Kräfte der Arbeiterbewegung, vor allem junge Menschen, von der SPD enttäuscht sind und der Vertrauensverlust groß ist. Mit einer von der CDU/CSU-geführten Bundesregierung wird die Aktionseinheit mit der Reagan-Politik breiter werden. Mit Sicherheit wird die BRD-Seite den Vorstellungen von Washington nach Neustationierung von Mittelstrekkenraketen in Westeuropa und einen schärferen politisch-wirtschaftlichen Kurs gegen die sozialistischen Länder zustimmen.
Wolf
I. Sekretär

Verteiler
2 Ex. MfAA, Abt. BRD
2 Ex. FDGB, Gen. Heilemann
1 Ex. AV Bonn, IAP

Dok. 43 ***(ArchGew A 201.13597)***

[Über persönliche Gespräche: Mahlein wird 1983 nicht zum Vorsitzenden kandidieren]

IG Druck und Papier
– Zentralvorstand – **Berlin, 29.9.1982**
Vertraulich

Information

Während des Delegationsbesuches beim Geschäftsführenden Hauptvorstand der IG Druck und Papier wurden unter anderem folgende Fragen an uns herangetragen bzw. Informationen gegeben:

– L. M. [Leonhard Mahlein, d. Vf.] bringt im persönlichen Gespräch am 21.9.1982 zum Ausdruck, daß er für IGF weiter kandidieren wird – für IG Druck und Papier im DGB nicht.
– Frage der Nachfolge von M. [Mahlein, d. Vf.] wird als eine ganz wesentliche Aufgabe angesehen für weitere Fortsetzung dessen, was bisher erreicht wurde. Zur Diskussion steht u.a. J. M., ehemals war vorgesehen Willi Baumann. Müßte mehr dazu gesagt werden. Persönliches Gespräch mit Gisela [Gisela Kessler, d. Vf.].
– L. M. wünscht Zusammentreffen mit alten Kampfgefährten (G. Feist, W. Heilemann). Nichtverständnis, daß keine Möglichkeiten persönlicher Kontakte vorhanden sein sollen. Wünscht G. Feist zum 80. Geburtstag, auf welche Art auch immer (evtl. schriftlich), zu gratulieren.
– L. M. Ständige Vertretung in BRD – Koll. Wolf Antrittsbesuch erfolgte 17.9. Bringt zum Ausdruck – Notwendigkeit

einer stärkeren Zusammenarbeit mit Gewerkschaften hinsichtlich der Entwicklung der internationalen Friedensbewegung. Trifft auch zu für Vertretung Botschaft SU. Früher engere Beziehungen, wir sollten doch darauf Einfluß nehmen.

- G. K. [Gisela Kessler, d. Vf.] bringt Wunsch zum Ausdruck, einmal für mehrere Tage DDR zu besuchen, um Gelegenheit zu haben, einige Gespräche zu führen, zu diskutieren. Bezieht Ruth Gruber, IG Druck und Papier, München, mit ein. Die ebenfalls bei solcher Möglichkeit eventuell hinzugezogen werden sollte (persönlicher Wunsch besteht). In diesem Jahr, aufgrund der Wahlen, nicht mehr möglich. G. K. (ausgebucht jedes Wochenende bis Jahreswechsel).
- Ernst Späth wiederholt Frage nach Kontakten zwischen Landes- und Bezirksvorständen. Bezieht sich auf frühere gute Erfahrungen. Akzeptiert unsere Hinweise hinsichtlich Regelung dieser Beziehungen über Hauptvorstand und Zentralvorstand – Zusammensetzung der Delegationen. Bedürfnis und Erfordernisse wären dennoch persönlich vorhanden. Stellt Frage nach anderen Möglichkeiten. Persönlich interessiert.
- Klaus Schönauer, Betriebsrat Süddeutscher Verlag: Er hätte öfter in Berlin zu tun, ob es da möglich wäre, sich einmal zu melden und einen Betrieb zu besuchen. Um Diskussion nicht zu beeinträchtigen, Telefon Nr. vom Vorstand gegeben – mit Hinweis, vorherige Anmeldung, da wir auch bei Betriebsbesuchen mit Delegationen und Bürgern anderer Länder Genehmigung vom staatlichen Leiter einholen müssen. Möglichkeit, daß er anruft, nicht ausgeschlossen.
- Detlef Hensche – im Beisein des Vorsitzenden Heinz Deckert gleichen Wunsch zum Ausdruck gebracht. Auch hinsichtlich der Wiederholung eines Delegationsbesuches der DJU in der DDR verbunden mit Gesprächen beim VDJ.

Wieland

Dok. 44 *(ArchGew A 201.13491)*

[Multilaterale Aktivitäten der Gewerkschaften gegen die Verwirklichung des Nato-Raketenbeschlusses]

IG Druck und Papier
– Zentralvorstand – **Berlin, 27. Mai 1983**

I.
In Realisierung des Beschlusses des Sekretariats des Bundesvorstandes des FDGB S 743/82 und einer Einladung des Zentralvorstandes der IG Druck und Papier des FDGB folgend, weilte eine Delegation des Hauptvorstandes der IG Druck und Papier im DGB unter Leitung des Vorsitzenden, Leonhard Mahlein, vom 16. bis 20. Mai 1983 zu einem Informationsaufenthalt in der DDR. Der Delegation gehörten weiter an:

Kollege Heinz Müller, Sekretär des Hauptvorstandes;
Kollege Gerd Ballentin, Vorsitzender des Landesbezirksvorstandes Westberlin;
Kollege Eberhard Kremer, Schulungsleiter des Schulungs- und Erholungsheimes der IG Druck und Papier im DGB, Springen (Taunus).
Die durch das Sekretariat des Bundesvorstandes des FDGB beschlossene Zielstellung des Informationsbesuches wurde erfüllt. Das vorbereitete Programm wurde von der Delegation gebilligt.
Am 17. Mai 1983 empfing der Vorsitzende des Bundesvorstandes des FDGB, Kollege Harry Tisch, die Delegation zu einem Gespräch. In seinem Mittelpunkt stand die auch von der Delegation als dringendste Aufgabe der Gegenwart bezeichnete Beseitigung der Gefahr eines nuklearen Krieges.
Zu den Ausführungen des Vorsitzenden, deren Inhalt eine hohe Wertschätzung erfuhr, gab es übereinstimmende Meinungsäußerungen durch die Delegation der IG Druck und Papier im DGB. Sie betonten den sachlichen und konstruktiven Dialog. Die

Ergebnisse des Meinungsaustausches wurden in einer von allen Delegationsmitgliedern zustimmend zur Kenntnis genommenen Presseinformation veröffentlicht.

(...)

Während ihres gesamten Aufenthaltes zeigte die Delegation großes Interesse, stellte zielgerichtete Fragen, die von Gewerkschafts- und Wirtschaftsfunktionären ausführlich beantwortet wurden. Dabei wurden die politische und ökonomische Stabilität, die Vorzüge des Sozialismus sichtbar gemacht sowie die Rolle und Verantwortung des FDGB bei der weiteren Gestaltung der entwickelten sozialistischen Gesellschaft verdeutlicht. Die Delegation zeigte weitgehende Übereinstimmung mit den dargelegten Problemen und demonstrierte mit ihrem Auftreten ihr Interesse an einem sachlichen Gespräch.

Die erstmalige Teilnahme eines leitenden Funktionärs der Westberliner Organisation der IG Druck und Papier im DGB wirkte sich nicht nachteilig auf den Delegationsbesuch aus. Mahlein betonte mehrfach die Nützlichkeit dieser Zusammensetzung, besonders für seine Organisation und bezeichnete die Teilnahme Ballentins als ein Zeichen gegenseitigen Vertrauens. Ballentin brachte zum Ausdruck, daß bei ihm durch den Besuch viele Vorbehalte abgebaut worden wären.

II.

Im Mittelpunkt der zahlreichen Begegnungen und der mit großer Aufgeschlossenheit geführten Gespräche stand die Notwendigkeit des verstärkten Kampfes um die Sicherung des Friedens und die Abrüstung als das dringendste Problem der Gegenwart.

(...)

Im Mittelpunkt stand dabei die Erörterung der Notwendigkeit und Möglichkeit zielgerichteter nationaler und multilateraler Aktivitäten der Gewerkschaften gegen die Verwirklichung des NATO-Raketenbeschlusses als wichtigste Aufgabe der Gegenwart im Kampf gegen die imperialistische Hochrüstungs- und Konfrontationspolitik.

Mahlein und die anderen Mitglieder der Delegation stellten dabei

ihren wiederholt geäußerten Standpunkt dar, daß die IG Druck und Papier im DGB, getragen von den Beschlüssen ihrer Gewerkschaftstage, ihre Position im Kampf um den Frieden und gegen die NATO-Raketenbeschlüsse weiter vertreten werde und vom DGB zwingende Aktivitäten im Sinne des 12. DGB-Kongresses verlange. Die Delegation betonte die Notwendigkeit der Kontinuität der Beziehungen zwischen beiden deutschen Staaten und zwischen beiden Organisationen und sprach sich entschieden gegen die Abwendung von der Vertragspolitik aus.
Auf eine entsprechende Frage während der Beratung mit Vertrauensleuten im »Karl-Marx-Werk« Pößneck hob Mahlein die aktive Rolle der IG Druck und Papier im DGB in der Friedensbewegung der BRD hervor. Im Gegensatz zu anderen Gewerkschaften der BRD habe man keine »Berührungsängste«.
Er stellte für die nächsten Wochen und Monate »machtvolle Friedensaktionen« in der BRD in Aussicht, die vom Krefelder Appell und auch von christlichen Kreisen weitere Impulse erhalten. Er verwies dabei auf vorhandene Forderungen nach einem Generalstreik gegen die Stationierung von Mittelstreckenraketen in Westeuropa.
Mahlein hob wiederholt die nunmehr seit 10 Jahren bestehenden internationalen Beziehungen zwischen beiden Organisationen, besonders deren vertrauensvollen Charakter hervor, die es »auch in Zukunft im Interesse unserer Mitglieder weiterzuentwickeln« gelte. Das sei »besonders heute – an der Nahtstelle beider Paktsysteme« notwendig. Hinweisend auf Veränderungen in der Führungsspitze der IG nach dem bevorstehenden Gewerkschaftstag (Oktober 1983) meinte Mahlein, daß sich an den Beziehungen zwischen beiden Organisationen »nichts ändern« werde. Er verwies auf grundsätzliche Beschlüsse der Gewerkschaftstage, die auch für die zukünftige Leitung bindend seien, da sie vom Willen der Mehrheit der Delegierten und Mitglieder bestimmt wurden und »nicht in Wochen verändert werden können«. Mahlein hob die Stabilität der Beziehungen zu den grafischen Gewerkschaften aller sozialistischen Länder hervor, woran auch »die Ereignisse in Polen nichts geändert« hätten. Er bezeichnete die bisherigen und zukünftigen normalen Beziehungen zwischen beiden Organisatio-

nen als wichtigen »Grundstein für die multilaterale Zusammenarbeit zwischen der Internationalen Grafischen Föderation und dem Ständigen Komitee der Gewerkschaften der Grafischen Industrie«.
Besonders wurden von ihm die gemeinsamen Initiativen beider Gremien in bezug auf das Zustandekommen und die Ergebnisse der dreigliedrigen Konferenz der ILO zu Problemen der Grafischen Industrie sowie des gemeinsamen Symposiums in Moskau (Januar 1983) hervorgehoben. Er verwies dabei auf in Aussicht genommene gemeinsame Aktivitäten gegen die multinationalen Monopole und die negativen Auswirkungen ihrer Politik auf die Arbeits- und Lebensbedingungen der Werktätigen. (...)

Dok. 45 ***(ArchGew A 201.13491)***

[FDGB-Archiv]

Bericht von der Delegation [im DGB, Reise]
des Hauptvorstandes der IG Druck und Papier
in die DDR
vom 16.05. bis 20.05.1983

Teilnehmer:
Leonhard Mahlein, Heinz Müller, Gerd Ballentin, Eberhard Kremer
(...)
Dienstag, den 17.05.1983
Besichtigung von Verlag, Redaktion und Druckerei des »Neuen Deutschland«.
(...)
An Sozialeinrichtungen verfügt das ND über Kantine, Küche, Café, Ferienheime, Wohnungen und Partnerschaftsverträge mit Kinderkrippen und -gärten. Die Sozialeinrichtungen werden subventioniert. Das ND macht ca. 2 bis 3% Gewinn vor Steuern. Nach Steuern und Investitionen braucht das ND Subventionen. Der Industriepreis, der den realen Wert ausdrückt, ist meist nied-

riger als der Einzelhandelsabgabepreis, der ein politischer Preis ist. Das ND kostet 15 Pfennig.
Fast alle Beschäftigten sind gewerkschaftlich organisiert. Ein Drittel aller Gewerkschafter sind aktiv, u.a. im Neuererdienst, im Feriendienst, in der Arbeitssicherheit und im Sozialversicherungswesen. Neben den branchenbezogenen Aktivitäten (fachliche Bildung, Arbeitsbereich) werden auch viele Aktivitäten im territorialen Bereich (politische Bildung, Lebensbereich, Patenschaftsschulen etc.) durchgeführt. Im Prinzip wirken die Gewerkschaften in allen betrieblichen Bereichen mit.
Bei Problemen wenden sich die Kollegen entweder an die BGL, den Betriebsdirektor oder den Parteisekretär. Nicht Kampf gegeneinander, sondern gemeinsames Vorgehen ist die Maxime. Gewerkschaften, Betriebsleitung und Partei kooperieren zum Zwecke der gemeinsamen Aufgabenerfüllung.
Zur Konfliktlösung sind in den Betrieben Konfliktkommissionen tätig. Sie regeln Probleme im arbeitsrechtlichen Bereich und Bagatellfälle im zivilrechtlichen Bereich. Die Konfliktkommissionen werden von den Gewerkschaften geschult. Arbeitsgerichte behandeln nur Fälle, die vorher vor einer Konfliktkommission waren.
Betriebsdirektor und Abteilungsleiter sind der BGL rechenschaftspflichtig.
(...)
Die Rolle des Parteisekretärs, der Partei generell, wurde uns nicht ganz einsichtig, bis auf die Standardformulierung, daß »die Partei die gesellschaftliche Entwicklung vorantreibe«. 430 Kollegen des ND sind SED-Mitglieder (12 Direktoren auch). Die FDJ betreut ca. 650 Jugendliche im Betrieb.
(...)
Wir danken unseren Gastgebern für die Mühe und hervorragende Organisation des informativen Programmes. Der Abend klang in einer herzlichen Atmosphäre im Kaminzimmer des FDGB-Gästehauses aus.
(...)
Springen, den 6. Juni 1983

Dok. 46 *(ArchGew A 201.13491)*

[Über den 13. Gewerkschaftstag der IG Druck und Papier im DGB]

IG Druck und Papier
– Zentralvorstand – **Berlin, 25. Oktober 1983**

Information für das Sekretariat des Bundesvorstandes des FDGB

Bericht über die Teilnahme einer Delegation des Zentralvorstandes der IG Druck und Papier des FDGB am 13. Ordentlichen Gewerkschaftstag der IG Druck und Papier im DGB vom 16. bis 22. Oktober 1983 in Nürnberg (Beschluß des Sekretariats S 469/83 vom 17.8.83)
Heinz Deckert, Vorsitzender

1. In Wahrnehmung einer Einladung des Hauptvorstandes der IG Druck und Papier im DGB nahm eine Delegation des Zentralvorstandes der IG Druck und Papier des FDGB am 13. Ordentlichen Gewerkschaftstag der IG Druck und Papier teil. Der Delegation gehörten an: Kollege Heinz Deckert, Vorsitzender des Zentralvorstandes, Kollege Günther Frohböse, Sekretär des Zentralvorstandes. Die Delegation arbeitete auf der Grundlage des Beschlusses des Sekretariats des Bundesvorstandes des FDGB. Die Behandlung der Delegation erfolgte nach internationalen Gepflogenheiten. Die Delegation wurde gemeinsam mit den Kollegen aus der UdSSR und Ungarn als Gewerkschaften der sozialistischen Länder begrüßt.
   (...)
   Der Gewerkschaftstag beschloß Satzungsänderungen, die den Weg zur Wahl von zwei Stellvertretenden Vorsitzenden frei machten. Erwin Ferlemann und alle Mitglieder des Geschäftsführenden Vorstandes würdigten in Leonhard Mahlein, der aus der Funktion als Vorsitzender ausschied, seine Verdienste in der Gewerkschaftsbewegung der BRD, besonders um die Herstellung von Beziehungen zu den

Gewerkschaften der sozialistischen Länder. Für alle zu wählenden Funktionen stand jeweils nur ein Kandidat zur Wahl. Ferlemann erhielt mit 199 von 256 abgegebenen die wenigsten Stimmen von den zu wählenden Mitgliedern des Geschäftsführenden Hauptvorstandes. Die Frauensekretärin, Gisela Kessler, wurde mit 221 von 264 abgegebenen Stimmen gewählt (Wahlergebnis siehe Anlage).
Kollege Ferlemann sprach sich nach seiner Wahl als Vorsitzender vor dem Gewerkschaftstag und in persönlichen Gesprächen mit dem Kollegen Deckert für die Weiterführung der von Mahlein verfolgten Politik im Interesse des arbeitenden Menschen, für Frieden, Abrüstung und für Kontinuität in den Beziehungen zur IG Druck und Papier des FDGB aus. Eine Einladung zum Besuch einer Delegation des Hauptvorstandes unter seiner Leitung in die DDR (zweites Halbjahr 1984) wurde angenommen.
Entsprechend einer früheren Bitte von Mahlein wurde vereinbart, im Juni 1984 eine fünfköpfige Studiendelegation unter Leitung des Hauptvorstandes in der DDR zu empfangen. Ihr gehören Journalisten an. Unter ihnen ein Vertreter der RFFU. Es wurde vereinbart, während ihres Aufenthaltes ein Gespräch zum Thema: »Die Verantwortung des Journalismus im Kampf um Frieden und Abrüstung« durchzuführen.
Von Vertretern des Landesbezirkes Baden-Württemberg und vom Bezirkssekretär Köln wurde der Wunsch geäußert, mit Delegationen der Landesbezirke die DDR zu besuchen. Man hält die »Zeit für reif«, diesen Schritt zu tun.
Von seiten der Delegation wurde auf Vereinbarungen verwiesen, die Beziehungen zwischen beiden Organisationen auf der Ebene zwischen dem Zentralvorstand der IG Druck und Papier des FDGB und dem Hauptvorstand der IG Druck und Papier im DGB zu pflegen.
Die Delegation nahm am Parteiabend der DKP teil. Durch den Stellvertretenden Vorsitzenden, Genossen Hermann Gautier, wurde die konstruktive Politik der IG Druck und Papier im DGB gewürdigt.

Die Delegation führte zahlreiche Gespräche mit Delegierten und Funktionären der Landesbezirksvorstände, nahm an einem Treffen der Delegierten des Landesbezirkes Baden-Württemberg teil und legte dabei den Standpunkt des FDGB zu Frieden und Abrüstung dar.
Die Delegation hatte Kontakt mit dem Ersten Sekretär der Ständigen Vertretung der DDR in der BRD sowie mit den Vertretern der Gewerkschaften sozialistischer Länder.
Am Gewerkschaftstag nahmen 16 Organisationen aus 12 Ländern teil, unter ihnen die von den Vorsitzenden der Brudergewerkschaft geleiteten Delegationen aus der UdSSR und Ungarn. Die Internationale Grafische Föderation war durch ihren Generalsekretär vertreten.
Provokationen und antikommunistische Ausfälle erfolgten nicht.

Dok. 47 ***(ArchGew A 201.13597)***

[»Kaderfragen« im Hauptvorstand]

28. Oktober 1983

Ergänzende Informationen und Bemerkungen über den 13. Ordentlichen Gewerkschaftstag der IG Druck und Papier vom 15. bis 22. Oktober 1983 in Nürnberg

Ergänzend zu dem Beitrag für die Novemberausgabe der Zeitschrift [»Nachrichten«, d. Vf.] sind die folgenden Informationen und Bewertungen nicht zur Veröffentlichung gedacht und *streng vertraulich* zu behandeln.
Gesamteinschätzung
Mit dem Gewerkschaftstag hat die IG Druck und Papier ihre mehr oder weniger progressive Grundposition beschlußmäßig beibehalten und insbesondere in der Friedensfrage gegenüber 1980, den 12. Ordentlichen Gewerkschaftstag in Augsburg, ihre Haltung noch präzisiert. Allerdings ist mit dem vollzogenen Wechsel an der Spitze nicht sicher, ob künftig auch die bisherige Politik,

insbesondere gegenüber dem DGB fortgesetzt wird (das begrüßenswerte Interview in der UZ sollte uns nicht zu falschen Schlüssen veranlassen). Immerhin haben sich die Vorstellungen des bisherigen Vorsitzenden realisieren können, daß im neuen fünfköpfigen Geschäftsführenden Hauptvorstand gegen den Vorsitzenden eine mehr oder weniger progressive Mehrheit von 3:2 beibehalten werden konnte. Damit die Beschlüsse der IG Druck und Papier in Zukunft im DGB überhaupt zur Sprache gebracht werden, muß der sehr druckanfällige Vorsitzende ständig von der eigenen Gewerkschaft in die Pflicht genommen werden.

(...)

Nach internen Schätzungen im Hauptvorstand waren nur etwas mehr als die Hälfte der 280 Delegierten Mitglieder der SPD, der Anteil unserer Partei betrug knapp 10%. Gewachsen ist die Zahl jener Delegierten, die keiner Partei angehören, ideologisch aber auf sozialdemokratischer Position stehen. Darüber hinaus gab es eine kleine Gruppe von etwa 10 Delegierten, die linkssektiererischen Gruppierungen angehören. Sie trafen sich mit den rechten Sozialdemokraten im Antikommunismus. Insgesamt haben Kommunisten, Sozialdemokraten und parteilose Delegierte im Interesse einer überwiegend arbeiterorientierten Politik zusammengearbeitet. Die Mitglieder unserer Partei sind gut aufgetreten; von den 46 Diskussionsrednern zum Geschäftsbericht sprachen 12 Genossen.

(...)

Der bisherige Erste Vorsitzende hat in seinem mündlichen Rechenschaftsbericht und weiteren Reden eine interessenorientierte Gewerkschaftspolitik dargelegt, die noch ausführlicher in seiner Broschüre »Gewerkschaften heute« entwickelt ist (der Hauptvorstand hat diese Broschüre an alle Delegierten verteilt).

(...)

Besonders positiv sind der Rechenschaftsbericht der Bundesfrauensekretärin (siehe Artikel) wie auch die Diskussionsbeiträge der weiblichen Delegierten hervorzuheben. Noch niemals hatte Gisela Kessler bei der geheimen Wahl ein so gutes Stimmenergebnis. Der offene Antikommunismus ist gegenüber früheren Gewerkschaftstagen weniger stark gewesen (eine Polen-Resolution fand ohne Debatte gegen eine beachtliche Minderheit, die weit über die Zahl unserer Genossen hinausgeht, eine Mehrheit. Und ein Diskussionsredner aus Westberlin sprach in der Aussprache zum Geschäftsbericht zu Polen, blieb aber ohne Resonanz). Latent ist natürlich der Antikommunismus bei vielen Sozialdemokraten nach wie vor vorhanden, und bei den wenigen linkssektiererischen Delegierten nahm er geradezu gehässige Formen an.

(...)

5. *Reaktion des Gegners*

Die progressiven Beschlüsse von Nürnberg führten zu wütenden Reaktionen von BDA, Bundesverband Druck sowie der Verbände der Zeitungs- und Zeitschriftenverleger. Diese widerspiegelten sich auch in der bürgerlichen Presse und bei pseudolinken Schreiberlingen wie dem für Gewerkschaftsfragen zuständigen Redakteur, Brügmann, von der Frankfurter Rundschau. Nach altem Strickmuster wurde die IG Druck und Papier als »DKP-nah« beschimpft und die erwähnten Satzungsänderungen mit dem Ziel entstellt wiedergegeben, damit eine Verunsicherung der Mitgliedschaft erfolgt bzw. die geplante Mediengewerkschaft nicht zustande kommt.

6. *Parteienabend, internationale Beteiligung*

Es fanden drei Parteienabende statt: DKP mit etwa 80 bis 100 Teilnehmern, davon 50 bis 60 Delegierte – etwa doppelt so viel, wie wir Delegierte hatten; linkssektiererische Gruppen unter dem Schlagwort der nicht Parteigebundenen, einschließlich Gäste 25 Teilnehmer, und der Parteienabend der SPD, an dem die Mehrheit der Delegierten und nahezu alle internationalen Gäste teilnahmen. Die CDU hat aufgrund von mangels Masse auf einen Parteienabend verzichtet.

Bei dem Parteienabend der DKP herrschte eine gute Atmosphäre. Die kurzen Ansprachen der Genossen Hermann Gautier und Herbert Stiefvater wurden sehr positiv aufgenommen (mit Gastgeber von der Parteiführung waren noch die Genossen Ludwig Müller und Sepp Mayer).

(...)

7. *Aktivitäten am Rande*

Es war wiederum nicht möglich, zu organisieren, daß die UZ

täglich an die Delegierten verteilt bzw. verkauft werden konnte. Lediglich die Wochenendausgabe vom Freitag lag vor. Beim Literaturstand vom Werkkreis Literatur der Arbeitswelt wurde ständig nach der UZ gefragt.
Die Zeitschrift N. [»Nachrichten«, d. Vf.] konnte zusammen mit einem Büchergutschein für das Buch von Willi Bleicher und im Verlagsverzeichnis im Kongreß verteilt werden. Das Bleicher-Buch und weitere Verlagsprodukte fanden einen guten Absatz. Der Bruttoumsatz betrug rund 1800 DM.
Der Verlag veranstaltete mit dem Autor von »Gewerkschaften heute« und dem Mitherausgeber des Bleicher-Buches eine gut besuchte Pressekonferenz.
8. *Auswertung*
Neben dem Beitrag erscheinen in der Dezember-Ausgabe eine Auswahl der Beschlüsse, darüber hinaus wird noch eine größere Auswahl in die vorgesehene Reihe »Gewerkschaftsbeschlüsse 1984« aufgenommen.
Mehrere der Genossen Delegierte, insbesondere die aus Hamburg und Bayern, haben angeregt, spätestens Anfang 1984 eine zentrale Zusammenkunft der in der grafischen Industrie beschäftigten Genossen vom Parteivorstand durchzuführen. Neben einer politischen Einschätzung des Gewerkschaftstages bitten die Genossen um eine Orientierung auf die Tarifauseinandersetzung 1984.
Der bisherige Vorsitzende hat sich entschlossen, Mitherausgeber der Zeitschrift zu werden. Das soll bei einer Sitzung am 18.11. formal erfolgen und bei dem darauffolgenden Seminar am 19./20.11. öffentlich bekanntgemacht werden. Zur Buchmesse 84 will er ein Buch über internationale Gewerkschaftspolitik herausgeben (im Gegensatz zu dem neuesten Buch von H. O. Vetter).

Dok. 48 *(ArchGew 200.13497)*

[FDGB-Westabteilung: Hilfe für Ferlemann]

W. Heilemann **Berlin, den 13.12.1983**

Information über Gespräche des Genossen W. Heilemann mit führenden Gewerkschaftsfunktionären, Vertretern gewerkschaftlicher Einrichtungen der BRD und dem Bundestagspräsidenten Eugen Glombig (SPD) in der Zeit vom 5. bis 9.12.1983

In der Ständigen Vertretung der DDR in Bonn kam es zu einem Zusammentreffen mit:
Ernst Breit, Vorsitzender des DGB
Alois Pfeiffer, Mitglied des Geschäftsführenden Bundesvorstandes des DGB
Lothar Zimmermann, Mitglied des Geschäftsführenden Bundesvorstandes des DGB
H.-J. Beck, Vorstandssekretär beim DGB-Vorsitzenden
Einzelne Gespräche fanden statt mit:
Monika Wulf-Mathies, Vorsitzende der Gewerkschaft ÖTV
Horst Morich, Vorsitzender der Gewerkschaft Holz und Kunststoff

Erwin Ferlemann, Vorsitzender der IG Druck und Papier
H.-J. Frenzel, Mitglied des Vorstandes der IG Druck und Papier
(...)
Eingangs wurde von ihrer Seite betont, daß mit der personellen Veränderung an der Spitze der IG Druck und Papier (Ausscheiden des Kollegen Leonhard Mahlein aus der Funktion des Vorsitzenden) keine Änderung der Politik der IG stattfinde. Ihre Haltung gegen den Raketenbeschluß bleibe eindeutig, wie das auch vom letzten Verbandstag im Oktober beschlossen worden sei.
Die guten Beziehungen zur IG Druck und Papier im FDGB müßten noch fester geknüpft werden. Aufgrund des Ernstes der Lage sei die Zusammenarbeit zwischen den Einzelgewerkschaften und zwischen den Bundesvorständen des FDGB und dem DGB besonders notwendig.

In diesem Zusammenhang verwies er darauf, daß jene, die in dieser Frage bremsen, die gleichen 5 Vorsitzenden seien, die aus der Forderung nach der 35-Stunden-Woche ausschwenken (IG/Gew. Chemie, Glas, Keramik; Bergbau-Energie; Nahrung, Genuß, Gaststätten; Bau-Steine-Erden und Textil-Bekleidung).* Wir sollten überlegen, wie wir stärker deren Haltung beeinflussen könnten. Die gleichen Kräfte wären auch für eine neue konzertierte Aktion und eine engere Zusammenarbeit mit der Regierung Kohl bereit. Das müsse von den anderen Einzelgewerkschaften, wozu er sich auch rechnet, verhindert werden. In der jetzigen Situation müßten die Gewerkschaften Kampforganisationen und nicht Ordnungsfaktor sein.
Kritisch wurde vermerkt, daß der Bundesvorstand des DGB seine Koordinierungsfunktion besser wahrnehmen sollte.
Zu Breit erklärte er, daß er sehr abwägend sei, längere Zeit brauche, um sich zu einer Position durchzuringen, aber wenn er sich für etwas ausspreche, dann auch dafür eintrete.
Das wollte er auch auf die Bereitschaft, die Beziehungen mit dem FDGB zu verbessern, verstanden wissen. (...)

Dok. 49 ***(ArchGew A 201.13597)***

[Schreiben von Erwin Ferlemann an die Industriegewerkschaft Druck und Papier, Zentralvorstand, vom 11. Mai 1984]

Betrifft: Tarifauseinandersetzung in der Druckindustrie der Bundesrepublik Deutschland

Liebe Kollegen,
die Industriegewerkschaft Druck und Papier kämpft nach langwierigen Verhandlungen um einen neuen Manteltarifvertrag und um eine neue Lohnstruktur.

* Die fünf Vorsitzenden waren Hermann Rappe, Adolf Schmidt – sein Stellvertreter war Heinz-Werner Meyer, der heutige DGB-Vorsitzende –, Günter Döding, Konrad Carl, Berthold Keller.

(...)
Der Kampf kann noch viele Wochen dauern. Durch die Urabstimmungen und Streiks in der Metallindustrie (wobei es auch um die 35-Stunden-Woche geht), ist mit einer weiteren Verschärfung der Situation zu rechnen.
Wie immer bei Arbeitskämpfen versuchen die Druckunternehmer, Aufträge ins Ausland zu verlagern. Damit haben die grafischen Gewerkschaften in den westeuropäischen Ländern schon viel Erfahrung sammeln können. Auch diesmal sind die deutschen Druckunternehmer damit schnell bei der Hand. Sie versuchen ständig, ihre Produkte in Belgien, Dänemark, Frankreich, Italien, den Niederlanden, Österreich sowie der Schweiz vor den Streikaktionen der deutschen Druckergewerkschaft in Sicherheit zu bringen. Durch die internationale Solidarität der Gewerkschaften kann das in fast allen Fällen vereitelt werden.
Die Industriegewerkschaft Druck und Papier möchte im Namen ihrer kämpfenden Mitglieder für die erwiesene Solidarität herzlich Dank sagen und gleichzeitig um weitere Verhinderung von Streikbrucharbeit bitten.
Wir werden Euch weiter informieren.
Mit freundlichen Grüßen
Industriegewerkschaft
Druck und Papier
Hauptvorstand/Sitz Stuttgart
Erwin Ferlemann
Vorsitzender

[Aktennotiz handschriftlich]
Durch H. Tisch entschieden: H. Deckert Anruf bei Ferlemann und mündlich im Sinne des Briefs unsere Solidarität mit ihrem Kampf aussprechen.
8.5.1984
G. Schulze

Dok. 50 *(ArchGew A 200.13310)*

StV Bonn
Abteilung IAP **Bonn, 29. Januar 1985**

Vermerk über eine Information des Gen. W. Cieslak, Sekretär des DKP-Parteivorstandes

Während eines Gedankenaustausches über die Situation in den Gewerkschaften der BRD, informierte mich Gen. C. darüber, daß der Hauptvorstand der IG Druck und Papier im DGB, am 13.12.1984 über den Stand der Beziehungen zu Gewerkschaften sozialistischer Länder beraten hat.

Aus dem mir zur Kenntnis gegebenen Protokoll über die HV-Sitzung ging hervor, daß der Vorsitzende Ferlemann mit der Entwicklung der Kontakte zur IG Druck und Papier im FDGB und der Gewerkschaft Kunst im WZSPS der UdSSR unzufrieden ist.

Seit dem letzten Gewerkschaftstag der IG Druck und Papier seien mehrmals fest vereinbarte Termine für Besuche in der DDR bzw. in der BRD abgesagt worden.

Bei F. sei der Eindruck entstanden, daß die Partner aus der DDR bzw. UdSSR wenig Wert auf die Fortsetzung bisheriger guter Beziehungen legten. Im Protokoll ist vermerkt, daß F. keine »Initiativen mehr unternimmt um Beziehungen zu beleben«. Bei F. ist offensichtlich der Eindruck vorhanden, daß bisherige gute Beziehungen auf ehemaligen Vorsitzenden Mahlein konzentriert waren.

Baldige persönliche Kontaktaufnahme zu F. halte ich für wichtig.

Behnisch
I. Sekretär

Verteiler:
Gen. Heilemann, FDGB
2 x MfAA, Abt. BRD
1 x StV, Abt. IAP

Dok. 51 *(ArchGew A 201.13597)*

[Schreiben von Dr. Werner Peplowski an Erwin Ferlemann] **4. April 1985**

Werter Kollege Ferlemann!
Auf seiner letzten Sitzung hat der Zentralvorstand unserer IG Druck und Papier Kollegen Heinz Deckert aufgrund seines angegriffenen Gesundheitszustandes von seiner Funktion entbunden und mich zum neuen Vorsitzenden gewählt.
Ich möchte mit dieser Mitteilung sogleich unseren Wunsch auf weitere gedeihliche, kontinuierliche Zusammenarbeit unserer beiden Organisationen zum Ausdruck bringen und lade Dich herzlich ein, Deinen in Aussicht genommenen Besuch Wirklichkeit werden zu lassen.
Gut wäre, wenn das noch vor der Europa-Konferenz in Wien geschehen könnte.
Um die Vereinbarung des Zeitpunktes abzukürzen, möchten wir Dich bitten, uns telefonisch mitzuteilen, wann wir Dich bei uns begrüßen können.
Mit freundlichen Grüßen
Dr. Werner Peplowski
Vorsitzender

Dok. 52 *(ArchGew A 201.13597)*

StV Bonn
Abt. IAP **Bonn, 17. April 1985**

Vermerk über ein Gespräch mit dem Vorsitzenden der IG Druck und Papier im DGB, Erwin Ferlemann, am 16.4.1985 in der StV.

Das Gespräch zwischen Ferlemann und dem Gesandten Gen. Glienke sowie Gen. Behnisch erfolgte auf Einladung der StV und diente dem Gedankenaustausch über aktuelle politische Fragen sowie der weiteren Entwicklung der Beziehungen zwischen den

IG's Druck und Papier der DDR und der BRD. Auf entsprechende Erläuterungen der Politik der DDR bzw. entsprechender Fragen äußerte sich F. ausführlich zu den aufgeworfenen Problemen. So unterstützte F. uneingeschränkt die Ablehnung der »Sternenkriegpläne« der USA durch den DGB und seine Forderung an die BRD-Regierung, diese Pläne nicht zu unterstützen. Die jüngsten Vorschläge der UdSSR und das erklärte einseitige Moratorium bei Mittelstreckenraketen sei ein »guter und richtiger Weg. Einer müsse anfangen, konkrete Schritte zu gehen« meinte F.

(...)

Daß die UdSSR ihre Vorschläge ernst meine, habe F. bei seinem Gespräch mit dem Vorsitzenden des Zentralrates der Sowjetischen Gewerkschaften Schalajew im Februar dieses Jahres in Moskau festgestellt. Er hoffe, daß Genf erfolgreich sein wird.

F. stimmte der Feststellung zu, daß die Gewerkschaften eine besondere Verantwortung im Kampf um die Erhaltung und Sicherung des Friedens tragen. Er unterstütze, daß vom deutschen Boden nie wieder Krieg ausgehen darf. Auf die Frage, warum sehr wenig führende Gewerkschaftsfunktionärer der BRD sich an den Ostermärschen beteiligt und nicht die Möglichkeit genutzt haben, dort aufzutreten und gemeinsam mit der Friedensbewegung zu demonstrieren, meinte F., daß die DGB-Gewerkschaften sich »vor dem 1.Mai nicht verzetteln« dürften. Sie konzentrieren sich auf diesen »Kampftag«. F. spricht in Bremen und startet die Nord-Süd-Fahrradstaffette der DGB-Jugend für den Frieden.

Das am 24./25.4.1985 in Düsseldorf stattfindende »Gipfeltreffen« der Gewerkschaftszentralen der EG, der USA, Kanadas und Japans sei, so F., eine reine Routinesache und könne nicht zu konkreten, positiven Ergebnissen führen.

Es würden Forderungen an die Regierungen gestellt, die ohne Auswirkungen auf deren Wirtschafts- und Sozialpolitik blieben. Der Einfluß der Gewerkschaften in den »konservativ regierten Ländern« sei gleich Null und in den anderen nicht viel mehr.

Am deutlichsten sei das in der BRD zu beobachten. Das vom DGB geforderte Beschäftigungsprogramm in Höhe von 50 Mrd DM bleibe Papier und die im Gespräch Regierung – DGB ange-

kündigte Bildung von vier Arbeitsgruppen zwischen Regierung und DGB-Gewerkschaften ist bis heute noch nicht realisiert. Unter dieser Regierung sei ein Abbau der Massenarbeitslosigkeit nicht denkbar. Alles deute darauf hin, daß sich die imperialistischen Auseinandersetzungen weiter zuspitzen.
Die Auseinandersetzungen über die »Renten« werde sich in den nächsten Jahren noch weiter zuspitzen. Das eigentliche Problem besteht darin, daß das gegenwärtige Rentenniveau von O 68% des letzten Nettoverdienstes auf ca. 60–58% bis 1990 absinke.
Die Erläuterungen zu einigen Fragen der Entwicklung der Beziehungen zwischen den IG's Druck und Papier der DDR und der BRD, die übermittelten Grüße der Genossen Heinz Deckert und Werner Heilemann sowie die Betonung des uneingeschränkten Interesses an der Fortsetzung der direkten Kontakte nahm F. mit Genugtuung entgegen. Er versicherte, daß er noch vor der internationalen Tagung im Juni in Wien, einen Termin für eine Begegnung mit dem neuen Vorsitzenden der IG Druck und Papier im FDGB, Peplowski, vereinbaren werde.
Behnisch
I. Sekretär
Verteiler:
1 x Gen. E. Heilemann, FDGB
2 x MfAA, Abt. BRD
1 x StV, Abt. IAP

Dok. 53 ***(ArchGew A 201.13491)***

[Gewerkschaftliche Ost-West-Beziehungen]

IG Druck und Papier
Zentralvorstand **Berlin, 30. Mai 1985**

Information für das Sekretariat des Bundesvorstandes des FDGB

Zu den Ergebnissen des Informationsbesuches des Vorsitzenden der IG Druck und Papier im DGB, Erwin Ferlemann, sowie des

Stellvertretenden Vorsitzenden Heinz Müller am 23. und 24.5.1985 in der DDR (Beschluß des Sekretariats S275/85 vom 7.5.1985)
Werner Peplowski, Vorsitzender
(...)
Gegenstand der Gespräche mit dem Vorsitzenden des Zentralvorstandes der IG Druck und Papier des FDGB, Werner Peplowski, an denen der Stellvertretende Vorsitzende, Heinz Giese, sowie der Sekretär des Zentralvorstandes, Günter Frohböse, teilnahmen, waren die weitere Gestaltung der bi- und multilateralen Beziehungen zwischen beiden Organisationen. Die Gäste bekräftigten ihre Bereitschaft, die seit Jahren bestehenden Beziehungen mit ihrem vertrauensvollen Charakter fortzusetzen. Im Ergebnis der Gespräche wurde eine Vereinbarung über die weitere Gestaltung der bilateralen Beziehungen zwischen beiden Organisationen unterzeichnet (Anlage). Der von der IG Druck und Papier des FDGB vorbereitete Entwurf der Vereinbarung wurde von den Gästen mit geringen, nicht prinzipiellen Änderungen akzeptiert. In ihrem Mittelpunkt steht die Bekräftigung des gemeinsamen Standpunktes, daß der Kampf um die Erhaltung und Sicherung des Friedens, besonders zur Verhinderung eines atomaren Vernichtungskrieges und der Militarisierung des Weltraumes, eine erstrangige Aufgabe gewerkschaftlicher Interessenvertretung ist.
(...)
Die Vertreter der IG Druck und Papier im DGB bezeichneten die normalen Beziehungen zwischen beiden Organisationen als wichtige Voraussetzung für die multilaterale Zusammenarbeit zwischen dem Ständigen Komitee der Gewerkschaften der Grafischen Industrie und der Internationalen Grafischen Föderation. Im weiteren Verlauf der Gespräche informierte Ferlemann über seine Kandidatur als Präsident der IGF auf dem im Oktober in Helsinki stattfindenden Kongreß der Internationalen Grafischen Föderation sowie des Vorsitzenden der französischen Bucharbeitergewerkschaft FFTL-CGT als Vizepräsidenten. Vorschläge Ferlemanns, das Ständige Komitee der Gewerkschaften der Grafischen Industrie solle im Interesse der Zusammenarbeit zwischen

der IGF und dem Europäischen Gewerkschaftsbund (EGB) darauf verzichten, die FFTL im Ständigen Komitee mit der Funktion des Vizepräsidenten zu betrauen, wurden zur Kenntnis genommen und der Entscheidung der Tagung des Ständigen Komitees (Juni 1985 in Prag) sowie der 1986 in Sofia stattfindenden Konsultativkonferenz des Ständigen Komitees überlassen.
(...)
Es kam zu einem Gedankenaustausch über die am 12. und 13.6.1985 in Wien stattfindende, vom Ständigen Komitee und der IGF einberufene Erste Gemeinsame Konferenz Europäischer Grafischer Gewerkschaften, in dessen Verlauf von Ferlemann zum Ausdruck gebracht wurde, »Wien dürfte nicht die erste Konferenz dieser Art« bleiben. In bezug auf seine Haltung zur Gewerkschaft der Beschäftigten der Polygrafischen Industrie der VR Polen brachte Ferlemann zum Ausdruck, daß seine Organisation sich nicht an die Festlegungen des EGB-Kongresses von Mailand halte und die Wiener Konferenz nutzen werde, um mit den anwesenden Funktionären der polnischen Gewerkschaft Kontakt aufzunehmen.
Ein Besuch bei der Ständigen Vertretung der BRD in der DDR fand nicht statt.
(...)

Dok. 54 ***(ArchGew A 201.13573)***

IG Druck und Papier
Zentralvorstand **Berlin, 20. Juni 1985**

Bericht zur Teilnahme einer Delegation des Zentralvorstandes der IG Druck und Papier an der Konferenz der Gewerkschaften der Grafischen Industrie Europas in Wien/Österreich

Am 12. und 13. Juni 1985 fand in Wien die »Erste Konferenz der Gewerkschaften der Grafischen Industrie Europas« statt mit dem Thema: »Wirtschaftskrise, Folgen der technischen und arbeitsorganisatorischen Rationalisierung, Arbeitslosigkeit und Beschäftigungspolitik, Sicherung des Friedens«. Sie war gemeinsam vom Ständigen Komitee der Gewerkschaften der Grafischen Industrie und der Internationalen Grafischen Föderation vorbereitet und einberufen worden.

(...)

Die von den Leitungsgremien beider internationalen Verbände vorgelegten Konferenzthesen sowie der gemeinsame Einladungsbrief bildeten den Rahmen für die Diskussion und prägten den Verlauf der Konferenz. Beide Präsidenten, Leonhard Mahlein und Werner Peplowski, gingen in ihren Ausführungen zu Beginn der Konferenz von der Notwendigkeit der gewerkschaftlichen Zusammenarbeit aus. Sie verwiesen auf verschiedene Aspekte der sozialen Bewältigung der technischen Entwicklung in der grafischen Industrie und betonten, daß die Sicherung des Friedens dazu eine notwendige Voraussetzung ist.

Diese Aussagen bestimmten auch eindeutig den Verlauf der Diskussion.

- Das Zusammenkommen der Konferenz fand allgemeine Zustimmung, viele Teilnehmer würdigten die Zusammenarbeit von IGF und Komitee und sprachen sich für ihre Fortsetzung aus. Die zahlreichen bilateralen Begegnungen der Konferenzteilnehmer stärkten die Basis dieser Zusammenarbeit.
- Bei der Bewältigung der Folgen der technischen Entwicklung wurden unterschiedliche Erfahrungen der nationalen Gewerkschaftsorganisationen dargelegt. Die Mehrzahl der Diskussionsbeiträge machte deutlich, daß entsprechend den gesellschaftlichen Verhältnissen verschiedenartige Möglichkeiten zur Lösung der mit der Einführung der neuen Technik verbundenen Probleme gegeben sind. In den kapitalistischen Ländern bestimmt die Auseinandersetzung zwischen Kapital und Arbeit die gewerkschaftspolitische Strategie. In den sozialistischen Ländern werden diese Probleme durch die Ausnutzung der gewerkschaftlichen Rechte im Interesse der Werktätigen gelöst.
- Alle Redner hoben die große Bedeutung des Kampfes um Frieden und Abrüstung als Voraussetzung jeder gewerk-

schaftlichen Interessenvertretung hervor und verwiesen auf den unmittelbaren Zusammenhang zwischen Senkung der Rüstungsausgaben und Verbesserung der Lebenslage der Werktätigen. Viele Redner, auch Sprecher von IGF-Organisationen, sahen die Ursache für die derzeitigen Spannungen in der Welt und den Rüstungswettlauf in der Politik des Imperialismus und der USA-Administration. Für die Gefahr eines Sternenkrieges wurden eindeutig die USA verantwortlich gemacht.

Die Konferenz stimmte einer von beiden Leitungsgremien vorbereiteten Abschlußerklärung und einer Friedenserklärung »Nein zur Militarisierung des Weltraums« einstimmig zu.

(...)

Die Teilnahme der neuen polnischen Gewerkschaft stieß auf keinen Widerspruch (trotz EGB-Beschluß). Die polnische Delegation sprach nicht im Plenum, führte aber zahlreiche bilaterale Gespräche mit Delegationen aus kapitalistischen Ländern.

(...)

Im Beitrag des Kollegen Leonhard Mahlein und in den bilateralen Gesprächen unterstrich er besonders die Aufgaben der Gewerkschaften im Kampf gegen die Multis, »statt eines Europas des Kapitals (soll) ein soziales Europa in Wirtschaft und Gesellschaft entstehen.«

(...)

Werner Peplowski

Erste Konferenz der Gewerkschaften der Grafischen Industrie Europas
Wien, 12. und 13. Juni 1985

Abschlußerklärung

Die Internationale Grafische Föderation (IGF) und das Ständige Komitee der Gewerkschaften der Grafischen Industrie (SKGGI) führten am 12. und 13. Juni in Wien die erste europäische Konferenz der Grafischen Gewerkschaften zu dem Thema: »Wirtschaftskrise, Folgen der technischen und arbeitsorganisatorischen Rationalisierung, Arbeitslosigkeit und Beschäftigungspolitik, Sicherung des Friedens« durch.

(...)

Die Auswirkungen der Krise haben in den kapitalistischen Ländern Europas zu einem Sozialabbau und einem bedrohlichen Ausmaß der Arbeitslosigkeit geführt. Gegen die Gewerkschaften gerichtete, repressive Gesetze werden derzeit ebenfalls mit dem Ziel eingeführt, die tarifvertraglich gesicherten Rechte der Arbeiter und der Gewerkschaften zu untergraben. Derartige Gesetze müssen bekämpft werden. Die Wirtschaftspolitik vieler westeuropäischer Staaten kann der Entwicklung keine vernünftige Alternative entgegensetzen. Die Gewerkschaften müssen für den Erhalt und systematischen Ausbau der sozialen Errungenschaften, der gewerkschaftlichen Rechte sowie für die Verwirklichung entsprechender politischer Programme und Regelungen eintreten.

Der Ausbau weltweiter Medienkonzerne, der sich vor dem Hintergrund verschärfter Auseinandersetzungen zwischen Kapital und Arbeit vollzieht, führt zu ständig höheren sozialen Belastungen der Arbeitnehmer und ihrer Familien. Darüber hinaus wird der einseitigen Meinungsmanipulation Tür und Tor geöffnet und gefährdet damit die Meinungs- und Pressefreiheit.

Im Aktionsfeld der Druckerei-, Medien- und Papierverarbeitungsmultis sind gewerkschaftliche Positionen einer wirksamen Interessenvertretung zu verstärken oder aufzubauen.

Die Gewerkschaften in den sozialistischen Ländern Europas haben die ihnen durch die Verfassung und die gesellschaftlichen Bedingungen gegebenen Möglichkeiten der Mitgestaltung in Betrieb und Gesellschaft im Interesse der Werktätigen voll auszuschöpfen, um die Arbeits- und Lebensbedingungen in ihrem Organisationsbereich ständig zu verbessern.

(...)

Die Konferenz würdigte, daß nach der Zerschlagung des Faschismus seit nunmehr 40 Jahren in Europa der Frieden erhalten werden konnte. Sie forderte, daß nach zehn Jahren der Unterzeichnung der Schlußakte von Helsinki, die Politik einer Atmosphäre des dauerhaften Friedens und der Zusammenarbeit auf unserem

Kontinent fortgesetzt wird. Die Erhaltung des Friedens ist Grundlage für die Verbesserung des sozialen Wohlstandes der Arbeitnehmer und daher eine grundlegende Aufgabe der Gewerkschaften. Die Gewerkschaften der grafischen und papierverarbeitenden Industrien verurteilen alle politischen Kräfte, die Europa zu einer militärischen Konfliktzone machen wollen. Durch ihr Engagement in der Friedensbewegung können die Gewerkschaften einen wirkungsvollen Beitrag zur politischen Entspannung der internationalen Situation leisten.
(...)

Erste Konferenz der Gewerkschaften der Grafischen Industrie Europas, Wien, 12. und 13. Juni 1985

Nein zur Militarisierung des Weltraums
Wir, die Teilnehmer an der Konferenz der Gewerkschaften der Grafischen Industrie Europas, verurteilen die Pläne zur Militarisierung des Weltraums.
(...)
Wir wenden uns von dieser Konferenz an die Arbeiter und Angestellten in der grafischen Industrie, alle Anstrengungen zu unternehmen, um ein nukleares Inferno auf der Erde, um einen Sternenkrieg im All zu verhindern. Wir rufen dazu auf, den Plänen der US-amerikanischen Regierung zur nuklearen Rüstung im Kosmos Widerstand entgegenzusetzen und lehnen jede Mitwirkung unserer Regierungen an der Realisierung dieser Pläne ab. Wir appellieren an die Delegationen der USA und der UdSSR, bei den Verhandlungen über nukleare und Weltraumwaffen in Genf ernsthaft darauf hinzuwirken, den Weltraum waffenfrei zu halten und die Rüstung auf der Erde zu begrenzen und zu reduzieren. Unsere Forderungen sind einfach und klar: Verhinderung der Aufrüstung im Kosmos, Abbau des existierenden Rüstungspotentials, um das militärische Gleichgewicht auf immer niedrigere Ebene zu senken.
Wien, den 13. Juni 1985

Dok. 55 *(ArchGew A 201.13491)*

[Die Journalisten und der Kampf um den Frieden]

IG Druck und Papier
Zentralvorstand **Berlin, 9. November 1985**

Information für das Sekretariat des Bundesvorstandes des FDGB

Zu den Ergebnissen des Besuches einer Delegation der in der IG Druck und Papier im DGB organisierten Deutschen Journalistenunion (DJU) vom 4. bis 8. November 1985 in der DDR (Beschluß des Sekretariats S 627/85 vom 16.10.1985).
Werner Peplowski
Vorsitzender

Entsprechend dem Beschluß des Sekretariats des Bundesvorstandes des FDGB S 627/85 und getroffener Vereinbarungen zwischen dem Zentralvorstand der IG Druck und Papier des FDGB und dem Hauptvorstand der IG Druck und Papier im DGB weilte auf Einladung des Zentralvorstandes der IG Druck und Papier des FDGB eine Delegation der in der IG Druck und Papier im DGB organisierten Deutschen Journalistenunion (DJU) vom 4. bis 8. November 1985 in der DDR.
Der Delegation gehörten an:
Hans-Joachim Frenzel, Mitglied des Geschäftsführenden Hauptvorstandes der IG Druck und Papier im DGB,
Eckart Spoo, Vorsitzender der DJU,
Gerhard Manthey, Geschäftsführer der DJU, Bundesgeschäftsstelle beim Hauptvorstand der IG Druck und Papier im DGB,
Willi Böhmer, Landesvorsitzender der DJU Baden-Württemberg.
Die vom Sekretariat des Bundesvorstandes des FDGB beschlossene Zielstellung des Besuches wurde erfüllt.
(...)
Mehrfach wurde vom Mitglied des Geschäftsführenden Hauptvorstandes, Kollegen Frenzel, sowie vom Kollegen Spoo mit

Genugtuung festgestellt, daß es durch den Besuch der Delegation gelungen sei, Kontakte und normale Beziehungen mit dem Verband der Journalisten der DDR aufzunehmen, die sie als nützlich und ausbaufähig und im Interesse der Mitglieder in beiden Organisationen ansehen.
Im Ergebnis der Beratungen und Gespräche wurde Übereinstimmung erzielt auf der Grundlage der Beziehungen zwischen dem Zentralvorstand der IG Druck und Papier des FDGB und dem Hauptvorstand der IG Druck und Papier im DGB, die Kontakte und Beziehungen zwischen dem Verband der Journalisten der DDR und der DJU weiterzuführen und entsprechend den gegebenen Möglichkeiten auszubauen.
Die Beziehungen sollten vor allem dazu dienen, der Verantwortung der Journalisten im Kampf um die Bewahrung des Friedens nachzukommen. Dazu seien kontinuierliche und gedeihliche Kontakte notwendig. Beide Seiten bezeichneten solche Begegnungen als vertrauensschaffend. Man müsse die Beziehungen so festigen, »daß Störungen rechter Kräfte keine Verunsicherungen bewirken können«.
(...)
Zahlreiche Gespräche mit Vertretern aus Redaktionen, mit Repräsentanten des Journalistenverbandes der DDR sowie mit betrieblichen Gewerkschaftsfunktionären dienten dazu, die Standpunkte zu den Fragen unserer Zeit darzulegen. Dabei stimmten die Gesprächspartner darin überein, daß gerade die Journalisten eine hohe Verantwortung bei der Bewußtseinsbildung der Bevölkerung über die Notwendigkeit gemeinsamer Aktionen zur Sicherung und Erhaltung des Friedens tragen.
Die BRD-Gewerkschafter sprachen sich gegen jede Beteiligung an den SDI-Plänen aus und begrüßten die Vorschläge der SED und der SPD zur Schaffung von atom- und chemiewaffenfreien Zonen in Europa. Als Gewerkschafter gelte es, stets das Verbindende zu suchen, und das seien die Fragen des Friedens und der Abrüstung. Die BRD-Journalisten betonten, daß im Mittelpunkt der Zusammenarbeit zwischen gewerkschaftlich organisierten Journalisten in der Zukunft konkrete Themen der praktischen Arbeit stehen sollten, wobei die Friedensproblematik als tra-

gende Säule zu sehen sei. Zur Unterstützung sollten die langjährigen Beziehungen, die zwischen der IG Druck und Papier des FDGB und der IG Druck und Papier im DGB bestehen, genutzt werden.
Die Gäste sprachen sich anerkennend über die Bewältigung der Probleme in der DDR aus, die sich aus der Einführung der neuen Technik für die Verlage und Redaktionen ergeben. Es werde deutlich, daß mit dem Menschen und für den Menschen rationalisiert werde. Anerkennung fanden gleichermaßen die sozialpolitischen Maßnahmen, deren positive Wirkungen auf das Lebensniveau der Bevölkerung überall zu spüren seien. In Berlin und Erfurt sparten die DJU-Kollegen nicht mit lobenden Worten für die städtebaulichen Veränderungen, die Kontinuität und eine hohe Verantwortung für die Bewahrung des Erbes der Vergangenheit erkennen ließen.
Die Delegation kündigte an, daß sie den Besuch im Organ der DJU »Die Feder« publizistisch auswerten werde.
(...)

Dok. 56 ***(ArchGew A 201.13597)***

[Handschriftliche Aktennotiz von Karl-Heinz Rüger, 6.1.1986]

Gerhard [Schulze, d. Vf.]!
(...) Günter läßt fragen, wie sie sich in der Angelegenheit Gisela Kessler verhalten sollen, wenn sie erneut ihren Wunsch zum Besuch in der DDR (Kuraufenthalt) außerhalb der offiziellen Beziehungen herantragen würde. Das hätte sie schon 1982 wissen lassen. Eine Zusage vom ZV sei zwar nicht erfolgt, aber es könnte sein, daß H. Deckert eine Prüfung versprochen habe.
gez. K.-H.

[Erneuter handschriftlicher Aktenvermerk von Karl-Heinz Rüger, 6.1.1986, d. Vf.]
G. K.: Selbst nicht zur Sprache bringen. Nichts außerhalb der offiziellen »kungeln«. W. Peplowski soll sich zurückhalten.

Kur: Über die Instanzen gehen. Parteivorstand muß davon wissen, einschalten. Nichts über uns (ZV).
Urlaub: Ist im Beisein von E. F. [Erwin Ferlemann, d. Vf.] vorgetragen worden und somit mit Wissen des Vorsitzenden. Wir verweisen darauf, daß wir mit [»Ihnen«] keinen Urlauberaustausch haben. Soll sich an »Hansatourist« wenden. (Wir können behilflich sein.)
G. Frohböse verständigt.
7.1.86
RG [Rüger]

Dok. 57 ***(ArchGew A 201.13491)***

IG Druck und Papier
Zentralvorstand **Berlin, 20. Januar 1986**

Information für das Sekretariat des Bundesvorstandes des FDGB

Über die Ergebnisse des Informationsbesuches einer Delegation des Zentralvorstandes der IG Druck und Papier des FDGB beim Hauptvorstand der IG Druck und Papier im DGB vom 13. bis 17. Januar 1986 in der BRD (Beschluß des Sekretariats S 716/85 vom 4.12.85)
Werner Peplowski
Vorsitzender

I.
In Verwirklichung des Beschlusses des Sekretariats des Bundesvorstandes des FDGB S 716/85 vom 4.12.1985 weilte entsprechend getroffener Vereinbarungen, einer Einladung folgend, eine Delegation des Zentralvorstandes der IG Druck und Papier unter Leitung des Vorsitzenden, Kollege Werner Peplowski, vom 13. bis 17. Januar 1986 als Gast des Hauptvorstandes der IG Druck und Papier im DGB in der BRD. Der Delegation gehörten weiter an:
Kollege Günter Frohböse, Sekretär des Zentralvorstandes,

Kollegin Christa Schnelle, Mitglied des Zentralvorstandes, Vorsitzende des Bezirksvorstandes Leipzig.
Die vom Sekretariat des Bundesvorstandes des FDGB beschlossene Zielstellung des Informationsbesuches wurde erfüllt. Die Delegation wurde vom Vorsitzenden des Hauptvorstandes der IG Druck und Papier im DGB, Erwin Ferlemann, empfangen und führte am Sitz des Hauptvorstandes in Stuttgart Gespräche mit den Mitgliedern des Geschäftsführenden Hauptvorstandes:
Detlef Hensche, Stellvertretender Vorsitzender,
Heinz Müller, Stellvertretender Vorsitzender,
Lothar Schäfer, Hauptkassierer,
sowie mit dem Geschäftsführenden Vorstand des Landesbezirkes Bayern, München.
(...)

II.
Von den Gastgebern wurde mehrfach betont, daß sie den Besuch der Delegation des Zentralvorstandes der IG Druck und Papier des FDGB als Fortsetzung der bewährten bilateralen Beziehungen zwischen beiden zentralen Vorständen und ihre Bereitschaft zum Ausdruck gebracht, sie zum Nutzen beider Organisationen und im Interesse des Friedens weiterzuführen.
Erwin Ferlemann und die Mitglieder des Geschäftsführenden Hauptvorstandes würdigten wiederholt die beiderseitige Einhaltung der im Mai 1985 getroffenen Vereinbarungen und hoben die Verantwortung der Gewerkschaften unterschiedlicher Orientierung und internationaler Zugehörigkeit im Kampf um die Sicherung und Festigung des Friedens als der »alles überspannenden gemeinsamen Aufgabe« hervor. In den wichtigsten Fragen des Kampfes um Frieden und Abrüstung zeigten sich bei allen Gesprächen wiederum übereinstimmende Positionen.
(...)
Auch die Gespräche mit dem Geschäftsführenden Vorstand des Landesbezirkes Bayern unter Leitung des Vorsitzenden Willi Baumann ergaben völlige Übereinstimmung über die Notwendigkeit gewerkschaftlichen Kampfes »zur Erhaltung des Friedens als der entscheidenden Bedingung für das erfolgreiche Eintreten der

Gewerkschaften für die sozialen und demokratischen Belange der arbeitenden Menschen«. Willi Baumann: »Lieber viele Treffen in Genf als ein Treffer im Krieg.«
Die Delegation informierte die Gastgeber über die weitere dynamische Entwickung der Volkswirtschaft in der DDR und die Realisierung der Hauptaufgabe in ihrer Einheit von Wirtschafts- und Sozialpolitik.
(...)

V.
Die Gastgeber informierten darüber, daß eine Delegation des DGB (Kreis München), der das Mitglied des Geschäftsführenden Vorstandes des Landesbezirkes Bayern der IG Druck und Papier, Ernst Späth (Kassierer), angehört, vom 23. bis 27. Juni 1986 Gast des Kreisvorstandes des FDGB Gera sein wird.
Von seiten des Landesbezirksvorstandes Bayern wurde der Wunsch geäußert, Beziehungen zu einem Bezirksvorstand der IG Druck und Papier des DGB aufzunehmen.
Zwischen beiden Seiten wird daran festgehalten, alle bilateralen Beziehungen unter Leitung der zentralen Vorstände auch künftig zu gestalten.

Dok. 58 ***(ArchGew A 201.13598)***

[14. Gewerkschaftstag der IG Druck und Papier im DGB]

IG Druck und Papier
Zentralvorstand **Berlin, 20. Oktober 1986**

Information für das Sekretariat des Bundesvorstandes des FDGB

Bericht über die Teilnahme am 14. Ordentlichen Gewerkschaftstag der IG Druck und Papier im DGB vom 12. bis 15. Oktober 1986 in Essen.
(Beschluß des Sekretariats S 512/86 vom 3.9.1986)
Werner Peplowski
Vorsitzender

Einer Einladung des Hauptvorstandes der IG Druck und Papier im DGB folgend, nahm Kollege Günter Frohböse als Vertreter des Zentralvorstandes der IG Druck und Papier des FDGB am 14. Ordentlichen Gewerkschaftstag der IG Druck und Papier im DGB vom 12. bis 15. Oktober 1986 teil. Kollege Frohböse arbeitete auf der Grundlage des Beschlusses des Sekretariats des Bundesvorstandes des FDGB. Seine Aufnahme entsprach internationalen Gepflogenheiten.
(...)

IV.
Mit dem Vertreter unseres Zentralvorstandes erfolgten Konsultationen über den bevorstehenden Besuch einer Delegation des Hauptvorstandes der IG Druck und Papier im DGB in der DDR (10. bis 14.11.1986) sowie über die Teilnahme am Seminar der grafischen Gewerkschaften der Ostseeanliegerstaaten, Norwegens und Islands vom 24. bis 28.11. in der DDR. Erneut sind durch Landesbezirksvorsitzende Wünsche geäußert worden, mit Delegationen die DDR zu besuchen. Unser Vertreter verwies auf Vereinbarungen zwischen beiden Organisationen, die Beziehungen auf der Ebene der zentralen Vorstände zu pflegen.
Der Vertreter unseres Zentralvorstandes nahm am Parteiabend der DKP teil. Durch den Vorsitzenden der DKP, Genosse Herbert Mies, wurde die an den Arbeiterinteressen orientierte Politik der IG Druck und Papier im DGB gewürdigt. Unser Vertreter sprach mit zahlreichen Delegierten und Funktionären und nahm an einem Treffen der Delegierten des Landesbezirks Bayern teil. Er hatte Kontakt mit dem Ersten Sekretär der Ständigen Vertretung der DDR in der BRD sowie mit den Vertretern der Gewerkschaften sozialistischer Länder. Am Gewerkschaftstag nahmen 17 Organisationen aus 12 Ländern teil, unter ihnen die Vorsitzenden der Brudergewerkschaften aus der UdSSR und Ungarn.

Dok. 59 ***(ArchGew A 201.13598)***

[Delegationsbericht]

IG Druck und Papier
Zentralvorstand **Berlin, 17. November 1986**

Information für das Sekretariat des Bundesvorstandes des FDGB

Zu den Ergebnissen des Besuches einer Delegation des Hauptvorstandes der IG Druck und Papier im DGB vom 10. bis 14. November 1986 in der DDR
Werner Peplowski
Vorsitzender
IG Druck und Papier

I.
In Verwirklichung des Beschlusses des Sekretariats des Bundesvorstandes des FDGB S 571/86 weilte eine Delegation des Hauptvorstandes der IG Druck und Papier des DGB unter Leitung des Stellvertretenden Vorsitzenden, Heinz Müller, vom 10. bis 14. November 1986 zu einem Informationsaufenthalt in der DDR. Sie folgte einer Einladung des Zentralvorstandes der IG Druck und Papier des FDGB.
Der Delegation gehörten weiter an:
Lothar Schäfer, Mitglied des Geschäftsführenden Hauptvorstandes;
Uwe Körner, Vorsitzender des Landesbezirksvorstandes Nordmark;
Willi Baumann, Vorsitzender des Landesbezirksvorstandes Bayern;
Klaus Schrinner, Vorsitzender des Landesbezirksvorstandes Rheinland/Pfalz/Saar.
Der Besuch verlief entsprechend der Festlegungen durch das Sekretariat des Bundesvorstandes des FDGB. Das Programm wurde von der Delegation begrüßt.
(...)

II.
Übereinstimmende Auffassungen gab es bei allen Begegnungen über die Notwendigkeit des verstärkten Kampfes um den Frieden, um die Verhinderung eines atomaren Infernos. Dabei wurde ihrerseits mehrfach betont, daß die jüngsten Vorschläge der UdSSR für eine atomare Rüstungsbegrenzung, für Abrüstung sowie für die Einstellung aller Kernwaffentests, besonders die Verhinderung der Militarisierung des Weltraumes, den ureigensten Interessen der Gewerkschaften entsprechen.
Mehrfach äußerten sie dazu ihre Meinung, entsprechend der Beschlußfassung des 14. Ordentlichen Gewerkschaftstages im Oktober in Essen, und bekräftigten ihren Standpunkt, angesichts der destruktiven Haltung des USA-Präsidenten weiter für die Verwirklichung der Friedensinitiativen der Sowjetunion national wie international einzutreten.
(...)

Dok. 60 ***(ArchGew A 201.13598)***

[Schreiben von Erwin Ferlemann an den Zentralvorstand der Industriegewerkschaft Druck und Papier im FDGB, 27. April 1987]

Liebe Kolleginnen und Kollegen,
für Eure Grüße und die Mitteilung über den Abschluß Eurer Gewerkschaftswahlen bedanken wir uns. Im Namen unseres Hauptvorstandes darf ich alle gewählten Kolleginnen und Kollegen des Zentralvorstandes der Industriegewerkschaft Druck und Papier im FDGB unsere herzlichen Glückwünsche zu ihrer Wahl aussprechen. Unsere besonderen Glückwünsche gelten dem Kollegen Werner Peplowski und seinem Stellvertreter, dem Kollegen Heinz Giese.
Diese Wahlen geben uns das sichere Gefühl, auch in Zukunft gemeinsam für die Sicherung des Friedens und die Interessen unserer Kolleginnen und Kollegen eintreten zu können.
Mit kollegialen Grüßen

Industriegewerkschaft
Druck und Papier
Hauptvorstand/Sitz Stuttgart
Erwin Ferlemann
Vorsitzender

Dok. 61 ***(ArchGew A 201.13598)***

[Beziehungsplanung]

IG Druck und Papier
Zentralvorstand **Berlin, 10. November 1987**

Information für das Sekretariat des Bundesvorstandes des FDGB

Über die Ergebnisse des Informationsbesuches einer Delegation des Zentralvorstandes der IG Druck und Papier des FDGB als Gast der IG Druck und Papier im DGB vom 2. bis 6. November 1987 in der BRD
(Beschluß des Sekretariats S 543/87 vom 30.9.1987)
Werner Peplowski
Vorsitzender

I.
Entsprechend getroffener Vereinbarungen weilte, einer Einladung folgend, eine Delegation des Zentralvorstandes der IG Druck und Papier unter Leitung des Vorsitzenden, Kollegen Werner Peplowski, vom 2. bis 6. November 1987 als Gast des Hauptvorstandes der IG Druck und Papier im DGB in der BRD.
Der Delegation gehörten weiter an:
Kollege Günter Frohböse, Sekretär des Zentralvorstandes,
Kollegin Elsbeth Geist, Mitglied des Zentralvorstandes und Vorsitzende des Bezirksvorstandes der IG Druck und Papier Rostock,
Kollege Egbert Ziemann, Mitglied des Zentralvorstandes und Vorsitzender des Bezirksvorstandes der IG Druck und Papier Berlin,

Kollege Werner Schmidt, Mitglied des Zentralvorstandes und Vorsitzender des Bezirksvorstandes der IG Druck und Papier Erfurt.
Die vom Sekretariat des Bundesvorstandes des FDGB beschlossene Zielstellung des Informationsbesuches wurde erfüllt.
Die Delegation führte während ihres Aufenthaltes Gespräche mit Kollegen Erwin Ferlemann, Vorsitzender der IG Druck und Papier im DGB, und mit den Mitgliedern des Geschäftsführenden Hauptvorstandes:
Kollege Heinz Müller, stellvertretender Vorsitzender,
Kollege Lothar Schäfer, Hauptkassierer,
Kollege Haßdenteufel, Sekretär des Hauptvorstandes, und
Kollegin Gisela Kessler, Frauensekretärin beim Hauptvorstand,
sowie mit den Geschäftsführenden Vorständen der Landesbezirke Nordmark und Rheinland/Pfalz/Saar.
Die Delegation besuchte die Betriebe Gruner und Jahr in Itzehoe, Melitta in Minden, das Gutenberg-Museum in Mainz sowie den Betrieb »Frankfurter Rundschau«. Sie führte in den Betrieben Gespräche mit Betriebsratsvorsitzenden sowie Betriebsratsmitgliedern. In der Thälmann-Gedenkstätte in Hamburg legte die Delegation ein Blumengebinde nieder. Gast des Begrüßungsgesprächs und Teilnehmer des Besuches der Firmen Gruner und Jahr sowie Melitta war der 1. Sekretär der Ständigen Vertretung der DDR in der BRD, Kollege Günter Behnisch.
Im Ergebnis der Beziehungen, die in einer sachlichen und vertrauensvollen Atmosphäre verliefen, wurde eine gemeinsame Presseerklärung vereinbart (Anlage).
(...)

II.
Ferlemann und die an den Gesprächen beteiligten Mitglieder des Geschäftsführenden Hauptvorstandes brachten wiederholt die Genugtuung über die Ergebnisse des Staatsbesuches des Genossen Erich Honecker in der BRD zum Ausdruck. Sie bezeichneten ihn als Ausdruck der Bemühungen der Friedenspolitik der DDR, alles zu tun, damit von deutschem Boden nie wieder Krieg, sondern immer nur Frieden ausgeht.

(...)
Gezielte Fragen nach unserer Meinung über den Prozeß der Umgestaltung in der UdSSR und seine Anwendung in der DDR, wurde von der Delegation mit Hinweis auf den 11. FDGB-Kongreß, daß die weitere Vertiefung der sozialistischen Demokratie durch die weitere verstärkte Wahrnehmung der verfassungsmäßig festgeschriebenen Rechte und Pflichten der Gewerkschaft erfolge, beantwortet und von ihnen akzeptiert.
Bei einem Besuch der Delegation in der »Frankfurter Rundschau« und einem Gespräch mit Mitgliedern des Betriebsrates wurde sie vom Chefredakteur und Vorsitzenden der Redaktionsleitung, Werner Holzer, und dem verantwortlichen Redakteur für Außenpolitik, Dr. Karl Grobe-Hagel empfangen. An den Gesprächen nahmen Mitglieder des Betriebsrates der »Frankfurter Rundschau« teil. Chefredakteur Holzer würdigte das Zustandekommen der Beziehungen zwischen den zentralen Vorständen beider Industriegewerkschaften, über deren Kontinuität er durch den Leiter der Delegation informiert wurde.
Holzer bekräftigte die Notwendigkeit des Dialogs, trotz vorhandener Meinungsverschiedenheiten in politischen Grundfragen, zwischen den Gewerkschaften. Die politische Großwetterlage biete dazu die vielfältigsten Möglichkeiten.
Während des Gespräches, in dessen Verlauf von der Delegation der Standpunkt des FDGB zu den Grundfragen der Zeit, des Kampfes um Frieden und Abrüstung dargelegt wurde, würdigte Holzer das gemeinsame Dokument »Der Streit der Ideologien und die gemeinsame Sicherheit« als bedeutsames Papier für die Weiterführung des Dialogs.
Karl Grobe-Hagel bezog sich dabei auf einen Artikel des Genossen Kurt Hager, in dem, so Hagel, dargelegt wurde, daß der Imperialismus ständig friedensfähig gemacht werden müsse. Er konstruierte daraus einen Widerspruch zum gemeinsamen Papier, das dem Imperialismus die Friedensfähigkeit ja schon bescheinige.
Holzer, der sich mit der Auffassung von Grobe-Hagel identifizierte, sprach davon, daß »Eppler und Karsten Voigt enttäuscht« wären. Er sprach von einem »Schlag gegen das gemeinsame Papier«. Vom Leiter unserer Delegation wurde hervorgehoben,

daß der Kampf darum, den Imperialismus friedensfähig zu machen, ein Prozeß sei, der ständig geführt werden müsse und in erster Linie davon abhänge, wie stark der Sozialismus und alle Kräfte der Vernunft und des Realismus seien. Er wies auf die Notwendigkeit hin, die sogenannte Widersprüchlichkeit im weiteren Dialog zu beseitigen. Im Verlauf des Gesprächs wurde von Holzer auf Perestroika und Glasnost in der UdSSR verwiesen und die Frage gestellt, ob Elemente davon »auch der DDR gut tun« würden.

Mit Hinweis auf die Erfolge des real existierenden Sozialismus in der DDR und die Errungenschaften der sozialistischen Demokratie wurde durch uns die feste unverbrüchliche Verbundenheit mit der UdSSR hervorgehoben und betont, daß alle Spekulationen, die auf Systemveränderung zielen, auf Sand gebaut seien. Der Versuch, zwischen der DDR und der UdSSR Differenzen zu konstruieren, wurde mit sachlicher Argumentation zurückgewiesen.

Holzer, der die Umgestaltung in der UdSSR begrüßte, brachte zum Ausdruck, daß »die Schnelligkeit dieses Prozesses und die Wirkung für den einzelnen und das Ganze« dazu beitragen würden, auch auf der internationalen Arena, den Rückfall in den Kalten Krieg zu verhindern.

(...)

IV.

Einen breiten Raum nahm in den Gesprächen die weitere Gestaltung der bi- und multilateralen Beziehungen zwischen beiden Organisationen ein.

Folgende Aktivitäten wurden für 1988 in Aussicht genommen:

- Besuch einer Delegation des Hauptvorstandes der IG Druck und Papier im DGB unter Leitung des Vorsitzenden, der wiederum Landesbezirksvorsitzende angehören, im März/April 1988 in der DDR (6 Teilnehmer).
- Besuch einer Delegation des Zentralvorstandes der IG Druck und Papier des FDGB mit Vorsitzenden von Bezirksvorständen in der BRD (6 Teilnehmer) im IV. Quartal 1988 (man bat darum, den Besuch 1988 zweiseitig

zu organisieren, da 1989 die endgültige Formierung der Mediengewerkschaft bevorstehe).

- Für einen späteren Zeitraum sollten gemeinsame Seminare zu abgegrenzten Fragen gewerkschaftlicher Interessenvertretung (Probleme des Gesundheits- und Arbeitsschutzes, zu Qualifizierungsfragen u.a.) durchgeführt werden, die weitere Funktionäre auf Landesbezirks- oder Betriebsebene einbezieht.
- Seitens der Funktionäre des Hauptvorstandes, besonders von Gisela Kessler wurde das Interesse an Begegnungen von Funktionärinnen beider Organisationen geäußert.

Im weiteren Verlauf der Gespräche wurden vom Kollegen Müller Fragen aufgeworfen, wie evtl. gemeinsame Veranstaltungen zum 125. Gründungsjahr des Buchdruckverbandes 1991, evtl. Urlauberaustausch mit Hinweis auf das Interview des Genossen Harry Tisch im Rahmen zu erwartender Vereinbarungen zwischen DGB und FDGB bei Nutzung der Ferien- und Erholungsheime in Hörste und Springen, Referentenaustausch, Teilnahme an Gautschfesten, verbunden mit Jugendseminaren, über deren Realisierung keine definitiven Festlegungen getroffen wurden.
Begegnungen von Journalisten der DJU und des VDJ der DDR erfolgen jeweils nach Abstimmungen zwischen den zentralen Vorständen beider Industriegewerkschaften.
Von Betriebsfunktionären wurde mehrfach der Wunsch geäußert, über Hansa-Tourist und International e.V. die DDR zu besuchen. Die Delegation sagte zu, sich dafür einzusetzen, vorausgesetzt, der Hauptvorstand der IG Druck und Papier im DGB sei darüber informiert worden.

Anlage
Gemeinsame Presseerklärung über den Aufenthalt einer Delegation des Zentralvorstandes der IG Druck und Papier des FDGB in der Bundesrepublik Deutschland
(...)
Im Mittelpunkt der Begegnungen mit dem Vorsitzenden des Hauptvorstandes, Kollegen Erwin Ferlemann, und weiteren Mitgliedern des Geschäftsführenden Vorstandes, mit Vorsitzenden

der Landesbezirksvorstände Nordmark und Rheinland-Pfalz-Saar sowie Betriebsfunktionären stand der Meinungsaustausch über den aktiven Beitrag der Gewerkschaften im Kampf um die Erhaltung und Sicherung des Friedens, gegen die Gefahr eines Atomkrieges.

Beide Seiten stimmten darin überein, für die Verwirklichung der erzielten Übereinkunft zwischen der UdSSR und den USA zur Beseitigung der nuklearen Mittelstreckenraketen in Geist und Buchstaben, mit ihren gewerkschaftlichen Möglichkeiten einzutreten und alles zu tun, um den Prozeß der Abrüstung voranzubringen, die Welt von jeglichen Nuklear- und Massenvernichtungswaffen zu befreien. Sie unterstützen die politische Initiative zur Schaffung eines atomwaffenfreien Korridors und einer von chemischen Waffen freien Zone in Mitteleuropa. Jede Militarisierung des Weltraums wird entschieden abgelehnt.

Sie begrüßten die Ergebnisse des Staatsbesuches des Vorsitzenden des Staatsrates der Deutschen Demokratischen Republik, Erich Honecker, in der Bundesrepublik Deutschland als wichtigen Beitrag, damit von deutschem Boden nie wieder ein Krieg, sondern immer nur Frieden ausgeht.

Die Gesprächspartner betrachten ihre Begegnungen und ihr zielstrebiges Wirken als wichtigen Beitrag für die weitere Normalisierung der Beziehungen zwischen beiden deutschen Staaten und für die vertrauensvolle Zusammenarbeit zwischen dem DGB und dem FDGB.

(...)

Beide Seiten vereinbarten den weiteren Ausbau ihrer bilateralen Beziehungen.

Die Gespräche und Beziehungen verliefen in offener und vertrauensvoller Atmosphäre.

Frankfurt/Main, November 1987

Dok. 62 *(ArchGew A 201.13598)*

IG Druck und Papier
Zentralvorstand

Information für das Sekretariat des Bundesvorstandes des FDGB

Zu den Ergebnissen des Informationsbesuches einer Delegation des Hauptvorstandes der IG Druck und Papier im DGB vom 25. bis 29. April 1988 in der DDR
(Beschluß des Sekretariats S 184/88 vom 30.3.1988)
Werner Peplowski
Vorsitzender

I.
Entsprechend getroffener Vereinbarungen weilte, einer Einladung folgend, eine Delegation des Hauptvorstandes der IG Druck und Papier im DGB unter Leitung des stellvertretenden Vorsitzenden, Kollegen Heinz Müller, als Gast des Zentralvorstandes der IG Druck und Papier vom 25. bis 29. April 1988 in der DDR.
Der Delegation gehörten weiter an:
Kollege Franz Kersjes, Vorsitzender des Landesbezirkes Nordrhein-Westfalen,
Kollege Ernst Kersting, Vorsitzender des Landesbezirkes Hessen,
Kollege Werner Pfennig, Vorsitzender des Landesbezirkes Baden-Württemberg,
Kollege Günter Rodewig, Vorsitzender des Landesbezirkes Niedersachsen,
Kollege Gerd Ballentin, Vorsitzender des Landesbezirkes Berlin (West).
Die vom Sekretariat des Bundesvorstandes des FDGB beschlossene Zielstellung des Informationsbesuches wurde erfüllt.
Die Delegation führte während ihres Aufenthaltes Gespräche mit dem Vorsitzenden des Zentralvorstandes der IG Druck und Papier, Kollegen Werner Peplowski, und Mitgliedern des Sekretariats des Zentralvorstandes.

Die Delegation besuchte den VEB Verpackungsmittelwerk Schwerin, informierte sich in der Schweriner Innenstadt und im Rekonstruktionsgebiet »Großer Moor« über das Wohnungsbauprogramm der DDR und im Erholungsheim »Fritz Reuter« Zippendorf über den Feriendienst des FDGB. Sie besichtigte die Barlach-Gedenkstätte sowie das Schloßmuseum in Güstrow.
Bei einem Besuch in der Nachrichtenagentur ADN informierten sich die Gäste über neue Technik und das Berufsbild der Journalisten.
Bei den Begegnungen in Schwerin und Berlin kam es zu ausführlichen Gesprächen mit den beiden BGL-Vorsitzenden, Vertrauensleuten, weiteren Gewerkschaftsfunktionären sowie staatlichen Leitern. Bei ADN wurden die Gäste vom Generaldirektor, Genossen Pötschke, empfangen.
Die Gespräche verliefen in einer sachlichen und vertrauensvollen Atmosphäre. Die Delegation war Gast der Ständigen Vertretung der BRD in der DDR. Über den Besuch der Delegation wurde von den Presseorganen der DDR eine Meldung veröffentlicht.

II.
Die Gäste bekräftigten mehrfach den Willen der IG Druck und Papier im DGB, den konstruktiven Dialog und die von gegenseitigem Vertrauen geprägten Beziehungen zwischen beiden Industriegewerkschaften im Sinne der anläßlich des Besuches einer Delegation des Zentralvorstandes der IG Druck und Papier im November 1987 vereinbarten gemeinsamen Presseerklärung fortzusetzen und zu intensivieren.
Mit großem Interesse und Genugtuung wurde von den Gästen die Information über die Übergabe des ehemaligen Mittelstreckenraketenobjektes in Waren als Ferienobjekt in die Hände der Gewerkschaften zur Kenntnis genommen. Sie bezeichneten diesen Akt als demonstrativen Beweis der Nutzung von Abrüstungsergebnissen für sozialen Fortschritt unter sozialistischen Bedingungen. Sie verwiesen in diesem Zusammenhang auf die durch Klassenschranken begrenzten Möglichkeiten in der BRD.
(...)

III.
Mit Interesse nahm die Delegation, besonders während der Betriebsbesuche, die Information über Ergebnisse, Aufgaben und Verantwortung der Gewerkschaften der DDR bei der weiteren Verwirklichung der Hauptaufgabe in ihrer Einheit von Wirtschafts- und Sozialpolitik sowie über die soziale Beherrschung von Wissenschaft und Technik entgegen.
Ihr besonderes Interesse galt u.a. solchen Problemen:
(...)
Bei ADN:
- Welche Rolle spielt der Journalistenverband der DDR?
- Wer entscheidet bei Euch, was über Perestroika in der UdSSR in den Medien der DDR veröffentlicht wird?
- Wer gibt bei ADN die politische Linie?
- Entscheiden die Redaktionen der Medien über Rangfolge und Ausmaß der Veröffentlichungen?
- Wohin schlägt das Herz der Journalisten mehr – zur Gewerkschaft oder zum VdJ?

Die Fragen wurden von den Gesprächspartnern, unter ihnen Vertrauensleute und die BGL-Vorsitzenden, mit hoher Sachkenntnis überzeugend beantwortet.
(...)

IV.
Ausführlich wurde während der Gespräche mit dem Vorsitzenden des Zentralvorstandes der IG Druck und Papier und der Delegation über die weitere Gestaltung der bi- und multilateralen Beziehungen zwischen beiden Vorständen beraten.
Seitens des Hauptvorstandes der IG Druck und Papier wurde die Einladung einer Delegation des Zentralvorstandes der IG Druck und Papier des FDGB mit Vorsitzenden von Bezirksvorständen in die BRD (November 1988) erneut ausgesprochen.
Im weiteren Verlauf der Gespräche wurden Aktivitäten diskutiert, über deren Realisierung im November dieses Jahres weiter zwischen beiden Vorständen beraten werden sollte. Die Gäste legten Wert darauf, daß künftige Vereinbarungen der

Zusammenarbeit zwischen der Mediengewerkschaft der BRD und der IG Druck und Papier des FDGB erfolgen.
Sie sind bestrebt, bei der Gestaltung der Beziehungen zur IG Druck und Papier des FDGB in der künftigen Mediengewerkschaft die Federführung zu behalten.
(...)

Dok. 63 *(ArchGew A 201.13491)*

IG Druck und Papier
Zentralvorstand **Berlin, November 1988**

Information für das Sekretariat des Bundesvorstandes des FDGB

über die Reise der Delegation des Zentralvorstandes der IG Druck und Papier Berlin vom 7. bis 11. Nov. 1988 zum Hauptvorstand der IG Druck und Papier im DGB (S 616/88)
Werner Peplowski
Vorsitzender

I.
Vereinbarungsgemäß weilte eine Delegation des Zentralvorstandes der IG Druck und Papier unter Leitung des Vorsitzenden, Kollegen Werner Peplowski, vom 7. bis 11. November 1988 als Gast des Hauptvorstandes der IG Druck und Papier im DGB in der BRD.
Der Delegation gehörten ferner an:
Kollegin Heidrun Humprecht, Mitglied des Zentralvorstandes, Vorsitzende des Bezirksvorstandes Halle der IG Druck und Papier;
Kollege Herbert Reitzig, Mitglied des Zentralvorstandes, Vorsitzender des Bezirksvorstandes Dresden der IG Druck und Papier;
Kollege Dieter Bathelt, Mitglied des Zentralvorstandes, Vorsitzender des Bezirksvorstandes Suhl der IG Druck und Papier.
Die vom Sekretariat des Bundesvorstandes des FDGB beschlossene Zielstellung des Informationsbesuches wurde erfüllt.

Während ihres Aufenthaltes führte die Delegation Gespräche mit dem Vorsitzenden der IG Druck und Papier im DGB Erwin Ferlemann, mit den Mitgliedern des Geschäftsführenden Hauptvorstandes und mit den Mitgliedern der Geschäftsführenden Vorstände der Landesbezirke Niedersachsen und Nordrhein-Westfalen sowie mit dem Ortsverein Neuß.
Die Delegation besuchte die Verlagsgesellschaft Madsack GmbH, Hannover, das Volkswagenwerk in Wolfsburg und den Papierverarbeitungsbetrieb Schickedanz in Neuß. Sie führte Gespräche mit Betriebsratsvorsitzenden und Mitgliedern von Betriebsräten. Die Gespräche verliefen in sachlicher Atmosphäre und beinhalteten vor allem die Auseinandersetzung zu ideologischen Grundfragen unserer Zeit.

II.
IG-Vorsitzender Ferlemann, die Mitglieder des Geschäftsführenden Hauptvorstandes und der Landesbezirksvorstände, die mehrfach die gut entwickelte Zusammenarbeit beider zentralen Vorstände würdigten, betrachteten die erneute Anwesenheit einer Delegation der IG Druck und Papier des FDGB als Ausdruck der Fortsetzung des konstruktiven Dialoges zu den Grundfragen unserer Zeit und der weiteren kontinuierlichen Vertiefung der Beziehungen zwischen beiden Industriegewerkschaften.
Im Mittelpunkt der Gespräche stand wiederum der Meinungsaustausch über den aktiven Beitrag der Gewerkschaften im Kampf um die Erhaltung und Sicherung des Friedens, gegen die Gefahr eines Atomkrieges als wichtigste Aufgabe gewerkschaftlicher Interessenvertretung. Die zum Antikriegstag durch den DGB erarbeiteten Positionen zum Friedenskampf wurden von den Vertretern der IG Druck und Papier im DGB als für ihre Organisation typische politische Grundhaltung bezeichnet. Übereinstimmend wurden die Begegnung als ein substantieller Beitrag für die weitere Gestaltung normaler Beziehungen zwischen beiden deutschen Staaten und für die weitere vertrauensvolle Zusammenarbeit zwischen dem FDGB und dem DGB betrachtet.
Die Informationen über den aktiven Beitrag des FDGB im Kampf um die Erhaltung des Friedens und über die wachsende Rolle,

Verantwortung und Aufgaben der Gewerkschaften bei der weiteren Gestaltung der entwickelten sozialistischen Gesellschaft in der DDR wurden von allen Gesprächspartnern mit Interesse entgegengenommen. Bei den Begegnungen im Landesbezirksvorstand Nordrhein-Westfalen im Papierverarbeitungsbetrieb und im Ortsverein Neuß fanden besonders die Information über die soziale Sicherung in der DDR, die soziale Beherrschung der wissenschaftlich-technischen Revolution durch das engagierte Mitwirken der Gewerkschaften große Beachtung. Immer wieder wurden Fragen wie »Perestroika in der DDR?«, »Wie stehen die DDR-Gewerkschafter zur Perestroika in der UdSSR?« oder »Gorbatschow habe in der BRD eine große Öffentlichkeitssympathie – hat er sie auch in der DDR?« gestellt.
Bei der Beantwortung dieser Fragen konnte sich die Delegation auf die umfangreiche Argumentation der Tagungen des Bundesvorstandes des FDGB stützen und erleben, daß durch eine sachliche und auf Fakten gestützte klassenmäßige Darlegung der Entwicklungsprozesse in der DDR bei den Gesprächspartnern Achtung und zum Teil auch Anerkennung erreicht werden kann.
Insgesamt ist ein Differenzierungsprozeß festzustellen, der mit solchen Bemerkungen charakterisiert werden kann, wie »die DDR geht als einziges sozialistisches Land einen konsequenten Weg, während in den anderen sozialistischen Ländern keine Strategie erkennbar ist.«
Der Besuch Margaret Thatchers in Polen förderte bei den Kollegen eine realere Position zu »Solidarność« – »jetzt hat sich die Organisation entlarvt, denn wer sich mit einem Gewerkschaftsfeind verbrüdert, ist politisch zweifelhaft« – aber die Entwicklung in der VR Polen sei immer undurchsichtiger.
Gegenüber früheren Begegnungen hat die ideologische Auseinandersetzung an Intensität zugenommen.
Wir konnten spüren, daß durch eine offensive von optimistischer Grundhaltung geführte Diskussion die Gesprächspartner immer mehr bereit waren, ihre Klischeevorstellungen von Gewerkschaftsarbeit in der DDR abzubauen.
Während des Besuches bei der Verlagsgesellschaft Madsack GmbH in Hannover kam es zu einem Gespräch mit der Geschäfts-

leitung und Redakteuren der »Hannoverschen Allgemeinen Zeitung« und der Neuen Presse (Sektoren Politik/Wirtschaft und Soziales), in dessen Verlauf zunächst Fragen nach der »Pressefreiheit in der DDR«, nach »der Behinderung von BRD-Journalisten in der DDR« und dem »Verbot von Kirchenzeitungen der DDR« aufgeworfen wurden.
Die Delegation hat mit Hinweis auf die konsequente Einhaltung der Schlußakte der KSZE durch die DDR und die Schaffung normaler Arbeitsbedingungen für Journalisten der BRD in der DDR argumentiert. Vom Leiter der Delegation wurde es als eine Einmischung in die inneren Angelegenheiten der DDR und im Widerspruch zum Dokument »Der Streit der Ideologien und die gemeinsame Sicherheit« stehend verurteilt, wenn ausgerechnet dann, wenn Personen oder Gruppen in der DDR als Opposition installiert werden sollen, »rein zufällig«, ja, sogar schon vorher, BRD-Journalisten und Fernsehteams auftauchten und sich damit in den subversiven Dienst reaktionärer Kräfte stellen.
Im Laufe der Diskussion kam es dann zu einer Wendung, indem sich die Redakteure untereinander heftig über Pressefreiheit in der BRD stritten und zu dem Schluß kamen, daß man in der BRD von einer Pressezensur reden müsse und die Medienkonzentration sie noch fördert.
Es wurde der Wunsch geäußert, noch mehr über die Verantwortung der Gewerkschaft in der DDR in Gesprächen zu erfahren, da die Medien in der BRD sehr begrenzt, einseitig und oftmals entstellend über die Entwicklung in der DDR berichten.
Die Delegation konnte anhand der Berichterstattung über den Delegationsbesuch in der Hannoverschen Allgemeinen und in der Neuen Presse (vom 8. Nov. 1988) den anschaulichen Beweis in den Gesprächen über sogenannte objektive Informationen und Pressefreiheit in der BRD antreten. Ferlemann bedauerte die »Presse« und wies darauf hin, daß auch mit der Mediengewerkschaft kaum Hoffnung auf Objektivität der Presse bestünde.
Hinzu käme eine beängstigende Entwicklung in Sachen Sozialpartnerschaft, die mit den Begriffen »kooperative Konfliktlösung« umschrieben werde. Im Klartext hieße das jedoch Aufgabe des Klassenkampfes. Dagegen stemme sich die IG Druck und

Papier mit politischem Engagement. Ob sich das in der IG Medien so fortsetzen lasse, sei jedoch fraglich.
Bei den Begegnungen in Köln äußerten sich die Gesprächspartner erschüttert über den Inhalt der Rede des Bundestagspräsidenten Jenninger anläßlich des 50. Jahrestages der faschistischen Pogromnacht. Er habe so getan, als hätte es keine Sozialdemokraten, Kommunisten, Christen und andere gegeben, die gegen den Faschismus gekämpft haben. Im übrigen habe man in der BRD zwar etwas für die Wiedergutmachung gegenüber den Juden getan, aber von einer Wiedergutmachung an Kämpfern gegen Faschismus, besonders der Kommunisten, sei niemals die Rede gewesen. Andererseits bringe diese Rede leider das Denken vieler Bundesbürger zum Ausdruck, und es sei beschämend, wie die politische und moralische Haltung sich entwickelt habe.
Um so größer sei die bewegende Gedenkfeier des DGB im ehemaligen KZ Dachau zu würdigen. Hervorgehoben wurde, daß der Vorsitzende des Bundesvorstandes des FDGB, Harry Tisch, die Pogromnacht als eine Nacht der Schande und der Barbarei wertete und in der DDR die Lehren aus der faschistischen Vergangenheit konsequent gezogen wurden. Diese beiden Veranstaltungen standen als Argumente für sich. Hinzufügen könnten wir noch, daß an diesem Beispiel die Meinungsmanipulation durch die Medien in der BRD weiterhin anschaulich beweisbar ist.

III.
Die Delegation wurde über den inhaltlichen und organisatorischen Stand der Bildung der Industriegewerkschaft »Medien – Druck und Papier, Publizistik und Kunst« im DGB und über die Vorbereitung ihres 1. Ordentlichen Gewerkschaftstages im April 1989 in Hamburg informiert.
Der Prozeß verlaufe – so Ferlemann – »insgesamt positiv«. Insgesamt werde die IG um 8–9000 Mitglieder wachsen. Allerdings stünde man vor der Gefahr einer Veränderung des politischen Profils der zukünftigen Mediengewerkschaft.
Ferlemann und die anderen Gesprächspartner führten das auf die traditionelle Entwicklung beider Gewerkschaftsorganisationen und ihr jetziges politisches Profil zurück.

Während die IG Druck und Papier den Kampf um Frieden, Solidarität, Kampfentschlossenheit gegenüber den Unternehmern bis hin zum Streik und internationaler Zusammenarbeit mit unterschiedlichen Organisationen zum Gegenstand ihrer Arbeit machte, setze die RFFU und die Gewerkschaft Kunst »nur auf das Soziale“!
Man müsse verhindern, daß die bisherige IG Druck und Papier ihr politisches Gewicht verliere.
Erneut wurde von Ferlemann und Müller geäußert, daß sie nach der im April 1989 beginnenden Wahlperiode 1991 in den Ruhestand treten würden.
(...)

Dok. 64 ***(GewArch A 201.13598)***

IG Druck und Papier
Zentralvorstand
Abteilung Internationale Verbindungen **Berlin, 24. Januar 1989**

Aktennotiz
über ein Gespräch mit dem Kollegen Heinz Müller, Stellvertretender Vorsitzender der IG Druck und Papier im DGB (geführt in Hörste/BRD, während der Tagung der Gemeinsamen Arbeitsgruppe Ständiges Komitee und Internationale Grafische Föderation, am 18. Januar 1989).

1. Kollege Müller wurde darüber informiert, daß die künftige Gestaltung der Beziehung zur Mediengewerkschaft unter Hauptverantwortung der IG Druck und Papier in Zusammenarbeit mit der Gewerkschaft Kunst erfolgt.
(...)
Kollege Müller informierte über die Situation im Schriftstellerverband. Trotz der Tatsache, daß 60 Schriftsteller ausgetreten seien, werde der überwiegende Teil der IG Medien positiv gegenüberstehen. Die Berliner seien »weg vom Fenster«. Die IG Druck und Papier im DGB sei der Überzeugung, daß Bernt Engelmann und die linken Autoren bleiben würden.

(...)
Der geplante Urlaubsaufenthalt der Ehepaare Müller, Schäfer und Blanke in der DDR wurde besprochen. Unser Vorschlag, einen Tagesaufenthalt in Höhe von 60 DM pro Person einschließlich kultureller Betreuung zu veranschlagen, wurde entgegengenommen. Nach Rücksprache mit den Beteiligten wird H. Müller uns benachrichtigen. Anreise erfolgt mit drei PKW. Die Kollegen bitten um eine Einladung, so daß sie von der Zahlung des Umtauschsatzes befreit werden und Antrag auf Visum stellen können. Ein individueller Umtausch wird über uns erfolgen.
Frohböse
Sekretär

Dok. 65 ***(ArchGew A 201.13598)***

IG Druck und Papier **Berlin, 18.4.1989**

Information über die Teilnahme am 1.Gewerkschaftstag der IG Medien, Druck und Papier, Publizistik und Kunst im DGB vom 12. bis 15. April 1989 in Hamburg

Werner Peplowski
Verteiler:
Zur Erledigung:
Koll. W. Heilemann
Koll. W. Peplowski
Koll. R. Spitzner
Zur Kenntnis:
Koll. H. Tisch
Kolln. J. Töpfer
Koll. P. Fritz
ZK der SED, Abt. Gewerkschaften und Sozialpolitik
ZK der SED, Abt. für Internationale Politik und Wirtschaft
(...)
Mit der Verabschiedung einer Satzung ist am 13. April 1989 der Gründungskongreß für die IG Medien abgeschlossen. Von den

339 Delegierten stimmten drei Delegierte gegen die gemeinsame neue Satzung.
(...)
Zwei Verbände der Gewerkschaft Kunst (Genossenschaft Deutscher Bühnenangehöriger und Deutsche Orchestervereinigung) lehnten schon vorher die Mitgliedschaft ab und wollen sich der Deutschen Angestelltengewerkschaft anschließen. Ebenso ist der Deutsche Journalistenverband nicht in die IG Medien eingetreten. Die IG Druck und Papier bringt die Mitglieder des Verbandes Deutscher Schriftsteller (VS) und der Deutschen Journalistenunion (DJU) mit ein.
Einige Schriftsteller haben im Vorfeld den Verband Deutscher Schriftsteller verlassen, u.a. Günter Grass, weil sie fürchteten, daß »der VS in der IG Medien erdrückt« werde und der Kurs der IG Druck und Papier, wie die ehemalige Vorsitzende des VS, Jonas, charakterisierte, »Glasnost im Mund und Stalinismus im Stiefel«, für sie nicht zu akzeptieren sei.
(...)
Angesichts der Bildung des europäischen Binnenmarktes wurde der DGB durch die IG Medien aufgefordert, Strategien gegen die sich abzeichnende Gefahr weiteren Sozialabbaus und der Erhöhung der Massenarbeitslosigkeit (17 Millionen in den EG-Ländern) zu entwickeln. Ferner wurde der DGB aufgefordert, »nach dem Vorbild der Internationalen Grafischen Föderation und der Europäischen Grafischen Föderation mit allen europäischen Gewerkschaftsbüros, auch wenn einzelne dem WGB angehören oder autonom sind, zusammenzuarbeiten und sie in den EGB aufzunehmen. Damit wird offensichtlich erneut eine Gegenposition zum Antikontaktbeschluß des IG FB deutlich und auch bezweckt, daß u.a. der französischen grafischen Gewerkschaft und den ungarischen Gewerkschaftsverbänden der Medienbereiche (Gutenbergbund) der Weg in die Europäische Grafische Föderation geebnet werden soll.
Der VS in der IG Medien brachte einen Initiativantrag ein, einen Brief an den Präsidenten der ČSSR zu richten, in dem die Freilassung Vaclav Havels gefordert wurde. Der Antrag wurde durch die Delegierten einstimmig angenommen, jedoch zur Auszählung der

Unterschriften kam es während des Kongresses nicht, da drei Unterschriftslisten »abhanden gekommen« waren.
(...)
Ferlemann hat sich in seinen Ausführungen für »freundschaftliche Beziehungen zu den Gewerkschaften der Sowjetunion, der DDR und Ungarn und zu allen osteuropäischen Ländern« ausgesprochen. Die Delegation führte zahlreiche Gespräche mit dem Geschäftsführenden Hauptvorstand, dabei wurde eine Einladung in die DDR für Oktober 1989 dankend angenommen. Es wurde stets auf die Vereinbarung zwischen FDGB und DGB hingewiesen und der Wunsch geäußert, während des Besuches des Vorsitzenden Ferlemann in der DDR über die Fortsetzung der Zusammenarbeit zu beraten.
Am Gewerkschaftstag nahmen 28 Organisationen aus 18 Ländern teil, unter ihnen die Vorsitzenden der Brudergewerkschaften aus der UdSSR und VR Ungarn. Die internationalen Gäste waren überwiegend aus Gewerkschaften der grafischen Industrie. Die Vorsitzende der Kulturarbeitergewerkschaft der Sowjetunion brachte ihr tiefe Sorge zur gegenwärtigen sozial-ökonomischen Lage in der UdSSR zum Ausdruck. Sie sprach von nicht beherrschten Streiks z.B. bei Melodja. Der Vorsitzende des Gutenbergbundes der VR Ungarn erklärte, daß sich die Verbände oppositionelle Ziele zur Regierung stellen, und er bekundete großes Interesse für die Praktiken der Gewerkschaften der BRD.
Gewerkschafter aus der VR Polen waren nicht anwesend, und es wurde auch keine öffentliche Diskussion zur Lage in der VR Polen geführt.

Dok. 66 *(GewArch A 201.13598)*

IG Druck und Papier
Zentralvorstand
Gewerkschaft Kunst
Zentralvorstand **Berlin, 9. Oktober 1989**

Information für das Sekretariat des Bundesvorstandes des FDGB

Über die Ergebnisse des Besuches einer Leitungsdelegation der IG Medien – Druck und Papier, Publizistik und Kunst im DGB vom 4. bis 6. Oktober 1989 in der DDR
(Beschluß des Sekretariats S571/89 vom 29.9.89)

Werner Peplowski Herbert Bischoff
Vorsitzender Vorsitzender

I.

Auf der Grundlage des abgestimmten Jahresplanes der internationalen Arbeit weilte auf Einladung der Zentralvorstände der IG Druck und Papier und der Gewerkschaft Kunst vom 4. bis 6. Oktober 1989 eine Delegation des Hauptvorstandes der IG Medien – Druck und Papier, Publizistik und Kunst im DGB unter Leitung des Vorsitzenden, Erwin Ferlemann, in der DDR.
Der Delegation gehörten weiter an: Rolf Herbertz-Stoll, Mitglied des Geschäftsführenden Hauptvorstandes, und Kurt Haßdenteufel, Vorstandssekretär.
Der Besuch verlief entsprechend dem Beschluß des Sekretariats des Bundesvorstandes des FDGB.
Während der Gespräche mit den Vorsitzenden beider Zentralvorstände und Mitgliedern beider Sekretariate, die in einer offenen, von gegenseitigem Vertrauen und Dialogbereitschaft gekennzeichneten Atmosphäre verliefen, informierten sich die Gäste über die erfolgreiche 40jährige Entwicklung der DDR und darüber, wie die Gewerkschaften als Interessenvertreter der Werktätigen an der weiteren Entwicklung der entwickelten sozialistischen Gesellschaft zum Wohle des Menschen aktiv mitwirken. Die Gäste nahmen zur Kenntnis, daß auch für die Zukunft allen

Bürgern der DDR soziale Sicherheit, Geborgenheit und ein Leben in Frieden als Grundvoraussetzung für die Verwirklichung aller Menschenrechte garantiert werden.
Beide Seiten waren sich einig, daß sich die Beziehungen zwischen dem FDGB und DGB auf der Grundlage der jüngsten Verhandlungen der Kollegen Tisch und Breit in der BRD auch in Zukunft positiv entwickeln müssen und einen stabilisierenden Faktor in der bewegten ideologischen Auseinandersetzung unserer Zeit darstellen.
Die Delegation brachte ihren Unmut über die Hetzkampagnen der Medien in der BRD im Zusammenhang mit der illegalen Ausreise von DDR-Bürgern zum Ausdruck. Sie unterstützen vollinhaltlich die Ausführungen des DGB-Vorsitzenden Breit, daß sich »manches Arbeitslosenzentrum freuen würde, wenn nur ein Bruchteil der Mikrofone und Kameras auf seine Nöte gerichtet wären«. Die gegenwärtige Kampagne wird genutzt, um über die emotionale Welle von den großen eigenen Problemen abzulenken.
Ferlemann informierte über sein Gespräch mit Breit vor der Abreise in die DDR zur Weiterführung des bewährten Dialogs und darüber, daß manche Gewerkschaften im DGB »in dieser Zeit« kein Verständnis hätten, daß eine Leitungsdelegation die DDR besucht.
Ferlemann betonte, daß die Beziehungen zwischen beiden Vorständen und den internationalen Organisationen (Internationale Grafische Föderation und Ständiges Komitee der Gewerkschaften der Grafischen Industrie) stark genug seien, um Belastungen auch in politisch schwierigen Zeiten standzuhalten.
(...)

III.
Beide Seiten betonen die Nützlichkeit des konstruktiven Dialogs zwischen den zentralen Vorständen als ein gutes Mittel für ein besseres Verständnis über die Gewerkschaftsarbeit in unterschiedlichen Gesellschaftsordnungen. Sie betrachten das als einen Beitrag für die Förderung eines normalen gutnachbarlichen Verhältnisses zwischen beiden deutschen Staaten für Frieden und die Fortsetzung des Abrüstungs- und Entspannungsprozesses.

Das »gemeinsame Haus Europa« kann nur im Miteinander gestaltet werden bei Anerkennung der Unverletzlichkeit der Grenzen sowie der Achtung der territorialen Integrität, der Souveränität aller Staaten sowie der Einhaltung der von der UNESCO verkündeten »Grundprinzipien des Beitrages der Medien zur Festigung des Friedens und der internationalen Verständigung, Förderung der Menschenrechte und zum Kampf gegen Rassismus, Apartheid und Kriegshetze«. Dabei verbinden unsere Gewerkschaften gemeinsame antifaschistische Grundpositionen. Die Gäste aus der BRD teilten unsere große Besorgnis über das Erstarken der neonazistischen Kräfte im Lande und das Einziehen dieser reaktionären Kräfte in die Parlamente. Sie sind der Meinung, daß die gegenwärtige Regierungspolitik der BRD, die zahlreichen ungelösten Probleme und die zügellose Hetze der Medien auch ehemalige DDR-Bürger zu potentiellen Wählern der Neonazis machen kann. Sie vertraten die Meinung, daß es in der DDR zukünftig besser gelingen muß, die eigenen Ursachen für die Unzufriedenheit vor allem junger Menschen zu analysieren und daraus entsprechende Schlußfolgerungen zu ziehen.

IV.
Die IG Druck und Papier und Gewerkschaft Kunst im FDGB diskutierten mit der Delegation Vorschläge zur weiteren Entwicklung der bilateralen Beziehungen, die auf der Sitzung des Geschäftsführenden Hauptvorstandes der IG Medien am 9.10.89 beraten und schriftlich beantwortet werden.
Es wurde eine gemeinsame Pressemitteilung über die Gespräche vereinbart.
(...)
Die Delegation der IG Medien wurde von der Stellvertretenden Vorsitzenden des Bundesvorstandes, Kollegin Töpfer, und dem Mitglied des Präsidiums und Sekretär des Bundesvorstandes des FDGB, Kollegen Heilemann, zu einem Gespräch empfangen.
Die Delegation weilte zu einem kurzen Gespräch in der Ständigen Vertretung der BRD in der DDR. Ferlemann meinte dazu, daß es trotz des gedrängten Besuchsprogramms in dieser kom-

plizierten Zeit taktisch unklug gewesen wäre, ein solches Gespräch abzusagen.
Die Delegation war beeindruckt von ihrem Gesamtbesuch und verabschiedete sich am 7. Oktober mit besten Wünschen zu unserem 40. Jahrestag der Gründung der DDR und dem Wunsch nach weiterer konstruktiver Zusammenarbeit.

Literaturverzeichnis

Autorenkollektiv: Gewerkschaften und sozialistische Wehrerziehung. Anregungen und Erfahrungen, Berlin (Ost) 1985

Bender, Peter: Neue Ostpolitik. Vom Mauerbau zum Moskauer Vertrag, München 1986

Buch, Günther: Namen und Daten, 4.Auflage, Berlin/Bonn 1987

Bundesvorstand des DGB (Hrsg.): Der FDGB Erfüllungsgehilfe der SED, dritte, ergänzte Auflage, Düsseldorf 1964

Deutsche Kommunistische Partei, Parteivorstand (Hrsg.): Thesen des Düsseldorfer Parteitags der Deutschen Kommunistischen Partei, Düsseldorf, o.J. (1971)

Ebbighausen, Rolf/Tiemann, Fritz (Hrsg.): Das Ende der Arbeiterbewegung in Deutschland?, Opladen 1984

Ferlemann, Erwin: Ohne Mediengewerkschaft dividieren sie uns auseinander, Interview mit Friedrich Hitzer, Kürbiskern, Heft 2/1984, S. 12 f.

Friesel, Uwe: Rechenschaftsbericht des Vorsitzenden, in: Dorn, Wolfram und Sommer, Klaus-Dieter (Hrsg.): Im Auftrag des Bundesvorstandes des Verbandes Deutscher Schriftsteller (VS): Komm, ins Offene, Freund! Erster gesamtdeutscher Kongreß des Verbandes Deutscher Schriftsteller (VS) in der IG Medien, 24.–26. Mai 1991 in Lübeck-Travemünde, Göttingen 1992

Gill, Ulrich: Der Freie Deutsche Gewerkschaftsbund (FDGB), Opladen 1989

Helf, Klaus: Von der Interessenvertretung zur Transmission. Die Wandlung des Freien Deutschen Gewerkschaftsbundes (FDGB) (1945–1950), in: Hermann Weber (Hrsg.): Parteiensystem zwischen Demokratie und Volksdemokratie. Dokumente und Materialien zum Funktionswandel der Parteien und Massenorganisationen in der SBZ/DDR 1945–1950, Köln

Henkys, Reinhard/Deile, Volkmar/Karnetzky, Manfred/Rein, Gerhard (Hrsg.): Und niemandem untertan. Heinrich Albertz zum 70. Geburtstag, Reinbek 1985

Herkel, Günther: Schwieriger Prozeß der Selbstfindung, in: Publizistik & Kunst 4/1990

Hertle, Hans-Hermann (Ko-Autor: Weinert, Rainer): Die Auflösung des FDGB und die Auseinandersetzung um sein Vermögen, Berlin (West) 1991

Hertle, Hans-Hermann/Eckelmann, Wolfgang/Weinert, Rainer: FDGB-Intern. Innenansichten einer Massenorganisation der SED, Berlin (Ost) 1990

Hertle, Hans-Hermann/Jander, Martin: Toleranz und Härte. Die Entstehungsgeschichte des DGB-Grundsatzprogramms 1981, Materialien zur Gewerkschaftspolitik in den 80er Jahren, 2 Bände, Dokumentation des Zentralinstituts für sozialwissenschaftliche Forschung (ZI 6) der FU Berlin, Berlin 1982

Hertle, Hans-Hermann/Pirker, Theo/Kädtler, Jürgen/Weinert, Rainer: FDGB – Wende zum Ende. Auf dem Weg zu unabhängigen Gewerkschaften?, Köln 1990

Hertle, Hans-Hermann/Weiner, Rainer/Wilke, Manfred: Der Staatsbesuch. Honecker in Bonn: Dokumente zur deutsch-deutschen Konstellation 1987, Berlin 1991

Hertle, Hans-Hermann: Der Weg in den Bankrott der DDR-Wirtschaft. Das Scheitern der »Einheit von Wirtschafts- und Sozialpolitik« am Beispiel der Schürer-Mittag-Kontroverse im Politbüro 1988, in: Deutschland Archiv 2/1992, S. 127–142

Hertle, Hans-Hermann: Nicht-Einmischung. Die DGB/FDGB-Beziehungen von 1972 bis 1989 oder Der Beitrag der Spitzenfunktionärs-Diplomatie zur gewerkschaftlichen Lähmung im demokratischen Umbruch und deutschen Einigungsprozeß, Berlin (West) 1991

Kopper, Gerd G.: Mitbestimmung, in: Koscyk, Kurt/Bruys, Karl Hugo: Handbuch der Massenkommunikation, München 1981

Kuehl, Herbert: Die Gewerkschaftspolitik der KPD von 1945 bis 1956. Die Rolle der Parteimitglieder in betrieblichen Konflikten – im Schwerpunkt dargestellt anhand des Hamburger Werftarbeiterstreiks von 1955, Hamburg 1981

Ledwohn, Josef/Seeger, Heinz: Gewerkschaften – Standort und Perspektive, Frankfurt 1971

Leminsky, Gerhard/Otto, Bernd: Politik und Programmatik des Deutschen Gewerkschaftsbundes, Köln 1974

Mahlein, Leonhard: Gewerkschaften international – im Spannungsfeld zwischen Ost und West – aus eigener Sicht, Frankfurt 1984

Mahlein, Leonhard: Gewerkschaften heute, Nachrichten-Reihe27, Frankfurt 1983

Mensing, Wilhelm (Hrsg.): Wir wollen unsere Kommunisten wiederhaben ..., Demokratische Starthilfe für die Gründung der DKP, Zürich/Osnabrück 1989

Mühlbradt, Werner/Lutz, Egon: Der Zwang zur Sozialpartnerschaft, Neuwied/Berlin 1979

Otto, Karl A.: APO. Außerparlamentarische Opposition in Quellen und Dokumenten. 1960–1970, Köln 1989

Otto, Karl A.: Vom Ostermarsch zur APO, Geschichte der außerparlamentarischen Opposition in der Bundesrepublik 1960–70, Frankfurt/M./New York 1977

Parteivorstand der DKP (Hrsg.): Grundsatzerklärung der Deutschen Kommunistischen Partei, beschlossen auf dem Essener Parteitag der DKP, 12./13. April 1969, Düsseldorf, o.J.

Pirker, Theo: Die blinde Macht, Bd.2, München 1960

Römer, Norbert: Politik sozialer Partnerschaft. Stellungnahme zur gewerkschaftlichen Sozialismus-Debatte, in: Gewerkschaftliche Monatshefte, Sonderdruck: Sozialismus-Debatte

Rudzio, Wolfgang: Das politische System in der Bundesrepublik Deutschland, 3.Auflage, Opladen 1991

Schäfer, Max (Hrsg.): Die DKP: Gründung, Entwicklung, Bedeutung, Frankfurt 1978

Schöfer, Erasmus: Überstehen ist alles, in: Publizistik & Kunst 4/1990

Schuhler, Conrad: Interview mit Ruth Martin, Die Kunst geht nach Brot, in: Publizistik & Kunst, 6/1990

Ständiger Ausschuß der Gesamtdeutschen Arbeiterkonferenzen (Hrsg.): Die Gesamtdeutschen Arbeiterkonferenzen, Dokumentation, o.O., o.J. (1959)

Ulbricht, Walter: Zur Geschichte der deutschen Arbeiterbewegung, Bd. X: 1961–1962, Berlin (Ost) 1966
Uschner, Manfred: Die Ostpolitik der SPD. Sieg und Niederlage einer Strategie, Berlin 1991
Vetter, Heinz Oskar: Notizen. Anmerkungen zur internationalen Politik, Köln 1983
Warnke, Herbert: Arbeiterklasse und Gewerkschaften. Aus Reden und Schriften der Jahre 1945–1952, Berlin (Ost) 1953
Weidenfeld, Werner: Deutschland 1989: Konturen im Rückblick auf 40 Jahre, in: Weidenfeld, Werner/Zimmermann, Hartmut (Hrsg.): Deutschland-Handbuch. Eine doppelte Bilanz 1949 bis 1989, Bonn 1989
Wilke, Manfred (Ko-Autor: Otto, Gundolf): Der Kampf um die Köpfe. Mediengewerkschaft im DGB, München 1986
Wilke, Manfred (Ko-Autor: Müller, Hans-Peter): FDGB: Vom alten Herrschaftsapparat zu neuer Gewerkschaftsmacht?, Sankt Augustin 1990
Wilke, Manfred (Ko-Autor: Müller, Hans-Peter): SED-Politik gegen die Realitäten. Verlauf und Funktion der Diskussion über die westdeutschen Gewerkschaften in SED und KPD/DKP 1961 bis 1972, Köln 1990
Wilke, Manfred (Ko-Autor: Müller, Hans-Peter): Zwischen Solidarität und Eigennutz. Die Gewerkschaften des DGB im deutschen Vereinigungsprozeß, Melle 1992
Wilke, Manfred (Ko-Autoren: Müller, Hans-Peter, Brabant, Marion): Die Deutsche Kommunistische Partei (DKP). Geschichte, Organisation, Politik, Köln 1990
Wilke, Manfred (Ko-Autoren: Hartmut Grewe, Horst-Udo Niedenhoff): Funktionärskarrieren im DGB. Zum Generationenwechsel an der Spitze der DGB-Gewerkschaften, Melle 1989
Wilke, Manfred (Ko-Autoren: Flechtheim, Ossip, Rudzio, Wolfgang, Vilmar, Fritz): Der Marsch der DKP durch die Institutionen, Frankfurt 1980
Wilke, Manfred: Einheitsgewerkschaft zwischen Demokratie und antifaschistischem Bündnis. Die Diskussion über die Einheitsgewerkschaft im DGB seit 1971, Melle 1985
Wilke, Manfred: Wandel durch Annäherung?, in: Einheit, Zei-

tung der IG Bergbau und Energie, 2. Februar-Ausgabe, Nr.4, Bochum, 15.2.1992
Wunder, Dieter: Der Zusammenbruch des »realen Sozialismus« und das Selbstverständnis der Gewerkschaften, in: Gewerkschaftliche Monatshefte, Sonderdruck: Sozialismus-Debatte
Wunder, Dieter: Zu lange mit Harry Tisch am Tisch gesessen, in: Die Quelle, 1/1990, S. 12
Zentralkomitee der SED (Hrsg.): Dokumente der Sozialistischen Einheitspartei Deutschlands, Bd.III, Berlin (Ost) 1952
Zimmermann, Hartmut: Freier Deutscher Gewerkschaftsbund (FDGB), in: Bundesministerium für Innerdeutsche Beziehungen: DDR-Handbuch, 3. überarbeitete Auflage, 2 Bände, Band 1, Bonn 1985

Personenregister

Manfred Schell/
Werner Kalinka

Stasi und kein Ende

Die Personen und Fakten

Ullstein Buch 34773

Dieser Report belegt, wie das frühere Ministerium für Staatssicherheit (MfS) Millionen von Menschen erpreßt, bedroht, bespitzelt und ausspioniert hat.
Organigramme dokumentieren den Dschungel, der diese Behörde zum Staat im Staate machte.
Geheime Dokumente offenbaren die Skrupellosigkeit der SED und ihr verlogenes Spiel gegenüber dem Westen. Die Autoren Manfred Schell und Werner Kalinka (DIE WELT) versuchen jedoch auch zu differenzieren:
Nicht jeder MfS-Angehörige wußte, worauf er sich eingelassen hatte.
Nicht jeder, der in irgendeiner Form „mitgemacht" hat, darf vom Rechtsstaat ausgegrenzt werden.